Frank Robert Vivelo:
Handbuch der Kulturanthropologie
Eine grundlegende Einführung

Herausgegeben und mit einer Einleitung
von Justin Stangl
Übersetzt von Erika Stangl



Klett-Cotta
im
Deutschen
Taschenbuch
Verlag

Die amerikanische Originalausgabe erschien unter dem Titel
*Cultural Anthropology Handbook, A Basic Introduction*
bei McGraw-Hill Book Company 1978.

Januar 1988
Deutscher Taschenbuch Verlag GmbH & Co. KG,
München

ISBN 3-12-938320-4
Umschlaggestaltung: Celestino Piatti
Vorlage: Ziermaske vom Sepik, Neuguinea
(Rautenstrauch-Joest-Museum, Köln)
Gesamtherstellung: C. H. Beck'sche Buchdruckerei,
Nördlingen
Printed in Germany · ISBN 3-423-04470-5

Das Buch

Die Kulturanthropologie ist eine Fortführung und Ausweitung der alten Völkerkunde, eine die Ergebnisse vieler anderer Fächer integrierende, interdisziplinäre Wissenschaft. Vivelos systematisch angelegtes, weit gefaßtes Handbuch führt den Leser in diese Wissenschaft ein, anhand von Beispielen, Schautafeln und einem umfassenden Glossar der Fachterminologie. Es vermittelt eine Anzahl komplexer Probleme und Ideen innerhalb der Kulturanthropologie auf kurze und klare Weise und bietet einen Überblick über die wichtigsten Gegenstände, Begriffe und Gedanken. Seine Methode besteht u.a. darin, paarweise auftretende Phänomene gegenüberzustellen, also z.B. Übergangsriten – Intensivierungsriten; Schamane – Priester; Animismus – Animatismus usw. Am Ende jedes der die verschiedenen Adaptions-Strategien (Jagd und Sammeln, Bodenbau, Hirtentum usw.) beinhaltenden Kapitel findet sich eine kurze Beschreibung einer entsprechenden Gesellschaft, die der Leser dann mit dem allgemeinen Modell dieses „Gesellschaftstyps" im Buch vergleichen kann, wobei sich herausstellt, daß keine wirkliche Gesellschaft genau mit dem „Modell" übereinstimmt.
Bei aller Kürze der Darstellung bleibt die Spannweite der Thematik und die Differenziertheit des Zugangs zu ihr immer erhalten. Die originelle Konzeption und Durchgestaltung dieser Einführung, die faire und ausgewogene Berücksichtigung der verschiedenen Denkrichtungen, die klar durchdachten und einprägsamen Begriffsdefinitionen und nicht zuletzt der rauhe Charme von Vivelos Sprache, all das macht dieses Handbuch zu einer lohnenden und sehr spannenden Lektüre.

Der Autor

Professor Frank Robert Vivelo lehrt Kulturanthropologie an der Princeton University. Er hat ethnologische Feldforschung bei den Hereros in Südwestafrika betrieben.

# Inhalt

# Einleitung des Herausgebers

Das *Cultural Anthropology Handbook* von Frank Robert Vivelo, das hier in deutscher Ausgabe vorliegt, gibt dem interessierten Leser und dem Studenten eine kurze, doch umfassende Einführung in die Kulturanthropologie bzw. Ethnologie. Es kann als Leitfaden für Lehrveranstaltungen, zum Selbststudium, als Nachschlagewerk oder einfach als spannende Lektüre verwendet werden. Um ein solches Buch richtig zu würdigen, müssen wir einen Blick auf die amerikanische Situation werfen, aus der es kommt.

Die *Cultural Anthropology* ist, grob gesprochen, das amerikanische Äquivalent der deutschen *Völkerkunde* oder *Ethnologie.* Ihren eigentlichen Forschungsgegenstand bilden also die sogenannten *Primitivgesellschaften* oder *schriftlosen Kulturen* (im Deutschen sagt man gelegentlich auch noch *Naturvölker*). Die amerikanische *Cultural Anthropology* geht jedoch über diese vergleichsweise bescheidene Stellung im Reiche der Wissenschaften weit hinaus. Sie beansprucht nicht mehr und nicht weniger, und dies auch nicht ganz ohne Erfolg, als die Grund- und Integrativwissenschaft für alle Wissenschaften vom Menschen, ja für das menschliche Wissen überhaupt zu sein. Wie konnte es zu einem derartigen Anspruch kommen?

Die *Cultural Anthropology* ist ein Zweig einer allgemeineren Wissenschaft vom Menschen, der *Anthropology* (siehe Abbildung 1.1 bei Vivelo). Sie ist deren wichtigster Zweig, so daß die beiden Begriffe oft synonym gebraucht werden. Das Studium der Primitivgesellschaften wird also stellvertretend zum Studium des Menschen oder der Menschheit überhaupt. Mit diesem Anthropologie-Begriff führen die Amerikaner eine Wissenschaftstradition weiter, die in Europa, wo sie ursprünglich entstanden war, lange Zeit als überholt gegolten hatte (und erst jetzt wieder aus Amerika auf Europa zurückwirkt).[1] Ursprünglich war *Anthropologie* ein Zweig der Philosophie, und zwar die Frage nach der Natur des Menschen.[2] Um die Mitte des 19. Jahrhunderts wurde sie – unter Beibehaltung dieses grundsätzlichen Anspruchs – zu einer einzelwissenschaftlichen Disziplin. Für diese waren daher die „Naturvölker"

---

[1] Meine Darstellung der amerikanischen Situation des Faches stützt sich weitgehend auf die Analyse, die ich in dem Buch *Kulturanthropologie und Gesellschaft* (Stagl 1980 a) zu geben versucht habe.

[2] Zur Geschichte der Anthropologie vgl. Mühlmann 1968, zur Geschichte des Anthropologie-Begriffes Marquard 1965, 1971, zur Geschichte der philosophischen Anthropologie Landmann et al. 1962, Rothacker 1964, Marquard 1973 und Krauss 1979.

– man sprach auch von „Wilden“ oder „Primitiven“ – von entscheidender Relevanz. Da diese Menschengruppen stärker von der Natur abhängig sind als die Angehörigen von Schriftkulturen („Hochkulturen“, „Zivilisationen“), galten sie als von den besonderen historischen Schicksalen dieser Kulturen relativ unbeeinflußte *empirische Repräsentanten der menschlichen Natur als solcher.*

Neben ihrer Erforschung widmete sich die Anthropologie vor allem dem vergleichenden Studium der körperlichen Natur und Entwicklung des Menschen sowie der entwicklungsgeschichtlichen Analyse prähistorischer Funde.[3] Von hier aus schien sich die Möglichkeit einer am naturwissenschaftlichen Modell orientierten Wissenschaft vom Menschen und insofern auch die Möglichkeit einer *Einheitswissenschaft* zu ergeben. Diese einheitswissenschaftliche („szientistische“) Konzeption hatte, darüber muß man sich klar sein, oppositionellen Charakter. Sie wandte sich gegen die damals vorherrschende „humanistische“, historisch-philologisch orientierte Form der Bildung. An die Stelle des dieser zugrundeliegenden, von Cicero und Plutarch geprägten *normativen Kulturbegriffes* (der *Kultur* als Ergebnis eines komplexen, nicht nur natürlichen, sondern auch historisch-schicksalhaften Bildungsvorganges auffaßt und demnach Menschen oder Menschengruppen als „unkultiviert“ bzw. als mehr oder minder „kultiviert“ bewertet)[4] setzte sie einen *registrierenden Kulturbegriff*, nach dem alle Menschen Kultur haben, wenn auch auf verschiedenen Stufen eines (mit der Menschheitsgeschichte identischen) Prozesses der Kulturentwicklung bzw. des Zivilisationsfortschrittes.[5] Die *Primitiven* waren nach dieser Konzeption nicht so sehr kultur- als vielmehr *geschichts*los; sie galten als Vertreter der von den fortschrittlicheren Teilen der Menschheit schon überwundenen Entwicklungsstufen; als *Survivals* oder „lebende Fossile“.[6]

Gegen Ende des 19. Jahrhunderts setzte sich jedoch immer mehr die Erkenntnis durch, daß auch die Naturvölker Geschichtsvölker sind. Sie hängt mit dem Aufkommen des *Historismus* zusammen, der lehrt, daß man ein

[3] Vgl. dazu Breitinger-Haekel-Pittioni 1961.

[4] Vgl. dazu Rassem 1979, vor allem S. 11 ff. Das Grundlagenwerk zur Geschichte des Kulturbegriffes ist noch immer Niedermann 1941.

[5] So in E. B. Tylor's Buch *Primitive Culture*, dessen Titel allein schon Programm ist (Tylor 1871), siehe dazu Stocking 1968, 72 ff. Zur Kritik eines nur registrierenden Kulturbegriffs siehe Kraus 1975, 175 ff. Vgl. auch Steinbacher 1976.

[6] Der Begriff des *Survivals*, der ebenfalls von Tylor eingeführt wurde, bezieht sich eigentlich nicht, wie ich ihn hier gebrauche, auf ganze Völker oder Kulturen, sondern auf Kulturelemente, die sich als isolierte Reste eines früheren Entwicklungszustandes in einen späteren Entwicklungszustand hinübergerettet haben (siehe Hodgen 1935). Von „lebenden Fossilien“ spricht Leach 1966.

Phänomen erst dann begreifen kann, wenn man weiß, wie es geworden ist – einer anti-naturwissenschaftlichen, vor allem in Deutschland ausgebildeten Betrachtungsweise.[7] Doch ist diese Historisierung der Anthropologie ebenso auf den wachsenden Stand der Kenntnisse von den Primitiven zurückzuführen, der den durch die Anthropologen inspirierten Forschungen zu verdanken ist. Eine nicht unwesentliche Voraussetzung war ferner die Errichtung der Kolonialreiche, durch welche die einstigen Wilden endgültig in den Gang der Weltgeschichte miteinbezogen wurden. Die Tragik jeglicher Ethnographie ist es ja, daß die „Horizontausweitung", zu der sie führt, das Ausgreifen einer Kultur (der forschenden) auf andere (die erforschten) zur „materiellen Voraussetzung" hat. Die Forschung ist selbst ein Teilprozeß der Veränderung der erforschten Situation. Im 19. Jahrhundert gewann dieser Vorgang durch die Expansion der Industriegesellschaft weltweite Dimensionen.[8] Die Auswirkungen des Zusammenstoßes mit der Industriegesellschaft waren für die unterlegenen Gesellschaften zumeist verheerend: ganze Gruppen starben aus oder verloren ihre kulturelle Identität. Das Bedürfnis, sie vor ihrem Untergang für die Wissenschaft zu dokumentieren, führte zur Abwendung von umfassenden Spekulationen und Hinwendung zum Konkreten, zum Sammeln und Schildern.[9] In diese Zeit fiel die Etablierung der ethnographischen Museen und der ersten ethnologischen Lehrstühle. Es ist bezeichnend, daß bei der Benennung der damit entstehenden akademischen Disziplin an die Stelle des abstrakten *Menschen*begriffes der historisch-konkrete *Volks*begriff trat: *Völkerkunde* oder *Ethnologie* statt *Anthropologie.*[10]

Amerika hat diese Entwicklung zur Historisierung nicht richtig mitgemacht. Darin besteht die Besonderheit der amerikanischen Situation. Der Anthropologie-Begriff hatte dort so feste Wurzeln geschlagen, daß sich der Anspruch, eine szientistische Theorie des gesamten Menschen zu geben, zusammen mit dem Namen *Anthropologie*, in den Vereinigten Staaten als ein „Survival" aus der Mitte des 19. Jahrhunderts bis heute erhalten hat.[11] Die

---

[7] Zum Historismus in der Ethnologie siehe Müller 1980.

[8] Zur Ethnologie als „horizontausweitender" Disziplin siehe Mühlmann 1964, besonders S. 15 ff. Auf das Kolonialsystem als materielle Voraussetzung der Ethnologie bin ich in meinem in Fußnote 1 zitierten Buch eingegangen (Stagl 1980 a, passim). Siehe auch Asad 1973 und Szalay 1975, 1977.

[9] Stagl 1980 a, I, 3. – Diese Priorität des Materials vor der Methodik und der Theorie ist die Grundlage für die Besonderheit der Ethnographie gegenüber den anderen Menschheitswissenschaften. Siehe dazu Stagl 1980 b.

[10] Zur Geschichte der Begriffe „Völkerkunde", „Volkskunde", „Ethnologie" und „Ethnographie" siehe Möller 1964, Fischer 1970, Lutz 1973, Stagl 1974 und Kutter 1978.

[11] Diese Ansicht vertreten Gelehrte wie Heine Geldern (1964) und Hultkrantz (1968).

Wendung zum Konkreten gab es freilich auch hier. Ihr wichtigster Träger, Franz Boas, der auch zur Verankerung des Faches auf den Hochschulen Wesentliches beigetragen hat, kam bezeichnenderweise aus Europa. Er war Deutscher, hatte seine Ausbildung in Deutschland bekommen und war dort vom Historismus beeinflußt worden. Auf seinen Einfluß geht die seit ca. 1920 sich durchsetzende Disziplinbezeichnung *Cultural Anthropology* zurück, die in Abhebung von der damals stark *rassentheoretisch* ausgerichteten (d.h. das Ererbte betonende) *Anthropology* für eine vorwiegend *milieutheoretische* (d.h. das Erlernte und die Umwelteinflüsse betonende) Menschheitswissenschaft stand.[12] Die *Cultural Anthropology* bildete also eine Art Kompromiß zwischen Ethnologie und Anthropologie. Sie betrat die Bühne gerade im richtigen Moment, als das Fach zur Universitätsdisziplin und Berufslaufbahn wurde. Sie wurde von dieser Bewegung nach oben getragen, konnte aber dennoch den alteingeführten Begriff *Anthropology* und die damit verbundene Konzeption nicht völlig verdrängen. Dieser scheint sogar heute wieder an Boden zu gewinnen.[13]

Zu den drei Hauptkomponenten der alten Anthropologie, nämlich *Ethnographie, Physische Anthropologie* und *Prähistorie,* die sich in Europa verselbständigt hatten, in Amerika jedoch zusammengeblieben waren, fügte die *Cultural Anthropology* als eine weitere, vierte, noch die (vor allem als die Erforschung der schriftlosen Sprachen verstandene) *Linguistik* hinzu. Auch das ergab sich aus der amerikanischen Situation. Die Erforschung der Indianersprachen und damit die Linguistik als Theorie der Sprache als eines Aspektes der menschlichen Kultur überhaupt trat hier gewissermaßen an die Stelle der klassischen und nationalen Philologien, die ja eine besondere Kulturerbschaft Amerikas, die europäische, betonten. (Ähnlich bezieht sich die dort unterschiedslos als *Archaeology* bezeichnete Tätigkeit des Ausgrabens in Amerika nicht nur auf die eigene ethnisch-kulturelle Vergangenheit und damit auf die Geschichtswissenschaft, sondern auch auf die Vergangenheit der autochthonen Indianerkulturen und damit auf die Anthropologie als allgemeine Wissenschaft von der Kultur.) Eine weitere Besonderheit der amerikanischen Anthropologie ist ihre durch das Ineinander-Übergehen der Begriffe *Kultur* und *Gesellschaft* geförderte Tendenz, auch jene Wirklichkeitsbereiche mitzubehandeln, die eigentlich den Gegenstand der *Soziologie* bil-

---

[12] Vgl. dazu Stocking 1968, bes. S. 195ff., 270ff. Zum Einfluß des deutschen Historismus auf Boas und seine Schule vgl. auch den Erinnerungsbericht von Robert H. Lowie (1956), einem Mitglied der Gründergeneration.

[13] Ein Beleg dafür ist auch das Buch von Vivelo. Dieses spricht im Titel von *Cultural Anthropology*, im Text jedoch, der modernen Orientierung des Verfassers entsprechend, fast durchgehend von *Anthropology*.

den; diese beiden Disziplinen sind oft nur schwer voneinander zu trennen.[14] (Während Physische Anthropologie, Linguistik und Archäologie bei Vivelo ausgespart bleiben, kommt diese soziologisierende Tendenz bei ihm besonders deutlich heraus; so behandelt er auch, anders als etwa ein europäischer Ethnologe es tun würde, in den Kapiteln 7 und 8 die vorindustriellen Hochkulturen und die Industriegesellschaft mit.)

In dieser komplexen Gestalt wurde die *Cultural Anthropology* als Universitätsfach und zugleich als Weltanschauung in einer heroischen „Gründerzeit" (ca. 1920 – ca. 1950) von der Generation der Schüler von Franz Boas aufgebaut. Die meisten dieser „Gründerväter" waren nicht gebürtige Amerikaner, sondern Immigranten, oft aus jüdischen Familien. Der eine Grundgedanke, der hinter den zahlreichen Aspekten der von ihnen begründeten Disziplin hervorleuchtet, ist der *Kulturrelativismus* bzw. dessen methodischer Ausdruck, der *Holismus* (vgl. Kapitel 1 bei Vivelo). Der Holismus – d.h. die Betrachtung von Gesellschaften und Kulturen als funktionierende, in sich stimmige und geschlossene Ganzheiten – hängt mit der *Allzuständigkeit* des Ethnographen zusammen (der in Primitivkulturen als einzelner alle die Teilaspekte erforscht, für die in Hochkulturen besondere Disziplinen zuständig sind), ferner auch mit der für ihn bestehenden Notwendigkeit, sich eine *Gesamtansicht* des von ihm erforschten soziokulturellen Systems zu verschaffen, die es ihm gestattet, sich in diesem handelnd zu orientieren.[15] Diese Allzuständigkeit und Gesamtansicht überträgt die *Cultural Anthropology* dann von den Primitiv- auf die Hochkulturen.

Der Kulturrelativismus bedeutet nun den Verzicht auf die Bewertung dieser unterschiedlichen kulturellen Gestalten. Dies führt leicht – als radikales Weiterdenken des Historismus – zu der Behauptung von der ideellen Gleichwertigkeit aller menschlichen Kulturen.[16] Diese Extremform des Toleranzprinzips bildet, wie man sich leicht vorstellen kann, eine passende Ideologie für die in rassischer, ethnischer und religiöser Hinsicht pluralistische Gesellschaft der Vereinigten Staaten. Die amerikanische *Cultural Anthropology* wird von einem Pathos getragen, das sich gegen jede Absolutsetzung des

---

[14] In Amerika gibt es einen Konkurrenzkampf zwischen Anthropologie und Soziologie, die ja beide neue Wissenschaften sind und beide auf einheitswissenschaftliche Konzeptionen des 19. Jahrhunderts zurückgehen. Daneben gibt es auch Verschmelzungstendenzen; beide werden oft in einem Department zusammengefaßt. In England, wo die Soziologie an den Traditionsuniversitäten nicht ankam, ist die soziologische Ausrichtung der Anthropologie besonders stark; die offizielle Disziplin-Bezeichnung ist *Social Anthropology*. Vgl. Kuper 1975.

[15] Ich habe dies näher ausgeführt in Stagl 1980b.

[16] Die beste Zusammenfassung der Lehren des Kulturrelativismus und Kritik daran gibt in deutscher Sprache Wolfgang Rudolph (1959, 1968).

eigenen Standpunktes richtet, indem es alle Standpunkte relativiert; dies macht sie zugleich auch zur Weltanschauung und qualifiziert sie, die ja eine wissensintegrierende Disziplin zu sein beansprucht, auch zu einer Grundlage der Persönlichkeitsbildung.

Die *Cultural Anthropology* hat die amerikanischen Universitäten, und darüber hinaus das ganze höhere Bildungswesen, geradezu im Sturm erobert. Vermutlich hat sich kein Fach im 20. Jahrhundert so ausgeweitet wie dieses. Die Zahl der Schüler und Studenten, die in irgendeiner Form eine anthropologische Ausbildung erfahren haben oder erfahren, geht in die Millionen. Die überwältigende Mehrheit von ihnen besucht die anthropologischen Kurse nicht aus beruflichem, sondern aus allgemeinem Bildungsinteresse. Sowohl ihrem Anspruch als auch ihrem „Image" nach ist die *Cultural Anthropology* ein *neuer Humanismus*, der sich statt am Vorbild des klassischen Altertums nunmehr an der gesamten Menschheit orientiert.[17]

Inzwischen beginnen jedoch die Farben dieses Bildes zu verblassen. Das Wachstum der Disziplin hat sich verlangsamt; seine Grenzen sind absehbar.[18] Auch die Begrenztheit der kulturrelativistischen Grundorientierung wird offenkundig. Der Kulturrelativismus gibt keinerlei Maßstab oder Rechtfertigung für geplante Eingriffe irgendwelcher Art in fremde soziokulturelle Systeme, wie z. B. für die Entwicklungspolitik. Diese seine Schwäche konnte in jener Periode der amerikanischen Geschichte verborgen bleiben, in der zwar die einheimischen Indianer schon zur Bedeutungslosigkeit reduziert waren, andererseits aber die Vereinigten Staaten im scheinbar unaufhaltsamen Aufstieg zur ersten Weltmacht begriffen waren und der *American Way of Life* in Abhebung vom totalitären Kommunismus eine wie selbstverständliche Werbungskraft ausstrahlte. Wie wir wissen, haben sich diese Zeiten geändert. Dementsprechend beginnt sich auch die ältere, vom Kulturrelativismus in den Hintergrund gedrängte, aber als Leitfaden für weltpolitisches Handeln besser geeignete entwicklungstheoretische Richtung, und mit ihr der allgemeinere Name *Anthropology*, wieder stärker durchzusetzen. Es scheint, daß dies auch eine uramerikanische Reaktion ist; die Träger des „Neo-Evolutionismus" oder „Kulturmaterialismus" scheinen in der großen Mehrzahl nicht mehr Immigranten, sondern gebürtige Amerikaner zu sein.

Gewisse amerikanische Grundkonstanten bleiben jedoch bei diesem „Paradigmenwechsel" erhalten. So die besondere Bedeutung, die dem *Genius loci* zugeschrieben wird. Hatten die Kulturrelativisten die menschliche Abhängigkeit von der *kulturellen Umwelt* überbetont (die einzige wirklich anthropologische Grundannahme, die sie machten, war die von der unbegrenz-

[17] Vgl. dazu Stagl 1980a, III, 3.
[18] Vgl. Rogge 1976.

ten Plastizität und kulturellen Formbarkeit des Menschen), so interpretieren die Neo-Evolutionisten die Kultur vornehmlich im Sinne der menschlichen Abhängigkeit von der *natürlichen Umwelt* (und heben damit den Arbeitsaspekt der Kultur gegenüber deren Lernaspekt hervor). Eine andere Grundkonstante ist – so erscheint es zumindest dem Europäer – das Absehen vom Historischen und Schicksalhaften und dafür die Flucht ins Modellhafte, die es den Amerikanern ermöglicht, vieles zu vergessen – nicht nur ihren europäischen Hintergrund, sondern auch die gewaltsame Begründung ihres Besitzrechtes am amerikanischen Boden.

Einen besonderen Effekt hat die amerikanische Situation des Faches, und damit sind wir wieder bei Vivelo: Es gibt viele und darunter auch sehr gute Lehrbücher (siehe Tabelle 1 zum Vorwort). Dies ist nicht nur auf den für unsere Begriffe ungeheuer großen Markt und auf den dementsprechenden Konkurrenzdruck oder auf das Sendungsbewußtsein der Anthropologen zurückzuführen, sondern auch auf die von der europäischen, vor allem der deutschen, sehr verschiedene akademische Tradition in Amerika. Bei uns ist die Ethnologie ein „Orchideenfach", ihre Vermittlung orientiert sich (noch) am Humboldt'schen Wissenschaftsideal. Die amerikanische Anthropologie ist dagegen ein Massenfach und ein persönlichkeitsbildendes Fach, das viel stärker „verschult" ist und dessen Dozenten und Studenten sich daher auch gerne der Führung durch gute Lehrbücher anvertrauen.[19] Für einen deutschen Wissenschaftler gilt das Abfassen von Lehrbüchern und Einführungstexten als nicht ganz standesgemäß. Trotzdem haben in der Ethnologie einige prominente Fachvertreter die Verpflichtung gefühlt, solche Werke zu schreiben. Sie haben es aber dabei stets sorgfältig vermieden, den Adressaten gewissermaßen an der Hand zu nehmen und zu führen, sondern haben sich statt dessen darauf beschränkt, ihm das wesentliche Wissen aufzuzeigen. Sehr typisch dafür ist die Form des Sammelbandes, in dem die wichtigsten Aspekte des Faches jeweils von einem zuständigen Gelehrten behandelt werden.[20] In

---

[19] Vgl. dazu Mandelbaum, Lasker und Albert 1963a und 1963b.

[20] Das wichtigste Lehrbuch ist das ursprünglich von Leonhard Adam und Hermann Trimborn, jetzt von Trimborn alleine herausgegebene *Lehrbuch der Völkerkunde* (Trimborn 1971). Sammelbände sind auch Freudenfeld, 1960, Tischner 1963 und neuerdings Schmied-Kowarzik und Stagl 1980. Zu Beginn des Jahrhunderts erschienen mehrere Lehrbücher der Völkerkunde in deutscher Sprache; das einzige im amerikanischen Sinne moderne (heute aber auch schon veraltete) Lehrbuch der Nachkriegszeit ist die *Allgemeine Völkerkunde* von Kunz Dittmer (Dittmer 1946). Eine Einführung für Studenten bieten die *Grundbegriffe der Ethnologie* von Josef Franz Thiel (Thiel 1977). Zu erwähnen sind ferner das von Walter Hirschberg herausgegebene *Wörterbuch der Völkerkunde* (Hirschberg 1965), eigentlich eine handliche Realenzyklopädie, und das *Völkerkundliche Lexikon* von Wilfried Nölle (Nölle 1959).

Amerika dominiert dagegen das von einem Manne durchgängig und in großen Zügen geschriebene Lehrbuch, das bewußter pädagogisch orientiert ist als das deutsche. Dies bedeutet aber weder einen Qualitätsverlust noch das ungebührliche Hervortreten persönlicher Meinungen. Die Vielzahl der Lehrbücher und der Konkurrenz- und Normierungsdruck, den diese aufeinander ausüben, hat hier zur Bildung eines Kanons geführt, dem sich kein neues Werk dieser Art ganz entziehen kann. So fühlt sich der amerikanische Student sicherer und weniger alleine gelassen als der deutsche.

Die besondere Stellung des *Handbook of Cultural Anthropology* im Rahmen dieser Tradition hat Vivelo selbst (in seinem Vorwort) deutlich herausgearbeitet. Das Buch ist 1978 herausgekommen. Es ist uns in seiner Konzeption und Durchgestaltung so originell erschienen, daß wir uns angesichts des Fehlens eines derartigen Werkes im Deutschen zu einer deutschen Ausgabe entschlossen haben (die Übersetzung stammt dabei von Erika Stagl, die fachliche Überarbeitung von Justin Stagl). Unter den vielen ausgezeichneten amerikanischen Lehrbüchern ist das von Vivelo außerdem für den deutschen Leser besonders geeignet, weil es den prähistorischen, biologischen und linguistischen Aspekt der Anthropologie, die ja bei uns zu selbständigen Disziplinen mit eigenen Lehrbüchern geworden sind, wie erwähnt nicht behandelt, sondern sich auf den ethnologischen und ethnosoziologischen Aspekt beschränkt. Dies ermöglicht es Vivelo, der auch sonst sein Material sehr geschickt auswählt und kunstvoll anordnet, vor allem eines zu sein, nämlich *kurz*. Die anderen Lehrbücher, die oft von Altmeistern des Faches stammen und schon wiederholt aufgelegt worden sind, fassen eigentlich schon all das Material zusammen, das ein Student im Grundstudium, d.h. bis zum Beginn seiner Spezialisierung, braucht. Vivelo will dagegen eine erste Orientierung geben. Bei aller Kürze bleibt bei ihm jedoch die Spannweite der Thematik und die Differenziertheit des Zuganges zu ihr durchaus erhalten. Die Darstellung der verschiedenen Denkrichtungen ist ausgewogen und fair, wenngleich die Präferenzen des Autors, die er auch keineswegs verbirgt, bei der neo-evolutionistischen, szientistischen Richtung liegen. Insofern ist Vivelo, ein jüngerer Gelehrter, ein Vertreter der moderneren Position. Trotz seiner szientistischen und daher auf korrekten Gebrauch der Fachsprache bedachten Einstellung kann Vivelo lebhaft und packend schreiben – wovon sich der Leser selbst überzeugen mag. Seine Stärke und wohl auch seine Vorliebe sind klar durchdachte und einprägsame Begriffsdefinitionen. Vor allem das Glossar am Ende des Buches, das dessen Inhalt in solchen Definitionen zusammenfaßt, wird dem Neuling hilfreich sein. Wir haben uns bemüht, etwas vom rauhen Charme von Vivelos Sprache in der Übersetzung einzufangen. Diese hat sich ansonsten mehr am Prinzip der Verständlichkeit als an dem der Worttreue orientiert.

Für den deutschen Leser und den deutschen Studierenden kann das *Handbuch der Kulturanthropologie* vor allem deshalb als Einführung in das Fach dienen, weil sich die deutsche Völkerkunde, wie eingangs erwähnt, immer stärker an der amerikanischen Kulturanthropologie orientiert. In einer Epoche, in der das Verschwinden der Naturvölker als unabhängige Kulturen absehbar ist, hat die Kunde von den Naturvölkern die Wahl, entweder zu einer rein historischen Disziplin zusammenzuschrumpfen oder aber sich zu einer allgemeinen Wissenschaft von der Menschheit auszuweiten. Es scheint, daß die Tendenz eher in die zweite Richtung geht. Die deutsche Ethnologie kann dafür nicht nur an die amerikanische *Cultural Anthropology*, sondern auch an die deutsche *Kulturanthropologie* oder *philosophische Anthropologie* anknüpfen, die den Gegensatz von „Natur-“ und „Geisteswissenschaften“ nicht szientistisch einebnen, sondern durch eine phänomenologische Theorie des Menschen überwinden will.[21] In jedem Fall muß aber eine allgemeine Wissenschaft vom Menschen der „Horizontausweitung“ Rechnung tragen, die die historisch-deskriptive Völkerkunde *(Ethnographie)* erbracht hat und weiter erbringt. Heute ist der welthistorische *Kairos* für eine solche Wissenschaft gegeben. Insofern kann auch ein bißchen „Amerikanismus“ unserer Ethnologie nicht schaden.

Bonn, im Dezember 1980 — Erika Stagl, Justin Stagl

---

[21] Die philosophische Anthropologie, die im 20. Jahrhundert eine Renaissance erlebte, ist vor allem phänomenologisch orientiert. Vgl. Scheler 1928, Plessner 1928, Cassirer 1923–29, 1960, Gehlen 1940, 1956, 1961, Mühlmann 1962, Mühlmann und Müller 1966. Siehe auch Schmied-Kowarzik und Stagl 1980.

## Literaturverzeichnis zur Einleitung des Herausgebers


Adam, L., und H. Trimborn siehe Trimborn, H.

Asad, T. (Hrsg.) 1973. *Anthropology & the Colonial Encounter*. London.

Breitinger, E., J. Haekel und R. Pittioni (Hrsg.) 1961. *Theorie und Praxis der Zusammenarbeit zwischen den anthropologischen Disziplinen: Bericht über das zweite österreichische Symposion auf Burg Wartenstein bei Gloggnitz 6.–12. September 1959*. Horn.

Cassirer, E. 1923–29. *Philosophie der symbolischen Formen*. 3 Bde. Darmstadt.

Cassirer, E. 1960 (zuerst 1944). *Was ist der Mensch? Versuch einer Philosophie der menschlichen Kultur*. Stuttgart.

Dittmer, K. 1946. *Allgemeine Völkerkunde*. Braunschweig.

Fischer, H. 1970. „Völkerkunde", „Ethnographie", „Ethnologie": „Kritische Kontrolle der frühesten Belege", *Zeitschrift für Ethnologie*, 65.

Freudenfeld, B. (Hrsg.) 1960. *Völkerkunde: Zwölf Vorträge zur Einführung in ihre Probleme*. München.

Gehlen, A. 1940. *Der Mensch: Seine Natur und Stellung in der Welt*. Berlin.

Gehlen, A. 1956. *Urmensch und Spätkultur*. Frankfurt am Main.

Gehlen, A. 1961. *Anthropologische Forschung: Zur Selbstbegegnung und Selbstentdeckung des Menschen*. Reinbek bei Hamburg.

Heine-Geldern, R. v. 1964. „One Hundred Years of Ethnological Theory in German-Speaking Countries", *Current Anthropology*, 5 (5), S. 407–418.

Hirschberg, W. (Hrsg.) 1965. *Wörterbuch der Völkerkunde*. Stuttgart.

Hodgen, M. T. 1935. *The Doctrine of Survivals: A Chapter in the History of Scientific Method in the Study of Man*. London.

Hultkrantz, A. 1968. „The Aims of Anthropology: A Scandinavian Point of View", *Current Anthropology*, 9 (4), S. 289–296.

Kraus, W. 1975. *Kultur und Macht: Die Verwandlung der Wünsche*. Wien.

Krauss, W. 1979. *Zur Anthropologie des 18. Jahrhunderts: Die Frühgeschichte der Menschheit im Blickpunkt der Aufklärung*. (Hrsg. von H. Kortum und Chr. Gohrisch.) München/Wien.

Kuper, A. 1975 (zuerst 1973). *Anthropologists and Anthropology: The British School 1922–1972*. Harmondsworth.

Kutter, U. 1978. „Volks-Kunde – Ein Beleg von 1782", *Zeitschrift für Volkskunde*, 74 (2), S. 161–166.

Landmann, M., et al. 1962. *De Homine: Der Mensch im Spiegel seines Gedankens*. Freiburg/München.

Leach, E. R. 1966. „On the ‚Founding Fathers'", *Current Anthropology*, 7 (5), S. 560–562.

Lowie, R. H. 1956. „Reminiscences of Anthropological Currents in America Half a Century Ago", *American Anthropologist*, 58, S. 995–1015.

Lutz, G. 1973. „Johann Ernst Fabri und die Anfänge der Volksforschung im ausgehenden 18. Jahrhundert", *Zeitschrift für Volkskunde*, 69 (1), S. 19–42.

Mandelbaum, D. G., G. W. Lasker und E. M. Albert (Hrsg.) 1963 a. *The Teaching of Anthropology*. Berkeley/Los Angeles.

Mandelbaum, D. G., G. W. Lasker und E. M. Albert (Hrsg.) 1963 b. *Resources for the Teaching of Anthropology*. Berkeley/Los Angeles.

Marquard, O. 1965. „Zur Geschichte des philosophischen Begriffs ‚Anthropologie' seit dem Ende des 18. Jahrhunderts", in: *Colloquium philosophicum: Festschrift für Joachim Ritter*. Basel/Stuttgart.

Marquard, O. 1971. „Anthropologie“, in: J. Ritter (Hrsg.): *Historisches Wörterbuch der Philosophie.* Basel/Stuttgart.
Marquard, O. 1973. *Schwierigkeiten mit der Geschichtsphilosophie.* Frankfurt am Main.
Möller, H. 1964. „Volkskunde, Statistik, Völkerkunde 1787“, *Zeitschrift für Volkskunde*, 60, S. 218–233.
Mühlmann, W. E. 1962. *Homo creator: Abhandlungen zur Soziologie, Anthropologie und Ethnologie.* Wiesbaden.
Mühlmann, W. E. 1964. *Rassen, Ethnien, Kulturen: Moderne Ethnologie.* Neuwied/Berlin.
Mühlmann, W. E. 1968 (zuerst 1948). *Geschichte der Anthropologie.* (2. Aufl.) Frankfurt am Main/Bonn.
Mühlmann, W. E. und E. W. Müller (Hrsg.) 1966. *Kulturanthropologie.* Köln/Berlin.
Müller, K. E. 1980. „Grundzüge des ethnologischen Historismus“, in: W. Schmied-Kowarzik und J. Stagl (Hrsg.), *Grundfragen der Ethnologie: Beiträge zur gegenwärtigen Theorie-Diskussion.* Berlin.
Niedermann, J. 1941. *Kultur: Werden und Wandlungen des Begriffs und seiner Ersatzbegriffe von Cicero bis Herder.* Florenz.
Nölle, W. 1959. *Völkerkundliches Lexikon: Sitten, Gebräuche und Kulturbesitz der Naturvölker.* München.
Plessner, H. 1928. *Die Stufen des Organischen und der Mensch.* Berlin.
Rassem, M. 1979. *Stiftung und Leistung: Essais zur Kultursoziologie.* Mittenwald.
Rogge, A. E. 1976. „A Look at Academic Anthropology: Through a Graph Darkly“, *American Anthropologist*, 78 (4), S. 829–843.
Rothacker, E. 1964. *Philosophische Anthropologie.* Bonn.
Rudolph, W. 1959. *Die amerikanische „Cultural Anthropology“ und das Wertproblem.* Berlin.
Rudolph, W. 1968. *Der kulturelle Relativismus: Kritische Analyse einer Grundsatzfragen-Diskussion in der amerikanischen Ethnologie.* Berlin.
Scheler, M. 1928. *Die Stellung des Menschen im Kosmos.* Darmstadt.
Schmied-Kowarzik, W. und J. Stagl (Hrsg.). 1980. *Grundfragen der Ethnologie: Beiträge zur gegenwärtigen Theorie-Diskussion.* Berlin.
Stagl, J. 1974. „August Ludwig Schlözers Entwurf einer ‚Völkerkunde‘ oder ‚Ethnographie‘ seit 1772“, *ethnologische zeitschrift zürich*, 2 (2), S. 73–91.
Stagl, J. 1980 a (zuerst 1974). *Kulturanthropologie und Gesellschaft: Eine wissenschaftssoziologische Darstellung der Ethnologie und Kulturanthropologie* (2. Aufl.). Berlin.
Stagl, J. 1980 b. „Szientistische, hermeneutische und phänomenologische Grundlagen der Ethnologie“, in: W. Schmied-Kowarzik und J. Stagl (Hrsg.), *Grundfragen der Ethnologie: Beiträge zur gegenwärtigen Theorie-Diskussion.* Berlin.
Steinbacher, Fr. 1976. *Kultur: Begriff – Theorie – Funktion.* Stuttgart.
Stocking, G. W., Jr. 1968. *Race, Culture and Evolution: Essays in the History of Anthropology.* New York.
Szalay, M. 1975. „Die Krise der Feldforschung: Gegenwärtige Trends der Ethnologie“, *Archiv für Völkerkunde*, 29, S. 109–120.
Szalay, M. 1977. „Praxis als Problem (am Beispiel der Khoi-San-Mission 1792–1909): Fragen zur Aktionsethnologie“, *ethnologische zeitschrift zürich*, 5 (2), S. 93–111.
Thiel, J. F. 1977. *Grundbegriffe der Ethnologie: Vorlesungen zur Einführung.* St. Augustin.
Tischner, H. (Ed.) 1963 (zuerst 1959). *Völkerkunde.* Frankfurt am Main.

Trimborn, H. 1971. *Lehrbuch der Völkerkunde* (4. Aufl). Stuttgart. (Zuerst Adam, L., und H. Trimborn. 1958. *Lehrbuch der Völkerkunde.* Stuttgart.)
Tylor, E. B. 1871. *Primitive Culture.* London.

# Vorwort

## Grundprinzipien der Einführung in die Anthropologie

In den letzten Jahren hat sich unter den amerikanischen Lehrenden der Anthropologie ein wachsender Trend abgezeichnet, anstelle großer Lehrbücher ethnographische Fallstudien, ergänzt durch Zeitschriftenartikel, zu benützen. Andere, welche am liebsten ganz ohne Lehrbücher auskommen möchten, dies aber letztlich doch nicht tun, halten dem entgegen, daß die Lektüre einer Reihe von Werken, wie umfassend sie auch in ethnographischer Hinsicht sein möge, den Neulingen keinen hinreichenden theoretischen Bezugsrahmen geben kann und bei den Studenten den Eindruck hinterlassen könnte, daß die Anthropologie in der Tat ein ungeordneter Haufen von Töpfen und Scherben ist. Darüber hinaus kann eine solche Lektüre den Studenten nicht jenes Grundlagenwissen liefern, das sie brauchen, um Fortschritte in der Anthropologie zu machen, d.h. eine Grundlage, auf der die Fachausbildung für Fortgeschrittene aufbauen könnte. Andererseits schließen der Umfang und der Preis der Lehrbücher oft eine umfassende zusätzliche Lektüre aus. Das vorliegende Handbuch stellt meinen Versuch dar, mit diesen Schwierigkeiten fertig zu werden. Es ist weder ein in sich geschlossener Text noch eine Reihe von ethnographischen Darstellungen. Es ist statt dessen so aufgebaut, daß es vor allem in Verbindung mit einer Reihe von ethnographischen Fallstudien oder anderer exemplarischer Lektüre benützt werden kann.

Ich habe dieses Handbuch so kurz wie möglich gemacht; einfach im Stil, Ton und Aufbau (aber nicht übersimplifiziert bis zur Entstellung); umfassend (aber sicherlich nicht erschöpfend; siehe unten); und einheitlich (durch das explizite Konzept der soziokulturellen Evolution in Teil II und einen impliziten, gemäßigten Funktionalismus in Teil III). Um die Einheit und innere Geschlossenheit des Buches noch zu steigern, wurde ihm noch eine ungewöhnliche Besonderheit hinzugefügt: Als Anhang 1 wird eine zusammenfassende Tabelle gegeben. Diese Tabelle führt das wichtigste Material aus diesem Handbuch in Form eines Gesamtplans an, so daß der Leser auf einen Blick die verschiedenen Informationen innerhalb eines einzigen Bezugsrahmens miteinander in Verbindung setzen kann. Kein anderes in die Anthropologie einführendes Buch, von welchem Umfange auch immer, macht dies.

# Ziele

Dieses Buch ist ein *Handbuch;* seine Ziele sind also Einfachheit und Breite der Darstellung. Diese erfolgt in einer Sprache, die einfach ist, ohne, wie ich hoffe, herablassend zu sein. Bei aller Kürze hat das Buch einen weiten Gesichtskreis: Es macht ja den Versuch, den Studenten in eine ganze Wissenschaft einzuführen. Es zielt darauf ab, eine Anzahl von komplexen Problemen und Ideen innerhalb der Kulturanthropologie auf kurze und klare Weise zu vermitteln, ohne in einer Unzahl von ethnographischen Beispielen und theoretischen Debatten steckenzubleiben. Es gibt nicht vor, etwas anderes zu sein als eine in sich geschlossene einführende Darstellung, die sich vor allem auf die Grundfragen konzentriert.

Es kann auch für sich allein als Kurzfassung der verschiedenen großen einführenden Werke dienen, die gegenwärtig innerhalb der Kulturanthropologie verwendet werden (etwa zwei Dutzend von diesen wurden beim Schreiben des vorliegenden Handbuches verarbeitet), und also auch als eine Zusammenfassung dieser Wissenschaft selbst; und es kann als ein knappes Kompendium der Konzepte und Fachausdrücke zur Erleichterung der Benutzung von wissenschaftlichen Monographien und Zeitschriftenartikeln dienen. Aber es ist ganz ausdrücklich kein Glossar – also keine simple Auflistung von Fachtermini und deren Definitionen – obgleich die Studierenden, die dieses Handbuch benützen, finden werden, daß sie allmählich damit anfangen können, die gelehrten Werke der Anthropologen zu lesen, ohne dabei von der Terminologie behindert zu werden.

# Darstellung

Der Hauptwert dieses Handbuches besteht in dem unkomplizierten Überblick über die wichtigsten Gegenstände, Begriffe und Gedanken der Kulturanthropologie, die es bietet. (Für manche Themen, wie z. B. Ehe- und Familienformen, ist dies keine leichte Aufgabe, da sich die Anthropologen nicht einmal in der Terminologie einig sind.) Ich habe versucht, keine Partei zu ergreifen und jedes Thema in einer für die meisten Anthropologen annehmbaren Weise darzustellen. Zu diesem Zwecke habe ich mich bemüht, mich nicht in lange theoretische Erörterungen einzulassen und der Versuchung zu widerstehen, zu jeder Behauptung ein ethnographisches Beispiel anzuführen (wiewohl kurze ethnographische Skizzen in den Kapiteln 4–8 enthalten sind). Beides kann ausführlicher entweder durch den Dozenten in Lehrveranstaltungen oder durch zusätzliche Lektüre behandelt werden.

Wenn ich mich auf diesen Seiten in ausführliche theoretische Diskussion einließe, würde ich meine eigenen Absichten zunichte machen. Dies wäre dann kein Handbuch mehr, es wäre ein Lehrbuch. Innerhalb der diesem Buch gesetzten Grenzen kann die Theorie ganz einfach nicht angemessen und *fair* behandelt werden. Die Theorie bedarf eines eigenen Buches. Der einzige Weg, wie man in einem Handbuch wie diesem die Theorie kurz behandeln könnte, wäre, Partei zu ergreifen, d. h. einen interpretativen Bezugsrahmen aufzugreifen und alle anderen auf einen untergeordneten Status zu reduzieren. Das würde aber dazu führen, daß die Perspektive des Buches für eine angemessene Einführung in ein so vielgestaltiges Feld wie die Kulturanthropologie viel zu eng wäre. Aus diesem Grunde beschränke ich meine Erwähnungen der Theorie auf das, was notwendig ist, um meine Darstellung zu ordnen. Ich erwähne zum Beispiel im Text solche Probleme wie das rituelle Verbot des Geschlechtsverkehrs nach der Geburt, das Männerkindbett (Couvade), die Furcht vor dem Menstruationsblut und Initiationsrituale; aber ich nehme davon Abstand, die verschiedenen Interpretationen dieser Phänomene zu erörtern. Ich gebe jedoch die nötigen Verweise auf die Spezialliteratur. Desgleichen gehe ich nicht auf die Geschichte der Anthropologie ein (ein Gegenstand, der ebenfalls in einem eigenen Handbuch behandelt werden sollte), denn Geschichte bedeutet vor allem Theorien bzw. deren Verteidiger und Gegner. Aus diesem Grunde wurden Themen wie unilineale im Gegensatz zu multilinealer Evolution, Funktionalismus, Historismus usw. vermieden. Ebenso gebe ich, obgleich ich in Teil II einen evolutionistischen Bezugsrahmen zur Ordnung meiner Darstellung verwende (während ich in Teil III einen institutionellen Bezugsrahmen verwende), keine Erörterung der Geschichte dieses Gedankens, seiner allgemeinen theoretischen Implikationen oder solcher stark umstrittener Probleme wie der Ursachen für die Übergänge zwischen den einzelnen Entwicklungsebenen.

Andererseits ist dieses Handbuch aber keine bloße Zusammenfassung, weil es in seiner Darstellungsweise sehr einheitlich ist. In einem Standardlehrbuch kann man z. B. auf S. 80 etwas über die Übergangsriten (Rites de Passage) lesen, ohne jedoch auf eine Diskussion der Intensivierungsriten zu stoßen (wenn diese überhaupt erwähnt werden), bis man auf S. 250 angelangt ist. Ich habe durch das ganze Buch hindurch diese Zersplitterung zu vermeiden versucht. Ich gebrauche dafür zwei Kunstgriffe. Der eine ist die Gegenüberstellung von paarweise auftretenden Phänomenen: Übergangsriten – Intensivierungsriten; Schamane – Priester; Animismus – Animatismus usw. Solche Paare werden zusammen behandelt, statt aufs Geratewohl über das ganze Buch verstreut zu werden. Der andere Kunstgriff ist der Gebrauch von Klassifizierungsschemata. Bei der Behandlung eines Themas wie der Politischen Organisation versuche ich z. B. deren Variationen auf eine solche

Weise zu besprechen, daß manche Typen sich aufeinander beziehen und aufeinander aufbauen (leider ist es eine nicht ungebräuchliche Praxis vieler Autoren, solche Informationen über mehrere Kapitel zu verstreuen, ohne ausdrückliche Verbindungen zwischen ihnen herzustellen. So z.B. zerspaltet eines der beliebtesten neuen Lehrbücher – beliebt vor allem bei den Dozenten – die Politische Organisation in zwei verschiedene Kapitel, die durch drei dazwischenliegende Kapitel über andere Themen voneinander getrennt werden).

## Die ethnographischen Beispiele

Am Ende jedes der die verschiedenen Adaptions-Strategien (Jagd und Sammeln, Bodenbau, Hirtentum usw.) beschreibenden Kapitel findet sich eine kurze Beschreibung einer entsprechenden Gesellschaft. Diese „Skizzen" sind mit Absicht in das vorhergehende allgemeine „Modell" nicht nahtlos eingefügt. Sie sind bloße Beispiele, doch dies allein hat schon seinen Wert. Der Vergleich des ethnographischen Beispieles mit dem Modell ist eine wertvolle Übung für den Leser. Eine solche Übung hat eine doppelte Funktion: Sie zwingt den Leser dazu, nicht nur die Skizze, sondern auch mein Modell kritisch zu überprüfen und sich ein Urteil darüber zu bilden, wie nützlich beide sind. Auf diese Übung aufbauend, kann der Leser dann den Wunsch haben, eine der in Tabelle II (im Anhang zu diesem Vorwort) angeführten Ethnographien auszuwählen, um die ethnographische Beschreibung einer bestimmten Gesellschaft mit dem entsprechenden allgemeinen Modell dieses „Gesellschaftstyps" in meinem Buche zu vergleichen (aus diesem Grunde habe ich es vorgezogen, Beispiele von wenig bekannten Gesellschaften bzw. aufgrund von solchen ethnographischen Monographien zu geben, die in einer Einführungsveranstaltung üblicherweise nicht benützt werden). Dies sollte dem Leser helfen, einen gesunden Skeptizismus gegenüber Verallgemeinerungen (und allgemeinen Redensarten) zu entwickeln, da sich herausstellen wird, daß keine wirkliche Gesellschaft genau Punkt für Punkt mit dem „Modell" übereinstimmt. Diese Übung kann den Leser auch dazu anregen, seine analytischen Fähigkeiten einzusetzen, indem er sich vornimmt, Abweichungen des speziellen Falles vom allgemeinen Modell zu begründen oder zu „erklären".

So z.B. sind die Tasaday, welche den Gegenstand der ersten ethnographischen Skizze bilden (Kapitel 4), vor allem Sammler in einer tropischen Umwelt und können als solche sinnvoll mit den Netsilik-Eskimos verglichen werden, einer arktischen Bevölkerungsgruppe, die für ihren Lebensunterhalt vor allem auf die Jagd angewiesen ist (Balikci 1970), oder auch mit anderen

Waldbewohnern, wie den Mbuti-Pygmäen, für die die Jagd eine ihre Hauptbetätigungen ist (Turnbull 1961). Gegensätzlichkeiten und Ähnlichkeiten zwischen den verschiedenen Gesellschaften, die als „Jäger und Sammler" in einen Topf geworfen werden, werden dann besser verstanden. Oder man könnte den Vergleich einer Ethnographie, wie z. B. dem Buch von Newman über die Gururumba von Neuguinea (1965) mit den Dugum Dani, ebenfalls einer Bodenbau treibenden Bevölkerungsgruppe in Neuguinea, die in Kapitel 5 beschrieben ist, zur Aufgabe stellen. Bäuerliche Gesellschaften („Peasant Societies") – wie z. B. die von Beals 1962 und 1974 beschriebenen – könnten der ethnographischen Skizze der Puritaner von Neu-England, die sich in Kapitel 6 findet, gegenübergestellt werden; man könnte das Hauptgewicht aber auch auf Ähnlichkeiten legen, indem man eine ethnographische Monographie der „Amish", d. h. der amerikanischen Mennoniten (Hostetler und Huntington 1971) zum Vergleich heranzieht. In einer anderen kurzen Ethnographie, *Tonalá* (1966), beschreibt Diaz das soziale System eines mexikanischen Landstädtchens, das am Rande der Stadt Guadalajara liegt. Obgleich die Tonalteken am ehesten als Bauern und Handwerker klassifiziert werden können, entsprechen doch viele der von Diaz für diese Gesellschaft beobachteten Züge (Trennung der Geschlechterrollen, wirtschaftliche Tätigkeiten, die Struktur der Autorität in der Familie, politische Einstellungen) jenen der West Ender, d. h. der in Boston lebenden Italo-Amerikaner, die in Kapitel 8 beschrieben werden. Aus diesem Grunde ist *Tonalá* eine informative Parallel-Lektüre. Unglücklicherweise findet man nur schwer anthropologisch brauchbare Gesamtdarstellungen der Industriegesellschaften. Wissenschaftliche Generalisierungen über solche Gesellschaften sind vor allem den Soziologen und Historikern überlassen worden. Eine der umfassendsten Behandlungen moderner Gesellschaften – wenn auch vom ethnologischen Standpunkt aus in mancher Hinsicht unbefriedigend – wird von Harvey (1975) gegeben. Eine andere stammt von Schneider (1969). Lenski und Lenski (1974) gehen in *Human Societies,* einem stark ethnologisch ausgerichteten Lehrbuch der Soziologie, ausführlich auf die Industriegesellschaft ein. Eine derart umfassende und dennoch ausgewogene Behandlung derselben ist wohl in keinem anderen Lehrbuch zu finden. Eine Auswahl aus den obenerwähnten Werken sollte als Gegengewicht zu meinen ethnographischen Skizzen benützt werden.

## Auslassungen und Rechtfertigungen

Nicht in dieses Handbuch aufgenommen wurden drei Gebiete, die zu fast traditionellen Themen von Einführungsbüchern in die Kulturanthropologie geworden sind: Sozialer Wandel, Kultur und Persönlichkeit sowie Kunst, Musik und Folklore. Ihr Fehlen und das Abweichen von der Tradition, das dies bedeutet, erfordert daher eine gewisse Erklärung.

Den Sozialen Wandel habe ich deshalb ausgelassen, weil seine Behandlung in einem Kapitel in einem Handbuch wie diesem sogar die für ein Einführungsbuch akzeptablen Grenzen der Oberflächlichkeit überschritten hätte (außerdem kann das gesamte Handbuch als implizit mit diesem Thema befaßt angesehen werden). Überdies besteht ein solcher Mangel an Übereinstimmung hinsichtlich der Theorie, Methoden, in Frage kommenden Daten und sogar einer passenden Definition des Sozialen Wandels, daß ich fühlte, daß der Leser besser bedient wäre, wenn dieses Gebiet kein separates Thema des Handbuches bildete, sondern seiner eigenen Lektüre überlassen bliebe. Die Anthropologie hat den sozialen Wandel wesentlich besser dokumentiert als erklärt. (Dies ist eine fundamentale Unzulänglichkeit, die sie mit den übrigen Sozial- und Verhaltenswissenschaften teilt.)[1]

Ähnliche Überlegungen führten mich dazu, das Forschungsfeld „Kultur und Persönlichkeit“ (Psychologische Anthropologie) auszulassen. Es gibt hier wirklich keinen allgemein anerkannten Bestand von Grundaussagen, die man zusammenfassen könnte (und zwar weder in der Anthropologie noch in der Persönlichkeitstheorie). Die Terminologie ist sehr oft widersprüchlich (wie viele Forscher waren einer Meinung darüber, was ein „Wert“ oder ein „Persönlichkeitszug“ ist?). Dieses Feld ist, um es milde auszudrücken, in einem Zustand des Fließens, wobei sowohl die Methodologie als auch die Theorie angezweifelt werden (vgl. LeVine 1973). Eine Zusammenfassung würde demgemäß in einem Katalog der ethnographischen Forschungen und Methoden auf diesem Felde bestehen (wie ihn z.B. Barnouw 1973 gibt), was ganz gegen die Absicht dieses Handbuches wäre. Es gibt darüber hinaus noch einen zwingenderen Grund, diese zwei Felder als eigene Themen auszulassen. Weder Kultur und Persönlichkeit noch Sozialer Wandel repräsentieren nämlich eine Sphäre des Glaubens und Handelns noch einen Gesellschaftsty-

---

[1] Heath (1975, S. 212) sagt in einer Besprechung des Buches von Bee (1974) über den sozialen Wandel: „Wenige Sozialwissenschaftler wären bereit zu sagen, daß das Thema des Kulturwandels nicht mehr länger wichtig ist, aber ich bin jedenfalls überzeugt, daß in diesem Zusammenhang in den letzten zehn Jahren wenig Neues gesagt worden ist, und daß das Thema von der zentralen Stellung, die es um die Mitte des Jahrhunderts im anthropologischen Denken einnahm, weit entfernt ist. Zu dieser Zeit schrieb Felix Keesing: ‚Studien der Kultur nach ihrem Zeitaspekt sind so alt wie die Kulturanthropologie selbst. Doch ist paradoxerweise dieses theoretische und methodische Feld gegenwärtig schwach und gar nicht gut integriert...‘ Lesern, die die einschlägige Literatur nicht, wie Bee es offensichtlich getan hat, systematisch verfolgt haben, mag es seltsam erscheinen, die Erfahrung zu machen, daß Keesings Feststellung noch heute Gültigkeit hat.“

pus, wie es die einzelnen Kapitel in den Teilen II und III dieses Handbuches tun. Sie sind keine Arten und Weisen der Organisation sozialer Beziehungen oder soziokultureller Institutionen, sondern weitgespannte, querschnitthafte Phänomene, die ihre besondere Relevanz für das Studium des Prozesses menschlicher Gesellschaftsbildungen haben. Sie können ja in der Tat als theoretische und methodologische Zugangsweisen zum Studium der Gesellschaft begriffen werden. In anderen Worten, man benützt die Grundkonzepte der Kulturanthropologie als Werkzeuge beim Studium der Kultur und Persönlichkeit und des Sozialen Wandels. Das Hauptziel des vorliegenden Handbuches ist es, diese Grundlagen zu legen; wie sie dann in Anwendung auf spezielle Probleme miteinander kombiniert werden, bleibt der einzelnen Lehrveranstaltung überlassen. Die Behandlung dieser Themen verlangt die Einführung entweder von Theorie oder von einer Reihe von ethnographischen Fallstudien – was beides, wie inzwischen klar sein sollte, gegen die Absichten dieses Handbuches wäre.

Auf eine Behandlung der Kunst (die in der Tat eine einigermaßen wohlabgegrenzte Sphäre des Glaubens und Handelns und insofern mit anderen in diesem Handbuche besprochenen vergleichbar ist) wurde verzichtet, weil auch dieses Feld im allgemeinen deskriptiv ist – d.h. aus Berichten darüber besteht, wer was wann und wo erforscht hat. Ich habe nicht die Absicht, die Bedeutung von Dokumentationen herabzusetzen. Natürlich brauchen wir solche Daten, um auf ihnen eine Anthropologie der Kunst aufzubauen. Aber solange dieses Feld keine substantielleren Gedanken über den Zusammenhang von Kunst und soziokulturellen Systemen vorzuweisen hat, ist seine Aufnahme in ein Handbuch wie dieses kaum gerechtfertigt.

## Ergänzendes Material: Lehrbücher, Ethnographien, Lesebücher

Wie oben ausgeführt wurde, kann dieses Handbuch vor allem in Verbindung mit anderen Lehrmaterialien benützt werden. Um diesen Gebrauch zu erleichtern, wurden die Tabellen I und II auf S. 32 und 33 bereitgestellt. Tabelle I setzt die Kapitel dieses Handbuches mit den entsprechenden Abschnitten in den großen Lehrbüchern in Beziehung. Tabelle II empfiehlt einige passende und als Taschenbücher erhältliche Ethnographien sowie einige allgemein gebräuchliche Anthologien zur einführenden Lektüre.

*Frank Robert Vivelo*

*Tabelle 1:* Kapitel in amerikanischen Lehrbüchern in Entsprechung zu Kapiteln in diesem Handbuch

| *Andere Lehrbücher:* | *Kapitel in diesem Handbuch:* 1 | 2 | 3 | 4 | 5 | 6 | 7 | 8 | 9 | 10 | 11 | 12 | 13 | 14 |
|---|---|---|---|---|---|---|---|---|---|---|---|---|---|---|
| Barnouw 1975 | 1 | 2-5 | 6 | 7 | 7 | 7 | 7 | 7 | 13, 14 | 8 | 15, 16 | 11, 12 | 9, 10, 12 | 17, 18 |
| Beals & Hoijer 1971 | 1,4 | 4 | | 7 | 8 | 8 | 8 | 9 | 11 | 10 | 13 | 11 12 | 11, | 14 |
| Bock 1969 | 1 | 2 | 7,9 | 9 | 9 | 9 | 9 | 9 | 3,4 7 | 4,7 | 4,5, 11 | 4,5 10 | 4,5, 10 | 11 |
| Bohannan 1963 | 1 | 2,3 | 13 | 13 | 13 | 13 | 13 | 13 | 10, 11 | 14, 15 | 16, 17 | 4,9 | 5-7 | 18-20 |
| Collins 1975 | Einf. | 13, 14 | 15 | 15 | 15 | 15 | 15 | 15 | 19 | 16 | 20-22 | 17, 18 | 17 | 23 |
| Hammond 1971 | 1 | 1, 17 | 2 | 2 | 2 | 2 | 2 | 2 | 8,9 | 4,5 | 10, 11 | 7 | 6 | 12, 13 |
| Harris 1975b | 1 | 8 | 12 | 12 | 12 | 12 | 12 | 12 | 19, 26 | 14 | 13, 17, 18 | 16 | 15 | 23, 24 |
| Haviland 1975 | 1 | 1,4 | 1,6 | 6 | 6 | 6 | 6 | 6 | 9 | 10 | 11, 12 | 8 | 7 | 13 |
| Hoebel 1972 | 1 | 2 | 12 | 12 | 12 | 12 | 12 | 12 | 18, 19, 24, 25 | 17 | 26, 27 | 22, 23 | 20, 21 | 29, 30 |
| Keesing & Keesing 1971 | 1 | 2,4 | 5,7 | 5,7 | 5,7 | 5,7 | 5,7 | 5,7 11 | 10 | 12 | 13, 14 | 8 | 9 | 15 |
| Kottak 1974 | 1 | 2 | 2,8 | 8 | 8,9 | 8,9 | 8 | 10, 21 | 10 | 18 | 10, 11, 17 | 14, 16 | 14, 15 | 19 |
| Otterbein 1972 | 1 | 1 | 2 | 2 | 2 | 2 | 2 | 2 | 3,5 | 2 | 4 | 3 | 3 | 5 |
| Pearson 1974 | Einf. | 13 | 2, 22 | 23, 25 | 24, 29, 30 | 29, 31 | 26, 27 | 32 | 18 | 17 | 14, 16 | 15 | 15 | 19, 20 |
| Richards 1972 | 8 | 8 | 1 | 1 | 2 | 2 | 2 | 2,3 | 5 | 3 | 4 | 6 | 6 | 7 |
| Schusky 1975 | 1,2 | 1 | 7 | 8 | 8 | 8 | 8 | 8 | 6, 11 | 7 | 5,6 | 4 | 4 | 10 |
| Spradley & McCurdy 1975 | 2,3 | 1 | 9 | 9 | 9 | 9 | 9 | 9 | 4,6, 7,8 | 10 | 11, 12 | 5 | 5 | 13 |
| Stewart 1973 | 1,2 | 1,2 | 3, 17 | 5 | 6 | 8 | 7 | | 9 | (5-9) | 12, 13 | 11 | 10 | 14, 15 |
| Swartz & Jordan 1976 | 1 | 2 | | 9, 10 | 10 | 10 | 10 | | 3 | 12 | 13 | 14 | 14 | 16 |
| Taylor 1973 | 1,5 | 2 | 3,7 | 8 | 8 | 8 | 8 | | 12, 18 | 9 | 13 | 11 | 10 | 15 |

*Tabelle 2:* Ergänzungslektüre

## Empfohlene Ethnographien

**Jäger und Sammler**

Balikci (1970), *The Netsilik Eskimo*
Chance (1966), *The Eskimo of North Alaska*
Downs (1966), *The Two Worlds of the Washo*
Hart & Pilling (1960), *The Tiwi of North Australia*
Ohnuki-Tierney (1974), *The Ainu of the Northwest Coast of Sakhalin*
Turnbull (1961), *The Forest People*
Vanstone (1974), *Athapascan Adaptations*

**Niedere Bodenbauer**

Chagnon (1968), *Yanomamo*
Dentan (1968), *The Semai*
Dozier (1965), *Hano*
Harner (1972), *The Jivaro*
Holmes (1974), *Samoan Village*
Meggers (1971), *Amazonia*
Middleton (1965), *The Lugbara of Uganda*
Newman (1965), *Knowing the Gururumba*
Verrill & Verrill (1967), *America's Ancient Civilizations*
von Hagen (1960), *World of the Maya*
von Hagen (1961a), *The Aztec*
von Hagen (1961b), *Realm of the Incas*

**Höhere Bodenbauer**

Beals (1962), *Gopalpur*
Beals (1974), *Village Life in Southern India*
Geertz (1971), *Agricultural Involution*
Hsu (1965), *Ancient China in Transition*
Lewis (1960), *Tepoztlan*
Smith (1959), *The Agrarian Origins of Modern Japan*

**Hirtennomaden**

Barth (1961), *Nomads of South Persia*
Cole (1975), *Nomads of the Nomads*
Ekvall (1968), *Fields on the Hoof*
Klima (1970), *The Barabaig*

**Industriegesellschaften**

Bennett (1971), *Northern Plainsmen*
Gans (1965), *The Urban Villagers*
Garretson (1976), *American Culture*
Keiser (1969), *The Vice Lords*
Nakane (1970), *Japanese Society*
Norbeck (1965), *Changing Japan*
Spradley & Mann (1975), *The Cocktail Waitress*

## Empfohlene Anthologien zur Einführungslektüre

Bernard (1975), *The Human Way*
Cohen (1971), *Man in Adaptation: The Institutional Framework*
Cohen (1974), *Man in Adaptation: The Cultural Present*
Gould (1973), *Man's Many Ways*
Hammond (1975), *Cultural and Social Anthropology*
Hughes (1976), *Custom-Made*
Hunter & Whitten (1975), *Anthropology*
Poggie, Pelto & Pelto (1976), *The Evolution of Human Adaptations*
Spain (1975), *The Human Experience*
Spradley & McCurdy (1974), *Conformity and Conflict*

# Teil I
# Einführung

# Kapitel 1
# Was ist Anthropologie?

Anthropologie (wörtlich: „Menschenstudium") ist die Erforschung der Menschheit. Eine der besten Definitionen in einem Satz, die in den letzten Jahren erschienen sind, ist die von Gerald Weiss, welcher die Anthropologie umschreibt als „die Erforschung der Gesamtheit aller menschlichen Phänomene, überall auf der Oberfläche dieses Planeten und darüber hinaus und durch alle Zeit..." (1973, S. 1381).

Die Anthropologie ist bezeichnet worden als (1) eine *Naturwissenschaft* bzw. *biologische Wissenschaft,* insofern sie die körperliche Entwicklung und biologische Natur der Menschen erforscht; (2) eine *Sozialwissenschaft,* insofern sie das Verhalten der Menschen als Mitglieder sozialer Gruppen erforscht; (3) eine *historische Disziplin,* insofern sie nach einer Rekonstruktion der Abfolge kultureller Entwicklungen strebt und (4) *eine der Geisteswissenschaften,* insofern sie sich mit Kunst, Folklore, mündlicher Überlieferung usw. befaßt (Mead 1966, S. 3).

Aus diesem Grunde ist die Anthropologie die vielleicht anspruchsvollste unter den Wissenschaften, denn sie ist die einzige Disziplin, die es unternimmt, die *ganze* Menschheit, sowohl biologisch wie kulturell, zu erfassen. Andere Disziplinen konzentrieren sich auf eine oder einige der biologischen oder kulturellen Dimensionen der Menschen; aber keine stellt, wie die Anthropologie es tut, den Anspruch, alles zu erforschen, was menschlich oder mit dem Menschsein verwandt ist, durch alle Zeit und überall im Raum, wo auch immer menschliche Wesen vorgefunden werden.[1]

## Kennzeichen der Anthropologie

Die beiden Hauptkennzeichen der Anthropologie sind ihr *vergleichendes* und ihr *holistisches* Vorgehen.

---

[1] Hier könnte der Dozent den Wunsch haben, die Kulturanthropologie anderen Sozial- oder Verhaltenswissenschaften gegenüberzustellen. Der Versuch dazu ist öfter gemacht worden (beinahe jedes einführende Lehrbuch bietet einige Information zu diesem Punkt); vgl. z. B. die von Kottak (1974 : 10–14) in seinem unlängst erschienenen Lehrbuch gegebenen Erläuterungen. Beattie (1964 : 16–33) gibt die britische Perspektive; ein soziologischer Standpunkt wird von McGee (1975 : 4–8), ein sozialpsychologischer von Lindesmith, Strauss und Denzin (1975 : 15–18) vertreten. Siehe auch die nützlichen Hinweise in Mandelbaum, Lasker und Albert (1967).

### Vergleichende Methode

Zuallererst vertritt die Anthropologie nachdrücklich eine **vergleichende Methode** der Erforschung der Menschheit. Sie unternimmt den Versuch, die Menschen in einer breiten Sicht, also nicht nur in voneinander isolierten Gesellschaften oder innerhalb der Tradition einer einzigen Gesellschaft, zu betrachten. Sie vergleicht Gesellschaft mit Gesellschaft, Tradition mit Tradition, über Zeit und Raum. Sie versucht *Ähnlichkeiten* und *Verschiedenheiten* zu identifizieren, um dadurch zu allgemeinen Aussagen zu gelangen. Sie strebt danach, Variationen in den sozialen Formen auf wissenschaftlich gültige Weise zu erklären sowie Ursprung und Entwicklung der Menschen und ihrer Bräuche zu dokumentieren. Beschreibungen einer Gesellschaft von Jägern im südlichen Afrika, von in Stämmen organisierten niederen Bodenbauern in Neuguinea oder von niederen Bodenbauern mit komplexer politischer Organisation in Mittelamerika, Hirten in Asien, höheren Bodenbauern in Europa und von hochindustrialisierten Nationalstaaten sind alle *notwendig* für dieses Bestreben der Anthropologie. Ein ernstzunehmender Anthropologe käme nicht auf den Gedanken, allgemeine Aussagen über den Menschen und die Gesellschaft zu formulieren, die bloß auf einer Beschäftigung mit den westlichen Gesellschaften beruhen, wie intensiv und vollständig diese Beschäftigung auch immer gewesen sein möge. Anthropologen bestehen darauf, daß alle die Menschheit betreffenden Allgemeinaussagen (ob sie sich nun auf Biologie, Psychologie, soziale Verhaltensmuster oder Glaubenssysteme beziehen) einer quer durch die Kulturen gehenden Überprüfung standhalten müssen. Wenn solche Allgemeinaussagen als wahr für *die Menschen* oder *die menschliche Gesellschaft* hingestellt werden, dann müssen sie sich als wahr für die Menschen oder die Gesellschaft *überall auf der Welt* erweisen. Für einen Anthropologen stellen die westlichen Gesellschaften nur eine Gruppe von Fällen, eine Teilmenge eines umfassenderen Phänomens dar. Natürlich würden die Anthropologen genauso gegen allgemeine Aussagen, z.B. über die Organisation der menschlichen Familie, auftreten, die nur auf einer Erforschung der Eskimo-Familie begründet wären. Was sie in Erfahrung bringen wollen, ist die Entwicklungsgeschichte der Familie seit dem Ursprung der Gattung Mensch. Wie ist „die Familie" entstanden? Wie und warum hat sie sich im Laufe der Zeit verändert? Inwieweit unterscheidet sie sich, und inwieweit ähnelt sie sich von Ort zu Ort? Und wie hängt sie mit der Wirtschaft, politischen Organisation, dem Aufziehen der Kinder, der Sozialisation, der Religion, dem Freizeitverhalten usw. zusammen? Wenn Anthropologen daher ein spezielles Problem der Familienorganisation in einer bestimmten Gesellschaft in Angriff nehmen (z.B.: Wie wird die größere Teilnahme der Frau am Wirtschaftsleben der Nation die amerikanische Familie beeinflussen?), dann bringen sie diesem Problem ein breites Verständnis entgegen, das von der Erforschung „der Familie" in ihrem größeren Zusammenhang herrührt.

Unerläßlich für diese Vorgehensweise ist es natürlich, die Behauptung zu akzeptieren, daß menschliche Gesellschaften über Zeit und Raum hin miteinander vergleichbar sind. Keine Gesellschaft, wenigstens in ihren groben Kennzeichen, ist einzigartig. Die Geschichte jeder gegebenen Gesellschaft *ist* dieser Gesellschaft eigentümlich, ganz genau wie die Lebensgeschichte eines bestimmten Einzelmenschen. Doch haben sowohl menschliche Gesellschaften als auch menschliche Einzelwesen als Mitglieder einer Gattung, d. h. einer taxonomischen Kategorie, einige allgemeine Attribute miteinander gemein. Menschengesellschaften weisen, wie Löwengesellschaften, Ameisengesellschaften oder Paviangesellschaften, Ähnlichkeiten auf – „Dinge, die sie gemeinsam haben". Man muß den Versuch unternehmen, die allgemeinen Charakteristika der betreffenden Klasse von Phänomenen klar auszudrücken und zu verstehen, bevor man hoffen kann, irgendeinen ihrer Repräsentanten zu „verstehen". Verschiedenheiten zwischen menschlichen Gesellschaften sind Verschiedenheiten *innerhalb einer solchen Klasse,* und bevor wir solche Verschiedenheiten richtig einschätzen und zu erklären versuchen können, müssen wir einige Ahnung von den ihnen allen gemeinsamen *Ähnlichkeiten* haben.

Wogegen ich hier polemisiere, ist die von manchen Historikern (und anderen Gelehrten) gehegte Auffassung, daß jede Gesellschaft als etwas Besonderes, Einzigartiges behandelt werden müsse, das nicht wirklich vergleichbar sei mit dem, was andere menschliche Gesellschaften zu anderen Zeiten und an anderen Orten getan oder geglaubt haben. Als Anthropologe und als Sozial*wissenschaftler* muß ich einen derartigen Standpunkt zurückweisen. Die Vergleichbarkeit zu verneinen und die Einzigartigkeit hervorzuheben bedeutet die Leugnung der Möglichkeit gültiger Allgemeinaussagen und daher des wissenschaftlichen Verständnisses menschlicher Wesen und ihres Verhaltens.

Die vergleichende Perspektive bringt auch eine Berücksichtigung der zeitlichen Dimension mit sich. Das heißt, sie besteht darauf, daß wir, um die industrialisierten, staatlich organisierten Gesellschaften der Gegenwart zu verstehen, mit dem vertraut sein müssen, was ihnen vorhergegangen ist; wir müssen also die staatslosen, nichtindustrialisierten Gesellschaften kennen, aus denen sich die modernen Gesellschaften entwickelt haben. Uns steht eine einigermaßen vollständige Dokumentation der Gattung Mensch zur Verfügung, die zeitlich fast fünf Millionen Jahre zurückreicht. Die ersten Bodenbau treibenden Gesellschaften traten erst vor ungefähr 10000 Jahren auf; die ersten staatlich organisierten Gesellschaften erschienen erst vor etwa 6000

Jahren; und die Industriegesellschaft hat erst vor etwa 200 Jahren begonnen, sich im großen Maßstabe durchzusetzen. Sicherlich können wir nicht hoffen, uns selbst zu verstehen, wenn wir die Berichte über die früheren Lebensformen ignorieren. Um es noch einmal zu wiederholen: Moderne Gesellschaften bilden nur eine Teilmenge von Fällen eines umfassenderen Phänomens, das wir zu erforschen, zu beschreiben und zu verstehen streben. Man kann z.B. die Ausübung von Herrschaft in modernen politischen Institutionen nicht völlig verstehen ohne einige Vertrautheit mit Gesellschaften, in denen es *keine* politische Herrschaft gibt und formale Institutionen der Rechtspflege fehlen. Um noch ein anderes Beispiel aufzugreifen: Man kann die sozialen Auswirkungen einer *komplexen* Technologie nicht verstehen ohne eine gewisse Bekanntschaft mit den sozialen Konsequenzen einer *einfachen* Technologie. Für ein derartiges Verständnis arbeitet man sich stufenweise hinauf, indem man vom Einfachsten zum Komplexesten fortschreitet. Wie sollen wir die gegenwärtigen Wandlungen in „der Familie" verstehen, wenn wir über die Entwicklung und die soziokulturelle Variationsbreite der Organisation der menschlichen Familie nichts wissen?

## Holismus

Das andere Hauptkennzeichen der anthropologischen Vorgehensweise der Analyse und des Verstehens menschlichen Glaubens und Handelns ist das Beharren darauf, daß menschliche Gesellschaften als Ganzheiten, als funktionale Einheiten oder – in den Begriffen der Kybernetik – als Systeme behandelt werden sollen. Es gibt verschiedene Abarten dieses **Holismus,** für die eine Anzahl von Namen gebräuchlich ist. Der bekannteste unter diesen Namen ist „Funktionalismus", obgleich diese Bezeichnung heute in manchen Kreisen als Schimpfwort gilt. Am einfachsten ausgedrückt, bedeutet Holismus, daß die Anthropologie den Versuch macht, das gesamte Spektrum dessen abzudecken, was menschlich ist, um zu Allgemeinaussagen zu gelangen; sie versucht also, einen totalen oder allumfassenden Überblick zu geben. Spezieller gesehen hat der anthropologische Holismus zwei Hauptaspekte.

Erstens versuchen die Anthropologen, die menschliche Kultur als ein einziges, in sich zusammenhängendes Gewebe zu betrachten, als eine geordnete Wesenheit, ein funktionales Ganzes, in welchem alle Teile miteinander als Komponenten eines Systems verbunden sind. Obgleich wir Elemente des Gesamtsystems zum Zwecke der Analyse, Darstellung oder Diskussion isolieren oder voneinander trennen können, werden wir bestenfalls nur zu einem oberflächlichen Verständnis dieser Teile gelangen, wenn wir sie nicht, in dem Bemühen zu erkennen, wie sie miteinander verbunden sind, zueinander in Beziehung setzen. Religion, wirtschaftliche Organisation, das politische

System, Siedlungsform, Verwandtschaft, Erziehung, Heirat usw. – alle diese sind miteinander zusammenhängende und untereinander verwobene Teile eines soziokulturellen Systems. Ein Anthropologe erforscht sie alle – obgleich er (oder sie) sich auf nur eine oder zwei von ihnen spezialisieren und konzentrieren kann – und ist darin ausgebildet, ihren gegenseitigen Zusammenhang zu beobachten. So wird z. B. ein Anthropologe, der sich auf die politischen Organisationsformen spezialisiert hat, trotzdem mit dem Verwandtschaftssystem ebensogut vertraut sein, wenn er diese Aspekte des soziokulturellen Systems vielleicht auch nicht besonders hervorheben wird. In anderen Worten, wir haben im Fach Vertreter der Ökologischen Anthropologie, Psychologischen Anthropologie, Politischen Anthropologie und Ökonomischen Anthropologie sowie Spezialisten für das Studium des Rechts, der Religion, der Denksysteme, der Kunst und Musik; aber alle diese Spezialisten sind zuallererst *Anthropologen* im weitesten Sinne.[2]

Zweitens ist die Anthropologie holistisch in dem Sinne, daß sie den Versuch macht, die Menschen nicht nur als kulturelle Wesen, sondern auch als Tiere zu verstehen. Sie befaßt sich mit den physischen oder biologischen Charakteristika der Gattung ebensogut wie mit den sozialen und kulturellen. Die physische Evolution der Gattung *Homo* und die kulturelle Evolution der Menschheit werden nicht als zusammenhanglos nebeneinanderlaufend betrachtet. Beide sind nötig für ein richtiges Verständnis davon, was für eine Art von Geschöpf wir sind.

## Forschungsschwerpunkt

Ein anderes Attribut der Anthropologie, das oft als ein Hauptcharakteristikum angesehen worden ist, ist das traditionelle Interesse der Anthropologen an der Erforschung von vorwiegend schriftlosen (oder vorschriftlichen oder

---

[2] A.L.Kroeber (1953, S.XIV) gab den folgenden treffenden Kommentar: „Es ist augenscheinlich, daß die Anthropologie – wie spezialisiert sie auch bei der Behandlung bestimmter Daten sein möge – darauf abzielt, letztlich eine Koordinierungs-Wissenschaft zu sein, ähnlich etwa wie eine Holding-Gesellschaft ihre Firmen koordiniert. Wir Anthropologen werden niemals China so eingehend kennen wie ein Sinologe, oder Preise, Kredit und Bankwesen so gut wie ein Wirtschaftswissenschaftler, oder die Vererbung so genau wie ein Genetiker. Aber wir nehmen das in Angriff, was diese spezialisierteren Gelehrten nur streifen oder überhaupt nicht berühren: Wir versuchen gewissermaßen zu verstehen, wie die chinesische Kultur, die Wirtschaft und die menschliche Vererbung und einige Dutzend anderer hochentwickelter Wissensgebiete tatsächlich miteinander zusammenhängen, da sie ja alle Teile „des Menschen" repräsentieren – aus ihm hervorgehen, auf ihn hin orientiert bzw. seine Produkte sind."

„primitiven") Völkern.[3] Zeitgenössische Anthropologen beschränken sich jedoch nicht mehr auf solche Gesellschaften. In wachsendem Maße wenden sie sich der eigenen Gesellschaft zu, um hier Feldforschung zu betreiben. Verschiedene Faktoren sind für diese Entwicklung verantwortlich. Die wichtigsten von ihnen scheinen zu sein: die mangelnde finanzielle Unterstützung für Forschungsexpeditionen nach entfernten Enden der Welt; das allmähliche Verschwinden isolierter, primitiver Gesellschaften (die traditionelle Lebensweise der Stammesgesellschaften schwindet rasch dahin, da sowohl kulturelle wie geographische Distanzen im Überschall-Zeitalter verkürzt worden sind, außerdem wollen viele von diesen Völkern nicht mehr von Anthropologen „erforscht" werden); sowie der Druck unmittelbarer Probleme in unserer eigenen Gesellschaft, die die Aufmerksamkeit der Sozialwissenschaftler verlangen. Die Anthropologen bringen für die Aufgabe, die dringendsten Probleme an der Heimatfront zu vermindern, eine spezielle Fachkenntnis mit. Ihre Vertrautheit mit verschiedenen Lebensformen und mit der Evolution der menschlichen Gesellschaft hilft ihnen dabei, die besonderen Probleme, denen wir uns hier und jetzt gegenübersehen, mit einer breiten Reihe von überprüfbaren Alternativen der Bewältigung von unvorhergesehenen Ereignissen anzugehen. Daß die Anthropologen in gewisser Hinsicht gezwungen werden, Untersuchungen in ihren eigenen Gesellschaften anzustellen, ist insofern keine ganz unglückliche Situation.

## Teilgebiete der Anthropologie

Jede Wissenschaft, die beansprucht, *alles* von irgendeinem Gegenstand (und in diesem Falle außerdem alles über *das Menschliche*) zu behandeln, behauptet viel von sich. Ein so ehrgeiziges Unternehmen übersteigt offenkundig die Fähigkeiten jedes einzelnen Individuums, denn es ist unmöglich, daß ein einzelner über die zum Studium der Menschen in ihrer Gesamtheit notwendigen Kenntnisse verfügen kann. Aus diesem Grunde gibt es, wie wir oben festgestellt haben, innerhalb der Anthropologie Teilgebiete oder „Spezialisierungen", und jeder Anthropologe wählt sich eines oder einige von diesen aus, um sich auf sie zu konzentrieren. Doch erhalten die meisten Anthropologen eine

---

[3] Um Vorurteile zu vermeiden, haben sich die Anthropologen schreckliche Mühe gegeben, einen Begriff zur Bezeichnung der nichtwestlichen, nichtstaatlichen, nichtindustriellen Gesellschaften zu finden, in denen sie den Großteil ihrer Forschungen durchgeführt haben. Kein völlig befriedigender Terminus hat sich durchsetzen könne. Ich werde in diesem Handbuch die Ausdrücke „primitiv" und „schriftlos" verwenden. Der Leser sei daran erinnert, daß mit diesen Ausdrücken nichts Abwertendes oder Herabsetzendes gemeint ist.

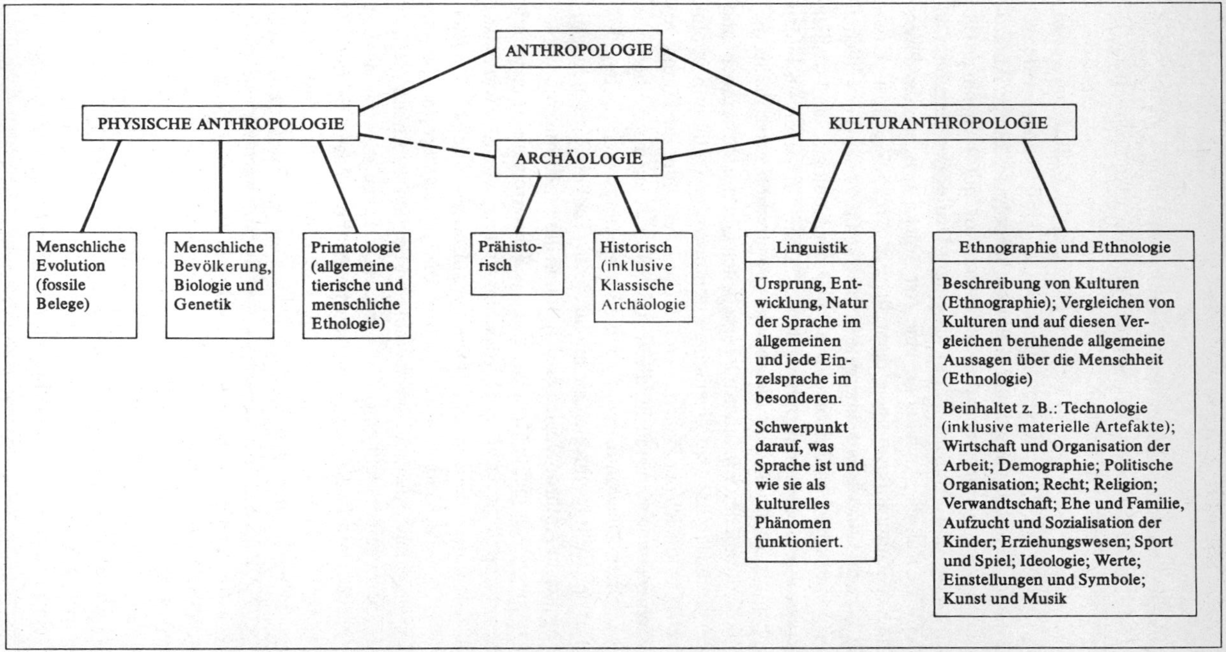


*Abbildung 1.1:* Die wesentlichen Teilgebiete der Anthropologie

allgemeine Ausbildung in der gesamten Disziplin, und amerikanische Studienprogramme für Graduierte verlangen meist von den Doktoranden der Anthropologie, daß sie zumindest in drei breiten Forschungsgebieten einen Mindestgrad von Sachkenntnis nachweisen: Physische Anthropologie, Archäologie und Kulturanthropologie.

In Abbildung 1.1 habe ich den Versuch gemacht, die wichtigsten Teilgebiete der Anthropologie aufzuzeigen. Die wichtigste Unterteilung ist die zwischen Physischer Anthropologie und Kulturanthropologie. Einige Anthropologen ziehen eine Gliederung in drei Teilgebiete vor, mit Archäologie (inklusive der Vor- und Frühgeschichte) als einem Drittel des Ganzen. Der Grund dafür ist, daß die Archäologie eine Art Brücke zwischen der Physischen und der Kulturanthropologie darstellt. Ein Archäologe bzw. Urgeschichtler braucht andererseits eine gute Arbeitskenntnis der menschlichen wie der nichtmenschlichen Paläontologie sowie der Geologie, um Fossilien erkennen und ihre Bedeutsamkeit bewerten zu können. Andererseits bilden Archäologen oft Theorien über die soziale Organisation eines prähistorischen Volkes, die auf den von ihnen ausgegrabenen Überresten beruhen; und aus diesem Grunde müssen sie allgemeine Kenntnisse der Kulturanthropologie besitzen. Obwohl ich persönlich eine einfache Zweiteilung der Anthropologie bevorzuge, habe ich versucht, die zentrale Bedeutung der Archäologie durch deren Ort im Diagramm und durch die Verbindungslinien von der Physischen und der Kulturanthropologie aufzuzeigen. (Daß die Verbindungslinie zur Physischen Anthropologie gestrichelt und die zur Kulturanthropologie voll ist, spiegelt nur meine Meinung wider, daß die Archäologie enger mit der Kulturanthropologie als mit der Physischen Anthropologie verwandt ist.) Ich werde in diesem Handbuch die Physische Anthropologie und die Archäologie nicht behandeln, sondern werde mich auf die Kulturanthropologie konzentrieren – aber auch nicht auf deren gesamten Bereich, da ich auf die Linguistik als Spezialgebiet nicht eingehen werde. (Die Linguistik ist in der Tat eine so spezialisierte Betätigung, daß manche Anthropologen sie mit der Physischen und der Kulturanthropologie auf eine Ebene stellen, statt sie als Teilgebiet der letzteren zu betrachten.)

Der Begriff *Kulturanthropologie* wird in drei Bedeutungen verwendet. Er kann, wie in Abbildung 1.1, eines der wesentlichen Teilgebiete der Anthropologie bezeichnen. Er kann auch in einem engeren Sinne verwendet werden, wobei er bloß für das steht, was im großen Kästchen ganz rechts in Abbildung 1.1 enthalten ist, dem Kästchen mit der Überschrift *Ethnographie und Ethnologie.* Und schließlich kann er, im Gegensatz zur „Sozialanthropologie" (social anthropology), eine spezielle theoretische Betrachtungsweise meinen (diese Unterscheidung beruht auf einer besonderen Auffassung des „Kulturellen" und des „Sozialen", die im nächsten Kapitel besprochen wird).

## Das Sammeln anthropologischer Daten: die Feldforschung

Die **Feldforschung** in der Kulturanthropologie kann als die direkte Erforschung einer Gemeinschaft verstanden werden. Sie bildet die grundlegende Erfahrung von nahezu allen Kulturanthropologen. Charakteristischerweise führen die Kulturanthropologen ihre Forschungstätigkeit in der natürlichen Umgebung durch, unter einer Gruppe von Menschen, die in gewohnter Weise und unter den gewohnten Bedingungen (mit Ausnahme der Anwesenheit des Anthropologen) ihren täglichen Beschäftigungen nachgehen. Diese Methode der anthropologischen Feldforschung ist in allgemeinen Begriffen als **teilnehmende Beobachtung** bezeichnet worden. Diese besteht darin, unter einer Gruppe von Leuten zu leben, dasselbe zu tun wie sie, soweit sie dies gestatten, und das, was vorfällt, so getreu wie möglich zu berichten; d.h. sie besteht aus *Teilnahme* und *Beobachtung*. Darüber hinaus führen Anthropologen natürlich auch formale und informelle Befragungen von Mitgliedern der von ihnen untersuchten Gesellschaften durch. Diese einheimischen Personen werden als *Gewährsleute (Informanten)* bezeichnet.

Die sich daraus ergebende, von einem Anthropologen gelieferte Beschreibung nennt man eine **Ethnographie.** Die Ethnographie steht der **Ethnologie** gegenüber, welche als theoretisierende Verallgemeinerung bezeichnet werden kann, deren Grundlage die vergleichende Ethnographie darstellt, d.h. Beschreibungen einer Mehrzahl von Gesellschaften.

Eine der Hauptaufgaben des Ethnographen, entweder bevor er sich tatsächlich in die Feldsituation begibt oder während der Feldforschung, besteht darin, die einheimische Sprache zu lernen. Das Erlernen der Sprache eines Volkes bringt es mit sich, daß man zu einem gewissen Grade auf die Weise des untersuchten Volkes zu denken lernt (oder es ist zumindest ein wichtiger Schritt in diese Richtung). Es ist eine unschätzbare Hilfe für das Verständnis und die Auslegung des Verhaltens. Ohne eine gründliche Kenntnis der einheimischen Sprache besteht die große Gefahr, daß das Verständnis des Anthropologen von einer exotischen Lebensform durch den Versuch verzerrt wird, sie in vertrautere Begriffe zu „übersetzen“. (Dieses Problem wird ausführlich in Kapitel 2 behandelt werden.)

## Der Gebrauch anthropologischer Daten: Kulturrelativismus versus Ethnozentrismus

Worin besteht der Nutzen der Informationen, die Anthropologen sammeln? Zunächst in der Hoffnung, daß wir durch das Erlernen der Lebensweisen anderer uns selbst besser verstehen können. Alle Gesellschaften werden mit gewissen Problemen konfrontiert (wie sie ihre Mitglieder ernähren sollen, wie sie die Ordnung aufrechterhalten sollen usw.). Durch die Untersuchung alternativer Lösungen und der Bedingungen, unter denen sie ausprobiert worden sind – indem wir etwas über die Reaktionen der anderen lernen –, können wir Nutzen daraus ziehen und auf ihnen aufbauen.

Wir können aber auch als Gruppe weniger selbstbezogen werden. **Ethnozentrismus** ist der Terminus, der für Gruppenbezogenheit verwendet wird; er bezeichnet die Tendenz, die eigene Kultur als den Mittelpunkt von allem zu sehen, als das Maß, mit dem alle anderen Lebensstile gemessen werden. Es ist dies die Tendenz, die eigene Kultur als den anderen überlegen oder als „besser" als die anderen anzusehen. Diese Einstellung (die Einstellung, die uns dazu bringt, die „Wilden" zu „zivilisieren" oder den „Heiden" das Christentum zu bringen) ist nicht auf die westlichen Gesellschaften beschränkt, sondern scheint in allen Gesellschaften vorhanden zu sein. Es haben z. B. viele schriftlose Gesellschaften keinen anderen Namen für sich selbst als „Die Leute", was natürlich impliziert, daß niemand außerhalb ihrer Gruppe ein wirklicher Mensch ist.

Der Gegensatz des Ethnozentrismus ist der **Kulturrelativismus:** die Praxis, andere Kulturen *nicht* nach den Standards der eigenen Kultur zu beurteilen. Voraussetzung dafür ist die Bemühung, sich in seinen Beobachtungen von Vorurteilen freizuhalten. In anderen Worten: Der Kulturrelativismus bekennt sich dazu, daß andere Kulturen voneinander *verschieden*, aber nicht besser oder schlechter als andere sind, da es keinen absoluten Vergleichsmaßstab gibt. Der Kulturrelativismus wird vielleicht am besten in Hinblick auf sein Verhältnis zur Moral betrachtet. Kultureller (oder, in diesem spezifischen Falle, ethischer) Relativismus – im Gegensatz zum Ethnozentrismus – vertritt nicht die Ansicht, daß eine Kultur „im Recht" ist, während eine andere „im Unrecht" ist; Kulturen sind einfach verschieden. So z. B. wäre das Töten ihres Kindes (Infantizid) für eine Frau in Europa „unrecht". Bei vielen Eskimo-Gruppen ist es unter bestimmten Bedingungen nicht unrecht. Das Töten des Großvaters, weil er zu alt ist, um für sich selbst zu sorgen, wäre in Europa „unrecht"; bei manchen amerikanischen Indianern war es dies nicht. Mehr als eine Ehefrau zu haben wäre in Europa „unrecht"; für die Mehrzahl der Gesellschaften der Welt ist Polygamie die *bevorzugte* Eheform. Bei Amerikanern und Europäern findet man Beifall, wenn man seine Zuneigung zu seiner Schwiegermutter öffentlich zeigt. Bei den australischen Eingeborenen wird dies als geschmacklos angesehen. In westlichen Gesellschaften wird ein enges Verhältnis zwischen Bruder und Schwester hochgeschätzt. Bei den Trobriandern wird dies als der Gipfel der Sünde betrachtet. Der Kulturrelativismus sieht diese Bräuche nicht als moralische Probleme, sondern als Antworten auf Probleme, mit denen Menschen konfrontiert werden (Was soll man mit den wirtschaftlich unproduktiven Gruppenmitgliedern in einer harten Umwelt machen? Wie kann man die Konkurrenz um Ehefrauen möglichst gering halten? usw.) sowie als Anpassung an bestimmte Arten von Bedingungen; und er vertritt die Meinung, daß sie, wenn überhaupt, nur nach ihrer Wirksamkeit bei der Bewältigung dieser Probleme bewertet werden sollten.

Daraus folgt nicht, wie Spradley und McCurdy (1974, S. 7) meinen, daß der Kulturrelativismus „seine Anhänger von der Verpflichtung freispricht, einen Weg zur Lösung der Konflikte zwischen den verschiedenen Wertsystemen der Welt zu finden".

Noch bietet Kulturrelativismus die Möglichkeit, wie sie gleichfalls behaupten (S. 6), „sich zurückzuhalten und keine Werturteile zu fällen". Er bedeutet ganz einfach, daß die Anthropologen sich der menschlichen Vorliebe für wertende Urteile bewußt sind und den Versuch machen, diese in ihren eigenen Werken auf das Mindestmaß zu reduzieren. (Wie Hortense Powdermaker in ihrem Buch *Stranger and Friend* sagt: „Bewußtes Engagement stellt für den Sozialwissenschaftler keinen Nachteil dar. Unbewußtes ist dagegen stets gefährlich.") Er bedeutet, daß zum Zwecke der Untersuchung Urteile über „recht" und „unrecht" suspendiert werden, damit wir Lebensweisen, die von unserer eigenen verschieden sind, verstehen können. Bei der Ausübung ihres Berufes sind die Anthropologen gehalten herauszufinden, wie Bräuche, die dem Laien bizarr erscheinen, einen Sinn ergeben, wenn sie als Teil eines menschlichen Lebenszusammenhanges unter fremden ökologischen Bedingungen behandelt werden. Aus diesem Grund sprechen die Anthropologen nicht (mehr) von den „abstoßenden Gebräuchen unvernünftiger Wilder", denn solche wertenden Aussagen ergeben sich daraus, daß man den Bewertungsmaßstab einer Kultur dazu verwendet, Urteile über Handlungen abzugeben, die auf den Werten einer anderen Kultur beruhen. Ein solches Vorgehen behindert offensichtlich das Verständnis exotischer Lebensweisen (und auch unserer eigenen). Aber das Verständnis fremder Handlungen impliziert keineswegs deren Billigung. In der Tat ist Zustimmung dem Standpunkt des Kulturrelativismus ebenso fremd wie Ablehnung. Der Kulturrelativismus bedeutet bloß, daß der Anthropologe sich der Neigung, Werturteile abzugeben, bewußt ist und aktiv versucht, sich ihrer zum Zwecke seiner Untersuchung zu enthalten. Er bedeutet *nicht,* daß Menschen (ob sie nun Anthropologen sind oder nicht) als Mitglieder einer Gesellschaft und als verantwortungsbewußte Bürger der Welt überhaupt keine Werturteile abgeben, daß sie keine Vorlieben und keine Begriffe von Gut und Schlecht haben und daß sie ihre eigenen Standards nicht anwenden, um auf fremde Handlungen zu reagieren, die sie persönlich oder ihre Kultur bedrohen – oder Handlungen, die dies nicht tun. Es wäre absurd, eine solche Haltung einzunehmen.

Einer der ersten ernstzunehmenden Praktiker der anthropologischen Feldforschung, Bronislaw Malinowski, kann als Beispiel dafür dienen. Malinowski arbeitete unter den Bewohnern der Trobriand-Inseln im Pazifik und hinterließ uns einen Schatz von erstrangigen ethnographischen Beschreibungen der Trobriander. Aus den Monographien Malinowskis kann man nicht schließen, daß er persönlich weit davon entfernt war, die Trobriander, ihre Bräuche und ihre Werte gutzuheißen oder zu bewundern. Wir haben dies erst seit der Veröffentlichung seiner Tagebücher fünfzig Jahre nach seiner Feldforschung erfahren. Malinowski erlaubte seiner Abneigung und seinem Widerwillen nicht, störend auf seine Arbeit einzuwirken, welche darin bestand, das Leben der Trobriander als „sinnvoll" anzusehen, es aus seinen eigenen Bedingungen heraus zu begreifen und ein einigermaßen faires und unvoreingenommenes Bild davon zu geben. *Das* ist Kulturrelativismus.

Auf der Ebene der Persönlichkeit kann die Anthropologie dazu beitragen, die Weltsicht zu erweitern, indem sie aufzeigt, wie andere Menschen leben und die Welt beurteilen. Das Kennenlernen der menschlichen Gattung durch die Zeit – insofern es über die Kenntnis der westlichen Kultur hinausgeht – beeinflußt höchstwahrscheinlich die Werte und die Weltanschauung eines Menschen. Ein engstirniger Anthropologe sollte ein Widerspruch in sich selbst sein – natürlich kommt er trotzdem vor. Indem sie durch die Aufnahme von Gesellschaften an allen Orten und zu allen Zeiten die Weltsicht erweitert, trägt die Anthropologie dazu bei, irrtümliche Allgemeinaussagen über das menschliche Verhalten aufzudecken, wenn solche Allgemeinaussagen auf einer bloßen Vertrautheit mit der westlichen Gesellschaft beruhen.

Kurz gesagt, das Leben in einer exotischen Gesellschaft und die ehrliche Bemühung, eine andere Kultur zu verstehen, ohne sie zu beurteilen, zwingen dazu, von der eigenen Kultur abhängige Glaubenssätze zeitweilig zu suspendieren. Sie haben die Wirkung, manche der Annahmen ins Bewußtsein zu heben, die man als Mitglied einer bestimmten Gruppe mit bestimmten Normen, Glaubenshaltungen und Einstellungen macht. Über die Vorstellungen zu lernen, die von Menschen in anderen Gesellschaften gemacht werden, und sich von den eigenen vielleicht grundsätzlich unterscheiden, trägt dazu bei, manche der eigenen Annahmen zu beleuchten, und hilft daher, deutlich zu machen, was bisher stillschweigend angenommen worden war. Wenn dies einmal geschehen ist, ist der Weg zu einem volleren Verständnis des eigenen soziokulturellen Systems offen.[4]

[4] In der poetischen Sprache von Rudyard Kipling (*The Collected Works of Rudyard Kipling,* vol. 27, pp. 375–376, Doubleday, Doran & Company, 1941):

All good people agree,
And all good people say,

Dieses Handbuch wurde in der Hoffnung geschrieben, Ihre Vertrautheit mit der Anthropologie zu fördern und Ihnen dabei zu helfen, die ersten Schritte zum Erlangen der anthropologischen Perspektive zu tun. Es ist dazu bestimmt, Ihre Einführung in eine Wissenschaft zu erleichtern, deren Ziel es ist, das faszinierendste von allen Geschöpfen zu verstehen – das faszinierendste wenigstens für die Menschen selbst.[5]

---

That all nice people like Us are We,
And everyone else is They:
But if you cross over the sea,
Instead of over the way,
You may end by (think of it!) looking on We
As only a sort of They!

[5] Anthropologie lernt man dadurch, daß man ihre Grundgedanken mit persönlichen Beobachtungen in Beziehung setzt, daß sie also nicht einfach ein System von abstrakten Ideen ist. Das bloße Memorieren der Inhalte dieses Handbuches wird unproduktiv bleiben, wenn der Leser nicht lernt, dieses Material mit seinen (oder ihren) eigenen Erfahrungen in Beziehung zu setzen. Dieses Ziel ist jedoch nicht an sich selbst ein Hauptzweck des vorliegenden Handbuches; es wird besser durch ergänzende Lektüre erreicht. Dementsprechend habe ich es nützlich gefunden, den Studenten an dieser Stelle die Lektüre von „One Hundred Per Cent American" (Linton 1937) und „Body Ritual among the Nacirema" (Miner 1956) nahezulegen, entweder indem ich ihnen diese Artikel zur Lektüre aufgab oder indem ich sie in der Lehrveranstaltung laut vorlas. Letzteres ist wirkungsvoller und bewirkt gewöhnlich eine intensive Diskussion, deren Stimmung während der ganzen Veranstaltung aufrechterhalten werden kann.

# Kapitel 2
# Kultur und Gesellschaft

Kultur, der vielleicht zentralste Begriff der Anthropologie, hat sich einer strengen Definition widersetzt. Die Anthropologen haben dieselben Schwierigkeiten, Kultur in präzisen Begriffen zu definieren, wie sie die Biologen mit „dem Leben“ oder die Physiker mit „der Elektrizität“ haben.

Bevor wir erörtern, was die Anthropologen unter *Kultur* verstehen, sollten wir klarstellen, was *nicht* damit gemeint ist. Anthropologen verwenden diesen Begriff nicht im Sinne von „Bildung“, „Kultiviertheit“, „intellektuelles Niveau“ etc., wie z. B. in der Aussage: „Er ist ein kultivierter Mensch.“ Im anthropologischen Sinne sind alle Menschen „kultiviert“, insofern sie in sozialen Gruppen geboren worden sind, erzogen wurden und leben.

## Zwei Hauptbetrachtungsweisen von Kultur

Ich möchte nicht auf alle Definitionen von Kultur eingehen, die vorgelegt wurden; sie sind zu zahlreich. (1952 wurde von Alfred Kroeber und Clyde Kluckhohn ein Buch mit dem Titel *Culture* veröffentlicht; sie zählen darin 175 verschiedene Definitionen auf.) Aber ich möchte die wichtigsten Betrachtungsweisen von Kultur in der heutigen Anthropologie besprechen.

Abgesehen von kleineren Unterschieden fallen die meisten Definitionen von Kultur in eine von zwei allgemeinen Kategorien, die ich die *totalistische* und die *mentalistische Betrachtungsweise* nennen möchte.

### Die totalistische Betrachtungsweise

Bei dieser Betrachtungsweise wird der Begriff *Kultur* verwendet, um die Gesamtheit der „Lebensweise“ eines Volkes zu bezeichnen. Nach der für diesen Typus klassischen Definition ist Kultur „jenes komplexe Ganze, welches Wissen, Glauben, Kunst, Moral, Recht, Sitte und Brauch und alle anderen Fähigkeiten und Gewohnheiten einschließt, welche der Mensch als Mitglied der Gesellschaft erworben hat“ (Tylor 1871, S. 1). Eine neuere Formulierung in dieser Denkrichtung definiert Kultur als „den Gattungsbegriff für alle nichtgenetischen (oder metabiologischen) menschlichen Phänomene“ (Weiss 1973, S. 1396).

Cohen (1974, S. 46) definiert Kultur als „die Artefakte, Institutionen, Ideologien und die gesamte Breite gebräuchlicher Verhaltensweisen, mit denen eine Gesellschaft für die Ausbeutung ihrer besonderen Umwelt ausgestattet ist". In den Worten Levines (1975, S. 213): „Kultur besteht aus den Energiesystemen einer Bevölkerungsgruppe und deren Methoden bei ihrer Verwertung, aus der Organisation der sozialen, politischen und wirtschaftlichen Beziehungen, aus Sprache, Sitten und Bräuchen, Glaubensvorstellungen, Verhaltens- und Kunstregeln – aus allem, was von anderen Menschen oder von deren Werken *gelernt* ist." Diese Betrachtungsweise betont die funktionale Bedeutung der Kultur als Anpassungsmechanismus, d.h. als Gattungsbegriff für die Gesamtheit der Arten und Weisen, in denen eine Gesellschaft die Beziehungen zu ihrer Umwelt und sich selbst in ihrem Inneren organisiert.

Cohen definiert die Anpassung (Adaption) einer Bevölkerungsgruppe als deren „Verhältnis zu ihrem Habitat" (1974, S. 3) und stellt fest, daß „die Adaption des Menschen durch kulturelle Mittel bewirkt wird, durch die Nutzbarmachung neuer Energiequellen zu produktiven Zwecken sowie durch die Organisation der sozialen Beziehungen, die es möglich macht, diese Energiesysteme wirksam zu benützen" (S. 4). Und an einer anderen Stelle (1968, S. 41) sagt er, daß „Adaption beim Menschen der Prozeß ist, durch den er von dem Energiepotential seines Habitats wirksamen Gebrauch zu produktiven Zwecken macht".

Die Betrachtung der Kultur als Anpassungsmechanismus – als die Gesamtheit der Werkzeuge und Geräte, Handlungen, Gedanken und Institutionen, durch welche sich eine Bevölkerungsgruppe schützt und erhält – ist meiner Ansicht nach die fruchtbarste Betrachtungsweise der Kultur, denn sie konzentriert unsere Aufmerksamkeit auf die *Organisation* und die *Funktion* der Lebensweise eines Volkes statt auf die „seltsame" und „merkwürdige" Art seiner „Sitten und Bräuche", wobei sie aber die signifikanten kulturellen Unterschiede zwischen Bevölkerungsgruppen nicht verschleiert.

## Die mentalistische Betrachtungsweise

Eine zweite und weniger umfassende Hauptbetrachtungsweise der Kultur ist deren Sicht als ideenbildendes oder gedankliches System, d.h. als ein System von gemeinsamen Wissensinhalten und Glaubensvorstellungen, mit Hilfe derer Menschen ihre Wahrnehmungen und Erfahrungen ordnen und Entscheidungen treffen und in deren Sinne sie handeln. Sie ist also ein System von sozial verteilten Ideen, eine Art von gedanklichem Kode, dessen sich die Menschen bedienen, um sich selbst und die Welt zu interpretieren und ihre Handlungen auszudrücken. Das heißt, die Menschen handeln in Hinsicht auf diesen Kode (Goodenough 1961, S. 521–522); siehe auch Goodenough 1951 und 1968). Sie ist eher ein System von Regeln oder ein Muster *für das* Verhalten als ein wahrgenommenes Muster *des* Verhaltens (Keesing und Keesing 1971, S. 20).

In dieser Betrachtungsweise gehören Werkzeuge und Geräte, Handlungen und Institutionen nicht zur Kultur, sondern nur Gedanken. Sie besteht nicht im tatsächlichen Verhalten der Menschen, sondern in den Standards, an denen sich ihr Verhalten orientiert. Sie stellt deren Inbegriff des *richtigen* Verhaltens dar (Frake 1964).

Jene, die die Kultur in dieser zweiten Weise betrachten, haben sich dafür entschieden, sich nur auf einen Teil der totalistischen Betrachtungsweise der Kultur zu konzentrieren. Und sie haben dies getan, weil es ihr Interesse ist, bestimmte Arten von Problemen zu untersuchen, nämlich jene, die mit der Natur und der Arbeitsweise des menschlichen Geistes, mit dem Gedankensystem, verbunden sind. Niemand wird die Wichtigkeit dieses Unternehmens leugnen, aber es ist ein unglücklicher Umstand, daß der Begriff *Kultur* gewählt worden ist, um seinen Gegenstand zu bezeichnen, weil dieser Gebrauch im Widerspruch zum traditionellen Gebrauch steht. Wir brauchen einen anderen Begriff, aber bisher ist noch keiner vorgeschlagen und allgemein angenommen worden. (Es ist vermutlich zu beschwerlich, von „Kultur 1, dem ideenbildenden Aspekt", und „Kultur 2, dem totalistischen Aspekt", zu sprechen; siehe Goodenough 1961, S. 522).

Es könnte auch bemerkt werden, daß „Kultur" im mentalistischen Sinne als ein Anpassungsbegriff verwendet werden kann. Aber in diesem Sinne würden wir von den gemeinsamen Ideen eines Volkes sprechen, dem gedanklichen oder geistigen Kode *für sein* Verhalten, betrachtet als ein Mittel zur Erhaltung seiner Beziehung zu seiner Umwelt. Kultur in diesem Sinne ist eine Art und Weise, über Dinge zu denken. Sie ist ein Ordnungsmechanismus, der den Wahrnehmungen und Erfahrungen ihren Sinn verleiht, sowie ein organisatorischer Bezugsrahmen, in dessen Begriffen Menschen handeln (wie es z. B. die magisch-religiösen und die wissenschaftlichen Denkweisen sind).

Eine andere Definition aus neuester Zeit kombiniert die Grundideen beider Betrachtungsweisen von Kultur. LeVine (1973, S. 3–4) sagt, daß

> Kultur auch als Konstitution einer Umwelt für Mitglieder einer Population angesehen werden kann... Die Individuen in einer menschlichen Population passen sich nicht schlicht und einfach an ihre physikalische und biologische Umwelt an, sondern an die kulturelle (oder soziokulturelle) Umwelt, welche auch Mittel für das Überleben der Individuen beinhaltet und ihre Anpassung in vorgegebenen Bahnen leitet. Ich verwende den Begriff *Kultur,* um eine organisierte Gesamtheit von Ideen zu bezeichnen, welche sich auf die Weise beziehen, in der die Individuen einer Population mitein-

ander kommunizieren, sich selbst und ihre Umwelt gedanklich erfassen und sich zueinander sowie zu den Dingen in ihrer Umwelt verhalten sollen. Wenn ich persönlich auch dem totalistischen Gebrauch des Begriffes *Kultur* den Vorzug gebe, finde ich doch die Unterscheidung zwischen den Ideen über das Verhalten und dem tatsächlichen Verhalten außerordentlich nützlich, um eine Einführung in das Feld der Kulturanthropologie zu geben. Durch die Verwendung dieser Unterscheidung wird es mir möglich sein, das meiste Material in diesem Handbuch zu strukturieren. Wenn einmal die Unterscheidung zwischen „dem Kulturellen" und „dem Sozialen" (die gleich besprochen werden soll) begriffen ist, werden alle folgenden Informationen (durch ihre Zuordnung entweder zum kulturellen oder zum sozialen Bereich) wesentlich leichter verstanden werden.

Um Verwirrung zu vermeiden, werde ich den Terminus *soziokulturell* gebrauchen, wenn ich die totalistische Betrachtungsweise meine. Genau gesehen ist dieser Terminus (vom totalistischen Standpunkt aus) unsinnig, weil „das Kulturelle alles menschliche Soziale und darüber hinaus alle anderen menschlichen nichtgenetischen Phänomene in sich einschließt" (Weiss 1973, S. 1386); insofern ist der Terminus *soziokulturell* eigentlich überflüssig.

## Gesellschaft

Um die Unterscheidung zwischen dem kulturellen und dem sozialen Bereich verständlich zu machen, müssen wir zunächst den Begriff *Gesellschaft* erläutern.

Eine Gesellschaft wird normalerweise als eine Gruppe oder Population von Menschen definiert, die entweder physisch oder durch ihre Kultur (besonders durch ihre Sprache) von anderen, ähnlichen Einheiten getrennt ist. Als wichtigstes Moment dabei ist zu beachten, daß es sich dabei um eine *Gruppe* oder *Population* von Menschen handelt. Schwierigkeiten entstehen jedoch, wenn wir den Versuch machen, irgendeine bestimmte Gruppe als „eine Gesellschaft" zu identifizieren. Wo ziehen wir die Grenzen zwischen Gesellschaften? Man hat behauptet, daß sich die moderne Welt nicht mehr in voneinander unterschiedene Gesellschaften einteilen läßt, da die Bevölkerungsgruppen der Welt so voneinander abhängig geworden sind und in so engen Wechselbeziehungen miteinander stehen, daß es fast unmöglich geworden ist, die Grenzen einer besonderen Gesellschaft anzugeben. Aber Gerald Weiss (1973, S. 1397) hat eine Definition vorgeschlagen, die uns hier von gutem Nutzen sein wird.

Eine menschliche Gesellschaft: eine Gruppe von menschlichen Organismen, die eine Fortpflanzungsgemeinschaft oder eine maximale politische

Einheit darstellt, je nachdem, welche im gegebenen Falle die umfassendere ist. In jenen Fällen, wo diese beiden Kriterien miteinander zusammenfallen, wo also eine Fortpflanzungsgemeinschaft durch eine einzige politische Autorität kontrolliert wird, ist diese eine menschliche Gesellschaft. In jenen Fällen, wo, wie es für die Wildbeuter typisch ist, eine Fortpflanzungsgemeinschaft aus mehreren politisch autonomen, aber durch Heiratsbeziehungen untereinander verbundenen Horden besteht, ist es nach dieser Definition die Fortpflanzungsgemeinschaft, welche die menschliche Gesellschaft bildet. In jenen Fällen, wo mehrere Fortpflanzungsgemeinschaften unter einer einzigen politischen Autorität stehen, wie im Falle einer Kastengesellschaft oder wenigstens anfangs nach Eroberungen oder Zusammenschlüssen von mehreren vorher voneinander getrennten Gesellschaften, ist es die Gruppe von Fortpflanzungsgemeinschaften, die derart die maximale politische Einheit bildet, welche die menschliche Gesellschaft ausmacht. (Für das Grundprinzip von Weiss siehe S. 1397–1398.)

## Das Kulturelle und das Soziale: Einfluß der Linguistik

Nachdem ich oben eine mentalistische Definition von „Kultur“ und eine Definition von „Gesellschaft“ gegeben habe, kann ich nun aufzeigen, was mit „dem Kulturellen“ im Gegensatz zu „dem Sozialen“ gemeint ist.

Wenn ich etwas als „kulturell“ bezeichne, beziehe ich mich auf den Vorgang der Ideenbildung, gedankliche Kodes, also auf etwas, das sich im Geiste der Menschen abspielt. Wenn ich etwas als „sozial“ bezeichne, beziehe ich mich auf Verhalten, Verhaltensmuster, Regelmäßigkeiten in den Interaktionen zwischen Personen als Mitgliedern einer Gesellschaft.[1] Die Ausdrücke *soziale Organisation* oder *soziales System* beziehen sich also auf die Beschreibung von Menschen, die miteinander interagieren, während sich *Kultur* auf das Ideensystem bezieht, in Hinblick auf welches die Menschen ihre Interak-

---

[1] Es bestehen Gemeinsamkeiten zwischen diesen Begriffen und jenem der *Norm,* wenngleich ich es vermieden habe, diesen letzteren zu gebrauchen, weil er keine einheitliche Bedeutung hat. Für Bohannan (1963, S. 284) ist eine Norm das, „was Menschen tun sollten ... eine Anleitung zum sozialen Handeln“, während sie sich für Hoebel (1972, S. 30) auf „das durchschnittliche oder modale Verhalten eines bestimmten Typus, das von einer sozialen Gruppe manifestiert wird“ bezieht. „Statistisch gesehen ist sie entweder der Durchschnitt oder die häufigste Frequenz einer Variablen.“ Man kann daher mit Recht von „Idealnormen“ und „deskripitiven Normen“ sprechen. Der erste Ausdruck bezieht sich auf Ideen über korrektes Verhalten; der zweite auf den statistischen Ausdruck tatsächlichen Verhaltens.

tionen durchführen. Eine Kultur beinhaltet die *Standards* für das Verhalten, ist aber nicht das Verhalten selbst. Genauso wie die Grammatik einer Sprache ein System von Regeln oder Prinzipien für richtiges Sprechen ist, ist die Kultur ein System von Regeln oder Prinzipien für richtiges Verhalten.

Lassen Sie mich kurz bei dieser Analogie mit der Linguistik verweilen. Eine **Sprache** kann als ein System von Regeln oder als ein Kode aufgefaßt werden, welcher die Hervorbringung verständlicher mündlicher Mitteilungen regelt. Sie besteht aus jenen Regeln oder Prinzipien, welche die richtige oder angemessene Weise der Hervorbringung von Lauten sowie deren Kombination derart steuern, daß ein Hörer die mitgeteilte Botschaft versteht. Kurz gesagt, Sprache ist der gedankliche Kode für richtiges Sprechen.[2] Aber **Sprechen** ist das tatsächliche Verhalten, die Laute, die bei Anwendung dieser Regeln hervorgebracht werden. Das Sprechen ist also das, *was* gesagt wird; Sprache dagegen ist, *wie* etwas gesagt werden soll – also das, was man wissen muß, um verständliches Sprechen hervorzubringen.

Diese Unterscheidung ist wichtig. Wenn wir die Existenz eines gedanklichen Kode, welcher das Sprechen reguliert, leugnen und uns nur auf das tatsächliche Sprechverhalten konzentrieren würden, dann könnten wir nur das analysieren, *was* gesagt wird. Wir könnten nur über tatsächliches, beobachtbares Sprechverhalten reden. Wir könnten untersuchen, was gesagt wird, wie oft, zu wem, unter welchen Bedingungen und so weiter. Aber wir könnten nichts darüber erfahren, wie es den Leuten möglich ist, diese Laute so zu kombinieren, daß sich eine Bedeutung ergibt, welche die Zuhörer verstehen können. Dafür müssen wir in unserer Betrachtung weiter gehen als bloß bis zu den gesprochenen Lauten als solchen und statt dessen den Kode herausfinden, der es den Menschen ermöglicht, bedeutungstragende Laute zu erzeugen und aneinanderzureihen, um ein verständliches Sprechen hervorzubringen. Anderenfalls könnten wir kein Sprechverhalten vorhersagen, das zwar völlig verständlich ist, das wir aber in der Vergangenheit noch nie gehört haben.

Aus dieser Überlegung folgen wichtige Konsequenzen, die über die Sprache hinaus für alle Formen soziokultureller Interaktion gelten. Wenn wir unser Interesse auf das beobachtbare Verhalten beschränken – d.h. einfach darauf, was die Menschen tatsächlich tun –, werden wir erfahren, wer was wann, wie oft, mit wem, unter welchen Bedingungen usw. tut. Das heißt, wir

[2] Sprache wird gewöhnlich in einem breiteren Sinne als die Gesamtheit der Regeln *und Verhaltensweisen* beschrieben, die an der menschlichen Kommunikation beteiligt sind. Indem ich die Sprache mit der Grammatik gleichsetze, folge ich hier der eingeschränkten Definition vieler Vertreter der Kognitiven Anthropologie, um die Unterscheidung zwischen Regeln und Verhalten hervorzuheben.

können statistische Diagramme des Verhaltens entwerfen, welche aufzeigen, daß diese oder jene Person oder Kategorie von Personen dieses oder jenes Verhalten so und so oft ausführt. Aber wir können nicht vorhersagen, was getan werden sollte, welches das richtige oder angemessene Verhalten in der betreffenden Kultur unter bestimmten Bedingungen ist. Wir werden niemals erfahren, wie man sich in einer gegebenen Situation verhalten *sollte.* Wir können nur beobachten, wie Personen *tatsächlich* handeln, aber nicht, wie sie handeln *könnten.*

Ein Beispiel soll dies veranschaulichen. Das folgende Zitat stammt aus einer Arbeit von Roger Keesing aus dem Jahre 1967 (S. 2):

> Wenn wir eine Hochzeit planen, und die Eltern der Braut sind geschieden, oder sie ist eine Waise, dann möchten wir wissen, wer am passendsten die Rolle des Brautvaters übernehmen sollte (oder, wenn sie minderjährig ist, wer die gesetzlich erforderliche Zustimmung geben kann). Eine statistische Tabelle, die uns darüber Auskunft gibt, mit welcher Häufigkeit Väter, Onkel, Mütter usw. die Rolle des Brautvaters spielen, wird uns ganz einfach nichts darüber sagen, was wir eigentlich wissen wollen.

Diejenigen, die für diese Betrachtungsweise eintreten, sagen, daß wir, um ein Verhalten vom Standpunkte des Handelnden aus „verstehen" zu können (was als *emischer* Ansatz bezeichnet wird), statt einfach zum Zwecke einer Analyse durch Außenstehende darüber berichten (der *etische* Ansatz), den Versuch machen müssen, ein System von Regeln oder einen gedanklichen Kode zu entwerfen, der, wenn er auf einen bestimmten sozialen Zusammenhang angewendet wird, zu kulturell angemessenem Verhalten führt. Nun tragen wir nach den Vertretern der Kognitiven Anthropologie oder Ethnoscience – die, wie Keesing, diesen Ansatz gutheißen – alle einen Kode der Ideenbildung bzw. eine „Theorie der Kultur" mit uns in unseren Köpfen herum. Wenn Sie in einen Hörsaal kommen, *erwarten* Sie vom Dozenten, daß er sich in einer bestimmten Art und Weise verhält. Sie erwarten vom Dozenten nicht, daß er nackt ist oder schläft oder Ihnen einen Steptanz vorführt; jede dieser Situationen würde ein unpassendes Verhalten darstellen.

Der von der Ethnoscience vertretene Standpunkt besagt, daß es die Aufgabe der Anthropologen ist, diesen Kode ebenfalls zu lernen, d. h. also zu lernen, welches Verhalten in welchen Situationen korrekt ist – genauso wie ein Linguist den Versuch macht, eine Grammatik zu lernen, um korrekt sprechen zu können. Ward Goodenough war der erste, der darauf hingewiesen hat, daß das Erlernen einer Kultur dem Erlernen einer Sprache ähnlich ist. Er hat einmal gesagt, daß es der Zweck ethnographischer Beschreibungen ist, „es dem Leser möglich zu machen, sich in den Begriffen der beschriebenen Kultur verhalten zu lernen, ähnlich wie es ihm eine Grammatik möglich machen würde, eine Sprache sprechen zu lernen" (1951, S. 10).

Das Ziel besteht darin, in einer von der Kultur gebilligten Weise handeln zu lernen, die Kultur zu erlernen, genauso wie die in ihr aufgewachsenen Handelnden sie erlernt haben. Das wird es zwar nicht möglich machen, genau vorherzusagen, welches Verhalten eintreten wird, aber es wird Vorhersagen darüber gestatten, welcher Verhaltensspielraum der korrekte ist (Frake 1964). Man wird also in einer bestimmten Situation irgendeine Art von korrektem Verhalten erwarten, aber nicht genau wissen, welches korrekte Verhalten eintreten wird. Um noch einmal die Sprache als Modell zu benützen: Man kann sagen „er schreibt ein Gedicht" oder „was er schreibt, ist ein Gedicht" oder „ein Gedicht wird von ihm geschrieben". Alle Formulierungen sind korrekt, aber wir können nicht vorhersagen, welche nun genau benützt werden wird, obgleich uns hier eine statistische Tabelle über die Wahrscheinlichkeit informieren kann, mit welcher eine dieser Formulierungen gegenüber einer anderen bevorzugt werden wird.

Wie erlernen die Feldforscher nun die kulturelle Grammatik?

Zuallererst beachten sie das tatsächliche Verhalten. Sie beobachten die Menschen in ihrem Alltagsleben und machen Diagramme darüber, wer was wann tut. Dann analysieren sie diese Diagramme und versuchen, ein Muster bzw. eine dahinter stehende Logik herauszufinden. Dann machen sie den Versuch, Regeln zu formulieren, die das beobachtete Verhalten erklären bzw. aus sich ableiten lassen, Regeln etwa von der Art: „In dieser oder jener Situation ist dieses oder jenes Verhalten korrekt." Danach überprüfen sie diese Regeln, indem sie ihre Gewährsleute darüber befragen, ob sie richtig sind. Sie probieren sie aus, indem sie das Verhalten tatsächlich durchführen. Sie werden es bald genug erfahren, wenn die von ihnen aufgestellte Regel „ungrammatisch", also kulturell nicht akzeptabel ist. Die einheimischen Handelnden werden Mißbilligung ausdrücken, lachen, ja vielleicht sogar offene Feindseligkeit zeigen.[3]

Dies ist wiederum dem ähnlich, was die Linguisten tun. Diese beobachten, was Menschen sagen und wie sie es sagen, und berichten darüber. Dann versuchen sie, Regeln zu formulieren, die dieses Sprachverhalten erklären bzw.

---

[3] Die beste Darstellung des ethnomethodologischen (oder „emischen") Ansatzes für Studenten kann in den ersten fünf Kapiteln von Spradley und McCurdy (1972) nachgelesen werden. Das Material wird in einer nicht fachwissenschaftlichen, leicht lesbaren Sprache dargestellt, welche nicht nur die Theorie skizziert, sondern auch eine Anzahl von Vorschlägen zur Forschungsmethodik anbietet. Im Anhang zu dieser Darstellung sind zwölf kurze Artikel von Studenten abgedruckt, welche aufgrund der Anweisungen von Spradley und McCurdy kleinere Feldforschungen durchgeführt haben.

Gute Beispiele für einen stärker „etischen" Ansatz für Studenten sind Netting (1971) und Cohen (1968, verbesserte Neuauflage 1974, und 1971). Das letztere Werk hat meine Darstellung in Teil II dieses Handbuches stark beeinflußt.

aus sich ableiten lassen. Dann fragen sie ihre Gewährsleute: „Kann man das sagen?" Dann probieren sie diese Regeln aus, indem sie Sätze bilden. Die Gewährsleute werden wiederum zu verstehen geben, ob die Grammatik richtig ist oder nicht.

Ich habe der mentalistischen Auffassung von der Kultur ziemlich viel Platz eingeräumt, weil sie zum Erfassen der Dichotomie zwischen Regeln über das Verhalten und tatsächlichem Verhalten wesentlich ist, auf welche ich mich dieses ganze Buch hindurch beziehen werde. Ich trete weder für einen kognitiven noch für einen behavioristischen Ansatz bei der Erforschung der Menschheit ein. Es ist wahrscheinlich eine Verzerrung der Realität, auf einen von beiden zu viel Nachdruck zu legen. Doch sind diese beiden Ansätze nützliche Behelfe für die Darstellung und Gedächtnisstützen – d.h. sie machen es für mich einfacher, über die nun folgenden Gegenstände zu sprechen (vor allem in Teil III) – und erleichtern es auch Ihnen, dieses Material zu verstehen und im Gedächtnis zu behalten.

# Kapitel 3
# Evolutionäre und institutionelle Übersichten

Es gibt zwei Hauptarten, eine einführende Übersicht über die soziokulturelle Verschiedenartigkeit der Menschheit und zugleich auch die Kulturanthropologie zu geben. Die eine ist der *institutionelle Ansatz* (Kapitel 10–14), der von den Verfassern der meisten einführenden Lehrbücher bevorzugt wird; die andere ist der *evolutionäre Ansatz* (Kapitel 4–8).

## Der evolutionäre Ansatz

Ein evolutionärer oder *adaptioneller* Ansatz untersucht die Organisationstypen, die für jedes der wesentlichen Entwicklungsstadien in der Geschichte der Menschheit, vom „einfachsten" bis zum „komplexesten", charakteristisch sind. In einem solchen Schema werden die zur Kategorisierung dieser Stadien oder Typen benützten Charakteristika oft darauf begründet, wie ein Volk organisiert ist, um seinen Lebensunterhalt aus seiner Umwelt zu gewinnen. Der Komplex von Faktoren, den ich heranziehe, um diese Adaptionsebenen zu identifizieren, schließt die Energiequellen ein, auf die eine Gesellschaft zurückgreifen kann, die Werkzeuge und Geräte, die verwendet werden, um diese Ressourcen aus dem Habitat zu gewinnen und sie in benützbare Produkte umzuwandeln (d.h. die Technologie), sowie die Art und Weise, in der die Bevölkerung sich organisiert, um diese Werkzeuge und Geräte zu nutzen (d.h. die Arbeitsorganisation). In einfacheren Begriffen identifiziere ich die verschiedenen evolutionären Stadien mit der Grundlage des Lebensunterhaltes der verschiedenen Völker.

Jede dieser Ebenen oder Stadien der soziokulturellen Evolution wird von verschiedenen Autoren beschrieben als eine Ebene der sozialen (oder kulturellen) Evolution, eine Ebene der soziokulturellen Integration, eine technologische oder technoökonomische Ebene, eine Ebene oder ein Typus der Nahrungsgewinnung, eine Ebene der Adaption oder einfach als eine Wirtschaftsstufe. Der Ausdruck *ökologische Typen* (der von Kottak 1974, S. 147 vorgeschlagen wurde) ist für die vorliegende Darstellung der am besten geeignete, da mein Interessenschwerpunkt nicht bei der Evolution als solcher oder beim Prozeß des Wandels der soziokulturellen Organisation der Menschheit liegt, sondern bei der Beschreibung der allgemeinen Charakteristika jeder dieser adaptiven Strategien sowie deren Konsequenzen für die Organisation der sozialen Beziehungen auf einer gegebenen Ebene. (In anderen Worten, ich „friere die Zeit ein" für einen speziellen pädagogischen Zweck.)

Im allgemeinen identifizieren die Anthropologen fünf hauptsächliche Ebenen oder ökologische Typen, die unter die beiden allgemeinen Kategorien *Nahrungsaneignung* (Wildbeuter) und *Nahrungsproduktion* subsumiert werden. Diese werden in Tabelle 3.1 aufgeführt.

*Tabelle 3.1: Hauptstrategien der Adaption*

| |
|---|
| *Aneignende Wirtschaft* |
| Wildbeutertum (Jagd und Sammeln inklusive Fischerei) |
| *Produzierende Wirtschaft* |
| Niederer Bodenbau |
| Hirtentum* |
| Höherer Bodenbau |
| Industrialismus |

* Es besteht eine gewisse Uneinigkeit darüber, ob das Hirtentum eine selbständige Wirtschaftsstufe ist oder nicht. Siehe Kapitel 7.

Da wir nicht in die Geschichte zurückgehen können, um die ersten Wildbeuter, Niederen Bodenbauer etc. zu erforschen, erforschen wir zeitgenössische Völker, welche heute ihren Lebensunterhalt auf diese Weise gewinnen, um auf diese Weise Schlußfolgerungen über die früheren Stadien zu ziehen. Dies bedeutet nicht, daß man behauptet, diese zeitgenössischen Gesellschaften seien jenen, die ursprünglich in diesen früheren Stadien existiert haben, genau gleich. Ganz offenkundig sind sie dies nicht: Die Mitglieder dieser Gesellschaften sind ebenso „modern" wie Sie oder ich, insofern sie heute leben.

Aber wenn wir etwas über unsere Vorfahren – und damit über uns selbst – lernen sollen, dann müssen wir irgendwo anfangen. Wir machen aus diesem Grunde den Versuch, ethnographische Beschreibungen zeitgenössischer Völker mit archäologischem Material von vergangenen Gesellschaften zu kombinieren, um zu Allgemeinaussagen über die soziokulturelle Evolution der Menschheit zu gelangen. Das ist das Beste, was wir ohne eine Zeitmaschine tun können.

Diese Vorgehensweise – d.h. die Betrachtung des evolutionären Gesamtbildes der menschlichen Entwicklung und dessen Exemplifizierung durch zeitgenössische Gesellschaften, *als ob* sie anderen vorangegangenen Entwicklungsstadien angehörten – hat man als *generelle Evolution* bezeichnet, während *spezielle Evolution* die tatsächlichen Entwicklungsfortschritte (oder, lockerer ausgedrückt, die Geschichte) einer Gesellschaft oder einer

Gruppe von Gesellschaften zum Gegenstand hat.[1] Ich werde mich in diesem Handbuch nicht mit spezieller, sondern nur mit genereller Evolution befassen und mich dabei darauf beschränken, die wichtigsten Ähnlichkeiten zwischen den Gesellschaften innerhalb eines gegebenen ökologischen Typus aufzuzeigen.

Eine verwandte evolutionäre Betrachtungsweise benützt charakteristische Sozialstrukturen als Bestimmungsmoment für jeden Typus (bzw. für jede Entwicklungsebene). So können wir von Gesellschaften mit Horden-Organisation sprechen (vornehmlich Jäger und Sammler) oder von solchen mit Stammesorganisation, Häuptlingstümern oder Staaten (vornehmlich Nahrungsproduzenten). Ich werde solche Charakteristika der Sozialorganisation behandeln, aber meinen anfänglichen Überblick nicht darauf begründen. (Ich werde jedoch in Teil III davon Gebrauch machen, wenn ich z. B. Typen der politischen Organisation bespreche.)[2]

In den Kapiteln 5 bis 8 dieses Handbuches werde ich alle Hauptebenen der soziokulturellen Evolution besprechen. Da meine Diskussion sich vor allem um Nahrungsbeschaffungs- (oder Subsistenz-)Techniken drehen wird, müssen jedoch, bevor ich dies tue, einige Fachbegriffe definiert werden.

**Ökologie** ist das Studium der Wechselbeziehungen von Populationen lebender Organismen (wie z. B. Menschen) mit ihrer Umwelt. Für jede menschliche Population schließt die Umwelt andere Gruppen von Menschen (sowie auch nichtmenschliche Organismen und nichtorganische Phänomene) ein. Wenn ich von diesem besonderen Aspekt der Ökologie – also den Beziehungen zwischen den Populationen – spreche, werde ich dies **Sozialökologie** nennen. Alle Populationen oder Arten innerhalb eines gegebenen Habitates bilden ein Netzwerk von Zwischenbeziehungen und wechselseitigen Abhängigkeiten, und dieses Netzwerk wird im allgemeinen als ein **Ökosystem** bezeichnet.

**Adaption** bezieht sich auf einen besonderen Aspekt der ökologischen Beziehungen. „Adaption bezeichnet beim Menschen den Prozeß, durch welchen er von dem Energiepotential seines Habitates wirksamen Gebrauch für

[1] Für eine umfassendere und genauere Darstellung der speziellen und generellen Evolution siehe Sahlins (1960), der diese Begriffe geprägt hat.

[2] Vielleicht sollte der Dozent klarmachen, daß diese Auswahl eine Vorentscheidung seitens des Autors darstellt. Sie spiegelt meine Überzeugung wider, daß soziokulturelle Systeme um einen zentralen Kern herum organisiert sind, mit welchem sie in Übereinstimmung stehen müssen. Dieser Kernbereich besteht in der „wirtschaftlichen Organisation" – oder, nach dem noch treffenderen Ausdruck von Cohen, in der „adaptiven Strategie" einer Gruppe. Wie schon im vorhergehenden Kapitel erwähnt wurde, bildet die von Cohen herausgegebene Serie von Lesebüchern die vielleicht beste verfügbare Darstellung dieses Ansatzes.

produktive Zwecke macht" (Cohen 1968, S.41). Die charakteristische Art und Weise, in der die Menschen in einer gegebenen Umwelt die Ressourcen dieser Umwelt ausbeuten und benützen – dabei vor allem, welche Energiequellen sie benützen –, um für ihr Überleben und für ihren Unterhalt zu sorgen (Nahrungsbeschaffung, Obdach, Schutz und Ernährung ihrer Nachkommen usw.), stellt ihre **adaptive Strategie** dar.

Jene Theoretiker, die einen ökologischen Standpunkt vertreten, sehen gewöhnlich die besonderen Verhältnisse der Umwelt in Verbindung mit der Technologie und Arbeitsorganisation einer Gruppe als primär – d.h. als von größter Wichtigkeit oder vielleicht sogar als determinierend – für die jeweilige Form der Sozialorganisation an, welche sie als Überbau über die (oder Epiphänomen der) technologisch-ökonomischen Notwendigkeiten sowie als dieselben verstärkende Muster der technologisch-ökonomischen Organisation ansehen. (Ein plausibler Weg, die Grundzüge der ökologischen Betrachtung eines soziokulturellen Systems in einem Diagramm darzustellen, wobei der „ökonomischen Organisation" die Priorität zuerkannt wird, wird in Abb. 3.1, Seiten 64–65, gezeigt.) Jene, die in der Anthropologie eine kognitive oder ethnomethodologische Betrachtungsweise vertreten (siehe Kapitel 2), sehen die Integration eines soziokulturellen Systems gewöhnlich als durch gedankliche Kodes bzw. durch ein System von Regeln der Ideenbildung gewährleistet an. Sie betrachten die gedanklichen Systeme als eine in sich geschlossene Seinssphäre, die mit den ökologischen Faktoren zwar interagiert, aber nicht durch sie determiniert ist. Dies ist ein Problem für Sie, den Leser, für das Sie eine zufriedenstellende Lösung suchen können, wenn Sie in der Anthropologie schon weiter fortgeschritten und mit den Argumenten beider Seiten sowie deren praktischer Verwendbarkeit schon besser vertraut sind.[3]

## Der institutionelle Ansatz

Der andere vergleichende Ansatz, den ein Autor anwenden kann, ist eine institutionelle Übersicht. Diese Darstellungsweise (die in Teil III dieses Handbuches angewendet wird) behandelt mehr oder minder willkürlich abgegrenzte Teilgebiete der soziokulturellen Organisation – wie z.B. wirtschaftliche Organisation, politische Organisation, Religion oder Verwandtschaft –

[3] Das Buch, das sehr gut zum *opus classicum* für den ökologischen (oder „etischen") Standpunkt werden könnte, ist Harris' *Rise of Anthropological Theory* (1968). Der „emische" Standpunkt ist bisher noch nicht in einer so umfassenden Weise erläutert worden, aber die Ausführungen von Goodenough sind die vielleicht bisher inhaltsreichsten (vor allem 1968, aber siehe auch 1961, 1969 und 1971).

und vergleicht sie in Hinsicht auf ihre Struktur und auf ihre Funktionen in verschiedenen Gesellschaften.[4]

Man konzentriert sich z.B. auf die „politische Organisation“ und vergleicht, wie das Bedürfnis nach Ordnung und Konformität in verschiedenen Gesellschaften befriedigt wird. Andere „Institutionen“, oder abgesonderte Komplexe von Glaubensvorstellungen und Verhaltensweisen innerhalb des umfassenden soziokulturellen Systems, werden dann in ähnlicher Weise behandelt. Wir sind daher beim institutionellen Ansatz vor allem daran interessiert, die *Verschiedenheiten* innerhalb vergleichbarer Handlungssphären bei verschiedenen Populationen herauszuarbeiten.

Bei einem evolutionären oder adaptionellen Überblick sind wir hingegen vor allem daran interessiert, die kulturübergreifenden *Gleichheiten* zwischen Gesellschaften hervorzuheben, die wir als zum selben Entwicklungsstadium gehörig identifizieren – d.h. wir sind daran interessiert, einen ökologischen Typus zu beschreiben –, obwohl wir uns sekundär auch für die Hauptunterschiede zwischen den Gesellschaften auf verschiedenen Entwicklungsebenen interessieren.

Wenn ich z.B. über Jäger und Sammler spreche, werde ich einige allgemeine Charakteristika der soziokulturellen Organisation beschreiben, die die meisten Jäger und Sammler miteinander gemeinsam haben. Ich werde jedoch nicht sehr viel sagen über die Abweichungen von diesem allgemeinen Modell (d.h. inwiefern sich verschiedene Gesellschaften von Jägern und Sammlern voneinander unterscheiden). Somit opfere ich das ethnographische Detail der allgemeinen Einführung.[5]

---

[4] Keine strenge Definition des Begriffes *Institution* hat sich bisher unter den Sozialwissenschaftlern durchsetzen können, aber die Umschreibung von Spiro (1966, S. 98) kommt der Art, in der ich den Begriff benütze, am nächsten: „Alle Institutionen bestehen aus *Glaubenssystemen,* d.h. einer dauerhaften Organisation von Denkinhalten über einen oder mehrere Aspekte der Welt; *Handlungssystemen,* einer dauerhaften Organisation von Verhaltensmustern, deren Bestimmung es ist, sich Mittel für die Befriedigung von Bedürfnissen zu verschaffen, und *Wertsystemen,* einer dauerhaften Organisation von Prinzipien, nach denen Verhalten gemäß einer Verdienstskala bewertet werden kann“ (siehe Glossar).

[5] Jedes der Kapitel 5 bis 8 stellt eine kurze Skizze eines der ökologischen Haupttypen dar und ist dazu bestimmt, ein sehr allgemeines Bild von Gesellschaften auf dieser Ebene zu bieten. Genau gesprochen kann keine dieser Charakterisierungen als ein „Modell“ im eigentlichen Sinne betrachtet werden, da den Hauptvariablen nicht wesentlich mehr Aufmerksamkeit gewidmet wird als den Nebenvariablen und die vielfältigen Beziehungen der Variablen untereinander nicht sehr eingehend untersucht werden. (Dies spiegelt sowohl Lücken in der Literatur wider als auch die Schwierigkeit, auf einigen wenigen Seiten einen weiten Bereich von Phänomenen und deren verschiedenen Manifestationen genau darzustellen.) Statt dessen sind diese Kapitel einprägsame Beschreibungen von adaptiven Strategien, die von einer Zusammenset-

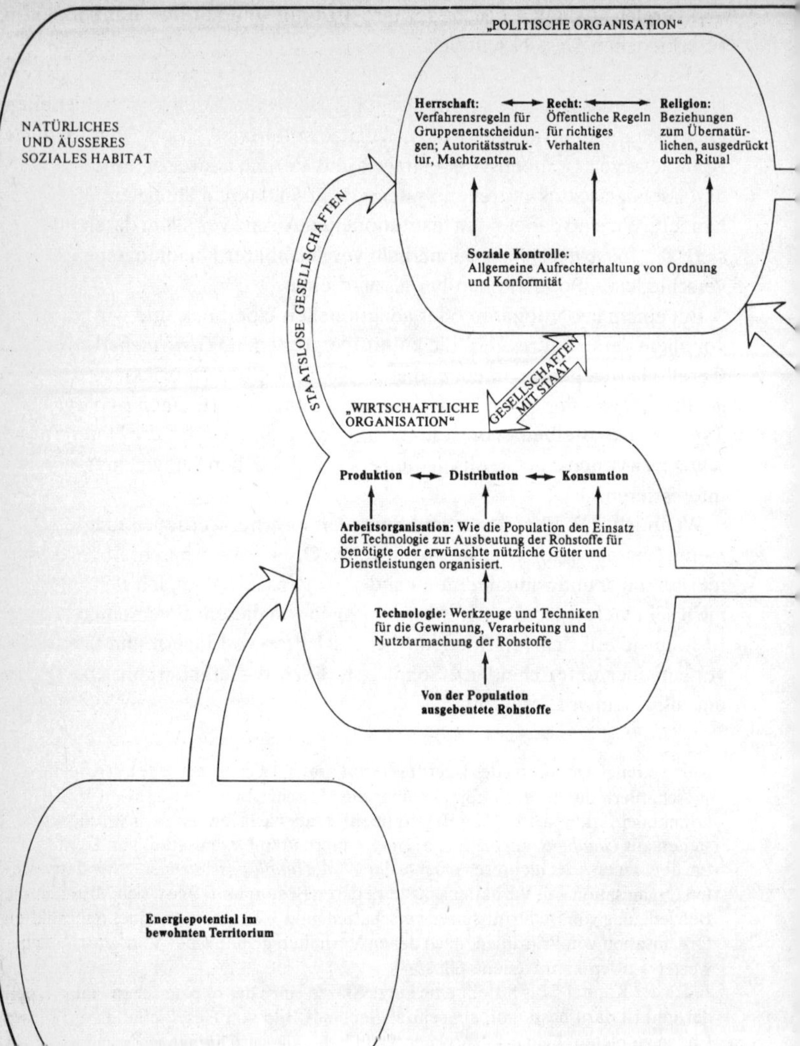


*Abbildung 3.1:* Mögliche Konzeptualisierung eines soziokulturellen Systems von einem ökologischen Standpunkt aus. Die Pfeile zeigen die vorausgesetzten Richtungen der Hauptverursachung an. In einem solchen System

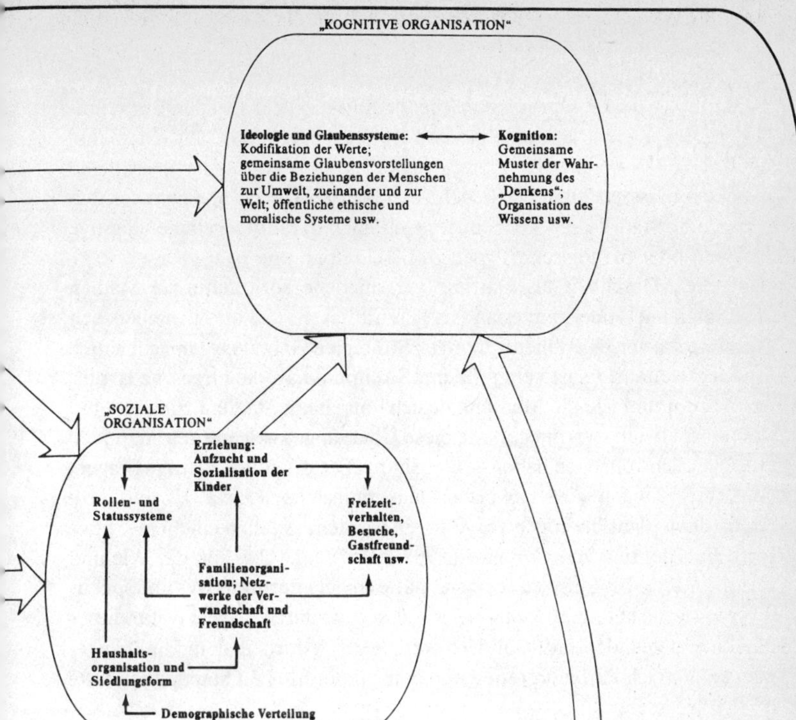


kommen Rückkoppelungen und sogar Umkehrentwicklungen vor, doch diese wurden aus Gründen der Vereinfachung ausgeklammert.

Es sollte inzwischen klar geworden sein, daß ich die soziokulturelle Organisation als einen Ordnungsschematismus für die Darstellung gewisser Informationen benütze – jener Informationen, die die für Gesellschaften auf allen Adaptionsebenen charakteristische Organisation der sozialen Beziehungen betreffen – genauso, wie ich in Teil III einen institutionellen Schematismus benütze. Da ich nicht die Absicht habe, mich in theoretische Streitfragen verwickeln zu lassen, klammere ich das Problem der Übergänge zwischen den Ebenen aus. Statt dessen konzentriere ich mich darauf, gegebene adaptive Strategien oder ökologische Typen zu beschreiben.

Daß die Menschheit als Gattung verschiedene soziokulturelle Stadien durchlaufen hat – oder, um es anders auszudrücken, daß die Menschen, seit es sie gibt, von verschiedenen adaptiven Strategien Gebrauch gemacht haben – ist unbestreitbar. Es ist kein größerer Streitpunkt als die physische Evolution. *Warum* und *wie* die Menschheit sich von einem Stadium zum anderen fortentwickelt hat – warum und wie diese Übergänge zwischen den adaptiven Strategien sich vollzogen haben –, dies sind außerordentlich strittige Fragen. Die Anthropologen *wissen es* bisher ganz einfach *noch nicht*. Es sind dazu verschiedene plausible Ideen vorgetragen worden; es fallen einem hier etwa sofort die Theorien von Carneiro (1968, 1970) ein. Aber um das Wie und Warum dieser Übergänge zu erörtern, hätte zuviel interpretatives und spekulatives Material herangezogen werden müssen, wodurch sich die Natur dieses Handbuches geändert hätte, und ich wäre letztlich doch an dem Punkt angelangt, an dem ich Partei ergreifen und einen theoretischen Standpunkt hätte beziehen müssen.[6]

---

zung mehrerer ethnographischer Fälle abstrahiert, aber auf keinen konkreten Fall anwendbar sind. Dies ist eine einigermaßen annehmbare Weise, die soziokulturellen Ebenen in den allgemeinsten Begriffen einführend darzustellen, die aber als unbefriedigend empfunden werden wird, wenn man sie auf irgendein wirkliches ethnographisches Beispiel anwendet. Um das Treffen solcher Vergleiche zu ermutigen, ist am Ende jedes Kapitels eine kurze Beschreibung zumindest einer wirklichen Gesellschaft vorgesehen, welche die besprochene adaptive Strategie veranschaulicht. *Diese Beschreibungen sind bloße Skizzen.* Es war damit nicht beabsichtigt, vollständige ethnographische Berichte zu geben, sondern nur, einen lebenswahren Eindruck von der besprochenen Gesellschaft zu vermitteln.

[6] Carneiro (1968, in Cohen 1974, S. 162) hat festgestellt, daß „aus der Entfernung gesehen ein Entwicklungsfortschritt als die logische Entfaltung einer inhärenten Tendenz erscheint. Aus der Nähe betrachtet erweist er sich jedoch immer als durch besondere ökologische Bedingungen vermittelt.“ Die Anthropologen haben sich jedoch – zum Nachteil unseres Verständnisses des evolutionären Prozesses und der Mechanismen und Bedingungen des Überganges zwischen adaptiven Strategien – vor allem auf die langfristige Betrachtungsweise statt auf das detaillierte Studium von Einzelfällen konzentriert. Es gibt hier nur einige wenige Ausnahmen, wie Carneiro und Robert McC. Adams (1966). Dies ist insofern nicht überraschend, als sich die

Aus diesem Grunde beschreibe ich in den Kapiteln 5 bis 8 in allgemeinen Begriffen die einzelnen adaptiven Strategien, wobei ich mich eng an die „Tatsachen“ halte, die beinahe alle Anthropologen anerkennen. Ich überlasse die meisten theoretischen Streitfragen den Dozenten, welche sie ganz nach ihrem Belieben behandeln können.

---

Übergänge (mit Ausnahme der Industrialisierung) in prähistorischen Zeiten vollzogen haben und unser Verständnis von ihnen daher auf Rekonstruktionen und Schlußfolgerungen aus historischen und zeitgenössischen Gegebenheiten beruhen muß. Dieses Zurückschließen auf die Vergangenheit ist sowohl riskant als auch schwierig, da, wie oben gezeigt wurde, zeitgenössische Gesellschaften, wie „einfach“ sie manchen von uns auch immer erscheinen mögen, nicht die wirklichen Vorgänger der komplexeren adaptiven Strategien sind.

# Teil II
# Evolutionäre Übersicht

# Kapitel 4
# Wildbeutertum

Aufgrund fossiler Belege war die Physische Anthropologie imstande, die biologische Evolution der Menschheit beinahe fünf Millionen Jahre ohne größere zeitliche Lücken zurückzuverfolgen. Während des allergrößten Teils dieser Periode von fünf Millionen Jahren hat die Menschheit von der Jagd und vom Sammeln gelebt. Erst vor vergleichsweise kurzer Zeit (vor etwa 9000–11000 Jahren) begannen die Menschen, Nahrung zu produzieren.[1]

Angesichts dieser zeitlichen Tiefe und der offenkundigen adaptiven Bedeutung, die die wildbeuterische Lebensweise für die Menschheit gehabt hat, beginne ich diese Übersichtsdarstellung der ökologischen Typen mit einer Besprechung der Jäger und Sammler.

## Kennzeichen der Wildbeuter- (Jäger und Sammler-)Gesellschaften

Die Wildbeuter sind Jäger und Sammler, das heißt, sie jagen wilde Tiere (oder fangen Fische) und suchen nach wilden Pflanzen. Sie begründen ihren Lebensunterhalt also nicht auf domestizierte Pflanzen oder Tiere. Sie leben so von ihrem Land, wie sie es vorfinden.[2]

### Kleine Gruppen

Jäger und Sammler leben charakteristischerweise in *kleinen Gruppen* (gewöhnlich nur wenige Familien und selten mehr als insgesamt fünfzig Individuen), welche *Horden* oder *Jagdscharen* genannt werden.

---

[1] Leser, die daran gewöhnt sind, die griechische oder römische Kultur als „alt" zu bezeichnen, mögen überrascht sein, wenn ich von der Zeit vor 10000 Jahren als „vor kurzem" spreche. Aber nach der geologischen Zeit im allgemeinen und der physischen Evolution der Menschen im besonderen sind die vergangenen 10000 Jahre kaum ein Augenblick.

[2] Die Gewohnheit der Anthropologen, von primitiven Gesellschaften in der Gegenwart zu sprechen, wird als das *ethnographische Präsens* bezeichnet. Es bezieht sich im allgemeinen auf jenen Zustand dieser Gesellschaften, in dem sie beschrieben wurden, als sie zum erstenmal mit Vertretern der westlichen Kultur in Kontakt kamen. Offenkundig haben viele dieser Gesellschaften in der Zwischenzeit außerordentliche Wandlungen durchgemacht, und diese Beschreibungen spiegeln nicht mehr die heutige Situation wider.

## Flexibilität

Wildbeutergruppen sind sehr locker strukturiert und wenig stabil; ihre Mitgliederschaft ändert sich ständig; häufig verlassen Einzelpersonen eine Gruppe und schließen sich einer anderen an. Obgleich diese Gruppen im allgemeinen klein sind, schließen sich Jäger und Sammler bisweilen während bestimmter Perioden im Jahresablauf zu größeren Gruppen zusammen. So z.B. scharen sich die Buschmänner der Kalahari-Wüste während der Trokkenzeit, wenn das Wasser rar ist, um die wenigen noch vorhandenen Wasserlöcher; und die nordamerikanischen Eskimo kommen in großen Gruppen zusammen, um das Karibu während dessen Wandersaison zu jagen. (Der Zusammenschluß kleiner Gruppen zu größeren Aggregationen wird als *Fusion*, die Aufsplitterung letzterer wird als *Fission* bezeichnet.) Die *Flexibilität* der Gruppen ist also für die Wildbeuter-Gesellschaften charakteristisch. Diese Flexibilität brauchen sie, um sich den Wechselfällen ihres Habitats anzupassen und aus dessen Wildbestand und Vegetation den größtmöglichen Nutzen zu ziehen.

## Mobilität

Die Wildbeuter sind überdies *sehr mobil;* sie sind gewöhnlich nomadisch. Auch dies dient dazu, den Ressourcen zu folgen – dem Wilde nachzuziehen, eßbare Pflanzen und Wasserstellen aufzusuchen. Die Wildbeuter können weitgehend als ein „Teil der Natur" aufgefaßt werden – in einem höheren Maße vielleicht als alle jene, die ihren Lebensunterhalt auf irgendeine andere Weise erwerben, von den niederen Bodenbauern bis zu den modernen Industriegesellschaften. Die Jäger und Sammler müssen sich an den Wechsel der Jahreszeiten anpassen; sie ziehen dorthin, wo die Tiere, die sie jagen, hinziehen; sie suchen jene Orte auf, wo Wasser und Pflanzen natürlich vorkommen. Für ihren Lebensunterhalt bauen sie keine Pflanzen an und halten sie keine Tiere, sondern machen nur von dem Gebrauch, was schon in der Natur vorhanden ist. Sie nehmen sich aus ihrer Umwelt, was sie brauchen. Weder ersetzen sie das Genommene, noch reinvestieren sie dafür wieder in ihre Umwelt – wenngleich sie diese soweit wie möglich erhalten; dies müssen sie tun, um zu überleben. Und sie stellen einfache Geräte (Speere, Bögen und Pfeile etc.) aus denselben Naturprodukten her, aus denen sie ihre Nahrung gewinnen. Unter diesen gegebenen Voraussetzungen ist es leicht zu verstehen, warum die Wildbeuter-Horden eine locker strukturierte, hochflexible Sozialorganisation sowie eine hohe Mobilitätsrate haben; weil sie gewissermaßen „der Natur nachfolgen" und sich von ihr nehmen, was sie brauchen. Sie ähneln darin sehr den Tieren, die sie jagen, welche ja ebenfalls unterwegs sind, um Gras und Wasser zu suchen. Die Sozialorganisation muß flexibel sein, um es der Gruppe zu ermöglichen, aus dem Wachstum der Pflanzen oder der Standortveränderung des Wildes Nutzen zu ziehen.

## Führung: Primus inter pares

Ein anderes Charakteristikum der Wildbeuter-Gesellschaften ist das *Fehlen von formal definierten Führungspositionen.* Niemand hat in einer Wildbeutergesellschaft irgendwelche Macht oder Autorität (im Unterschied zu Einfluß) über die Gruppe. Niemand kann irgend jemandem anderen sagen, was er tun soll, weil niemand auf ihn hören würde; und niemand hat die Macht, andere zu zwingen, auf ihn zu hören.[3]

Es gibt jedoch eine Art von informeller Führung, die mit dem Begriff *primus inter pares* („Erster unter Gleichen") bezeichnet wird. Ein Führer dieses Typus übt keine Zwangsgewalt aus. „Weder er noch irgendein anderer Führer hat die Macht oder das Recht, Gehorsam zu erzwingen. Er kann nur raten oder überreden" (Murdock 1959, S. 33). Eine Person, der der Status des *primus inter pares* zugestanden wird, ist jemand, der tüchtige Leistungen bei der Jagd oder einer anderen hochbewerteten Tätigkeit erbringt, seine oder ihre Familie gut versorgt, sich vernünftig beträgt und so fort. Er oder sie ist, kurz gesagt, ein Individuum, welches das, was man von einer Person erwarten kann, gut macht und jene Qualitäten und Persönlichkeitszüge aufweist, die von der Gruppe bewundert werden.

Zur nachdrücklichen Bestätigung sei hier wiederholt (weil wir es in den modernen Staatengesellschaften schwierig finden, uns Gesellschaften ohne ein Autoritätssystem vorzustellen), daß eine solche Person keine formale Autorität hat, niemandem sagen kann, was er tun soll, und keine Befehle geben oder andere zwingen kann, diese zu befolgen. Er oder sie ist bloß ein hochgeschätztes Individuum, dessen Rat und Meinung oft gesucht werden.

---

[3] Zu dieser Verallgemeinerung gibt es einige wohlbekannte Ausnahmen, wie z. B. die ihre eigenen Netze besitzenden Leiter der Hasenjagden bei den Shoshoni (Spencer und Jennings *et al.* 1965, S. 273ff.; Steward 1938) und die ihre eigenen Boote besitzenden Walfang-Kapitäne bei den Eskimo von Nordalaska (Spencer 1959).
Die klassische Ausnahme vom Jäger- und Sammler-Modell, wie es hier dargestellt wird, sind natürlich die Indianer der nordamerikanischen Nordwestküste (Drucker 1955). Ich habe es eine nützliche Übung in meinen Lehrveranstaltungen gefunden, die Studenten selbst nachvollziehen zu lassen, inwiefern das Vorhandensein einer berechenbaren Nahrungsquelle (des Lachses) für das Abweichen der Sozialorganisation der amerikanischen Nordwestküste vom Modell verantwortlich gemacht werden kann.

Dementsprechend steht in den Wildbeuter-Gesellschaften die Arbeit jeder Person größtenteils auch unter der eigenen Kontrolle dieser Person. Niemand kann einem anderen sagen, welche Arbeit er tun oder nicht tun soll. Und niemand kann einen Anteil an den Produkten der Arbeit verlangen – d.h. es gibt keine Besteuerung.

Dennoch wird unter den Wildbeutern die Nahrung geteilt. Wenn ein Mann oder eine kleine Gruppe von Männern ein Wild tötet, wird das Fleisch unter alle Mitglieder der Horde verteilt. Auf diese Weise bekommt jeder etwas Protein. Da die Gruppe niemals sichergehen kann, wann, wo und in welchem Ausmaße Wild in der Zukunft verfügbar sein wird, dient dieses Abgeben von Fleisch als ein Verteilungsmechanismus für eine nicht vorhersagbare Nahrungsquelle. Wenn ich das Glück gehabt habe, heute ein Reh zu töten, werde ich dir einen Anteil davon geben, weil ich das nächstemal nicht mehr so glücklich sein könnte. Aber *du* könntest es sein; und dann werde ich von dir erwarten, daß du dein Glück mit mir teilst.

Dieser die ganze Horde einbeziehende Verteilungsmechanismus erstreckt sich jedoch gewöhnlich nicht auf die gesammelten Pflanzen. Die Frauen sammeln normalerweise in Gruppen (zum Schutz gegen Raubtiere, aus Sorge für die Kinder, Geselligkeitsbedürfnis etc.), aber jede Frau bringt die Nahrung, die sie gesammelt hat, heim in ihren eigenen Haushalt. Dies hängt vielleicht mit dem Umstand zusammen, daß, wo die Sammeltätigkeit wirtschaftlich wichtig ist, die Versorgung mit wilden Pflanzen etwas verläßlicher ist als die Versorgung mit Wild. Aus diesem Grunde besteht weniger Notwendigkeit zu teilen.

Es gibt in den Wildbeutergesellschaften keine *Arbeitsspezialisierung*. Das heißt, es gibt keine Vollzeit-Spezialisten, die vorwiegend eine einzige Arbeit ausführen, wie z.B. Handwerker (Zimmerleute, Schmiede usw.). Statt dessen gibt es *eine auf dem Geschlecht beruhende Arbeitsteilung*, wobei die Männer vor allem die Jagd und die Frauen das Sammeln übernehmen. Innerhalb jedes Geschlechtes gibt es außerdem noch eine Aufteilung der Arbeiten nach dem *Lebensalter* (wobei jedoch gewisse Tätigkeiten, wie z.B. die den kleinen Kindern zugewiesenen, nicht geschlechtsabhängig sein können). Die Alten, die Jungen und die Kinder verschiedener Altersstufen führen voneinander verschiedene, aber einander ergänzende Tätigkeiten durch.

Im wesentlichen sorgt jeder Haushalt – die grundlegende soziale Einheit innerhalb der Horde – für seine eigenen Bedürfnisse, erzeugt und repariert die meisten seiner Geräte (obgleich es ein gewisses Maß an Handelsbeziehungen mit Personen geben kann, die über besondere Geschicklichkeiten, z.B. in der Herstellung von Pfeilen, verfügen) und führt auch die meisten der ihn betreffenden religiösen Funktionen durch (siehe jedoch die Bemerkungen über die Schamanen weiter unten).

Die frühere Literatur über Jäger und Sammler hat sich vor allem mit dem Mann als Jäger befaßt. In neuerer Zeit ist jedoch der Rolle der Frau bei der Nahrungsbeschaffung mehr Aufmerksamkeit geschenkt worden. Während die Jagd vor allem eine Aufgabe der Männer ist, ist dies beim Sammeln nicht der Fall. Die Sammeltätigkeit wird von den Frauen geleistet. Die Bedeutung des Sammelns von Wildpflanzen für die Ernährung wird erst gegenwärtig erforscht. Es scheint, daß die Produkte wildwachsender Pflanzen bis zu 60–80% der Gesamtnahrung bei einigen, vielleicht sogar bei den meisten Jäger- und Sammlervölkern ausmachen. Dies macht die Rolle der Frauen für die Ernährung unentbehrlich. Wenn auch die Jagd dramatischer und aufregender erscheinen mag, wird es doch immer deutlicher, daß das Sammeln von Pflanzen für das tägliche Überleben, zumindest bei manchen Wildbeutern, eigentlich wichtiger ist (Lee und DeVore 1968).

## Gleichheit

In solchen Gesellschaften gibt es keine soziale Schichtung und keine sozialen Klassen (wenn man diese über den Zugang zu den Ressourcen definiert). Aus diesem Grunde werden die Wildbeuter-Gesellschaften im allgemeinen als *egalitär* gekennzeichnet – d. h., zumindest theoretisch hat jedermann gleichen Zugang zu den Ressourcen, eingeschränkt nur durch die jeweiligen Fähigkeiten der Person.[4] Jedes Mitglied der Gesellschaft kann hinausgehen und Wild jagen oder Pflanzen sammeln. Es gibt niemanden in der Gruppe, der eine Kontrolle über diese Ressourcen ausübt. (Charakteristischerweise ist vor allem die fehlende Kontrolle über die Ressourcen für das Fehlen von Machtpositionen verantwortlich.)

## Verwandtschaft

Das grundlegende ideologische Konstrukt (bzw. Vorstellung oder Idee), auf dem die Gruppen aufgebaut sind, ist die *Verwandtschaft*. Das bedeutet, daß, obwohl beinahe jeder eine Horde verlassen und sich einer anderen anschließen kann, die Menschen ihren Eintritt in eine Gruppe normalerweise da-

[4] Bei der Besprechung einer Gruppe von Wildbeutern sagt Asen Balikci (1970, S. 4): „Jeder Netsilik-Eskimo hatte sich um seine eigene Ausrüstung zu kümmern, neue Waffen herzustellen und die alten zu reparieren. Trotz der Komplexität solcher Produkte wie des Kajaks oder des zusammengesetzten Bogens, verfügte jeder Mann über die Fertigkeiten und die Werkzeuge, um in technologischer Hinsicht selbstgenügsam zu sein. Dies war in der Arktis eine absolute Notwendigkeit."

durch rechtfertigen, daß sie sich auf eine Verwandtschaftsbeziehung mit einer Person berufen, welche bereits Mitglied dieser Gruppe ist. Oft ist es nicht wichtig, ob eine Person „wirklich" mit einem Mitglied verwandt ist (was als *reale* oder *tatsächliche* Verwandtschaft bezeichnet wird); man erhebt einfach den Anspruch verwandt zu sein (dies wird als *putative* oder *fiktive* Verwandtschaft bezeichnet), um einen solchen Wechsel zu legitimieren. Verwandtschaft ist, wie betont werden muß, eine Einrichtung, die die Menschen zu sozialen Zwecken manipulieren. Normalerweise stellt sie keinen allzu starren Zwang für das Verhalten dar.

Die Verwandtschaft gibt ein offenkundiges Mittel zur Ordnung sozialer Beziehungen ab. Alle Gesellschaften anerkennen „Verwandtschaft" zwischen Eltern und Kindern, zwischen Geschwistern und so weiter, wobei jedoch die genaue Vorstellung von dieser „Verwandtschaft" sowie die Art der Beziehungen, die sie besonders betonen und ihre Zwecke dabei sehr verschieden sein können (siehe Kapitel 12). Daher machen alle Gesellschaften zu einem gewissen Grade von Verwandtschaftsvorstellungen Gebrauch, um das Verhalten zu regulieren. In kleinen, schriftlosen Gesellschaften ist jedoch die Verwandtschaft – gemeinsam mit dem Geschlecht und dem Lebensalter – ein grundlegendes Strukturprinzip. Watson und Watson (1969, S. 64) erläutern die Bedeutung der Verwandtschaft bei Wildbeutern folgendermaßen:

> Der Vorteil der sozialen Organisation nach Verwandtschaftsprinzipien liegt darin, daß sie die Muster des Teilens und der Kooperation formalisiert und ausweitet. Sie ermöglicht eine vielseitigere und komplexere, und also wirksamere, Inangriffnahme der sich aus den menschlichen Grundbedürfnissen ergebenden Probleme als dies anderen Primatengruppen möglich ist. Die Institution der Verwandtschaft ist also ein Hauptweg der Interaktion mit der natürlichen Umwelt und aus diesem Grunde ein *kultureller* Begriff, der die menschliche Gesellschaft klar von den vormenschlichen und nichtmenschlichen Primaten unterscheidet.

## Territorialität und Besitzrechte

Wildbeuter-Horden haben gewöhnlich kein „Eigentum" an Land oder Ressourcen (in dem Sinne, in dem wir „Eigentum" verstehen würden). Im wesentlichen wandern sie umher und benützen dabei die verfügbaren Ressourcen, sofern sie nicht schon jemand anderer benützt. Charakteristischerweise gibt es daher bei den Jägern und Sammlern nur *wenige oder gar keine Territorialansprüche* (obwohl ein allgemeines Gefühl besteht, daß eine Gruppe Recht auf Zugang zu dem gesamten Gebiet hat, welches sie ausbeutet, und die Gruppe den Versuchen anderer Gruppen, ihre Tätigkeiten einzuschränken, Widerstand entgegensetzen wird).

Was den persönlichen Besitz anbelangt, sind die Ausführungen von Steward (1955, S. 107) über die Shoshoni-Indianer auf die meisten anderen Wildbeuter anwendbar und aus diesem Grunde wert, wiedergegeben zu werden:

> Der Begriff der Besitzrechte bei den Shoshoni war direkt auf ihre Lebensweise bezogen. Diese Indianer setzten voraus, daß Rechte zum ausschließlichen Gebrauch irgendeiner Sache sich aus der von bestimmten Individuen oder Gruppen aufgewendeten Arbeit und aus dem gewohnheitsmäßigen Gebrauch ergaben. Dies ist ein ziemlich naheliegender, einfacher und praktischer Begriff, und er scheint ein Minimum an Konflikten mit sich gebracht zu haben.
>
> In den meisten Teilen des Gebietes waren die natürlichen Ressourcen jedermann zugänglich. Die Samenfrüchte jedoch, die von einer Frau gesammelt worden waren, gehörten ihr, weil sie die Arbeit aufgewendet hatte, eine natürliche Ressource in etwas zu verwandeln, das unmittelbar konsumiert werden konnte. Wenn ein Mann einen Bogen herstellte oder ein Haus baute, gehörten diese ihm, obgleich die verwendeten Bäume vor ihrer Verarbeitung niemandem gehört hatten. Jede Familie konnte in einem bestimmten Strom oder Fluß fischen, aber wenn eine Gruppe von Familien ein Fischwehr errichtete, hatte sie alleine das Recht, dieses Wehr zu benützen.

## Kriegführung

Wegen des fehlenden Territorialanspruchs lassen sich Jäger- und Sammlergruppen normalerweise nicht in umfassende Konflikte oder *Kriege* miteinander ein (doch führen sie Krieg gegen in ihr Gebiet eindringende Mächte, die ihre Autonomie oder ihren Zugang zu den Ressourcen bedrohen). *Fehden* jedoch, eine weniger umfassende und individualistischere Form des bewaffneten Konfliktes, kommen vor. (Fehden zwischen Individuen oder kleinen Gruppen von miteinander verwandten Individuen können aufgrund von Anschuldigungen wegen Ehebruchs, Faulheit, Aggressivität, Hexerei usw. entstehen. Siehe den Abschnitt über Fehden und Konfliktbewältigung in Kapitel 11.)

## Religion

Was ihre Religion betrifft, sind die Wildbeuter typische *Polytheisten* – das heißt, sie haben viele Götter.[5] Es gibt nicht nur viele Gottheiten, sondern die Menschen haben auch mit allen von diesen eine Beziehung (dies trifft, wie gezeigt werden wird, für Gesellschaften auf anderen Entwicklungsebenen nicht immer zu).

Jede Sphäre der Natur oder Tätigkeitssphäre wird von ihrer eigenen Gottheit regiert (so z. B. kann es einen Gott für den Regen, den Sonnenschein, die Krankheit, die Hasen usw. geben). Jede Gottheit ist autonom und hat kein Recht, einer anderen Gottheit zu befehlen, was sie tun soll – genauso wie es in den sozialen Beziehungen der Menschen keine formale politische Autorität gibt. Und es gibt gewöhnlich keinen *Hochgott,* keine oberste Gottheit.

Auch wird in Übereinstimmung mit der übrigen Sozialorganisation die Beziehung zum Übernatürlichen vor allem auf *individueller* Grundlage aufrechterhalten. Das heißt, daß es keine Priester (oder religiöse Vollzeit-Praktiker) gibt; jede Person ist in den meisten Fällen sein (oder ihr) eigener religiöser Funktionär. Obwohl es Gruppenrituale gibt – vor allem in Zusammenhang mit den „Lebenszyklus"-Ritualen (Kapitel 9) –, werden die meisten religiösen Tätigkeiten von Individuen in einer mehr oder minder spontanen Weise durchgeführt.

Obgleich es bei den Wildbeutern kein formales Priestertum gibt, trifft man oft religiöse oder magische Teilzeit-Praktiker, die *Schamanen* genannt werden, an (siehe Kapitel 14). Dies sind Personen, die eine besondere Begabung oder Vorliebe dafür haben, sich mit dem Übernatürlichen oder mit Krisenzuständen zu befassen. Vielleicht neigen sie dazu, Visionen zu haben oder in Trance zu verfallen, oder sie können für sich die Fähigkeit in Anspruch nehmen, besonders leicht mit Geistern verkehren oder Krankheiten heilen zu können. Aus diesem Grunde werden andere Mitglieder der Gemeinschaft von Zeit zu Zeit ihre Hilfe suchen. Es ist jedoch wichtig, sich daran zu erinnern, daß die Schamanen aus ihren speziellen Talenten nicht ihren Lebensunterhalt ziehen. Sie jagen, sammeln und verrichten dieselben grundlegenden Tätigkeiten für die Erhaltung ihres Lebens, die auch die anderen Mitglieder der Gemeinschaft verrichten. In anderen Worten, der Schamanismus kann eher als eine Nebenbeschäftigung als ein Beruf beschrieben werden.

---

[5] Einige Anthropologen ziehen es vor, die Religionen danach zu unterscheiden, ob es die Vorstellung eines Hochgottes (Kapitel 14) gibt, statt die Dichotomie Polytheismus–Monotheismus (Glauben an einen einzigen Gott) zu verwenden – obgleich es sehr umstritten ist, ob die Hochgott-Vorstellung ursprünglich oder ein Resultat des Kontaktes mit einer monotheistischen Gesellschaft ist. Eine Anzahl von Forschern vertritt die Ansicht, daß echter Monotheismus sehr selten ist, da viele sogenannte monotheistische Religionen in Wirklichkeit glauben, daß das Universum von mehr als einer übernatürlichen Persönlichkeit bewohnt wird. Aus Gründen der Einfachheit werde ich von „Polytheismus" und „Monotheismus" sprechen, doch sollte sich der Leser vergegenwärtigen, daß diese Unterscheidung keine absolute ist.

## Zusammenfassung der Kennzeichen

Kleine Gruppen: Horden oder Jagdscharen
Fließende oder unstabile Gruppenorganisation (Fission und Fusion)
Hohe Mobilität; Nomadismus
Entnehmen aus ihrer Umwelt statt Wiederauffüllen derselben
Keine autoritäte Führung (statt dessen primus inter pares)
Mangelnde Spezialisierung
Arbeitsteilung nach Geschlecht und Alter
Egalitäre Gesellschaft (keine soziale Schichtung)
Verwandtschaftsideologie, aber nicht starr
Kein „Eigentum" an Ressourcen
Fehlen eines strengen Territorialanspruches
Fehden, aber keine umfassenden Kriege
Polytheistische Religion

## Ethnographisches Beispiel: Die Tasaday-Höhlenbewohner im philippinischen Regenwald

Irgendwann während der frühen oder mittleren sechziger Jahre dieses Jahrhunderts wanderte ein abenteuerlustiger Filipino-Jäger namens Dafal tief in den Regenwald. Er traf auf drei fast gänzlich nackte Männer, die nach Wurzeln gruben. Nach einigen Schwierigkeiten gelang es Dafal, Freundschaft mit den verschreckten Männern zu schließen. Sie tauschten Nahrungsmittel aus, unterhielten sich miteinander, soweit sie dazu imstande waren, und trennten sich wieder. In den nächsten Jahren traf Dafal mehrere Male mit diesen Waldbewohnern zusammen.

Im Jahre 1971 machte Manuel Elizalde, der Vorstand der Privaten Gesellschaft für die Nationalen Minoritäten der Philippinen, die Bekanntschaft Dafals, als er eine Stammesgesellschaft am Rande des Regenwaldes besuchte. Dafal erzählte Elizalde von den scheuen Waldmenschen. Aus Sorge, was diesen Menschen geschehen könnte, wenn sie mit Holzfällern, Bergarbeitern, Siedlern und anderen Unternehmern zusammenstießen, bat Elizalde Dafal, mit den Waldbewohnern Kontakt aufzunehmen und den Versuch zu machen, sie zu überreden, sich mit ihm zu treffen. Dies geschah im Juni 1971, und so begann eine Beziehung, die die Außenwelt mit einer isolierten Gruppe von einfachen, höhlenbewohnenden Sammlern bekannt machte, den Tasaday. (Sie setzte natürlich auch die Tasaday dem Leben der Außenwelt aus und veränderte dadurch ihre einfache Lebensweise für immer.)

Die folgende kurze Skizze der Tasaday beruht auf dem Bericht von John Nance (1975), der die Informationen enthält, die während der ersten drei Jahre des zeitweiligen Kontaktes zwischen den Waldbewohnern und Vertretern der Außenwelt gesammelt wurden. Das ethnographische Präsens bezieht sich in dieser Beschreibung durchgehend auf die Zeit vor dem Kontakt, so gut sie rekonstruiert werden kann. Diese Skizze soll als sehr provisorisch aufgefaßt werden, da die Daten, auf denen sie beruht, kärglich sind und nicht aus einer Fachpublikation stammen.

## Wer sind die Tasaday?

Strenggenommen bezieht sich die Beziehung *Tasaday* nur auf eine von mindestens drei (und vielleicht mehr) getrennte und durch Heiratsbeziehung miteinander verbundene Horden. Die anderen beiden Horden, die im Bericht von Nance besondere Namen haben, sind die Tasafeng und die Sanduka. Die Horden haben ihre Namen von geographischen Bezeichnungen für die Stätte ihrer Basislager. Die Tasaday-Horde besteht also aus jenen Menschen, die in den Höhlen des Berges Tasaday wohnen. (Es gibt offenbar keinen gemeinsamen Namen für alle Horden zusammen.)

Die Tasaday-Horde umfaßt etwa zwei Dutzend Personen, darunter jene Frauen, die aus anderen Horden in sie eingeheiratet haben. Die Tasaday sprechen eine malayo-polynesische Sprache (ihr historischer Ursprung ist noch unbekannt). Die Gruppe besteht aus miteinander verwandten männlichen Personen, deren Frauen und unverheirateten Töchtern. In Abbildung 4.1 wird die verwandtschaftliche Zusammensetzung der Tasaday nach ihren eigenen Angaben in Diagrammform wiedergegeben. Fangul, der an der obersten Stelle des Diagramms stehende Ahne, ist der legendäre Gründer der Horde und wird als der ursprüngliche „Eigentümer" der Höhlen bezeichnet, in denen die Gruppe lebt. (Die Tasaday sagen, daß die Höhlen und der sie umgebende Wald heute das gemeinsame „Eigentum" der ganzen Horde sind.)

Die Forscher, die bei den Tasaday gearbeitet haben (die anthropologische Feldforschung, die von etwa einem halben Dutzend Forschern durchgeführt wurde, umfaßt insgesamt weniger als vier Monate, die sich über eine Periode von drei Jahren verteilen), und andere, die von diesen Waldmenschen Kenntnis bekommen haben, haben sich über die geringe Bevölkerungszahl gewundert. Bei unserem gegenwärtigen Wissensstand hat sich noch keine befriedigende Antwort ergeben, aber es gibt im Bericht von Nance Hinweise darauf, daß Fission und eine hohe Sterblichkeitsrate wichtige Faktoren für die Beschränkung der Gruppengröße sind.

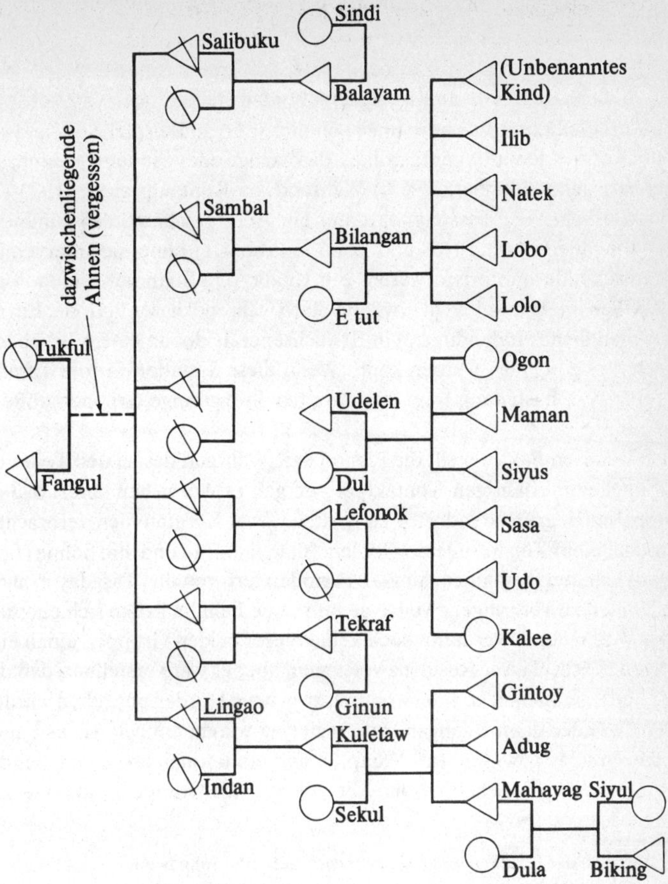


*Abbildung 4.1:* Die Tasaday. Gesamtbevölkerung im Jahre 1974: 28. Altersverteilung: vom Kleinkind bis zu den Mittsechzigern (geschätzt). Ein Querstrich durch eines der Symbole zeigt an, daß das Individuum verstorben ist; für eine Erklärung der Symbole siehe Kapitel 12. (*Beachten Sie:* Alle erwachsenen Frauen stammen aus anderen Horden und sind durch Heirat zu Tasaday geworden. Sekul, Ginun, Dul und Dula kommen von den Tasafeng, Etut kommt von den Sanduka. Sindi kommt von einer Stammesgesellschaft, die außerhalb des Waldes siedelt; sie begleitete eine von Elizaldes frühen Expeditionen zu den Tasaday und kehrte später zurück, um als Balayams Frau bei den Tasaday zu bleiben.)

Mit der möglichen Ausnahme des Schlangenbisses (den angeblich eine Person in der Gruppe, ein Mann namens Udelen, heilen kann) scheinen die Tasaday ihre Kranken nicht zu behandeln. Sie haben keine Heilungsrituale oder Heilpflanzen. Kranke Menschen läßt man sterben oder von selbst gesund werden. (Dies ist nicht so ungewöhnlich. Für ein Beispiel eines anderen waldbewohnenden Wildbeutervolkes, das wenige oder gar keine Heilungsrituale hat, siehe Holmberg 1969.) Während der Kontaktperiode, 1971–74, haben Besucher der Tasaday, darunter ein Arzt, geschätzt, daß zumindest drei Individuen (Sasa, Siyus und Lobo in Abb. 4.1) ohne die Intervention Außenstehender gestorben wären. Ein Knabe (ein Sohn von Lefonok namens Ukan, in Abb. 4.1 nicht erwähnt) starb während dieser Periode. Ein anderes männliches Individuum, ein Erwachsener, leidet an einem Bruch, der jederzeit abgeschnürt werden kann. Wenn diese Situation für die Tasaday charakteristisch ist, dann trägt dies dazu bei, ihre geringe Gruppengröße zu erklären.[6]

Einen weiteren Faktor stellt die Fission dar. Während des letzten Teiles der ursprünglich dreijährigen Kontaktperiode gab es Anzeichen dafür, daß die Gruppe im Begriffe stand, sich zu spalten. Zwei Kernfamilien verbrachten mehr und mehr Zeit in anderen Höhlen. Bilangan, Etut und ihre Söhne (siehe Abb. 4.1) hatten begonnen, längere Perioden fern von den Tasaday in anderen Höhlen zu verbringen. Mahayag und seine Familie ließen sich ebenfalls anderswo nieder. Zwar hatte noch keine dieser beiden Gruppen einen endgültigen Wechsel ihrer Residenz vollzogen, aber es war vorstellbar, daß dies in Zukunft geschehen könnte, wodurch zwei neue Horden entstehen würden, deren Gründer dann Bilangan bzw. Mahayag wären, ähnlich wie es Fangul für die Tasaday gewesen war. Wenn Fission ein normaler Vorgang bei den Tasaday ist, trägt sie ebenfalls dazu bei, die geringe Gruppengröße zu erklä-

[6] Hinsichtlich der Kranken und Gebrechlichen berichtet John Nance in einer persönlichen Mitteilung an den Autor, daß die Tasaday „hin und wieder einen Versuch machen". Und „obgleich die Botaniker bestätigen, daß sie bei den Tasaday überraschend wenig Gebrauch von Pflanzen und Kräutern für medizinische Zwecke gefunden haben", weiß er von zumindest drei Anwendungsmöglichkeiten: „(1) die Behandlung des Schlangenbisses, die Sie schon erwähnt haben; (2) die Verwendung einer Pflanze, um einen Trank – vielleicht ein Gebräu – herzustellen, der Etut verabreicht wurde, als sie geboren hatte und auf die Ablösung der Nachgeburt wartete; dieser Trank sollte die Ablösung beschleunigen; und (3) den Saft eines Pflanzenstengels, der gegen Insektenstiche und giftige Pflanzen verwendet wird; die Anwendung dieses Saftes beruhigt das Jucken und läßt das Brennen vergehen. ... Übrigens stellen die Botaniker außerdem fest, daß sie nach dem Studium von etwa 200 Pflanzen ihre Arbeit nicht als vollständig ansehen, da Fragen über Pflanzen mit vermuteter medizinischer oder ‚religiöser' Bedeutung ‚oftmals ausweichende Antworten nach sich ziehen'".

Eine Gruppe von Tasaday in einer Höhle; Philippinen. (Photo: John Nance/ Panamin/Magnum.)

ren. (In der Zeit, als das Buch von Nance geschrieben wurde, wurden Pläne gemacht, die anderen von den Tasaday erwähnten Horden von Höhlenbewohnern zu suchen. Umfassendere und intensivere Forschungen unter allen diesen Gruppen werden einmal helfen, die vielen Fragen zu beantworten, die sich aus dem sporadischen und in mancher Hinsicht oberflächlichen Kontakt ergeben haben, den wir bisher mit diesen Waldmenschen hatten.)

## Nahrungserwerb

Die Tasaday leben in drei Höhlen an der Flanke des Berges, von dem sie ihren Namen haben. Diese Höhlen, die einen großen Strom überblicken, stellen ihren dauernden Wohnplatz dar, obgleich sie gelegentlich auch andere Höhlen bewohnen, wenn sie auf Nahrungssuche unterwegs sind und nicht die Möglichkeit haben, vor Einbruch der Nacht in ihr Hauptlager zurückzukehren. Die Tasaday erklären, daß sie ungerne im Wald übernachten und aus diesem Grunde Sammelexpeditionen, die länger als einen Tag dauern, vermeiden. Nichtsdestoweniger kommen solche vor.

Zum Zeitpunkt des ersten Kontaktes bewohnten alle Tasaday, mit der Ausnahme eines einzigen, eine obere Höhle, in welcher sie schliefen und ihre Mahlzeiten verzehrten. Balayam, dessen Eltern tot waren und der der einzige unverheiratete erwachsene Mann war, schlief in einer unteren Höhle. (Dies änderte sich nach seiner Heirat mit Sindi, einer Nicht-Tasaday, die von den Expeditionen Elizaldes zu den Waldmenschen mitgenommen worden war.) Später verteilten sich die Tasaday über zwei der drei Höhlen. Sie gaben dafür keinen Grund an, außer daß sie den Wunsch dazu hatten. Es hing offenbar nicht mit einer Verstimmung oder irgendeinem Konflikt zusammen. (In der Tat scheinen die Tasaday eine der friedfertigsten, kooperativsten und gewaltlosesten Gruppen zu sein, von denen die Ethnographie berichtet.)

Von den Höhlen aus gehen die Tasaday zur Nahrungssuche in den Wald. Sie sind einfache Sammler und befriedigen ihren täglichen Nahrungsbedarf durch nur wenige Stunden täglichen Sammelns.[7] (Genauere Informationen über die zum Nahrungserwerb aufgewendete Energie müssen Input-Output-Studien abwarten, wie sie etwa von Richard Lee [1969] für die Buschmänner durchgeführt wurden.)

Die Hauptnahrung, die von den Tasaday gesammelt wird, ist eine Wurzel, die sie *biking* nennen, welche mit einem zugespitzten Stock ausgegraben und entweder roh oder gekocht gegessen wird. Sie sammeln auch verschiedene Früchte und wilde Jamswurzeln. *Ubud* und *natek* (Palmherzen oder -mark) werden heute von den Tasaday ebenfalls gegessen. (Mit *natek* wurden sie durch Dafal bekannt gemacht. Es ist strittig, ob *ubud* schon vor oder erst nach dem Kontakt gegessen wurde, denn es ist außerordentlich schwierig, es mit Steinwerkzeugen freizulegen, und die Tasaday hatten kein Metall, bevor sie mit Dafal zusammentrafen.)

Die Tasaday sammeln auch Frösche, Kaulquappen, Krebse und Fische, die im allgemeinen gekocht werden, sowie Maden, welche gekocht oder roh gegessen werden können (die Köpfe werden jedoch nicht gegessen); damit dekken sie ihren Hauptbedarf an Protein. Vor ihrem Kontakt mit Dafal jagten die Tasaday keine Großtiere, wie Hirsche, Affen oder Schweine, noch fingen sie sie in Fallen. So können die Tasaday, obgleich sie Fleischesser sind[8], genauer als reine Sammler statt als Jäger und Sammler klassifiziert werden.

---

[7] „Eines Nachmittags gingen wir mit den Tasaday stromaufwärts auf eine Sammel-Expedition. In weniger als zwei Stunden spielerischen Sammelns hatten sie sechzehn Kaulquappen, vier Krebse, drei Frösche, einen etwa zehn Zentimeter langen Fisch, zwei Fuß *ubud* (Palmherz), verschiedene eßbare Blumen und Früchte mit Nüssen gesammelt“ (Nance 1975:180).

[8] Einige Autoren ziehen es vor, das Wort *Fleisch* in der engeren Bedeutung Fleisch von Säugetieren zu gebrauchen. Ich gebrauche diesen Begriff in einem allgemeineren Sinne, der sich auf das Fleisch jedes Tieres bezieht.

(Außer daß Dafal die Tasaday lehrte, Fallen zu machen, machte er sie auch mit Pfeil und Bogen, metallenen Ohrringen statt derer aus Rotang, die sie früher benutzt hatten, und Stoff bekannt, wobei letzterer für sie weniger praktisch war als die von den Frauen getragenen Grasröcke und die aus Gras hergestellten Penisfutterale, die die Männer trugen.)

Die Arbeitsteilung scheint bei den Tasaday minimal zu sein. Die einzige rein weibliche Tätigkeit ist das Auskehren der Höhlen, wohingegen die Männer die schweren Lasten von Feuerholz tragen. Männer, Frauen und Kinder teilen sich miteinander das Sammeln der pflanzlichen und tierischen Nahrung. Männer und Frauen tragen ähnliche Verantwortung für die Versorgung der Kinder und der Alten.

Alle Nahrung wird mit allen Mitgliedern der Gruppe geteilt (aber jede Kernfamilie innerhalb der Horde muß ihr eigenes Feuerholz sammeln). Es wurde jedoch von einem Forscher beobachtet, daß, als in dem Gebiet um die Höhlen *ubud* seltener wurde, jede Sammelexpedition nur mehr eine kleine Menge dieser Nahrung nach Hause brachte, um sie mit der ganzen Horde zu teilen. Offensichtlich aß jede Familie mehr davon, wenn sie außerhalb der Höhlen für sich war. (Die Erschöpfung der unmittelbar in der Nachbarschaft der Höhlen verfügbaren Ressourcen kann einer der Faktoren sein, welche Fission und aus diesem Grunde die Ausbreitung der Bevölkerung verursachen.)

## Politische Organisation

Die Tasaday sind außerordentlich egalitär. Wiederholt gaben sie ihrer Mißbilligung Ausdruck, wenn Außenstehende „streng schauten und groß redeten". Die Horde hatte keinen Führer und keine Autoritätsstruktur. Das Treffen von Entscheidungen ist ein Gruppenprozeß, der auf Diskussionen beruht, in denen alle Männer und Frauen ihre Meinung abgeben. (Obwohl es unter den Kindern Meinungsverschiedenheiten und Streitigkeiten oder gar Gezänk gab, behaupteten die Tasaday durchwegs, daß dies bei Erwachsenen niemals vorkomme. Es fällt schwer, diese Behauptung ohne Vorbehalt zu akzeptieren, doch scheinen Konflikte innerhalb der Gruppe, wenn schon nicht völlig gefehlt zu haben, so doch auf ein Minimum beschränkt gewesen zu sein.)

Trotzdem ist bei den Tasaday eine beginnende politische Spezialisierung augenscheinlich. Zum Beispiel scheint Dul, die Frau von Udelen, mehr Einfluß über die Gruppe auszuüben als jedes andere Einzelindividuum. Ihre Meinungen werden besonders respektiert, und ihre Empfehlungen scheinen öfter befolgt zu werden als die jedes anderen. Sie ist es, die gewöhnlich mit der Aufgabe betraut wird, die Nahrung aufzuteilen und zu portionieren, obgleich Balayam gelegentlich diese Aufgabe ebenso ausführt. Aus den vorhandenen Zeugnissen ergibt sich jedoch klar, daß der Einfluß von Dul auf die Gruppe – dessen Gründe unbekannt sind – sie nicht als einen „Führer“ qualifiziert; sie übt keine echte Autorität aus.[9]

## Heirat und Kontakt zwischen den Gruppen

Die Tasaday sind streng monogam. Frauen werden zum Zwecke der Heirat mit anderen Horden ausgetauscht. Etut kam aus der Sanduka-Horde und Sekul, Dul, Dula und Ginun aus der Tasafeng-Horde. Da bei den Tasaday keine erwachsenen, unverheirateten Frauen leben, kann angenommen werden, daß auch die Tasaday Frauen an andere Gruppen abgeben. (Auf Bemühungen von Besuchern, sich hierüber unzweideutig zu informieren, reagierten die Tasaday nicht.)

Es heißt, daß Heiraten durch Eltern aus verschiedenen Horden arrangiert werden, wenn sie sich zufällig im Wald treffen. Sie sind mit Gaben von Nahrung verbunden. (Jedem Anthropologen wird es eigenartig erscheinen, daß eine so wichtige Angelegenheit wie die Heirat dem Zufall überlassen werden soll. Es besteht kein Zweifel, daß wir zu diesem Thema mehr Daten brauchen.) Zum Zeitpunkt des Kontaktes behaupteten die Tasaday, nicht mehr zu wissen, wo sich die Horden der Tasafeng und Sanduka aufhielten und wandten sich an die Besucher mit der Bitte, ihnen Frauen als Ehepartnerinnen mitzubringen. (Die Tasaday sagten auch, daß sie den Wald noch nie verlassen hätten und nichts von der Existenz anderer Völker jenseits des Waldes wüßten.)

Die Eheschließung ist so wenig von einem komplizierten Ritual umgeben wie andere Aspekte des Lebens der Tasaday.[10] Die Gruppe versammelt sich nur um die Neuvermählten und wiederholt das Wort *mafeon* („gut“ oder „schön“).

---

[9] In dieser Hinsicht macht Nance in einer anderen persönlichen Mitteilung die folgende scharfsichtige Beobachtung (Hervorhebung von mir): „Ich würde dazu neigen, bei der Bezeichnung von Dul als der Person mit dem meisten Einfluß etwas differenzierter zu sein. In der Tat schien sie dies in gewissen Fällen, die wir beobachteten, zu sein, doch ich glaube, daß Balayam, Mahayag, Sekul und vielleicht andere ebenfalls einen starken Einfluß hatten. Ich bin hier nicht so sicher. Manchmal habe ich gedacht, daß Duls Einfluß *durch ihre Fähigkeit, geschickt mit Elizalde umzugehen*, gesteigert wurde.“

[10] Nance (persönliche Mitteilung) sagt über das Ritual bei den Tasaday: „Die Beschreibung der Tasaday vom Geburtsvorgang hat ritualistische Aspekte – die ganze Gruppe versammelt sich um die Gebärende, Männer und Kinder im Hintergrund, Frauen vorne, um ihr beizustehen; die ältliche Sekul schien die Hebammendienste, das Durchschneiden der Nabelschnur etc. übernommen zu haben. Auch denke ich,

Die Tasaday beziehen sich häufig auf ihre Ahnen, um ihre Verhaltensweisen oder Glaubensvorstellungen zu erklären, aber mit Ahnen scheinen sie nicht die vergöttlichten Geister ihrer Vorfahren zu meinen. Die Redensart „Unsere Ahnen haben uns gelehrt, das oder jenes zu tun“ ist kein Hinweis auf die Sphäre des Übernatürlichen, sondern bezieht sich ganz einfach auf die Tradition: „Die vor uns lebten in dieser Weise, und so leben wir in dieser Weise.“

Es wurden bei den Tasaday in der Tat keine Begriffe gefunden, die als Verweis auf einen Gott oder eine Gottheit ausgelegt werden könnten, noch hatten sie irgendwelche Vorstellungen von einem Leben nach dem Tode. Es ist sogar unsicher, ob sie den Begriff Seele verstehen. Bei Versuchen, diesen Gegenstand mit ihnen zu besprechen, wurden Redensarten wie „innere Gefühle“ oder „das, was in einem Menschen lebt“ verwendet. In Antwort auf Fragen, was mit dieser „Seele“ beim Tode geschieht, sagten die Tasaday einfach, daß sie eine Person verläßt, welche dann tot ist. Sie wußten nicht, wohin sie geht, wie sie auch nicht wußten, woher sie kommt. Und es scheint, daß sie keine Neigung haben, sich über dieses Problem Gedanken zu machen.[11]

Wenn eine Person starb, wurde er oder sie in den Wald gebracht, mit Blättern bedeckt und so zurückgelassen. Die Tasaday taten dann ihr Bestes, diese Person zu vergessen, da die Erinnerung an sie sie „innerlich schmerzte“. Dieses minimale Ritual, den Toten mit Blättern zu bedecken, scheint die ganze Begräbniszeremonie auszumachen. (Ähnlich wird auch die Geburt mit wenig

---

daß die Behandlung der Nachgeburt für sie etwas Besonderes war und daß das Versäumnis, mich zu dieser Gelegenheit mitzunehmen, kein zufälliges war ... Ich habe später gedacht, daß es im Leben der Tasaday viel mehr Rituale gab, als wir wahrnahmen, und daß in mancher Weise ihr ganzes Leben ritualisiert war – vor allem in ihrer engen Gefährtenschaft mit Pflanzen, Tieren, einander und dem Wald.“

[11] Wieder einmal bringt Nance in einer persönlichen Mitteilung eine nützliche Beobachtung über die Religion vor: „Was Götter, Gottheiten, Seele, Religion betrifft, vermute ich, daß ihre Äußerungen über den ‚Herrn des Waldes‘ und ‚Herrn der Höhle‘ mehr religiöse und/oder übernatürliche Mitbedeutungen enthalten, als wir wissen können. Die Macht dieses ‚Herrn‘ zum Beispiel, zur Strafe Regen, Wind, Blitz und Krankheit zu schicken – und, in Lobos Falle, sogar ein Todesurteil – zeigt doch, daß dies eine starke Macht in ihrem Leben ist. Was ihren Seelenbegriff betrifft, beziehen sie sich, wie Sie auch erwähnen, auf ‚das, was in einem Menschen lebt‘ und das im Menschen, was den Traum sieht. Und sie haben (zumindest Balayam hat) Beunruhigung gezeigt, daß dieser Geist nach dem Tode die Geister der noch lebenden Tasaday fortlocken könnte; aus diesem Grunde werden die Toten weit fortgebracht. Ich neige daher dazu, zu denken, daß sie einen gewissen Begriff von Seelen oder Geistern haben.“

Ritual behandelt. Die Nachgeburt wird in den Wald gebracht und dort entweder auf einen Baum gehängt oder begraben – es ist unklar, welches von beidem. Kein weiteres Ritual wird durchgeführt. Aufgrund der von Nance berichteten Vorfälle scheint es, daß ein Kind erst dann einen Namen bekommt, wenn das nächste Kind geboren ist.)

Obgleich es fraglich ist, ob die Tasaday irgendeine Vorstellung von Geistern oder irgendwelchen anderen übernatürlichen Wesen haben (denn es gibt Hinweise dafür, daß ihre Erwähnung von „Hexen“, „Geistern“ und „Feen“ auf ihren Umgang mit Dafal und den folgenden Besuchern zurückzuführen ist), haben sie doch Tabus. Das heißt, daß sie glauben, daß gewisse Handlungen übernatürliche Vergeltung mit sich bringen. Diese Handlungen sind jene, die die Harmonie des Lebens in der Nachbarschaft der Höhlen stören. Die am häufigsten erwähnten Handlungen sind das Abbrechen von Blättern oder das Fällen von Bäumen im Umkreis der Höhlen – was Regen verursachen und die Sammeltätigkeit erschweren würde. An einem Zeitpunkt zu Anfang der Kontaktperiode zogen sich mehrere Tasaday Erkältungen zu. Dies wurde auf das sorglose Benehmen einiger junger Tasaday zurückgeführt, die in der Nähe der Höhlen gespielt und dabei unabsichtlich einige kleine Äste und Blätter abgebrochen hatten. Dies ist jedoch eine schmale Grundlage, um allgemeine Aussagen über die „Religion“ der Tasaday zu machen (siehe Kapitel 14), und offensichtlich ist noch viel Forschung nötig, um diesen und andere Aspekte des Lebens der Tasaday aufzuklären. Es mag jedoch schon zu spät sein, denn bis zur Zeit, da dies geschrieben wird, sind die Tasaday zehn Jahre lang einem starken Einfluß seitens der Außenwelt ausgesetzt gewesen.[12]

---

[12] Für zusätzliche Informationen siehe *Further Studies on the Tasaday* (und die Belege darin), herausgegeben von Douglas Yen und John Nance, ein Werk, das sechs Forschungsarbeiten über Archäologie, Linguistik und Botanik enthält. Es ist bei der Panamin Foundation in Manila und bei Bee Cross Media in Rochester, New York, erhältlich.

# Kapitel 5
# Niederer Bodenbau

Vor ungefähr 9000–11 000 Jahren wurden Pflanzen und Tiere zum erstenmal domestiziert. Unabhängig voneinander begannen Menschen in verschiedenen Gegenden der Welt ihre Nahrung zu produzieren (z.B. im Mittleren Osten, in Südostasien und in Nordafrika).[1] Die Frühform des Bodenbaus wird als niederer Bodenbau (Pflanzertum) bezeichnet.
**Niederer Bodenbau** bezieht sich auf Anbautechniken, die von Handwerkzeugen abhängig sind, wie dem Grabstock (oder Pflanzstock) und der Hacke. Pflug und Zugtiere werden für den Anbau nicht eingesetzt.

## Brandrodungsbau

Die verbreitetste Form des niederen Bodenbaus, die heute noch bei vielen Völkern der Welt geübt wird, ist vielleicht der sogenannte **Brandrodungsbau** (oder **Schwendwirtschaft).** Er findet sich heute vor allem, aber nicht ausschließlich, in tropischen Gegenden (wie den Stromgebieten des Amazonas in Südamerika oder des Kongo in Afrika). Die besondere Technik, durch welche diese Art des Anbaus definiert wird, besteht darin, Buschwerk und Bäume umzuschneiden und sie dann zu verbrennen, um Pflanzungen anlegen zu können. Im allgemeinen übernehmen die Männer die schwere Arbeit des Fällens der Bäume und der Rodung des Buschwerks, während die Frauen das meiste bei der Aussaat und der Pflege der Pflanzungen machen, wobei ihnen die Männer bei der Ernte helfen. Jedes Stück Land wird für eine gewisse Zeit genutzt und danach wieder sich selbst überlassen, damit sich der Boden regenerieren kann. Die Schwendwirtschaft setzt daher große Landgebiete (und eine geringe Bevölkerungsdichte) voraus. Der Gebrauch großer Landgebiete wird als *extensiver* Anbau bezeichnet; das bedeutet, daß die Bevölkerung in periodischen Abständen von einem Landstück zum anderen übersiedelt und also extensive Landgebiete für den Anbau benützt. Wenn jedoch nicht genü-

---

[1] Dieser Übergang vom Sammeln zur Nahrungsproduktion wird manchmal als die „Neolithische Revolution" bezeichnet. Einen allgemeinen Überblick über die Jäger und Sammler geben z.B. Bicchieri (1972), Damas (1969) oder Lee und DeVore (1968). Einen nützlichen Überblick über die Gartenbauer, wenn auch begrenzt auf jene von Südamerika, gibt das Buch *Amazonia* von Betty J. Meggers (1971).

gend Land zur Verfügung steht, üben die Pflanzer auch *intensiven* Anbau, durch Fruchtwechsel, Düngung, Terrassenbau oder begrenzte Bewässerung, aus. Beim intensiven Anbau investieren die Männer mehr von ihrer Arbeit in weniger Felder. In anderen Worten, sie „bleiben, wo sie sind" (sind seßhaft oder halbseßhaft) und bearbeiten immer wieder dasselbe Land.

Ein anderer Faktor, der dazu beiträgt, das wechselnde Vorkommen von extensivem und intensivem Anbau zu erklären, besteht in der Art und Weise, in der eine Gruppe ihren Proteinbedarf deckt. Carneiro (1968) stellt z. B. die Hypothese auf, daß Gruppen, die an fischreichen Flüssen leben, eher dazu tendieren, seßhaft zu werden und ihre Anbautechniken zu intensivieren, weil sie eine verläßliche Proteinquelle haben. Gruppen, die zur Deckung ihres Proteinbedarfes Landtiere jagen und sich demgemäß über ein großes Gebiet verbreiten müssen, sind aus diesem Grunde daran gehindert, sich auf die Entwicklung ihrer Anbautechniken zu konzentrieren. Und Meggers (1971) hat gezeigt, daß unter tropischen Umweltbedingungen der extensive Brandrodungsbau in Wirklichkeit effizienter ist als die intensiven Techniken, die in gemäßigten Klimazonen praktiziert werden.

## Kennzeichen der Gesellschaften mit niederem Bodenbau

Es ist schwer, über die Sozialorganisation der Pflanzer in gleicher Weise Verallgemeinerungen zu treffen, wie dies für die Jäger und Sammler geschehen ist, da es für die Gesellschaften mit niederem Bodenbau nicht nur eine einzige charakteristische Form der Sozialorganisation gibt. Statt dessen verteilen sich die Pflanzergesellschaften über die ganze Skala sozialer Organisationen, angefangen von einem Typus, der in vielen Hinsichten den in Kapitel 4 für die Jäger und Sammler angeführten Kennzeichen ähnelt, durch ein Kontinuum von Variationen hindurch bis zu einem den nationalstaatlich organisierten Bauerngesellschaften vergleichbaren Typus. Dennoch können wir einige *sehr* allgemeine Charakteristika der Völker mit niederem Bodenbau anführen, die sich aus der Notwendigkeit ergeben, den Boden zu bearbeiten.

### Seßhaftigkeit

Wenn Menschen damit beginnen, Arbeit in ein Stück Land zu investieren, um Ernten für ihre Ernährung hervorzubringen, dann müssen sie für zumindest einen Teil des Jahres seßhaft werden. Das Roden des Landes und das Pflanzen brauchen Zeit, und oft – vor allem in tropischen Gegenden – müssen diese Aufgaben innerhalb einer kontinuierlichen Zeitspanne begonnen und vollendet werden, da sonst das Land vom Busch überwuchert werden würde. Daher ist ein anzuführendes Kennzeichen die Tendenz vieler Gruppen mit niederem Bodenbau zur *Seßhaftigkeit*. Der Wandel von einer schweifenden zu einer eher seßhaften Lebensweise bedingt andere Wandlungsprozesse, die sich durch die gesamte Sozialorganisation verzweigen.

## Größere Populationen

Der Bodenbau stellt außerdem eine verläßlichere Quelle der Nahrungsversorgung dar als die Jagd und das Sammeln. Aus diesem Grunde kommt es zu *größeren Populationen*.

Bei extensivem Anbau stellen große Bevölkerungsdichten jedoch einen Widerspruch in sich selbst dar. Bei dieser Art des Bodenbaus können nur geringe Bevölkerungsdichten einen ausreichenden Lebensunterhalt ermöglichen. Aus diesem Grunde finden sich kleine Dörfer, Weiler oder Einzelgehöfte, die häufig verlegt werden, in beträchtlichen Entfernungen voneinander über ein weites Gebiet verstreut.

Bei intensivem Anbau können sich jedoch größere Populationen auf dem Land konzentrieren, weil dasselbe Land immer wieder genützt wird. Die Menschen verlegen ihre Wohnstätten immer weniger oder gar nicht mehr; es finden sich größere Dörfer oder Lokalgemeinden, vielleicht auch in geringerer Entfernung voneinander.

## Verwandtschaftsgruppen

Mit dem Entstehen dauerhafterer, auf der Nahrungsproduktion durch Zusammenarbeit beruhender Lokalgemeinden gewinnt die Zugehörigkeit zu sozialen Gebilden, die größer sind als die unmittelbare Familie, eine wichtige Rolle im sozialen Leben. Wenn Gruppen von Menschen beginnen, ihre Zeit und Energie in die Produktion eines Gutes zu investieren, beginnen sie auch, ein Eigentumsrecht an den Produkten ihrer Arbeit zu beanspruchen. Feldfrüchte sind ein solches Gut, und da der Anbau von Feldfrüchten normalerweise die Zusammenarbeit mehrerer Personen voraussetzt, beanspruchen diese Menschen gemeinsame Rechte an den Feldfrüchten und an dem Land, das sie bearbeitet haben, um diese Feldfrüchte hervorzubringen. Eine relativ einfache und weitverbreitete Art, eine solche Gruppe zu strukturieren, beruht auf der Verwandtschaft – der Geltendmachung von „Verwandtschaftsbeziehungen" zwischen den Menschen – wie dies z. B. bei Lineages und Klans der Fall ist (siehe Kapitel 12). Aus diesem Grunde sind die Gesellschaften mit niederem Bodenbau im Gegensatz zu den meisten Wildbeuter-Gesellschaften durch das Vorhandensein von relativ stabilen *Deszendenz*- oder *Ver-*

*wandtschaftsgruppen* als wesentlichen Elementen ihrer Sozialorganisation gekennzeichnet. (Siehe die Diskussion korporierter Gruppen in Kapitel 9.)

### Führungspositionen

Größere Bevölkerungskonzentrationen, die aufgrund ihrer Abhängigkeit von den Bodenbauprodukten mehr oder minder an ihr Land gebunden sind, machen besser definierte Autoritätspositionen notwendig; außerdem wird die politische Organisation komplexer wegen der Notwendigkeit der sozialen Kontrolle und der Entwicklung eines deutlicher erkennbaren Systems von Rechten und Pflichten, die sich auf die Arbeit und die Produkte der Arbeit beziehen. Es müssen Mechanismen für die Entscheidung von Streitigkeiten über diese Rechte und Pflichten entwickelt werden. Aus diesem Grunde entstehen *Führungspositionen,* die stabiler sind, als dies bei den Wildbeutern üblich ist.

## Stadien des niederen Bodenbaus

Cohen (1968, S. 49) hat die These aufgestellt, „daß es nicht bloß ein einziges Muster des niederen Bodenbaus gibt, sondern vielmehr verschiedene Muster, deren jedes ein Stadium in einer Entwicklungsreihe repräsentiert, welche nach ihrem verschieden großen Anteil domestizierter Pflanzen an der gesamten Ernährung voneinander unterschieden werden können." Die folgende Zusammenfassung der verschiedenen Arten von Gesellschaften mit niederem Bodenbau stammt von Cohen (wobei die Überschriften von mir sind).

### 1. Minimaler Bodenbau

In diesem ersten Stadium wird ein Minimum an Bodenbau praktiziert (durch Anbau gewonnene Nahrungsmittel machen 10 Prozent oder weniger der normalen Ernährung aus), und die Hauptgrundlage der Subsistenz bietet die Jagd und das Sammeln. In diesem Stadium sind Bodenbauer hoch mobil und nur periodisch seßhaft; „sie können permanente oder semipermanente Siedlungen haben und diese für einen Teil des Jahres verlassen, um zu jagen oder Wildpflanzen zu sammeln, aber zur Ernte zurückkehren" (Cohen 1968, S. 49). Sie können außerdem noch als Brandrodungsbauer ihre Siedlungen periodisch verlegen. Ihre Sozialorganisation ist der wildbeuterischen insofern ähnlich, als es wenig oder keine Arbeitsspezialisierung gibt: die Lokalgruppen tendieren zur Fission; und die politische Führung, wenngleich vielleicht besser verankert als bei den Wildbeutern, ist noch immer schwach und informell und vom *primus inter pares*-(Erster-unter-Gleichen)Typus.

## 2. Untergeordneter Bodenbau

Für Gesellschaften auf dieser Ebene gewinnt der Anbau eine größere Bedeutung für den Lebensunterhalt, obgleich ihm die Jagd und das Sammeln als Techniken der Nahrungsbeschaffung an Bedeutung gleichkommen oder ihn sogar übertreffen. Hier sind aufgrund der größeren Abhängigkeit von den Feldfrüchten eher feste Ansiedlungen festzustellen. Die Gruppen tendieren weniger dazu, sich aufzuspalten, und die Beziehungen zwischen Personen und Haushalten werden infolgedessen stabiler. Beziehungen und Gruppenmitgliedschaften auf verwandtschaftlicher Grundlage beginnen sich über ein weites Gebiet auszudehnen, und es bilden sich Organisationen von der Art der Klans heraus. Aber die Führungsrollen sind noch eher schwach; ihre Autorität beschränkt sich auf Empfehlung und Überredung. Die politische Organisation ist im allgemeinen nicht starr. „Die Arbeit ist weiterhin nach Geschlechtern geteilt: die Männer roden den Busch, jagen, kämpfen und hüten die domestizierten Tiere, während die Frauen die Arbeit beim Anbau übernehmen" (Cohen 1968, S. 50). Die Lokalgruppen siedeln meist noch weit voneinander entfernt und die Bevölkerungsdichte ist noch gering. Je mehr eine Gruppe jedoch von angebauten statt von wilden Nahrungspflanzen abhängt, desto höher wird ihre Bevölkerungsdichte sein.

## 3. Primärer Subsistenz-Bodenbau

Auf dieser Ebene hängt die Subsistenz vorwiegend von intensivem Bodenbau ab, während die Jagd und das Sammeln eine zweitrangige Rolle einnehmen und einen relativ geringen Anteil zur Ernährung beisteuern (vielleicht bis zu etwa einem Drittel der Gesamtnahrungsmenge). Die Dörfer sind zwar noch weit voneinander entfernt, aber die Bevölkerungsdichte ist doch schon größer geworden. Das politische System und die Autoritätspositionen werden besser definiert. Die Führer der Lokalgemeinden verfügen über mehr Autorität, die sich z. B. aus der Notwendigkeit ergibt, die verschiedenen Tätigkeiten beim Roden des Landes zu koordinieren, Streitigkeiten beizulegen usw. Zugleich wird mit der größeren Abhängigkeit von den Bodenbauprodukten, die durch gemeinschaftliche Arbeit hervorgebracht werden, die Zugehörigkeit zu größeren Gruppen stärker ausgeprägt.

### 4. Fortgeschrittener Bodenbau

Hier sind die Jagd und das Sammeln als Techniken der Nahrungsbeschaffung unbedeutend und können im Grunde genommen auch fehlen. Die Bevölkerung wächst an und die Siedlungen liegen näher beieinander. Umfassendere Gruppenorganisationen werden noch besser definiert und spielen eine beherrschende Rolle in der Sozialorganisation. Die Regelung der Gruppenzugehörigkeit beruht im allgemeinen weiterhin auf einer Verwandtschaftsideologie. Die politische Organisation ist, nach Cohen (S. 50) „vielfältig und komplex; die politischen Institutionen erstrecken sich von ziemlich schwachen und amorphen Ausprägungsformen (wie ... im Hochland von Neuguinea) bis zu hochkomplexen Staatssystemen (wie in Polynesien ...)".[2] Die Tatsache, daß diese Vielfalt in politischer Hinsicht in keiner genauen Entsprechung zu einer sich steigernden Abhängigkeit von Bodenbauprodukten steht, ist ohne Zweifel auf andere Faktoren zurückzuführen, wie z.B. die Menge des verfügbaren Landes in Zusammenhang mit der Bevölkerungsdichte oder das Vorhandensein oder Nichtvorhandensein benachbarter Gruppen, die einem Bevölkerungswachstum im Wege stehen. Carneiro (1970) hat die These aufgestellt, daß soziale oder geographische Grenzen für das Wachstum einer Gruppe zur Herausbildung komplexerer politischer Organisationsformen führen kann (was als „vertikales Wachstum" der Sozialorganisation betrachtet werden kann), weil dadurch die Freiheit, die Gruppe zu verlassen (d.h. „horizontales Wachstum" oder räumliche Ausdehnung der Population) eingeschränkt worden ist.

## Zusammenfassung der Kennzeichen

Während wir die große Vielfalt der Sozialorganisation bei Gesellschaften mit niederem Bodenbau im Gedächtnis behalten, können wir jetzt die zu Beginn dieses Kapitels mitgeteilten Hauptmerkmale derselben kurz herausarbeiten und eine Zusammenfassung der Charakteristika anbieten, denen sich diese Gesellschaften – im Gegensatz zu den Wildbeutern – annähern.

Aufgrund ihrer größeren Investition in ihre Umwelt tendieren die Gesellschaften mit niederem Bodenbau zu *stabilen Gruppierungen* von Menschen in *seßhaften* oder *halbseßhaften* Lokalgemeinden. Dementsprechend *wächst die Bevölkerung* an, normalerweise im Ausmaße ihrer Abhängigkeit von angebauter Nahrung. Wenn wir die menschlichen Gesellschaften in kulturvergleichender Perspektive betrachten und die Wildbeuter als solche mit den

---

[2] Verschiedene politische Organisationsformen werden in Kapitel 11 besprochen.

Bodenbauern als solchen vergleichen (d. h. innerhalb des Bezugsrahmens der „generellen Evolution"), dann sehen wir, daß diese Behauptung begründet ist; dies muß deshalb aber noch nicht für jede besondere Gesellschaft wahr sein (d.h. vom Gesichtspunkt der „speziellen Evolution" aus), vor allem nicht für Gesellschaften, die erst vor kurzem zum Bodenbau übergegangen sind. (Für diese und ähnliche Fragen sei der Leser verwiesen auf „The Transition from Hunting to Horticulture in the Amazon Basin" von Robert L. Carneiro, 1968.)

Die Arbeitsteilung beruht noch immer vornehmlich *auf Geschlecht und Lebensalter*, und Gesellschaften mit niederem Bodenbau sind im wesentlichen *egalitär,* wenngleich sich ein gewisses Maß an Arbeitsspezialisierung und sozialer Schichtung in dem Maße herausbilden kann, in dem der Bodenbau gegenüber der Jagd- und Sammelwirtschaft an Bedeutung gewinnt.

Für die Ordnung der sozialen Beziehungen wird die *Verwandtschaftsideologie* um so bedeutsamer, je mehr die Ressourcen von Gruppen kontrolliert werden, wenngleich sie noch immer individuell manipuliert werden kann. Wegen der Investition von Zeit und Energie in den Anbau werden die Konzepte des Eigentums und des Besitzes stärker ausgeprägt. Dementsprechend entwickelt sich die *Territorialität* (d. h. die Beanspruchung von Besitzrechten am Land) mehr oder minder in Proportion zur Intensität des Anbaus und der Verfügbarkeit des Landes. Der Territorialitäts-Begriff und der Bevölkerungsdruck tragen dann zum Auftreten von umfassenden Konflikten oder *Kriegen* bei einigen Gesellschaften mit niederem Bodenbau bei. Obwohl *Fehden* weiterbestehen, betreffen sie eher größere Gruppen und sind daher weniger individualistisch, als dies im allgemeinen bei Jägern und Sammlern der Fall ist.

Die Religion ist bei den Gesellschaften mit niederem Bodenbau noch vorwiegend *polytheistisch,* doch können – im Zusammenhang mit Veränderungen in der Investition von Zeit und Energie in die Umwelt, der zunehmenden Ausdehnung und Formalisierung politischer Macht und dem Bedeutungsgewinn von Gruppenzugehörigkeiten – die Gottheiten in eine Hierarchie gebracht werden, wobei einige als wichtiger oder mächtiger angesehen werden als andere; die Menschen können regelmäßigere und formellere Kontakte mit ihnen unterhalten, im allgemeinen eher auf kollektiver als auf individueller Grundlage; und die Bedeutsamkeit der Gottheiten für die Wohlfahrt der Gruppe kann sich steigern. Es können sogar Hochgötter auftreten, obgleich solche Gottheiten oft als fern von den Angelegenheiten der Menschen oder als völlig beziehungslos zu ihnen gedacht werden. Darüber hinaus wird bei Gesellschaften mit niederem Bodenbau eine weitere Sonderform der Religion, die sogenannte *Ahnenverehrung* oder der *Ahnenkult,* vorgefunden (siehe Kapitel 14).

Die folgende Liste gibt eine kurze Wiederholung dieser Zusammenfassung:

Investition in die Umwelt
Tendenz zu stabilen Gruppen; seßhafte oder halbseßhafte Lokalgruppen
Arbeitsteilung vornehmlich aufgrund von Geschlecht und Lebensalter
Grundlegende soziale Gleichheit; wenngleich soziale Schichtung im Zusammenhang mit steigender Bedeutung des Anbaues auftreten kann
Vorherrschen der Verwandtschaftsideologie; Verwandtschaftsgruppen werden bedeutsam
Entwicklung des Territorialitäts-Konzeptes
Fehden auf Gruppenebene; es können Kriege vorkommen
Polytheistische Religion mit oder ohne Hochgott; daneben kommt Ahnenverehrung vor

## Ethnographisches Beispiel: Die Dugum Dani von Neuguinea

Die Dugum Dani sind eine Gesellschaft mit Papua-Sprache im zentralen Hochland von West-Neuguinea (genaugenommen West-Irian, einer indonesischen Provinz). Bei dieser Skizze, die auf der Monographie von Karl Heider (1970) beruht, bezieht sich das ethnographische Präsens auf die frühen sechziger Jahre unseres Jahrhunderts.[3]

### Siedlung und Nahrungserwerb

Die Dani leben in kleinen Ansammlungen von Wohnstätten, die von Heider *Lager* (compounds) genannt werden. Jedes Lager besteht zumindest aus einem Männerhaus, mehreren Frauenhäusern, einem Kochhaus und einem oder mehreren Schweineställen.

Männer und größere Knaben kommen tagsüber im Männerhaus zusammen und schlafen dort gewöhnlich in der Nacht. Es ist ein rundes Bauwerk und das größte Gebäude des Lagers. Die Frauen leben in separaten Häusern. Diese sind ebenfalls rund, und gewöhnlich hat jede im Lager lebende Frau ein Haus. Gelegentlich können zwei Frauen dasselbe Haus bewohnen, aber gewöhnlich wohnen polygam verheiratete Frauen nicht miteinander, da sie selten gut miteinander auskommen (siehe Kapitel 13).

---

[3] In Anhang 3 werden andere Werke sowie der wichtigste ethnographische Film über die Dani von Neuguinea aufgeführt.

Zu jedem Lager gehört auch ein langes, rechteckiges Kochhaus. Hier kommen die Bewohner des Lagers zusammen, um miteinander zu sprechen, zu kochen und zu essen. Das Kochhaus hat mehrere Feuer, gewöhnlich für jede Frau im Lager eines.

Jedes Lager hat zumindest einen Schweinestall, in welchem die Tiere bei Nacht gehalten werden. Der Stall ist in eine Anzahl von Abteilungen geteilt, wobei für jedes Schwein (oder für eine Muttersau mit ihren Jungen) eine besondere Abteilung vorhanden ist.

Ein innerer Zaun verbindet die verschiedenen Gebäude in einem Lager miteinander und umschließt einen zentralen Hof, in welchen der Eingang des Lagers hineinführt. Jenseits des Hofes, im rückwärtigen Teil des Lagers hinter dem Männerhaus, befinden sich zwei kleine Bauwerke: Eines, in dem die Asche der Toten nach der Verbrennung aufbewahrt wird, und ein anderes, das *Geisterhaus* heißt. Dort ist auch ein kleiner, umfriedeter Platz, wo Bananen angebaut werden. Das ganze Lager ist von einem äußeren Zaun umgeben.

Die Ernährung der Dani beruht auf einer intensiven Schwendwirtschaft und auf Schweinehaltung. Das Hauptnahrungsmittel ist die Süßkartoffel. Zu den weniger wichtigen Anbaupflanzen gehören Taro und Jamswurzeln sowie Ingwer, Tabak, Bananen und Gurken. Insgesamt bauen die Dani vierzehn verschiedene Sorten von Feldfrüchten an.

Die Dani haben drei Typen von Gärten, die von Heider Talboden-, Lager- und Berghang-Gärten genannt werden. Die Berghang-Gärten liegen an den Hängen der Hügel hinter dem Lager und werden vor allem für den Anbau von Taro und Gurken genutzt, obwohl hier auch andere Sorten von Feldfrüchten angebaut werden. Die Lager-Gärten liegen innerhalb oder unmit-

*Tabelle 5.1:* Typen von Gärten der Dani

| *Gartentyp* | *Lage* | *Anbaupflanzen* |
|---|---|---|
| Talboden | Ebener Talboden vor dem Lager | Süßkartoffel, Taro, Jamswurzeln (liefern den Hauptteil der Nahrung) |
| Lager | (a) Bananenpflanzung | (a) vorwiegend Bananen, Zuckerrohr, Flaschenkürbisse |
| | (b) Neben Häusern und Zäunen im Hof | (b) Taro, Tabak, Flaschenkürbisse |
| | (c) Außerhalb des Lagereinganges | (c) Vor allem Tabak |
| Hang | Berghänge hinter dem Lager | Vor allem Taro und Gurken, aber auch Süßkartoffeln und Jamswurzeln |

telbar außerhalb des Lagers. Mehrere Sorten von Feldfrüchten, wie z. B. Bananen, Taro und Tabak, wachsen in diesen Gärten. Das wichtigste angebaute Land ist jedoch der ebene Talboden vor dem Lager. Diese großen Gärten, die von einem Labyrinth von Wassergräben durchzogen sind, bringen den Hauptteil der von den Dani konsumierten Nahrung – Süßkartoffeln, Taro und Jamswurzeln – hervor (siehe die Zusammenfassung in Tabelle 5.1).

Das Klima in dieser Region ist das ganze Jahr hindurch ziemlich gleichförmig; aus diesem Grunde gibt es keine bestimmte Saison für das Pflanzen und das Ernten. Verschiedene Felder befinden sich stets in unterschiedlichen Stadien des Gebrauchs. Der Boden ist fruchtbar und leicht zu bearbeiten, so daß die Dani vergleichsweise wenig Zeit für ihre Arbeiten in den Gärten aufwenden müssen. Außerdem legt man, weil es im Siedlungsgebiet der Dani genug Land gibt (anders als bei vielen anderen bodenbautreibenden Gesellschaften), wenig Wert auf die Präzisierung von Eigentumsrechten und Landnutzungsrechten.

Um die Anbaupraktiken der Dani zu illustrieren, soll der folgende Abriß des Brandrodungsbau-Zyklus für die Talboden-Gärten gegeben werden (nach Heider 1970, S. 40–41):

*Erster Schritt: Entfernen des Bodenbewuchses.*
1. Niederschneiden der Bäume und Büsche
2. Schneiden des Grases
3. Ausgraben der Wurzeln von Bäumen und Büschen

*Zweiter Schritt: Verbrennen der abgeschnittenen Pflanzen, nachdem sie getrocknet sind.*

*Dritter Schritt: Säubern der Bewässerungsgräben von inzwischen angesammeltem Schlamm und verrotteten Pflanzen, welche dann über die Gartenbeete verbreitet werden.*

*Vierter Schritt: Pflanzen.*
1. Anhäufen der Erde zu kleinen Hügeln, in die Süßkartoffeln gepflanzt werden
2. Pflanzen von Taroschößlingen in seichte Löcher
3. Verbreiten von Schlamm über die Erdhügel.

*Fünfter Schritt: Nach dem Trocknen des Schlammes Aufbrechen mit dem Grabstock.*

*Sechster Schritt: Fortgesetztes periodisches Jäten und Zurechtstutzen der Ranken während der Wachstumsperiode.*

*Siebter Schritt: Ernte: Ausgraben der größten Knollen aus den Erdhügeln über mehrere Monate hin.*

*Achter Schritt: Nach der Ernteperiode wird es den Schweinen gestattet, sich in den Gärten herumzutreiben und die übriggebliebenen kleineren Knollen zu fressen.*

*Neunter Schritt: Der Garten wird für eine unbestimmte Periode brach liegen gelassen.*

Während die Jagd eine unwichtige Betätigung ist, liefert das Sammeln den Dani manche für sie notwendige Dinge. Sie sammeln Fasern, um aus ihnen Schnüre zu machen (welche für die Herstellung von Tragnetzen verwendet werden und ein wesentliches Material für Kleidungs- und Schmuckstücke sind); sie sammeln Holz für den Bau von Häusern und Zäunen und für die Herstellung von Waffen und Geräten; Schlingpflanzen, die beim Hausbau verwendet werden, und Gras für Fußböden und Dächer.

Wie oben erwähnt wurde, halten die Dani Schweine. Diese stellen nicht nur eine Nahrungsquelle, sondern auch ein wesentliches Element des Ritualwesens der Dani dar. Schweine sind sakrale Tiere, und ihr Fleisch wird zu allen wichtigen rituellen Anlässen im Leben der Dani gegessen.

Am Morgen läßt man die Schweine aus ihren Ställen. Sie streifen im Lager umher und fressen die Nahrungsüberreste, die die Bewohner des Lagers wegwerfen. Am späteren Vormittag werden sie aus dem Lager in die verlassenen Gärten getrieben, in denen sie herumwühlen können. Sie werden dabei gewöhnlich von einem Kind begleitet, doch übernimmt manchmal auch ein Erwachsener die Rolle des Schweinehirten. Am Nachmittag werden sie in das Lager zurückgetrieben und am Abend wieder in den Stall gebracht.

Sorgfältig ausgearbeitete Netzwerke von Handelsbeziehungen sind für die Bewohner des Hochlandes von Neuguinea charakteristisch, und der Handel ist auch eine weitere wirtschaftliche Hauptbetätigung der Dugum Dani. Sie siedeln in der Nähe eines relativ großen Salzsees, aus dem sie Salz gewinnen, welches eine geschätzte Tauschware darstellt. Nach Heider (1970, S. 129–130) sind

> „die wichtigsten Einfuhrgüter in das Siedlungsgebiet der Dani Meeresmuscheln, Beilsteine, Pelze, Federn, Edelhölzer und Netze: das heißt, Güter aus dem Ozean, Güter aus einem Steinbruch, der hundert Kilometer weit in nordöstlicher Richtung liegt, und Güter aus dem innersten Urwald. (Die Wälder in der unmittelbaren Nachbarschaft der Siedlungen der Dugum Dani sind stark gelichtet und sehr ertragreich.) Die Ausfuhrgüter sind Salz aus einem Salzsee der Gegend, welcher der beste im ganzen Großen Tal ist, sowie Schweine. Die meisten Handelsbeziehungen bestanden zwischen

den Dugum Dani und den Leuten von Jalemo, einem dichtbewaldeten Gebiet drei Tagemärsche entfernt in nordöstlicher Richtung. Die Dugum Dani tauschen mit den Jalemo Grundnahrungsmittel (Salz und Schweinefleisch) gegen Luxusgüter (Pelze, Federn, Orchideenfasern, die besten Hölzer für Speere und Bögen), die hauptsächlich bei der Kriegführung verwendet werden und nach welchen der Bedarf durch die Kriegführung aufrechterhalten wird."

## Sozialstruktur

Die beiden Hauptprinzipien, die die Dani-Gesellschaft strukturieren, sind Deszendenz und Residenz (oder Territorialität).

Die beiden wichtigsten Deszendenzeinheiten sind die Stammeshälfte (Moiety) und die Sippe (oder Klan; siehe die Diskussion in Kapitel 12). Die Gesamtheit der Dani-Gesellschaft ist in zwei Kategorien geteilt, die in der anthropologischen Fachsprache als *Moieties* (Stammeshälften) bezeichnet werden. Die Moieties bei den Dani heißen Wida und Waija, und jedes Individuum in der Gesellschaft gehört entweder der einen oder der anderen an. Da diese Zugehörigkeit vom Vater auf die Kinder übergeht, werden diese gesellschaftlichen Teilgruppen als *Patrimoieties* oder *patrilineale* (d.h. in väterlicher Linie fortgesetzte) *Moieties* bezeichnet.

Jede Moiety ist in eine Anzahl von kleineren Deszendenzeinheiten unterteilt, die *Sippen* oder *Klans* genannt werden. Da die Sippenmitgliedschaft ebenfalls durch das patrilineale Prinzip bestimmt ist, werden diese Einheiten *Patrisippen* genannt. (Die Sippen sind noch weiter unterteilt in kleinere Einheiten, die als *Lineages* bezeichnet werden, doch sind diese für die Ordnung der sozialen Beziehungen bei den Dani unwesentlich.)

Die Vorstellung, die die Dani vom Verhältnis von Moiety zu Sippe haben, kann durch die Ausdrücke, welche sie für beide gebrauchen, illustriert werden. Die Moiety wird als „der Körper" bezeichnet, und die Sippe bezeichnet man mit verschiedenen Ausdrücken, die sich auf den Kopf oder auf Teile desselben beziehen.

Die Moiety-Zugehörigkeit verpflichtet eine Person, sich an gewissen Ritualen zu beteiligen (z.B. an einem Begräbnis eines Mitgliedes derselben Moiety) und gewisse Speisetabus zu beobachten (z.B. ist der Genuß einer Bananenart den Mitgliedern der Wida-Moiety verboten, während verschiedene andere Arten den Waija-Mitgliedern verboten sind).

Alle Sippen werden mit einem charakteristischen Merkmal der Umwelt (z.B. einem Hügel) und mit einer Vogelart in Verbindung gebracht. Dieser Vogel wird jeweils als ein Sippenbruder betrachtet, und es ist den Mitgliedern der Sippe untersagt, ihn zu essen.

Weder Sippen noch Moieties sind lokalisiert. Das heißt, sie sind keine Territorialeinheiten, ihre Mitglieder sind geographisch zerstreut.

Es gibt jedoch drei durch besondere Namen bezeichnete Territorialeinheiten: das Lager, die Konföderation und die Allianz. Diesen stellt Heider zum Zwecke der Beschreibung und der Analyse noch eine vierte an die Seite: die Nachbarschaft. Mehrere, in einer bestimmten Gegend nahe beieinander liegende Lager bilden miteinander das, was Heider eine Nachbarschaft nennt; eine Anzahl von Nachbarschaften bilden eine Konföderation; und mehrere Konföderationen setzen sich zu einer Allianz zusammen.

Keine von diesen kann als eine feste oder dauernde Einheit angesehen werden. Bei jeder von ihnen hängt die Mitgliedschaft vom Wohnort ab. Einzelne Individuen übersiedeln häufig von einem Lager in das andere, und ein solcher Wechsel des Wohnortes kann gelegentlich einen Wechsel der Konföderationszugehörigkeit mit sich bringen (wenn auch nur selten einen Wechsel der Allianzzugehörigkeit). Darüber hinaus ist die Zusammensetzung einer Konföderation oder einer Allianz nicht stabil: Alte Verbindungen werden oft gebrochen und neue eingegangen, woraus sich eine, wie Heider sie nennt, „kaleidoskopische Verlagerung" von Zusammenschlüssen ergibt.

So kennzeichnen sich die Dani, anders als viele andere fast ausschließlich vom Bodenbau abhängige Gesellschaften, durch einen hohen Grad an Instabilität in ihren sozialen Gruppierungen, angefangen von der Ebene der unmittelbaren Familie (Mann und Frau oder Eltern und Kinder können in verschiedenen Lagern leben) bis hinauf zur umfassendsten Ebene, der Allianz.

Das Lager stellt die Szene der alltäglichen Verrichtungen dar; hier bearbeiten die Menschen ihre Gärten, hier kochen sie und verzehren sie ihre Nahrung. Die Nachbarschaft ist das weiteste Gebiet, innerhalb dessen es zu unmittelbaren persönlichen Kontakten kommt. Die Nachbarschaft, in der Heider seine Feldforschung durchführte, erstreckte sich über ein Gebiet von ungefähr zwei Quadratkilometern in der Nähe eines Hügels, der den Namen Dugum trug (daher kommt der Name Dugum Dani, mit dem Heider die Bewohner dieses Gebietes bezeichnet). Die Bevölkerung dieses Gebietes schwankt um ungefähr 350 Individuen. Man achte jedoch darauf, daß „Nachbarschaft" keine von den Dani selbst getroffene Bezeichnung ist. Die nächsthöhere Ebene in der soziopolitischen Organisation der Dani ist die Konföderation, und die wichtigste Loyalitätsbindung für den einzelnen Dani ist die zu seiner Konföderation.

Die Konföderation besteht aus sämtlichen Lagern einer bestimmten Gegend und stellt die wichtigste rituelle und politische Einheit dar, weil innerhalb ihrer Grenzen die meisten Gruppenaktivitäten stattfinden. Kämpfen zum Beispiel – eine häufig vorkommende und institutionalisierte Aktivität – findet vorwiegend auf Konföderationsebene statt. Politische Führer werden auf dieser Ebene sowie auf jener der Allianz vorgefunden. Ihre Position gleicht der der in Kapitel 11 beschriebenen „Big Men“.

Konföderationen schließen sich zu Allianzen zusammen, den größten politisch-rituellen Einheiten bei den Dani. Auf der Ebene der Allianz wird zum Beispiel das große Schweinefest – das *ebe akho* – abgehalten. Dieses Ritual findet nur alle paar Jahre einmal statt und ist ein zentrales Ereignis, da während des *ebe akho* alle Heiraten stattfinden und auch alle Begräbniszeremonien für die seit dem letzten *ebe akho* verstorbenen Personen zum endgültigen Abschluß gebracht werden. Und obwohl Kämpfe auf der Konföderationsebene ausgefochten werden, werden Kriege auf der Ebene der Allianzen erklärt.

## Konflikt

Heider unterscheidet drei Arten des bewaffneten Kampfes bei den Dani: die Schlägerei, die Fehde und den Krieg. Die Schlägerei ist eine im allgemeinen spontane und kurzzeitige Form des Kampfes, die zwischen Individuen innerhalb einer Konföderation auftritt; die Fehde ist ein Kampf zwischen Mitgliedern verschiedener Konföderationen innerhalb derselben Allianz; Krieg ist der Kampf zwischen Konföderationen, die zu verschiedenen Allianzen gehören (siehe Tabelle 5.2).

*Tabelle 5.2:* Konflikt bei den Dani

| *Interpersonell* | | *Schlägerei* | *Fehde* | *Krieg* |
|---|---|---|---|---|
| Spannungen zwischen Individuen, ausgedrückt durch Vermeidung oder Verbalinjurien | Kampf zwischen zwei Individuen | Spontaner Kampf zwischen verschiedenen Gruppen innerhalb einer Konföderation | Kampf zwischen verschiedenen Konföderationen innerhalb einer Allianz | Kampf zwischen Allianzen |

Beachten Sie dabei: Alle Konflikte entstehen auf individueller Ebene, können sich aber zu Schlägereien, Fehden oder Kriegen ausweiten. Dies hängt von der Gruppenzugehörigkeit der ursprünglichen Konfliktpartner ab.

Alle Konflikte entstehen auf individueller Ebene und können ihren Ausdruck in gegenseitiger Vermeidung, im Austausch von Beleidigungen oder in tatsächlichem Kampf zwischen den Konfliktpartnern finden. Wenn sie dadurch nicht gelöst werden, können sie sich auf höherer Ebene ausweiten. Die Hauptursachen von Konflikten sind Streitigkeiten über Schweine und Frauen.

Weder Schlägereien noch Fehden werden mit der Sphäre des Übernatürlichen in Verbindung gebracht. Beide betreffen „Leute aus der Gegend" (d.h. Mitglieder derselben Konföderation oder Allianz) und im allgemeinen auch spezielle Streitfragen. Kriege beziehen jedoch auch „Fremde" ein (d.h. Mitglieder verschiedener Allianzen) und sind langfristige Prozesse, die durch einen bestimmten Zyklus sowie durch ihren Zusammenhang mit dem Übernatürlichen charakterisiert sind.

Dieser Zyklus beinhaltet zwei Arten des bewaffneten Kampfes, die verschiedene Ziele haben. Die erste Art besteht in einer langen Periode von immer wieder ausbrechenden Kämpfen, einer Serie von auf jeweils einen Tag beschränkten, mit rituellen Handlungen verbundenen Schlachten, die zehn oder gar zwanzig Jahre lang dauern kann. Während dieser Zeit treffen sich die Krieger an bestimmten Orten, um auf offenem Felde miteinander zu kämpfen. Das Ziel des Kampfes ist es nicht, den Feind in die Flucht zu schlagen, sondern an einem fast sportlichen Treffen teilzunehmen, bei dem die Beteiligten ihre Geschicklichkeit, Tapferkeit und Schlauheit demonstrieren können. Diese Treffen sind keine bloß spielerischen Angelegenheiten, da die Kämpfer, trotz ihrer Spötteleien, den Versuch machen, ihre Gegner mit Speeren und mit Bogen und Pfeilen zu töten oder zu verstümmeln. Obwohl Heider Augenzeuge von acht Schlachten dieser Art war, wurde keiner während dieser Treffen getötet (zwei Männer starben jedoch später infolge von Wunden, die sie in Schlachten erhalten hatten).

Wenn jemand getötet worden ist, verlangt sein oder ihr Geist Genugtuung: Es muß ein Mitglied der feindlichen Gruppe getötet werden. Es spielt keine Rolle, ob das Opfer ein Mann, eine Frau oder ein Kind ist, solange nur jemandem das Leben genommen wird. Überfälle sind in der Tat Tötungsexpeditionen. Eine Gruppe von zwölf bis fünfzig Männern schleicht sich in das feindliche Gebiet und überfällt dort aus dem Hinterhalt ein einzelnes Individuum, welches mit Speeren oder Pfeilschüssen getötet wird.

Dann tritt ein Waffenstillstand ein, währenddessen die eine Gruppe ein Begräbniszeremoniell abhält und die andere ein *edai* genanntes Zeremoniell, dessen Zweck es ist, den Geistern ihrer Toten mitzuteilen, daß sie das Leben eines Feindes genommen haben.

Die zweite (nichtrituelle) Phase im Kriegszyklus ist die viel tödlichere. Nach zehn oder zwanzig Jahren von Kämpfen der oben beschriebenen Art können die Mitglieder der einen Seite einen großangelegten Überraschungsangriff unternehmen, dessen Ziel es ist, den Feind wirklich zu vernichten. Lager werden angegriffen und niedergebrannt, Männer, Frauen und Kinder

Eine Schlacht bei den Dani in Neuguinea (Photo: Carpenter Center, Harvard University.)

werden massakriert. Die besiegte Gruppe wird zerstreut, Konföderationen gruppieren sich um, und neue Allianzen werden gebildet. Dann fängt der ganze Zyklus wieder von neuem an.

# Kapitel 6
# Höherer Bodenbau

Der **höhere Bodenbau (Ackerbau)** ist ein Anbausystem, das auf dem Gebrauch des Pfluges und von Zugtieren beruht.[1] Großräumige (und oft zentral kontrollierte) künstliche Bewässerung sowie kunstvoll angelegte Terrassen finden sich ebenfalls oft in Zusammenhang mit höherem Bodenbau. Andere Charakteristika, die häufig gemeinsam mit dieser adaptiven Strategie auftreten, sind die Metallbearbeitung, das Rad sowie größere und solider ausgeführte Bauwerke. Ein Anthropologe hat die herausragenden Kennzeichen der Gesellschaften mit höherem Bodenbau folgendermaßen zusammengefaßt (Bock 1969, S. 288):

„... Mit der Entwicklung des Pfluges und der mit diesem verbundenen Techniken kann in Gebieten von mäßiger Fruchtbarkeit und Niederschlagsmenge ein ziemlich verläßlich vorausplanbarer Ernteüberschuß erzielt werden. Dieser Überschuß ermöglicht sowohl eine größere Bevölkerung als auch eine umfassendere Arbeitsteilung als jede andere Form der Nahrungsbeschaffung. In Ackerbau treibenden Gesellschaften kann das Handwerk von hauptberuflichen Spezialisten ausgeübt werden, was eine verbesserte Wirksamkeit der Techniken und eine höhere Qualität der Produkte zur Folge hat. Mit der Entwicklung der Metallurgie und deren Anwendung auf die landwirtschaftlichen Geräte wird die Nahrungsproduktion noch ertragreicher ..."

---

[1] In Wirklichkeit ist *Ackerbau*, um genauer zu sein, ein Begriff, der eine Vielfalt von adaptiven Techniken umfaßt und aus diesem Grunde auch eine Vielfalt von Sozialorganisationen. Ackerbau in einer Feudalgesellschaft ist z. B. hinsichtlich der Wirtschaftsordnung und der mit dieser verbundenen Ordnung der sozialen Beziehungen vom nichtfeudalen Ackerbau zu unterscheiden. Der Pflugbau unterscheidet sich vom Naßfeldbau, wie dieser sich vom Terrassenbau unterscheidet. Und die landwirtschaftliche Großwirtschaft unterscheidet sich natürlich grundlegend von einem lokal gebundenen Ackerbau. Dieses Kapitel sieht jedoch in einem hohen – aber, wie ich hoffe, gerechtfertigten – Maße von diesen Unterschieden ab, um den Neuling mit den allgemeinsten Zügen bekannt zu machen, die die meisten Gesellschaften mit Ackerbau miteinander gemein haben.

Es ist auch korrekter, sich Gartenbau und Ackerbau (niederen und höheren Bodenbau) nicht als völlig voneinander verschiedene Adaptionsweisen vorzustellen, wie meine heuristische Hervorhebung des Vorhandenseins oder Nichtvorhandenseins des Pfluges vermuten ließe, sondern eher als voneinander verschiedene Punkte auf einem evolutionären Kontinuum.

## Kennzeichen der Gesellschaften mit höherem Bodenbau

### Große Populationen

Da der höhere Bodenbau eine vom Gebrauch von Zugtieren und einer verläßlichen Wasserversorgung abhängige Form des *intensiven Anbaus* ist, bei dem ein bestimmtes Landgebiet immer wieder bearbeitet wird, sind Lokalgruppen mit höherem Bodenbau im allgemeinen *permanent* und haben *hohe Bevölkerungsdichten.* Außerdem ist diese Lokalgruppe *weniger anfällig für Fissionen* (Aufspaltungen) als alle anderen, die bisher besprochen worden sind. Die Gruppen sind im allgemeinen ziemlich stabil und tauschen nur wenig Personal untereinander aus. Augenscheinlich muß zur Bearbeitung des Landes eine ausreichende und verläßliche Arbeitskraftreserve verfügbar sein.

### Staatliche Systeme

Höheren Bodenbau findet man im Normalfall in Verbindung mit staatlichen Systemen. Unter einem *staatlichen System* versteht man ein politisches System, das von einer Zentralgewalt gesteuert wird, oftmals von einer einzigen Person, in deren Namen eine Bürokratie oder, nach der Formulierung von Cohen, „eine Serie von aufeinander bezogenen Amtsstellen" tätig ist, welche die Aufgabe ausführt, die Gesellschaft zu lenken. Die Zentralgewalt, die Person an der Spitze des Staates, kann wirkliche Macht haben oder bloß eine Repräsentationsfigur sein. Nichtsdestoweniger ist diese Person die „empirische Vergegenwärtigung des Staates" (Cohen 1974, S.53–54). Im Gegensatz dazu ist eine *staatslose* Gesellschaft eine solche, in der soziale Beziehungen auf lokaler Ebene vermittelt werden (d.h. wirtschaftliche, politische, religiöse und andere Aktivitäten werden von der autonomen Lokalgruppe beaufsichtigt und kontrolliert); es gibt hier keine die Lokalgruppen übergreifenden politischen Institutionen oder denselben übergeordnete Gewalten.

Gesellschaften mit höherem Bodenbau sind jedoch, um es noch einmal zu wiederholen, im großen und ganzen mit Nationalstaaten[2] verbunden. Das

[2] Es scheint sich im interkulturellen Vergleich zu bewahrheiten, daß eines der hervorragenden Charakteristika solcher Gesellschaften die Entschlossenheit der Repräsentanten des Staates ist, eine immer weitergehende Kontrolle über die anderen Subgruppen in der Nation zu gewinnen. Ein Hauptweg dazu ist die Gewinnung der entscheidenden Kontrolle über die Organisation der Arbeit in der Gesellschaft. Der un-

heißt, daß fast alle Ackerbau treibenden Gesellschaften (mit einigen Ausnahmen) Staatsgesellschaften sind; andererseits treiben jedoch nicht alle Staatsgesellschaften Ackerbau. Die Indianerstaaten von Mexiko und Peru beruhten z.B. auf intensivem Gartenbau und nicht auf Ackerbau. (In der Neuen Welt wurde kein Pflugbau vorgefunden, sondern nur in der Alten Welt – Europa, Nordafrika, Asien und Teile von Indonesien.) Und die modernen Industriegesellschaften sind auch staatliche Systeme.

Gesellschaften mit höherem Bodenbau haben also im allgemeinen ein hochentwickeltes System der politischen Organisation mit *genau bestimmten Autoritätspositionen.* Die Zentralgewalt übt z.B. die Kontrolle über die Zuteilung von Wasser aus und kontrolliert damit die Arbeitskraft in der Gesellschaft. Die politische Kontrolle der wirtschaftlichen Tätigkeiten stellt gewissermaßen den Schlüssel zur übrigen sozialen Organisation in Gesellschaften mit höherem Bodenbau dar.

## Soziale Klassen und Arbeitsspezialisierung

Ein weiteres Charakteristikum ist ein System der *sozialen Schichtung* (d.h. verschiedene soziale Klassen mit unterschiedlichen Zugangschancen zu Ressourcen und Besitz), welches z.B. aus einem reichen Adel oder Aristokratie, dem gewöhnlichen Volk (Handwerkern und Arbeitern) sowie manchmal auch Sklaven besteht. In einer solchen nichtegalitären Gesellschaft bildet sich *Arbeitsspezialisierung* heraus, wobei verschiedene Tätigkeiten nur von verschiedenen Bevölkerungskategorien durchgeführt werden (Beamte, Soldaten, Kaufleute, Zimmerleute, Metallarbeiter und andere Handwerker).

---

bedenklichste Weg, die Arbeit zu kontrollieren, ist es, die Kontrolle über die Energiequellen und anderen lebenswichtigen Ressourcen zu gewinnen und den Fluß der Güter und Dienstleistungen in der Gesellschaft zu regulieren (und damit die anderen Subgruppen von sich abhängig zu machen). Der Versuch, sich eine derartige Kontrolle zu verschaffen, bringt den Staat notwendigerweise in Konflikt mit anderen Gruppen (wie der „Privatindustrie"), die versuchen, diese Kontrolle für sich zu bewahren (ein Beispiel dafür bieten die Ölgesellschaften in den Vereinigten Staaten). Meine Hypothese ist, daß, solange die Autorität eines Staates von dessen Repräsentanten noch als ungesichert empfunden wird, die scheinbare Kooperation zwischen „Regierung und Industrie" den Regelfall darstellen wird, während der Staat, sobald seine Repräsentanten merken, daß seine Autorität gesichert ist und von der großen Masse nicht mehr ernsthaft in Frage gestellt wird, Schritt für Schritt und systematisch seine Rivalen für die Kontrolle über die wesentlichen Ressourcen, Güter und Dienstleistungen verdrängen wird. Ich behaupte, daß wir hinsichtlich der Energiequellen in den Vereinigten Staaten Zeugen der Anfänge eines solchen Überganges sind (siehe Fußnote 1, Kapitel 8 und Abbildung 11.3).

## Eigentum

In Gesellschaften mit höherem Bodenbau wird der Begriff des *Eigentums* stärker ausgeprägt. Individuen (zu einem gewissen Grade) und Gruppen (in einem höheren Grade) beanspruchen das Eigentum an gewissen Landstükken oder Zugtieren.

Dahingegen wird die Kontrolle von Techniken, wie z.B. der künstlichen Bewässerung (ohne die die Bearbeitung des Landes fruchtlos wäre) oder des Handels sowie die Verteilung der Produkte vom Staat beansprucht. Aus dieser seiner Kontrolle lebenswichtiger technologisch-ökonomischer Aktivitäten bezieht der Staat offensichtlich seine Macht (siehe Abbildung 11.3 und den begleitenden Text in Kapitel 11).

## Bedeutungsabnahme der Verwandtschaft

Obwohl *Verwandtschaftsbeziehungen* weiterhin wichtig für das Verhalten sind, nimmt ihre Bedeutung für die Sozialorganisation doch ab, insbesondere was das wirtschaftliche Handeln betrifft. An ihrer Stelle nimmt der Staat, die allumfassende politische Gewalt, an Bedeutung zu; in steigendem Maße mischt er sich in das Leben der Individuen ein und gewinnt daher immer mehr Einfluß auf dasselbe. Er verlangt und erhält (als Gegenleistung für die Zuteilung von Ressourcen, für die Schlichtung von Streitigkeiten und für die Schutzgewährung vor potentiellen Invasoren) von der Bevölkerung Tribute oder Steuern, entweder in Form von Geld oder in Form von Arbeitsprodukten. Dies ist eine weitere Erscheinungsform der Arbeitsspezialisierung: Im Austausch für seinen wirtschaftlichen Unterhalt stellt der Staat seine politisch-rechtlichen Dienstleistungen zur Verfügung. Diejenigen, die im Namen des Staates auftreten, erzeugen im allgemeinen nicht ihre eigene Nahrung; sie hängen für deren Lieferung von anderen ab und bieten diesen eine Gegenleistung, indem sie ihnen ein politisches System liefern, das ihr Handeln koordiniert.

## Religion: Entstehung einer Priesterschaft

Eine andere Erscheinungsform der Arbeitsspezialisierung, die sich im Zusammenhang mit dem Ackerbau entwickelt, findet sich im religiösen System: Es treten Priester auf. *Priester* sind hauptberufliche religiöse Funktionäre. (In den anderen, bisher besprochenen Gesellschaftstypen gibt es keine Priester. Es gibt in solchen Gesellschaften andere religiöse Funktionäre, die oftmals als *Schamanen* bezeichnet werden, doch führen diese die religiösen Funktionen nicht als hauptberufliche Spezialisten, sondern nur als Nebenbeschäftigung aus. Siehe Kapitel 14.) In Ackerbau treibenden Staaten – wo es oft einen Wettbewerb zwischen der vom Staate anerkannten Gottheit und den örtlich verehrten Gottheiten gibt, welcher den Machtkampf zwischen der Zentralgewalt und den örtlichen Loyalitätsbindungen widerspiegelt – werden die Priester unmittelbar von den politischen Machthabern eingesetzt oder üben doch ihre Tätigkeit in enger Übereinstimmung mit diesen aus, wofür sie ihren Unterhalt in Form von Abgaben (religiösen Zehnten) oder Zahlungen aus öffentlichen Mitteln bekommen. Die Priester können daher als Spezialisten innerhalb der Staatsbürokratie betrachtet werden; d.h. sie haben es mit einem bestimmten Bereich des Politischen (der sozialen Kontrolle durch Religion) zu tun. Offenkundig gibt es in einem derartigen auf Ackerbau beruhenden Staatssystem keine Trennung von Kirche und Staat. In gewisser Weise *ist* der Staat die Kirche und umgekehrt.

Die Religion kann in Ackerbau treibenden Gesellschaften *polytheistisch* sein, aber fast immer sind die Gottheiten einem Hochgott untergeordnet, d.h. einer Gottheit mit Macht, Autorität und Kontrolle über die Gottheiten geringeren Ranges. Dies entspricht mehr oder weniger der Sozialorganisation als Ganzer, in welcher es ja auch ein zentrales Staatsoberhaupt gibt. Die Ackerbau treibenden Nationalstaaten tendieren zum *Monotheismus,* obgleich der Monotheismus kaum je wirklich erreicht wird.

## Territorialität und Krieg

Die Bedeutung, die die Ressourcen sowie deren Eigentum oder Kontrolle in Gesellschaften mit höherem Bodenbau haben, führt auch zu einer strikteren Auffassung der *Territorialität.* Im Zusammenhang mit dem Bevölkerungsdruck trägt dies zum Auftreten von Kriegen bei, was für sich ausdehnende Gesellschaften mit höherem Bodenbau charakteristisch ist. *Fehden* jedoch, die in den vorangegangenen Erörterungen als bis zu diesem Stadium allgemein üblich erwähnt worden sind, werden in Ackerbau treibenden Gesellschaften möglichst unterbunden. Der Staat mißbilligt diese Praxis und propagiert dafür die Vorstellung, daß nur der Staat das Recht habe, Gewalt zu gebrauchen, wohingegen es für Individuen oder kleine Gruppen verbrecherisch und strafbar sei, dies zu tun. Der Staat versucht, diese Politik konsequent durchzusetzen. Diese Reaktion auf das Fehdewesen hängt mit dem Interesse des Staates zusammen, seine Macht und Kontrolle über die Organisation der sozialen Beziehungen durch die gesamte Gesellschaft hindurch aufrechtzuerhalten, denn wenn Gewalt eine erlaubte Methode der Konfliktlösung innerhalb der Gesellschaft ist, dann ist sie eine potentielle Bedrohung der Sicherheit des Staates, weil sie eines Tages gegen den Staat gebraucht werden könnte. (Es sollte jedoch festgehalten werden, daß das Fehdewesen manchmal vom Staate zu dessen eigenen Zwecken benutzt wird. Die innere Verunsicherung, die sich aus diesen Kämpfen innerhalb der Gesellschaft ergibt, bereitet der letztendlichen Machtdurchsetzung des Staates den Weg, indem sie jede potentielle Opposition entweder ausschaltet oder entmutigt. Mit anderen Worten: Statt jede einzelne Untergruppe innerhalb der Gesellschaft zu unterwerfen, gestattet er es einer oder einigen von diesen, andere lokale Gruppen zu besiegen, um dann einzuschreiten und den oder die Sieger zu unterwerfen – häufig unter dem Vorwand, „Ruhe und Ordnung wiederherzustellen". Diese Form des *divide et impera* ist von Kolonialmächten in ethnisch gemischten Stammesgebieten oftmals benützt worden.

## Urbanisierung und Bauerntum[3]

Vor der Zusammenfassung dieses Grundrisses der allgemeinen Charakteristika der Gesellschaften mit höherem Bodenbau sind noch einige kurze Erläuterungen zur Urbanisierung und zum Bauerntum angebracht.

Die **Urbanisierung** oder Entstehung und Wachstum von Städten (ein Prozeß, der vor etwa 4000–6000 Jahren begann) steht in engem Zusammenhang mit der Bedeutungszunahme der Ackerbau treibenden Nationalstaaten. Der intensive Anbau und die Nutzbarmachung einer relativ reichlichen Wasserversorgung durch die Konstruktion von großangelegten Bewässerungssystemen stellen eine verläßlichere Ernährungsgrundlage bereit und ermöglichen damit größere Bevölkerungskonzentrationen innerhalb eines Gebietes. Wenn die Bevölkerungskonzentrationen auf relativ kleinen Landstücken eine signifikante Schwelle erreicht haben – z. B. eine Größe von 10000 oder mehr –, sprechen wir von *Städten.*

Es zieht jedoch nicht die gesamte Bevölkerung in die Städte. Zusammen mit dem Bedeutungsgewinn des Ackerbaues, der Urbanisierung und der staatlichen Systeme kam es auch zum Auftreten von Bauern. Einfach defi-

---

[3] Der Leser wird bemerkt haben, daß ich keine Diskussion des Begriffes *Zivilisation* gebe. Die Gründe dafür sind, daß dies (1) kein Fachausdruck ist, für den es eine Standarddefinition gibt, und daß er (2) einen ethnozentrischen Klang hat: je ähnlicher ein Volk „uns" ist, desto „zivilisierter" ist es; je unähnlicher es „uns" ist, desto „unzivilisierter" ist es. In seinem objektivsten und am wenigsten zu beanstandenden Gebrauch bezieht sich *Zivilisation* gewöhnlich auf die eine oder andere Kombination folgender Merkmale: (1) eine bestimmte Art einer stratifizierten politischen Organisation, im allgemeinen ein staatliches System; (2) eine bestimmte Art der wirtschaftlichen Organisation, im allgemeinen eine, in der Märkte und Handel eine wichtige Rolle spielen; (3) eine bestimmte Art der räumlichen Organisation und des Siedlungsmusters, im allgemeinen Urbanisierung mit monumentaler Architektur; (4) eine bestimmte Art der religiösen Organisation, im allgemeinen monotheistischen Zuschnitts und mit einer priesterlichen Bürokratie; (5) Schrift.

niert sind **Bauern** ländliche Bodenbauer in einem Nationalstaat. Sie bearbeiten den Boden vornehmlich für ihren eigenen Lebensunterhalt, wobei sie aber auch einen Überschuß produzieren, der vermittels eines Marktsystems die Ernährungsgrundlage für die Inhaber von politischen Autoritätspositionen liefert.[4]

Man kann von den Bauern sagen, daß sie in zwei Welten leben: (1) ihren eigenen bäuerlichen Gemeinden, die an der Peripherie einer (2) umfassenderen Gesellschaft liegen, deren Zentren gewöhnlich, aber nicht immer, Städte bilden. Die Bauern besuchen die Märkte der Stadt, um dort Handel zu treiben, bleiben dieser gegenüber aber trotzdem ihrem Wesen nach marginal, sowohl geographisch als auch sozial (obwohl sie natürlich von den Gesetzen des Staates abhängig sind), wohingegen ihr Beitrag an landwirtschaftlichen Produkten, Steuern und Arbeit für die Wirtschaft von grundlegender Bedeutung ist.

Aus diesem Grunde werden die Landwirte in unserer eigenen Gesellschaft zum Beispiel nicht als Bauern angesehen. Man kann sie eher als Unternehmer betrachten, die in einer „Fabrik" (dem modernen, mechanisierten landwirtschaftlichen Betrieb) bestimmte Waren (Nahrungsmittel) herstellen, um durch deren allgemeine Verteilung in der Gesellschaft einen Profit zu erzielen. Die amerikanischen Landwirte treiben den Anbau im typischen Falle nicht zu ihrer Bedarfsdeckung. Und sie stehen nicht an der Peripherie oder am Rande der Industriegesellschaft, sondern nehmen voll an ihr teil.[5]

## Zusammenfassung der Kennzeichen

Investition in die Umwelt; intensiver Anbau
Permanente Lokalgemeinden; große Populationen; geringere Fission der Bevölkerung
Als Normalfall staatliche Systeme (im Gegensatz zu staatslosen Gesellschaften)
Gutentwickelte politische Systeme mit Zentralgewalt

---

[4] Bauern sind nach Wolf (1966, S. 3–4) „ländliche Bodenbauer, deren Überschüsse einer herrschenden Schicht abgetreten werden, welche diese Überschüsse einerseits zur Aufrechterhaltung ihres eigenen Lebensstandards verwendet und andererseits den Rest an solche Gruppen in der Gesellschaft verteilt, die selbst nicht den Boden bearbeiten, aber als Gegenleistung für die von ihnen gelieferten speziellen Güter und Dienstleistungen erhalten werden müssen."

[5] Man könnte jedoch Gründe dafür anführen, daß manche Landwirte in ländlichen Gebieten Amerikas, wie z. B. in den Appalachen oder Ozarks, der hier gegebenen Definition von *Bauern* entsprechen.

Soziale Stratifikation
Arbeitsspezialisierung
Eigentum bzw. Kontrolle der Ressourcen
Besteuerung (von Gütern, Geld und Arbeit, einschließlich militärischer Konskription)
Voll ausgeprägte Vorstellung von Territorialität
Unterbindung von Fehden; Vorkommen von Kriegen
Priester (hauptberufliche religiöse Spezialisten)
Grundsätzlich polytheistische Religion, aber mit der Vorstellung eines Hochgottes; Tendenz zum Monotheismus
Bedeutungsgewinn der Urbanisierung; Auftreten eines Bauerntums

## Ethnographisches Beispiel: Die Puritaner in Neuengland im 17. Jahrhundert

Die Puritaner (oder Pilgerväter) waren eine heterogene Gruppe von vorwiegend englischen Auswanderern, die zuerst um 1620 nach Nordamerika kamen. Um 1640 zählten sie 20000 und lebten in Dörfern, die in ganz Neuengland verstreut waren. Obwohl die politische Gesamtstruktur und die zentralen religiösen Glaubensvorstellungen der Puritaner sehr ähnlich waren, kann eine kurze Beschreibung wie diese hier niemals den beträchtlichen Abweichungen in der lokalen Organisation, die für die puritanischen Siedlungen kennzeichnend waren, gerecht werden. Es gab nicht nur Unterschiede zwischen den Kolonien als Ganzen, wie z. B. der Plymouth Colony und der Massachusetts Bay Colony (welche bis 1691 voneinander getrennt waren), sondern das Leben der Puritaner unterschied sich oft beträchtlich von Stadt zu Stadt innerhalb derselben Kolonie.

In der folgenden Skizze wird der Versuch gemacht, ein Gesamtbild des puritanischen Lebens im 17. Jahrhundert in Neuengland zu liefern, und dabei doch, wie ich hoffe, den Einzelfällen so gerecht wie möglich zu werden. Meine Autoritäten für diese Skizze sind Demos (1970), Langdon (1966) und Powell (1970).[6]

Die Puritaner waren aus sehr verschiedenen Lebensumständen gekommen: es gab Reiche und Arme, Junge und Alte, Verheiratete und Unverhei

[6] Für eindringliche ethnographische Beschreibungen von heute existierenden örtlich begrenzten Gesellschaften, die in ihren Glaubensvorstellungen, Verhaltensweisen und bis zu einem gewissen Grade auch in ihrer sozialen Organisation verblüffende Ähnlichkeiten mit den frühen Puritanern aufweisen, siehe Hostetler (1968) sowie Hostetler und Huntington (1967, 1971) über die Amish und die Hutterer.

ratete unter ihnen. Sie waren aus verschiedenen Teilen Englands gekommen, die sehr verschiedene Landwirtschaftsformen und Systeme des Landbesitzes hatten. Eine Eigenschaft, die sie miteinander gemein hatten, waren ihre religiösen Glaubensvorstellungen; sie wollten nicht einer Staatskirche angehören, die sie als entweiht oder unrein geworden ansahen (daher der Name Puritaner).

Es scheint, daß der Wunsch, ihren religiösen Neigungen Ausdruck zu geben, den Grund für ihre Auswanderung aus England abgegeben hat. 1607 gingen sie nach Holland. Dort fanden sie die religiöse Freiheit, die sie suchten; doch da sie mit ihrer wirtschaftlichen Position nicht zufrieden waren, entschlossen sie sich, in die Neue Welt auszuwandern.

Die Kontrolle über das Land in der Neuen Welt war von der Krone von England verschiedenen privilegierten Handelskompanien übertragen worden. Wenn die Puritaner nicht selbst diese Kompanien führten (was bei der Massachusetts Bay Company der Fall war), trafen sie mit den Kompanien Übereinkünfte hinsichtlich ihrer Ansiedlung in Amerika. Obwohl die verschiedenen puritanischen Städte, die mit der Zeit überall in Neuengland entstanden, beträchtliche lokale Autonomie genossen, blieben sie jedoch von den Verwaltungsbehörden der Kolonien abhängig, welche sich aus den Handelskompanien entwickelt hatten, die ihrerseits ihre Stiftungsurkunden („charters") von der Krone empfangen hatten, deren Autorität sie weiterhin unterstellt blieben.

Die Puritaner trieben vor allem Ackerbau, obgleich einige von ihnen auch Handwerker oder Kaufleute waren. Aber es gab, vor allem in den ersten Jahren, wenig Arbeitsspezialisierung: „Sie waren fast alle in erster Linie Bauern: Selbst der Handwerker, der Kaufmann oder der Prediger pflegten regelmäßig einen Teil ihrer Zeit auf die Bearbeitung des Landes zu verwenden" (Demos 1970, S. 13). Das Leben der Puritaner als Ganzes war, zumindest während des Großteils des 17. Jahrhunderts, durch einen hohen Grad kultureller Konsistenz gekennzeichnet: Die soziale, die politische und die religiöse Organisation wiesen untereinander eine bemerkenswerte Übereinstimmung auf. Die religiöse Doktrin diente dazu, die Ausübung autoritärer Kontrolle auf allen Ebenen – Kolonie, Stadt und Haushalt – zu rechtfertigen. Die politische Gewalt wurde dazu benützt, die religiöse Ideologie zu verewigen (so z. B. konnte man in vielen Städten der Kolonien weder Land besitzen noch wählen, wenn man kein Kirchenmitglied war). Und die Struktur der Familie sowie die interpersonellen Beziehungen in derselben verstärkten noch diese Gesellschaftsordnung.

Jede der vier neuenglischen Kolonien (Plymouth, Massachusetts Bay, Connecticut und New Haven) besaß ihr Land in der Neuen Welt aufgrund urkundlicher Verleihung seitens der Krone. In Wirklichkeit waren sie während des Großteils des 17. Jahrhunderts praktisch unabhängig, obgleich sie technisch weiterhin von England abhängig blieben. (Erst gegen Ende des Jahrhunderts begann England ernstlich damit, eine unmittelbarere Kontrolle auszuüben.)

Jede Kolonie wurde von einer „General Court" genannten zentralen Behörde verwaltet, die aus einem Gouverneur, mehreren Assistenten und den von den Städten gewählten Deputierten bestand. Dieser waren die „County Courts" unterstellt, welche jeweils die Jurisdiktion über mehrere Städte in einem Gebiet ausübten. Steuern (die *rates* genannt wurden) wurden auf allen drei Ebenen erhoben: Stadt, County und Kolonie.

Die öffentliche Gewalt in den Städten leitete ihr Bestehen von einer urkundlichen Verleihung durch den General Court ab, wenngleich die Form, welche sie annahm, sowie die Art, in der sie ausgeübt wurde, innere Angelegenheiten waren, die so lange dem Gutdünken der Stadt überlassen blieben, als die eingeschlagene politische Linie „nicht den öffentlichen Gesetzen des Landes zuwiderlief" (zitiert nach Powell 1970, S. 87).

Die inneren Angelegenheiten der Stadt wurden mittels öffentlicher Versammlungen geführt, zu welchen die Einwohner zusammentraten, um über die Verfahrensweisen bei der Verteilung des Landes, dem Unterhalt der Straßen, der Erhebung örtlicher Steuern, der Festsetzung der Arbeitslöhne und so weiter zu entscheiden. Obgleich diese „Town Meetings" für alle Mitglieder der Gemeinde zugänglich waren, war die Mitwirkung an politischen Entscheidungen tatsächlich auf die „freemen" beschränkt. (Die Bedeutung von *freeman* ist nicht völlig klar. Powell, 1970, S. 87, sagt für Sudbury in der Massachusetts Bay Colony, daß ein freeman „ein offizielles Kirchenmitglied war, das einen Eid abgelegt hatte, die Kolonie zu unterstützen". In Plymouth war nach Demos, 1970, S. 7, die Kirchenmitgliedschaft keine Voraussetzung, und die Akzeptierung einer Person als „freeman" hing von der „allgemeinen Berücksichtigung des Charakters und der Eignung" ab. Eines scheint jedoch klar genug zu sein: Landbesitz war die Vorbedingung für den Status eines freeman und für das Recht zu wählen. Und Land wurde den Individuen durch die Stadt übertragen, welche im Namen des General Court handelte.)

Die meisten örtlichen Amtsträger wurden bei den Town Meetings gewählt und dann von den höheren Instanzen bestätigt. Einige Amtsträger jedoch – wie z.B. der Stadtpolizist von Sudbury – wurden vom Central Court eingesetzt und waren daher die direkten Repräsentanten und die sichtbare Vergegenwärtigung der Autorität der zentralen Verwaltungsbehörde der Kolonie.

Das Wachstum der Bevölkerung, der Wunsch, die Produktion zu steigern, sowie lokale Streitigkeiten waren Faktoren, die zur Ausbreitung der Siedlungen in den neuenglischen Kolonien beitrugen. Neue Städte wurden jedoch nicht etwa dadurch gegründet, daß man sich ganz einfach ohne zu fragen in die Wildnis schlug. Zunächst wurde ein Ansuchen an den General Court gestellt, der alleine das Land verleihen konnte. (Man mußte sich natürlich auch noch mit den Ureinwohnern auseinandersetzen. Wenn sich die Indianer als gefügig erwiesen, wurden Verträge über die Übertragung des Landes geschlossen; waren sie dies nicht, wurde das Land mit Gewalt genommen. Die Kolonien waren nach militärischen Kontingenten organisiert, und die am Rande des Siedlungsgebietes gelegenen Städte dienten zugleich auch als Grenzfestungen.)

Wenn der General Court Land für eine neue Ansiedlung verlieh, setzte er auch die für den Besitz dieses Landes zu erfüllenden Bedingungen fest. Als zum Beispiel einer Gruppe von Dissidenten aus Sudbury vom Massachusetts Bay General Court Land zur Gründung einer neuen Stadt gegeben wurde, spezifizierte der Court die Anzahl von Familien, von denen verlangt wurde, sich innerhalb einer Periode von drei Jahren dort anzusiedeln. Die Verteilung des zur Stadt gehörigen Landes blieb jedoch den Siedlern selbst überlassen.

## Urbanisierung

Im Laufe des 17. Jahrhunderts schossen überall in Neuengland neue Städte aus dem Boden. Von der Plymouth Colony sagt Demos (1970, S. 11): „Das äußere Aussehen der alten Kolonie nach der Mitte des Jahrhunderts scheint eher willkürlich und unorganisiert gewesen zu sein, mit einer weit auseinandergezogenen Kette von Siedlungen verschiedener Größe und Gestalt und sogar einigen isolierten Gehöften, die über ein riesiges Territorium ausgebreitet war.“

Die Städte selbst waren das, was Anthropologen im allgemeinen als „geschlossene korporierte Lokalgemeinden“ bezeichnen. Die Mitgliedschaft war exklusiv: Jeder, der in der Stadt leben wollte, wurde von den Stadtbewohnern genauestens überprüft. Die Bewerber mußten ihre Bereitschaft nachweisen, sich den von den Puritanern gutgeheißenen Verhaltensweisen und religiösen Glaubensvorstellungen zu fügen. Die Stadt teilte die Landstücke zu und konnte sie wieder in ihren Besitz nehmen. Sie verlangte von allen ihren Bewohnern, ihre Zeit, ihre Arbeit und ihr Geld zu vielen kooperativen Unternehmungen beizusteuern, wenngleich die grundlegende Produktionseinheit das individuelle Gehöft war.

Das Land war in Gemeindeland und in Familiengehöfte geteilt. Während das Gemeindeland den meisten Weidegrund für die Tiere bot, waren es die individuell geführten Gehöfte, die die Grundlage der puritanischen Wirtschaft bildeten. Diese Gehöfte wurden von den Mitgliedern eines einzigen Haushaltes bewirtschaftet, dessen Hauptmitglieder eine Kernfamilie bildeten. Die Mitglieder einer puritanischen Familie lebten gewöhnlich in einem aus nur einem Raume bestehenden Gebäude, oft mit einem kleinen Dachboden. Die ersten Niederlassungen waren provisorische, strohgedeckte Hütten. Danach kamen verschalte Häuser mit Strohdächern, die bald durch Schindeln und Bretter ersetzt wurden. Manche dieser Häuser verfügten über einen zweiten Raum, der rückwärts abgeteilt war. Ein dritter Haustyp vergrößerte noch diesen Grundriß. Er hatte wenigstens zwei vollständige ebenerdige Räume, vielleicht auch ein komplettes zweites Stockwerk sowie einen oder mehrere Anbauten, die rückwärts oder an der Seite des Hauses angefügt waren. Es gab nur wenige und kleine Fenster. Ein Rauchfang erhob sich über einem großen Kamin, der sich in der Mitte des Hauptraumes befand.

## Ehe und Familie

Der Haushalt war um eine Kernfamilie herum organisiert, einen Mann, dessen Frau und Kinder. Ein Paar konnte bis zu zehn Kinder haben (der statistische Mittelwert lag bei etwas über drei mit im Haushalt lebenden Kindern), obgleich Demos (1970, S. 68) sagt, daß „acht oder neun ... normal waren".

Einige Haushalte umfaßten auch „Gesinde". Dies konnten Erwachsene sein, entweder Personen, die ihre Dienste für eine bestimmte Periode aus freien Stücken verkauft hatten, um ihren Lebensunterhalt zu erwerben, bis sie einen eigenen Haushalt gründen konnten oder ein Handwerk erlernt hatten, oder Personen, die von der Gemeinde als Strafe für Übeltaten zu diesem Dienst verurteilt worden waren. Die Puritaner hielten auch Neger und Indianer als Sklaven. Den Hauptanteil des Gesindes bildeten jedoch Kinder.

Manche Kinder armer Eltern gingen in wohlhabende Haushalte, um dort die Grundlagen des Lesens und Schreibens zu erlernen. Andere gingen zu einem Handwerker als Lehrlinge. Eine dritte Kategorie bildeten notleidende Waisenkinder. Von allen diesen abgesehen bleibt eine Anzahl von Fällen, wo Kinder zwischen Haushalten, die sich nach Reichtum, Status und Bildung ebenbürtig waren, ausgetauscht wurden. Morgan (1966, S. 77–78) meint, daß man Kinder in andere Haushalte gab, um die Möglichkeit auszuschließen, daß sie von ihren eigenen Eltern „verzogen" werden könnten. Die Haushalte, denen diese Kinder zugewiesen wurden, waren in den meisten Fällen durch Verwandtschaft mit ihrem Geburtshaushalt verbunden: Man gab die Kinder zu Tanten, Onkeln, verheirateten älteren Geschwistern und sogar Großeltern.

Der Kindertausch ist keine seltene Praktik in sogenannten primitiven und bäuerlichen Gesellschaften. Wegen der prekären Lebensbedingungen und der Unsicherheit des Geschicks werden einige der eigenen Kinder (sowie auch andere wertvolle Besitztümer, wie z.B. Vieh) auf vertrauenswürdige Freunde und Verwandte verteilt, während gleichzeitig andere Kinder in den eigenen Haushalt aufgenommen werden. Eine derartige Streuung von Vermögenswerten stellt eine Art Versicherung dar: wenn Krankheit oder sonst eine Katastrophe über einen Haushalt hereinbrechen sollte, sind die anderswo untergebrachten Kinder (bzw. Tiere) geschützt. Es ist unbekannt, ob die Puritaner derartiges im Sinne hatten, wenn sie ihre Kinder austauschten.

Man hat die Ansicht vertreten, daß das „Weggeben" von Kindern noch eine andere soziale Funktion erfüllt: Es trägt dazu bei, die soziale „Verankerung" und die Zugehörigkeitsgefühle eines Individuums von der Kernfamilie auf eine weitere Verwandtschaftsgruppe oder sogar auf die gesamte Gemeinde zu übertragen (Cohen 1964a, 1964b). In anderen Worten, es schwächt die Verbindung des Kindes mit der einen Gruppe und stärkt seine Verbindung mit einer anderen; damit wird die soziale Orientierung verlagert. Eine Stütze für diese Interpretation wird im Falle der Puritaner durch die Tatsache gegeben, daß Kinder, die die Lokalgemeinde oder ein Gerichtshof als „unverschämt, widerspenstig und aufsässig" beurteilt hatte, aus ihrem elterlichen Haushalt entfernt werden und „für einige Jahre zu Lehrherren gegeben werden konnten," (die Knaben bis zum einundzwanzigsten Lebensjahr und die Mädchen bis zum vollendeten achtzehnten Lebensjahre), „welche strenger auf sie achten und sie zwingen werden, der Regierung gehorsam zu sein" (zitiert nach Morgan 1966, S.78). In den Worten von Morgan: „Nach den Bestimmungen dieses Gesetzes zwang der Staat manche Eltern, das zu tun, was andere Eltern freiwillig taten."

Obwohl der typische Haushalt im Grunde aus einer Kernfamilie bestand, war es nicht ungewöhnlich, noch andere Personen als das oben erwähnte „Gesinde" in seinem Verbande zu finden. Alte Leute, die nicht mehr für sich selbst sorgen konnten, konnten im Haushalt eines verheirateten Kindes leben. Da die Gemeinde keine Altenheime, Spitäler, Armenhäuser oder dergleichen hatte, lebten sogar Nicht-Verwandte, die alt, arm oder gebrechlich waren, in individuellen Haushalten. Unverheiratete erwachsene Frauen (deren Zahl gegen Ende des 17. Jahrhunderts zunahm) lebten im Haushalt von Verwandten, am häufigsten wohl in dem eines Bruders. (Die Freiheit, die unverheirateten erwachsenen Männern zugestanden wurde, war von Kolonie zu Kolonie unterschiedlich. In Massachusetts Bay durften sie ohne ausdrückliche Erlaubnis keinen selbständigen Haushalt gründen. Desgleichen in Connecticut, wo es keiner allein lebenden Person gestattet war, „selbst Haus zu halten ohne Erlaubnis der Stadt, in der er lebt…"; zitiert nach Morgan 1966,

S. 145. Plymouth hingegen hatte bis 1669 kein derartiges Gesetz, und es war einem Mann gestattet, „für sich selbst zu sein"; zitiert nach Demos 1970, S. 77–78).

Im Inneren war die Familie nach streng autoritären Grundsätzen organisiert. Der Vater war der unbestrittene Haushaltsvorstand, man nannte ihn oft das „Oberhaupt der Familie". Indem sie sein legitimes Herrschaftsrecht anerkannten und ihm zustimmten, lernten die Kinder zugleich auch die Autorität der umfassenden Gesellschaft zu respektieren. (Die gesetzliche Strafe für fortgesetzten Ungehorsam oder das Schlagen eines Elternteils war der Tod, obwohl diese Strafe selten, wenn überhaupt, verhängt worden zu sein scheint.)

Die Puritaner waren trotz ihrer Town Meetings und ihrer gewählten Repräsentanten keine eifrigen Verfechter der Demokratie. „Das Wesen der sozialen Ordnung lag im Übergeordnetsein des Mannes über die Frau, der Eltern über die Kinder und des Herren über das Gesinde in der Familie, der Geistlichen und der Gemeindeältesten über die Kongregation in der Kirche und der Herrschenden über die Untertanen im Staate... Für jede dieser Beziehungen hatte es Gott bestimmt, daß der eine Teil vorgesetzt und der andere untergeordnet sein solle; denn wenn er sagte, „Ehre Deinen Vater und Deine Mutter", dann meinte er sowohl geistliche und politische als auch natürliche Väter und Mütter" (Morgan 1966, S. 19; siehe dort auch S. 25 für den ausgesprochen antidemokratischen Standpunkt der Puritaner; vgl. auch Powell 1970, S. 117).

Frauen wurden als geringerwertigere Geschöpfe angesehen als Männer; infolge der Erbsünde Evas galten sie als geistig noch mehr verdorben. Es wurde ihnen eingeschärft, ihren Männern immer gehorsam zu sein – waren ihnen die Männer nicht nach Gottes Wille von Natur aus übergeordnet? – und ihnen gegenüber eine Haltung „verehrungsvoller Unterwerfung" einzunehmen (zitiert nach Demos 1970, S. 83).

Für die Puritaner wurden Ehen nicht „im Himmel geschlossen" – zumindest nicht in einem Sinne, den wir unter diesem Ausdruck verstehen könnten. Zum ersten war die Ehe kein Sakrament. In den Kolonien konnte nur ein von der Regierung eingesetzter Beamter Ehen schließen, nicht aber die Geistlichkeit. Nichtsdestoweniger war die Eheschließung ein feierlicher und bindender zivilrechtlicher Vertrag, der zahlreiche Verpflichtungen nach sich zog. Die Hauptverpflichtungen waren gemeinsames Wohnen, ausschließliche sexuelle Vereinigung, wirtschaftliche Zusammenarbeit und Aufzucht der Kinder, was alles in einer Atmosphäre von Harmonie und Frieden vollzogen werden sollte. Wie andere Bodenbau treibende Gesellschaften, die auf Zusammenarbeit sowohl in der Familie als auch in der ganzen Gemeinde angewiesen sind, verabscheuten die Puritaner Streitsucht und offene Feindseligkeit; und viele ihrer Gesetze waren darauf gerichtet, die Harmonie zu erhalten oder sie im Streitfalle schnell wieder herzustellen (siehe Kapitel 11).

Zweitens wurden die Ehepartner oftmals ermahnt, ihre Zuneigung zueinander zu bezähmen. Natürlich sollten Mann und Frau einander lieben, doch sollte diese persönliche Zuneigung niemals der höheren Pflicht hinderlich sein oder gar widersprechen: der Liebe Gottes und dem Gehorsam gegen seinen Willen – und, sollte hinzugefügt werden, auch der Liebe und dem Gehorsam gegenüber der politischen Autorität, die sich nach puritanischer Anschauung zur Familie verhielt wie innerhalb der Familie der Mann zur Frau. Trotz der puritanischen Ideologie, daß der Staat auf einem Vertrag (oder Bund) zwischen Beherrschten und Herrschenden beruhte und seine Gewalt von der Familie bezog, ist es offenkundig, daß die Autorität des Staates an die Stelle der Familie trat, daß die Familie letzten Endes äußerer Kontrolle unterworfen war und daß die Familie tatsächlich ein untergeordnetes Glied der zentralen Gewalt war.

Die Beweise dafür sind zahlreich. Am augenscheinlichsten ist vielleicht die Tatsache, daß, wie schon bemerkt wurde, städtische Beamte und übergeordnete Behörden die Kinder ihren Eltern wegnehmen konnten. Es wurden regelmäßige Inspektionen durchgeführt, um sicherzugehen, daß die Kinder in der vorgeschriebenen Weise erzogen wurden. Wurden sie dies nicht, dann konnte es den Eltern geschehen, daß sie „wegen mangelnder Teilnahme am öffentlichen Gottesdienst, Vernachlässigung ihres Berufes und Widerstand gegen die Staatsgewalt" vorgeladen wurden (zit. n. Morgan 1966, S. 148).

Eheschließung und Familiengründung waren für die Wirtschaft, die Sozialordnung und die religiöse Weltanschauung der Puritaner zu wichtig, um dem individuellen Belieben überlassen zu werden. Sowohl die Courts als auch die städtischen Autoritäten stellten Regeln auf, wer heiraten und einen Haushalt gründen durfte und welche Voraussetzungen dafür erfüllt werden mußten. Wenn einmal eine Trauung feierlich vollzogen war, war die Verbindung nicht mehr leicht wieder aufzulösen. Nichtsdestoweniger wurden Scheidungen und Trennungen bewilligt. Die Hauptgründe dafür waren, wie aus den oben aufgezählten ehelichen Verpflichtungen erwartet werden kann, Verlassen des Ehepartners, Impotenz oder Verweigerung des sexuellen Verkehrs und Ehebruch (dieser letztere war der häufigste Scheidungsgrund bei den Puritanern). Bezeichnenderweise war es der Staat, der Scheidungen und Trennungen bewilligte, da ja die Eheschließungen vom Staat bewilligt und von seinen Beamten durchgeführt wurden und nicht etwa von den Geistlichen.

Im Gegensatz zur heute noch vorherrschenden Meinung ist es klar, daß die Geistlichkeit keinen beherrschenden Einfluß auf die Staatsverwaltung der Puritaner ausübte. (In einem Streitfall über die Verteilung von Land in der Stadt Sudbury sagte ein gewisser John Ruddock dem Geistlichen, „Abgesehen von Ihrem Amt achte ich Sie nicht mehr als irgendeinen anderen Menschen"; zit. n. Powell 1970, S. 127, 136.) In der Tat waren ja viele von den Tätigkeiten, die zu den Vorrechten des Klerus in England gehörten, der Kirche in den puritanischen Kolonien versagt. Powell (1970, S. 106–107) veranschaulicht die eingeschränkte Rolle des Klerus in öffentlichen Angelegenheiten mit seiner Beschreibung der Erfahrungen des Reverend Edmund Brown in der puritanischen Stadt Sudbury:

> Brown berief keine Kirchenversammlungen mehr ein und unterzeichnete auch keine Versammlungsordnungen mehr. Die Stadt führte ihre eigenen Versammlungen durch, bewilligte Brown Acker- und Weideland und wählte selbständig ihre eigenen Beamten. Brown besuchte nicht mehr jeden Bauern, um seinen Zehnten einzuheben. Er machte wahrscheinlich viele Familienbesuche, aber sein Gehalt wurde ihm aus dem Stadtsäckel ausbezahlt, genauso wie das des Stadtschreibers und des Polizisten, und die städtischen Rechnungsbeamten zogen die Steuern von diesen Gehältern ab. Browns neue Kirche hatte nicht einmal ihr eigenes Pfarrland; er mußte eben auf den Gründen der Stadt spazierengehen. Kein Küster läutete die Glocke oder verzeichnete Geburten und Todesfälle. Ein Stadttrommler trommelte zur Versammlung, und der Stadtschreiber mußte alle Geburten, Todesfälle und Heiraten registrieren...
>
> Es ist nicht schwer zu verstehen, daß der Geistliche nach einigen Jahren voll Groll über die Macht der Stadt war. Es waren ihm nur wenige kirchliche Funktionen übriggeblieben. Selbst die Sitzordnung in der Kirche war ihm entzogen und dem Stadtschreiber übertragen worden, der bemächtigt worden war, die Sitze zu verkaufen und der alle Verkäufe von Kirchensitzen zwischen einzelnen Personen gutzuheißen hatte, vor allem wenn eine Familie die Stadt verließ. Der Geistliche konnte Kollegen von benachbarten Kirchen zu Rate ziehen, aber er konnte keine kirchlichen Gerichte anrufen und hatte keine Visitationen zu erwarten, denn diese waren von der Bay Colony aufgegeben worden.

Der Fall der Puritaner gibt eine spezielle Illustration der Allgemeinaussage, daß die Religion oft, wenn nicht sogar immer, ein Instrument der Politik ist, das eine Rechtfertigung und eine Ideologie für die Ausübung von sozialer Kontrolle bietet. Jede puritanische Stadt war gleichzeitig eine religiöse Kongregation, und von allen Gemeindemitgliedern wurde durch ein staatliches

Gesetz verlangt, die Gottesdienste zu besuchen, *selbst wenn sie nicht Mitglieder der Kirche waren.* Fernbleiben von diesen zog Geldstrafen oder Körperstrafen seitens der *staatlichen Behörden* nach sich, da der Kirche kein Recht gewährt worden war, Übeltäter zu bestrafen.

Die Kirche lieferte auch eine Verstärkung für die Ausübung politischer Autorität, indem sie der Gesellschaft eine politische Ideologie lieferte. Daß die Menschen Herrscher haben und einer staatlichen Autorität untertan sein sollten, war von Gott bestimmt und seit dem Sündenfalle von Adam und Eva zu einem Bestandteil der Weltordnung gemacht worden. Es war die von Gott gegebene „Bestimmung der Menschheit, in Gesellschaften zu leben" (zitiert nach Morgan 1966, S. 18). Wie das Tierreich der Menschheit untertan war, so war die Menschheit dazu bestimmt, Regierungen untertan zu sein. Eine gerechte Regierung war eine solche, die eingerichtet worden war, um den Ruhm Gottes zu ehren und seinen Geboten gerecht zu werden. Und die Träger der Autorität achteten darauf, daß die für die Erwählten Gottes verkündigten Gebote mit ihren Vorstellungen von der sozialen Ordnung und ihren Methoden für deren Aufrechterhaltung vereinbar waren. Diejenigen, die den Schoß der Kirche verließen und abweichende religiöse Ideologien annahmen, fanden sich entweder, wie z.B. Roger Willam, aus Neuengland ausgestoßen oder, wie die vier unglücklichen Quäker von Boston, wegen ihrer beharrlichen Abweichung aufgehängt.

# Kapitel 7
# Hirtentum

Da Hirten und Bodenbauer nebeneinander leben, haben sich manche Forscher die Frage gestellt, ob der Hirtennomadismus als eine völlig eigenständige adaptive Strategie betrachtet werden muß oder nicht. Trotz aller Argumente, daß Hirtentum und Bodenbau komplementäre Wirtschaftsformen sind und es Hirtentum nur in Verbindung mit Bodenbau gibt (wiewohl die Umkehrung dieses Satzes nicht gilt), widme ich dem Hirtentum ein besonderes Kapitel, da es für viele Gruppen mit eigenständiger Kultur die wichtigste Ernährungsgrundlage bildet.

**Hirten** sind Menschen, die Viehherden aufziehen und halten, welche die Grundlage ihres Nahrungserwerbs bilden. Wie der Pflugbau findet sich das Hirtentum nur in der Alten Welt, nicht aber in der Neuen Welt.[1] Die in Amerika vorgefundenen Beispiele von Hirtentum – die Schafe haltenden Navajo im Südwesten und die vorübergehend Pferde haltenden Prärieindianer – wurden mit dem Hirtentum durch Europäer bekanntgemacht. Darüber hinaus wurden die Pferde im Falle der Prärieindianer vor allem zur Erleichterung der Bisonjagd benützt (weswegen ich die Prärieindianer zu den Wildbeutern rechne).

## Hirtentum und Nomadismus

Hirtentum kann entweder *seßhaft* oder *nomadisch* sein. Seßhaftes Hirtentum tritt als Nebentätigkeit von Menschen auf, die vor allem Bodenbauer sind; es muß hier nicht gesondert betrachtet werden. Nomadisches Hirtentum (oder Hirtennomadismus) verdient jedoch eine gesonderte Behandlung; es ist der Typus, der üblicherweise gemeint ist, wenn man entweder über „Nomadismus" oder „Hirtentum" spricht.

Es ist jedoch wichtig, darauf hinzuweisen, daß der Begriff *Nomadismus* nicht das gleiche besagt wie Hirtentum (zumindest nicht im heutigen Deut-

[1] Neuerdings ist diese Behauptung jedoch in Frage gestellt worden; man hat die Hypothese aufgestellt, daß gewisse südamerikanische Hirten als Hirtennomaden im hier verwendeten Sinne dieses Begriffes betrachtet werden können, wiewohl das Beweismaterial dafür zweifelhaft bleibt (siehe Browman 1974, Gade 1969, Lynch 1971 und Webster 1973).

schen oder Englischen, obwohl der ursprüngliche griechische Begriff dies tat) und daß der Begriff *Hirtentum* den Nomadismus nicht einschließt. *Nomadismus* bezieht sich auf einen Typus der Ortsveränderung. *Hirtentum* bezieht sich auf einen besonderen Typus eines technoökonomischen Systems oder der „Ressourcen-Ausbeutung" (Salzman 1971), der auf der Tierzucht beruht. Diese zwei Begriffe sind nicht *notwendig* miteinander verbunden. Wir haben z. B. den Nomadismus schon als einen Aspekt der Jagd- und Sammelwirtschaft sowie einiger Formen des Bodenbaus besprochen. Wir müssen beide daher sowohl gedanklich als auch empirisch als getrennte Variablen behandeln, und nur wenn wir nomadische Bewegung mit dem Halten großer Herden von domestizierten Tieren verbunden vorfinden, können wir von Hirtennomadismus sprechen.

Nomadische Ortsveränderung unterscheidet sich von *Migration* insofern, als es sich bei Migration um eine umfassende Ortsveränderung oder völlige Verlagerung einer Gruppe von einem Wohnort zu einem anderen handelt, wohingegen Nomaden ihre Wohnstätten oft in Zyklen – in mehr oder minder regelmäßigen Mustern oder Kreisen – innerhalb eines bestimmten Gebietes verlagern.

## Transhumanz

Der Begriff *Transhumanz* wird oft auf nomadische Ortsveränderungen angewandt. Es ist schon zur Bezeichnung so vieler Arten von Ortsveränderung verwendet worden, daß er fast bedeutungslos geworden ist. Vor allem sind jedoch zwei Arten von Ortsveränderung als Transhumanz bezeichnet worden:

1. Ortsveränderung von tiefgelegenen Gebieten zu hochgelegenen Gebieten, d. h. das Hinauf- und Herabsteigen an Berghängen. Ein besserer Begriff für diese Art der Ortsveränderung ist *vertikaler Nomadismus.*

2. Ortsveränderung von einer semipermanenten oder permanenten Ansammlung von Wohnstätten (z. B. einem Dorf) hinaus in die offene Umgebung (auf der Suche nach Weide und Wasser) und schließlich wieder Rückkehr zum ursprünglichen Lager (dieser Typus der Transhumanz findet sich oft in Verbindung mit einer aus Hirtentum und Bodenbau gemischten Wirtschaftsform). Ein besserer Begriff für diese Art der Ortsveränderung ist *horizontaler Nomadismus mit festem Bezugspunkt.* Wenn er im Zusammenhang mit Ortsveränderungen an Berghängen auftritt, kann er als *vertikaler Nomadismus mit festem Bezugspunkt* bezeichnet werden.

In jedem Falle verlagern aber die Hirtennomaden ihre Wohnstätten. Sie tun dies, um Weide und Wasser für ihre Tiere zu finden. Und weil Hirtennomaden vor allem in *marginalen Gebieten mit niedrigen Niederschlagsmengen* leben, bleiben diese Ressourcen für ein bestimmtes Gebiet das ganze Jahr hindurch nicht konstant. Die Verfügbarkeit von Wasser und Weideland schwankt mit den jahreszeitlich bedingten klimatischen Veränderungen; aus diesem Grunde müssen sich die Hirtennomaden periodisch dorthin bewegen, wo Wasser und Weideland ausreichend sind.

## Verwendung der Tiere

Die Habitate, in denen Hirtennomaden gewöhnlich vorgefunden werden, sind Wüsten und Halbwüsten, Grasland (Savanne und Steppe) und Tundra. Tabelle 7.1 stellt eine Liste dieser Gebiete sowie der in diesen Gebieten gewöhnlich gehaltenen Tiere dar.[2] Tabelle 7.2 gibt eine Zusammenfassung der Kennzeichen der gehaltenen Tiere.

*Tabelle 7.1:* Typen von Habitaten und gehaltene Tiere

| *Geographische Regionen* | *gehaltene Tiere* | |
|---|---|---|
| | *wichtigste* | *zusätzliche* |
| a) *Wüste und Halbwüste* (Mittlerer Osten, Nordafrika, östliches Zentralasien (Gobi), südliches Zentralasien (Karakorum), Teile von Südwestasien und Südwestafrika (Randgebiete der Kalahari) | Kamele und Rinder | Pferde; einige Schafe und Ziegen |
| b) *Steppe (kurzes Gras, baumarme Ebene)* Zentralasien, Südwestasien, | Schafe und Ziegen | Kamele, Pferde und Rinder |
| c) *Savanne (hohes Gras, mit Bäumen durchsetzt)* Ostafrika | Rinder | Schafe und Ziegen |
| d) *Tundra (arktische baumlose Ebene)* (Nördliches Sibirien, nördliches Eurasien, z.B. die Lappen in Finnland) | Rentiere | |

Hirten machen einen vielfältigen Gebrauch von den Tieren, die sie halten: (1) Sie konsumieren deren Produkte: Milch und Milchprodukte, Blut und Fleisch. (2) Sie benützen die Haare und Häute der Tiere, um Unterkünfte, Kleider und Gebrauchsgegenstände herzustellen. (3) Sie benützen die Tiere zum Transport (als Trag- und Reittiere).

[2] Für eine eingehendere Behandlung vgl. z.B. Spooner 1973.

Die *Art der gehaltenen Tiere* ist von wesentlicher Bedeutung, weil sie das Ausmaß des aufzusuchenden Weidelandes sowie die notwendige Wassermenge bestimmt. Und die *verfügbaren Ressourcen* beeinflussen, wie oben festgestellt wurde, die Ortsveränderungen, weil sich Hirtennomaden offenkundig dorthin begeben müssen, wo das Weideland und das Wasser sind. Wenn diese Ressourcen, das Klima und die Niederschlagsmenge vorhersagbar sind, werden die nomadischen Ortsveränderungen tendenziell regelmäßig sein. Wo diese Faktoren unverläßlich und unvorhersagbar sind, werden die nomadischen Ortsveränderungen einen unregelmäßigen und sprunghaften Charakter annehmen (Salzman 1967).

*Tabelle 7.2:* Charakteristika der gehaltenen Tiere

| | |
|---|---|
| *Kamel* | Ausdauerndes Tier, das imstande ist, den Härten der Wüste zu widerstehen. Robustes, bewegliches Tier. Kann lange Perioden mit wenig oder ohne Wasser auskommen. Nützlich sowohl für den Transport als auch wegen seiner Haare, Haut, Milch und Fleisch. Relativ leicht zu hüten (obwohl Kamele, auf die man nicht achtet, sehr leicht verlorengehen.) Wichtigstes von den arabischen Beduinen gehaltenes Tier. |
| *Ziege* | Braucht mehr Wasser als das Kamel, ist aber nichtsdestoweniger außerordentlich zäh, flink und behende. Liefert Milch und Milchprodukte, Fleisch und Haare. Ist ohne großen Aufwand zu hüten – im Gegensatz zum Schaf, das sich leicht verirrt. Die Ziege kann von einer großen Vielfalt von Pflanzen leben. Sie kann auch mit spärlichem Pflanzenwuchs auskommen, wenn sie nur genug Wasser hat. |
| *Schaf* | Weniger ausdauernd. Braucht häufige Tränke und ist sehr wählerisch beim Grasen. Neigt zur Herdenbildung; in dieser Hinsicht ist es leicht zu hüten. Verlangt jedoch mehr Mühe und Aufmerksamkeit, weil Schafe leicht verlorengehen. |
| *Rind* | Brauchen zum Weiden saftigen Pflanzenwuchs und mehr Gras pro Quadratmeter als die Schafe. Brauchen häufiges Tränken. |
| *Rentier* | Braucht sehr wenig Aufmerksamkeit beim Hüten. Ausdauernd in kalten Klimazonen. Kann durch verharschten Schnee bis auf den Boden scharren, um zum Buschwerk und Salz zu gelangen. Ißt Flechten und Borke. Schwer zu zähmen: nicht für seine Fügsamkeit bekannt, obwohl es einige Rentiernomaden zum Reiten benützen. |
| *Pferd* | Gewöhnlich das Prestigetier, wo es vorgefunden wird (Steppe und Wüste) und gewöhnlich verwöhnt und gegen die Unbilden der Umwelt geschützt. Zur Schaustellung und zu kurzfristigen Reiterangriffen benützt. Andere Tiere (z. B. Rinder oder Kamele) werden für die schweren Arbeiten benützt. |

Die Tabellen 7.1 und 7.2 beruhen hauptsächlich auf Johnson 1969, stützen sich aber auch auf Bacon 1954, Rubel 1969 und Spooner 1972.

## Andere Bedingungen des Hirtennomadismus: wirtschaftliche Interessen, Sozialökologie

Neben der Tierhaltung können auch noch *andere wirtschaftliche Interessen* die nomadische Ortsveränderung beeinflussen: sie kann davon abhängen, ob und in welchem Ausmaße die Hirten sich mit dem Bodenbau abgeben, entweder mit Feldern, die sie selbst bebauen, oder solchen, die sie an eine seßhafte Bevölkerung verpachten; ferner, ob und in welchem Ausmaße sie Jagd und Sammelwirtschaft betreiben; weiter, ob und in welchem Ausmaße sie Karawanenhandel treiben, um sich Hirten sonst nicht zugängliche Produkte zu verschaffen; und schließlich, ob es Märkte gibt, die sie periodisch aufsuchen oder nicht.

Die Auswirkungen der *Sozialökologie* auf den Hirtennomadismus können kaum überbetont werden. Es können andere Gruppen im Habitat vorhanden sein, die die gleichen oder ähnliche ökologische Nischen besetzen (d.h. die von den gleichen Ressourcen Gebrauch machen) und die daher vermieden werden müssen, um das Risiko einer unangebrachten Konkurrenz zu verringern (Barth 1956, 1959–60, 1964; Bates 1972). Oder die Ortsveränderungen der Hirten können durch eine Regierung behindert werden, auf deren Territorium sie sich aufhalten (Bates 1971).

Bei der Behandlung der Sozialökologie von Hirtennomaden muß man im Gedächtnis behalten, daß diese auf den *Kontakt mit einer seßhaften Gruppe* angewiesen sind. Sie können ihr Leben nur selten, wenn überhaupt, rein aus den Produkten ihrer Tierhaltung bestreiten. Die Hirten brauchen zusätzlich zu diesen durch Bodenbau gewonnene Nahrungsmittel, Gerätschaften, die sie nicht selbst herstellen können (z.B. Metallwerkzeuge oder Waffen) und so weiter. Diese erhalten sie von seßhaften Gruppen auf mehrere Weisen: (1) durch Rauben oder Stehlen dessen, was sie brauchen; (2) durch Eintreiben von Tributen der Seßhaften als Bezahlung dafür, daß sie von Raubüberfällen Abstand nehmen – eine Art von „Beschützer-Gewerbe"; (3) durch die Einrichtung friedlicher Handelsbeziehungen mit den Seßhaften; (4) durch das Eigentum von Landstücken in Lokalgemeinden mit seßhafter Bevölkerung, wofür sie als Pacht einen Teil der Produkte dieses Landes beziehen. Schließlich können Hirtennomaden auch einige hier und dort verstreute Landstücke besitzen, welche sie selbst zu bestimmten Jahreszeiten bestellen (wobei dann die Lage dieser Landstücke den nomadischen Zyklus beeinflußt). Ihr hauptsächliches Unterhaltsmittel bleibt jedoch das Hirtentum.

## Kennzeichen hirtennomadischer Gruppen

### Die Hirtengruppe

Die grundlegende soziale und wirtschaftliche Einheit bei Hirtennomaden ist die *Hirtengruppe* oder das *Lager*. Diese Gruppe besteht aus mehreren Haushalten, die gemeinsam lagern, ihre Tiere hüten und ihren Aufenthaltsort verändern. Diese Gruppe ist jedoch – wie bei den Wildbeutern – instabil bzw. flexibel. Ihre Zusammensetzung ändert sich häufig; Wechsel in ihrem Personalstand sind an der Tagesordnung. Dies ist auf eine Anzahl von Gründen zurückzuführen: verschiedene Ansichten über die Lage von gutem Weideland und Tränken; andere wirtschaftliche Interessen wie z. B. die Lage von in Privatbesitz befindlichem Gartenland (so daß verschiedene Individuen die Gruppe zu verschiedenen Zeiten verlassen, um zu pflanzen und zu ernten) und soziale Konflikte, wie sie sich aus Anschuldigungen wegen Ehebruchs, Diebstahls usw. ergeben können.

### Tiere als Nahrungsquelle

Hirtennomaden leben hauptsächlich von der Milch und den Milchprodukten ihrer Tiere. Bei manchen Hirtennomaden gibt es eine zentrale Ideologie, daß sie *ihre Tiere nicht um ihres Fleisches willen töten.* Statt dessen essen sie, wie sie sagen, deren Fleisch nur, wenn das Tier eines natürlichen Todes stirbt und wenn es im Rahmen eines Rituals geopfert wird. Schneider hat jedoch überzeugend dargetan (1957), daß, obwohl man die Tiere nicht *ausdrücklich* zum Zwecke des Verzehrs tötet, sie in Wirklichkeit doch oftmals getötet werden, um gegessen zu werden.

### Arbeitsteilung

Die grundlegende Arbeitsteilung beruht im allgemeinen *auf dem Geschlecht* (und, in zweiter Linie, auf dem Alter), wobei die Aufgabe der Männer die Tierhaltung und die der Frauen die Haushaltstätigkeiten sind. Je nach der besonderen Gruppe können entweder die Männer oder die Frauen oder beide die Tiere melken. Bei den meisten ostafrikanischen Rinderhirten dürfen z. B. nur die Männer die Kühe melken; bei den Herero in Südwestafrika wird das Melken hingegen vor allem von Frauen besorgt, obwohl auch Männer sowie junge Knaben die Kühe melken können (Vivelo, S. 1977).

Im allgemeinen gibt es bei Hirtennomaden *wenig Arbeitsspezialisierung* – abgesehen davon, daß der Hirtennomadismus selbst als eine Art von Spezialisierung im Gesamtzusammenhang einer Wirtschaftsordnung angesehen werden kann, die auf Anbau und Hirtentum als den zwei Teilen eines größeren Ganzen beruht. Jeder Haushalt produziert, bearbeitet und repariert die Ausrüstungsgegenstände, die er braucht. Was man sonst noch nötig hat, erhält man nicht etwa von einem anderen Hirten, der zugleich ein Spezialist ist, sondern von jemandem aus einer seßhaften Gruppe oder von einem Wanderhändler.

## Voraussetzungen für das Auftreten politischer Führer

Obwohl manche Hirtennomaden – vor allem jene wenigen, die Staaten oder staatsähnliche Strukturen von Häuptlingstümern hervorgebracht haben – soziale Stratifikation aufweisen, sind Hirtennomaden im großen und ganzen gewöhnlich *egalitär.* Dementsprechend sind politische Führerschaft und andere Autoritätsrollen im allgemeinen nur schwach ausgeprägt. Doch können sich unter bestimmten Bedingungen formale Autoritätspositionen – bisweilen sehr starke Autoritätspositionen – entwickeln.

**1. Vermittlung zwischen Nomaden und Seßhaften.** Hirtennomaden werden oft in Streitigkeiten mit Seßhaften verwickelt. Zum Beispiel neigen die Tiere der ersteren dazu, die Ernten der letzteren zu zertrampeln oder aufzufressen. Aus diesem Grunde stellen die Seßhaften oftmals Schadenersatzansprüche an deren Hüter. Weil es jedoch ihren Interessen außerordentlich nachteilig wäre, sich sehr lange an einem Ort aufzuhalten, bestimmen die Hirtennomaden oft einen oder einige aus ihren Reihen dazu, sie in solchen Streitigkeiten zu repräsentieren, während die Gruppe weiterzieht. Die Bezahlung dieser Repräsentanten und die sich daraus ergebenden wirtschaftlichen Interessen, die sie in seßhaften Zentren entwickeln, können ihnen im Zusammenhang mit der Unentbehrlichkeit bei Rechtsstreitigkeiten, die sie sich erworben haben, eine Machtgrundlage verschaffen, von der aus sie beginnen können, Autorität auszuüben.

**2. Vermittlung zwischen Nomaden und dem Staat.** Im Grunde können die gleichen Probleme auch in der Beziehung zwischen den Nomaden und dem Staat auftreten; das heißt, politische Führer können ursprünglich infolge des Bedürfnisses der Hirtennomaden erscheinen, einen Wortführer zu haben, der ihre Interessen in rechtlichen und anderen Angelegenheiten vertritt. Häufig bilden sich solche Führer jedoch aufgrund militärischer Zusammenstöße heraus. Staatsverwaltungen, ob sie nun fremden oder einheimischen Ursprunges seien, haben immer wieder Schwierigkeiten, Kontrolle über die Hirtennomaden auszuüben, weil diese eben nomadisch sind und ihren Besitz mit sich führen. Sie sind aus diesem Grunde schwer zu besteuern, für den Militärdienst auszuheben, und so weiter. Infolgedessen geraten die Nomaden und der Staat in Konflikte miteinander. Während des daraus resultierenden Krieges, welchen die Nomaden schließlich verlieren, bilden sich militärische Führer heraus – Männer, die sich durch ihre Tapferkeit auszeichnen, die überlegene Taktiker sind und in anderen Loyalität und Vertrauen erwecken. Wenn der Krieg endet, sind es oftmals diese früheren militärischen Führer, die die Hirtennomaden in den Verhandlungen mit dem Staat repräsentieren und in den meisten späteren Interaktionen zu deren Wortführern werden. Mit Unterstützung der Macht des Staates, der sie nicht nur als Wortführer behandelt, sondern so, als ob sie wirkliche Autorität über ihre Hirtengenossen hätten, gelangen sie letzten Endes dazu, tatsächliche Autorität auszuüben.[3]

**3. Koordination der Wanderungen.** Sowohl Barth (1959–60) als auch Salzman (1967) haben die These aufgestellt, daß sich politische Führer als Koordinatoren der Ortsveränderungen von Gruppen herausbilden können. Barth beschreibt zum Beispiel ein Modell der Landnutzung, bei dem mehrere Hirtengruppen innerhalb desselben Gebietes verschiedenen, aber einander überschneidenden Wanderungsrouten folgen bzw. hintereinander denselben Routen folgen und je nach der Jahreszeit verschiedene Ausschnitte des Weidelandes besetzen. Er bemerkt (S. 9), daß „eine Vorbedingung für die Herausbildung einer derartigen Form der Landnutzung eine politische Organisationsform ist, welche die disziplinierte und koordinierte Wanderung großer Bevölkerungsgruppen auf geregelten Routen und nach bestimmten Zeitplänen sichert. Dies macht die Herausbildung starker und wirksamer Autoritäten erforderlich – eine charakteristische Eigenschaft genau dieser Nomadengruppen." In anderen, vielleicht etwas übervereinfachten Worten, man braucht jemanden, der den Verkehr regelt und die Gruppen daran hindert, miteinander zusammenzustoßen und in Konflikte verwickelt zu werden.

## Territorialität

Ein weiteres Kennzeichen der Hirtennomaden ist, daß sie im allgemeinen das Land, das sie für Weidezwecke nutzen, nicht „besitzen". Genauer gesagt gehört das Land eher der größeren Gruppe, dem Stamm als Ganzem, als einer

[3] Die aufsteigende Reihe von (1) einem Repräsentanten der lokalen oder ethnischen Gruppe zu (2) einem Repräsentanten, der sowohl die Gruppe dem Staat gegenüber als auch den Staat der Gruppe gegenüber vertritt, und schließlich (3) zu einem Repräsentanten des Staates gegenüber der Gruppe kommt häufig vor, wenn „primitive" Gesellschaften mit fremden Nationalstaaten in Kontakt kommen. Für eine nützliche Behandlung der „repräsentativen Vermittler" siehe Löffler 1971.

der Hirtengruppen, aus denen er sich zusammensetzt. Diese kleineren Gruppen üben jedoch *Zugangs- oder Nutzungsrechte* über das Land aus. Hirtennomaden besitzen jedoch, individuell oder in kleinen Verwandtschaftsgruppen, Anbauland, entweder in Form von Feldern, die sie selbst bearbeiten oder die von seßhaften Pächtern bearbeitet werden (mit den Nomaden als abwesenden Grundherren).

Es fehlt daher im allgemeinen die *besondere* Territorialität – d. h. also der Sinn für Territorialität bei den kleinen Hirtengruppen – wobei jedoch normalerweise ein gewisser Sinn für *allgemeine* Territorialität besteht, der sich auf jenes Gebiet bezieht, das die größere Gruppe als Gesamtheit besetzt und ausbeutet.

Es scheint einen Unterschied zwischen der „allgemeinen Territorialität" der in Kapitel 4 besprochenen Jäger und Sammler und der allgemeinen Territorialität der Hirtennomaden zu geben. Man kann ziemlich oft von Hirten lesen, die den Anspruch erheben, „Wo auch immer unsere Rinder (oder Kamele oder Schafe etc.) grasen, dort ist unser Land." Das heißt, daß sie das von ihnen genutzte Gebiet mit einem Besitzsinn zu betrachten scheinen und es zeitweilig sogar als ihr ausschließliches Eigentum ansehen können, wobei sie dann fremde Gruppen vertreiben oder als Pächter ihres Landes behandeln. Jäger und Sammler scheinen hingegen willens genug zu sein, das Land mit anderen zu teilen, solange sie nur selbst ausreichenden Zugang dazu haben. Man findet nur selten eine Wildbeutergruppe, die den Anspruch erhebt, Land ausschließlich zu besitzen – in der Tat werden Wildbeuter eine derartige Vorstellung wahrscheinlich für absurd erklären. Wenn diese Unterscheidung zwischen den beiden Gesellschaftstypen auch durch das ethnographische Material belegt zu sein scheint, sollte sie doch als hypothetisch betrachtet werden, solange keine schlüssigeren Beweise vorliegen.

## Kriegführung

Territorialitätsvorstellungen können hier wiederum, im Zusammenhang mit extensiver Landnutzung, als Mitursachen von Kriegen angesehen werden: und Hirtennomaden sind auch für ihre *Kriegstaten* weltbekannt (man braucht nur an die Mongolen, die Hunnen und die Hethiter zu erinnern, um diese Feststellung zu veranschaulichen). Wenn die Bevölkerung, sowohl der Menschen wie auch der Tiere, anwächst, wird neues Weideland benötigt. Aus diesem Grunde expandieren Hirtennomaden immer wieder, und zwar auf Kosten schwächerer Gruppen, die das Unglück haben, das Land zu bewohnen, das die Hirtennomaden begehren.

Daneben führen Hirtennomaden auch *Fehden* untereinander. Am häufigsten sind Raubzüge zwischen verschiedenen Hirtengruppen, um Vieh zu erbeuten. Fehden können auch aus Streitigkeiten über Frauen oder Anschuldigungen wegen Ehebruches innerhalb einer Gruppe entstehen.

### Verwandtschaft

Die Struktur einer Hirtennomaden-Gesellschaft beruht normalerweise auf einer *Verwandtschaftsideologie;* wobei ein Stammahne (der auf zur Darstellung dieser Struktur verwendeten genealogischen Diagrammen als *oberster Vorfahre* bezeichnet wird) für die Gesamtgesellschaft angenommen wird. Dessen vermutliche Kinder gelten dann als die Begründer von Subgruppen (wie z.B. Klans), die Kinder dieser Kinder als die Begründer noch kleinerer Gruppen jüngeren Ursprunges (wie z.B. Lineages) und so weiter bis herunter zu den Begründern der zeitgenössischen Hirtengruppen. Eine derartige Organisationsform wird ein *segmentäres Lineage-System* (siehe Kapitel 11) genannt, sie ist von Sahlins (1961) beschrieben worden. Sie findet sich auch in manchen Gesellschaften mit niederem Bodenbau. Die Abstammung wird bei Hirtennomaden mit segmentären Lineage-Systemen eher nach der männlichen als nach der weiblichen Linie gerechnet (zu den Deszendenzsystemen vgl. Kapitel 12).[4]

### Religion

Die für Hirtennomaden charakteristische Religion ist der Ahnenkult (oder die Ahnenverehrung). Sie kann mit oder ohne Vorstellungen von einem Hochgott auftreten. Viele Nomadengruppen der heutigen Welt haben den islamischen Monotheismus angenommen.

## Zusammenfassung der Kennzeichen

Hohe Mobilität
Organisatorische Flexibilität der Hirtengruppen
Arbeitsteilung beruht vornehmlich auf Geschlecht und Alter

---

[4] Ohne die Realität allzusehr durch Verallgemeinerung zu verzerren, können wir zusammenfassend sagen, daß die Hirtennomaden ihre Gesellschaft auf der Grundlage eines genealogischen Diagramms begreifen, das gewöhnlich einen starken patrilinealen (männlichen) Einschlag aufweist und sich in höherem oder geringerem Grade der klassischen segmentären Lineage-Struktur nähert. Fernerhin kann man sagen, daß die Verwandtschaftsterminologie sich einem Sudan-System annähert, obgleich Variationsformen eines grundlegenden Irokesen-Systems am häufigsten sind (siehe Kapitel 12), und daß sich die minimalen Hirtengruppen eher auf einer pragmatischen Grundlage als aufgrund strenger Abstammungskriterien konstituieren.

*Ausdrückliches* Töten von Tieren für den Verzehr kommt selten vor
Im allgemeinen keine oder wenig (hauptberufliche) Arbeitsspezialisierung
Führerschaft und Autorität im allgemeinen schwach ausgeprägt
Eher Zugangsrechte zum Weideland als Besitz desselben
Sinn für Territorialität, gewöhnlich im Hinblick auf das gesamte Stammesgebiet
Vorkommen von Kriegen und Fehden
Segmentäre Lineage-Systeme; Verwandtschaftsideologie
Charakteristische Religionsform: Ahnenverehrung mit oder ohne Hochgott

## Ethnographisches Beispiel: Die Marri-Belutschen von Westpakistan

Die Marri sind eine gemischte Gruppe von belutschisch sprechenden Hirten und Bodenbauern mit einer Gesamtbevölkerung von etwa 60000, die im nordöstlichen Belutschistan in Westpakistan leben. Eine anthropologische Feldforschung ist bei den Marri-Belutschen von Robert Pehrson und Jean Pehrson in den Jahren 1954–1955 durchgeführt worden. Robert Pehrson erkrankte und starb während der Forschungsreise; aber seine Aufzeichnungen wurden einem anderen Anthropologen, Fredrik Barth, übergeben und von diesem als Grundlage für ein Buch mit dem Titel *The Social Organization of the Marri Baluch* verwendet (Pehrson 1966). Die folgende Skizze geht von diesem Bericht aus.

### Lebensunterhalt

Die Marri-Belutschen sind vor allem ein Hirtenvolk, das sich daneben in verschiedenem Ausmaße auch dem Bodenbau, dem Handel, der Lohnarbeit und dem Sammeln widmet.

Die Marri halten verschiedene Tiere, von denen Schafe und Ziegen die wichtigsten sind. Daneben werden Esel und Kamele (als Lasttiere), Rinder (für den Transport und als Zugtiere), Hunde (zum Bewachen der Lager, aber nicht zum Viehhüten) sowie Pferde (als Prestigeobjekte) gehalten.

Die großen Herden der Marri bestehen vor allem aus Schafen und Ziegen. Ihr Fleisch wird gegessen und stellt die Hauptnahrung der Marri dar, die Tiere werden aber auch als Schlachtvieh verkauft. Milch, Butter und Käse werden von den Marri ebenfalls konsumiert, aber nicht verkauft oder getauscht. Wolle, Ziegenhaar und Fleisch sind die Hauptprodukte, die von den Marri exportiert werden.

Ein Marri-Hirtenknabe; Belutschistan, Westpakistan.
*(Photo Wenner-Gren Foundation; aus Pehrson 1966, S. 107).*

Die Abhängigkeit der Marri von der Kleinviehhaltung ist teilweise auf ihr Habitat zurückzuführen. Da das Gebiet der Marri gewöhnlich nur eine Gesamtniederschlagsmenge von etwa 12 Zentimeter pro Jahr aufweist und da das für eine gute Weide notwendige saftigere Gras während der meisten Zeit des Jahres selten ist, können zwar Ziegen und Schafe, nicht aber starke Konzentrationen von Großvieh ihr Auskommen finden. Es gibt wenig Rinder, weil das für sie verfügbare Weideland zu beschränkt ist. Pferde können mit der verfügbaren Weide überhaupt nicht auskommen und müssen mit Getreide und Gras versorgt werden, das in Gebieten mit künstlicher Bewässerung geschnitten worden ist. Wegen des felsigen Bodens können auch Kamele im Marri-Gebiet nicht weiden, sondern müssen von ihren wohlhabenden Besitzern bei Dorfbewohnern untergebracht werden.

Die Marri-Belutschen praktizieren auch Pflugbau, aber nur als Nebentätigkeit, und das Ausmaß, in dem sie sich mit Bodenbau beschäftigen, ist hauptsächlich eine Funktion der Größe ihrer Herden. Alle anderen Tätigkeiten sind bei den Marri der Haltung ihrer Herden untergeordnet. Wenn eine Herde auf 100 oder mehr Tiere anwächst, wird ihr Besitzer den Bodenbau zugunsten eines extensiveren Nomadismus vernachlässigen und Weide und Wasser für seine Tiere aufsuchen. Der Besitzer bekommt dann Bodenprodukte (vor allem Weizen, das zweitwichtigste Nahrungsmittel der Marri) auf andere Weise, vor allem durch Handel, oder auch indem er sein Land Pächtern überläßt.

Manche Marri verkaufen auch ihre Arbeit, indem sie da und dort innerhalb ihres Wanderungsbereiches Saisonarbeit leisten. So arbeiten sie zum Beispiel zur Erntezeit auf den Feldern von Bauern oder reinigen die Kanäle eines Bewässerungssystems.

Die Marri betätigen sich auch auf verschiedene Weise im Handel. Sie transportieren Handelswaren auf Vertragsbasis, suchen Handelsstationen der Hindu auf und gehen spezielle Handelspartnerschaften mit Bewohnern seßhafter Gemeinden ein. Der Dorfbewohner, mit dem der Nomade eine unmittelbare persönliche Beziehung des Vertrauens, gegenseitiger Dienstleistungen und Gastfreundschaft herstellt, wird *bradir* genannt.

Schließlich jagen die Marri auch, wenn dies möglich ist, aber das Sammeln scheint eine größere Bedeutung für ihren Lebensunterhalt zu besitzen. Gesammelt wird z.B. Wasser, Feuerholz, Honig, wilde Zwiebeln und Früchte, Zwergpalmen (für Zelte, Seile, Matten, Packsättel und Sandalen) sowie Wurzeln und Schößlinge.

## Lokalgemeinden

Die Form und Organisation der Lokalgemeinden der Marri-Belutschen wird durch die Interaktion der verschiedenen oben angeführten Faktoren des Lebensunterhaltes bestimmt. Die wichtigsten von diesen sind der Bedarf an Weideland für die Tiere und der Bedarf an nicht-tierischen Produkten (die – entweder direkt oder indirekt – durch Bodenbau, durch Lohnarbeit, durch Handelspartner oder durch Geschäfte bezogen werden). Früher war auch die Kriegführung von wesentlicher Bedeutung, besonders für einen Typus der Lokalgemeinde. Vor der Beschreibung der verschiedenen Gemeindeorganisationen bei den Marri wird es nützlich sein, wie Barth es tut (Pehrson 1966, S. 11), von einigen von den Marri selbst getroffenen Unterscheidungen Kenntnis zu nehmen:

Im allgemeinen unterscheiden die Marri zwischen Dorfbewohnern und Zeltbewohnern, welche letzteren sie weiter unterteilen in *darshin* – die strukturell mit einem Dorf verbunden sind und die örtlich innerhalb der Grenzen von dessen Distrikt nomadisieren – und *powindah* – welche im Hinblick auf Wasservorkommen und saisonbedingte Weidemöglichkeiten nomadisieren und deren Lager selbständige Einheiten sind.

Damit ergeben sich für die Marri-Belutschen drei Typen von Lokalgemeinden: (1) große permanente Dörfer mit assoziierten *darshin*, (2) nichtpermanente Dorfkerne mit *darshin* und (3) Nomadenlager von *powindah*.

## Permanente Dörfer

Die Einwohnerzahl der permanenten Dörfer liegt zwischen 200 und 1000 Personen, von denen die meisten Nicht-Marri sind. Nichtsdestoweniger verdient die Niederlassung von Hirtennomaden in Dörfern eine Erklärung.

Erstens ist nur ein kleiner Teil der Gesamtbevölkerung der Marri im Zusammenhang mit Dörfern organisiert. Sehr wichtig dabei ist, daß diese Dörfer ursprünglich keine Marri-Siedlungen waren: sie waren Pathanen-Dörfer, die durch Marri erobert und besetzt wurden. Diese festen Ansiedlungen waren also keine sich aus der hirtennomadischen Bedarfsdeckungswirtschaft ergebenden Entwicklungsprodukte, sondern Kriegsgewinne.

Zweitens trug die Annahme des Bodenbaus durch die Marri in diesen Dörfern (wo Sklaven und Hörige als Landarbeiter beschäftigt wurden), dazu bei, sie an feste Siedlungsformen zu binden. Diese Verlagerung der Hauptgrundlage der Ernährung bedeutete natürlich eine gleichzeitige Bedeutungsverlagerung von den Tieren auf das Land. Das heißt, daß die dorfbewohnenden Marri nicht mehr aufgrund der Bedürfnisse ihrer Tiere ständig nomadisieren mußten, sondern statt dessen mehr Zeit und Energie auf die Steigerung der Fruchtbarkeit bestimmter Landstücke verwenden konnten. Was sie an Tieren besaßen, konnten sie den umgebenden *darshin* auf Vertragsbasis zum Hüten geben. Die *darshin,* deren eigene Herden zu klein waren, um es ihnen zu gestatten, zu *powindah* zu werden, hatten einen doppelten Vorteil davon: sie konnten einen Teil der Produkte der sich im Besitze Seßhafter befindenden Tiere zu ihrem eigenen Gebrauch verwenden und zugleich auch über eine feste Siedlung verfügen, von wo sie nicht-tierische Güter beziehen konnten.

## Nichtpermanente Dorfkerne

Der zweite Gemeindetypus bei den Marri beruht auf einem kleinen seßhaften Kern (keiner großen dörflichen Siedlung), welcher von *darshin* umgeben ist. Dieser Siedlungskern wird von einem reichen Mann gegründet, der eine

„freischwebende Bevölkerung von Wanderarbeitern" (S.13) in seinen Dienst nimmt, um sein Land zu bearbeiten und seine Tiere zu hüten. Neben dem Führer und einigen von dessen Verwandten (normalerweise weniger als 40 Personen) sowie den von diesen Beschäftigten wird dann eine von Hindus betriebene Handelsstation eingerichtet und auch einige Handwerker werden von diesem Gebiet angezogen , die sich dort in über mehrere Quadratmeilen verstreuten behelfsmäßigen Unterkünften niederlassen. Dieser Siedlungskern ist keine permanente Lokalgemeinde, da sein Bestehen von den Launen und dem Schicksal seines Gründers und Führers abhängt.

In der Nachbarschaft des Siedlungskernes befinden sich (ein bis fünf Zelte umfassende) Lager von *darshin.* Dies sind Marri, die wegen der geringen Größe ihrer Herden in einem begrenzten Bereich um den Kern herum nomadisieren und daneben ziemlich viel Bodenbau treiben. Ein *darshin* jedoch, der seine Herde bis auf ungefähr 100 Stück vergrößern kann, wird – wie oben erwähnt – vom Bodenbau zum Hirtentum übergehen, sich vom Siedlungskern trennen und zu einem *powindah* werden.

## Nomadenlager

Die Nomadenlager der *powindah* stellen den dritten Gemeindetypus der Marri dar. Die *powindah* haben keine feste Heimstätte sondern nomadisieren statt dessen mehr oder minder ziellos im ganzen nordöstlichen Belutschistan auf der Suche nach Wasser und Weide für ihre Tiere. Diese Lager werden im folgenden Abschnitt näher besprochen werden. (Das meiste ethnographische Material, das dieser Skizze zugrunde liegt, handelt von Nomadenlagern, da Pehrson während seiner Feldforschung bei den *powindah* lebte.)

## Sozialstruktur

Die Identifikation der Marri als einer selbständigen Gruppe beruht auf ihrer politischen Einheit. Von der pakistanischen Regierung werden sie als eine untergeordnete Verwaltungseinheit innerhalb der nationalen politischen Struktur anerkannt. Als eine anerkannte Gruppe haben die Marri ihre eigene innere Organisation, sind aber den Repräsentanten der nationalen Regierung, die in diesem Distrikt die Jurisdiktion ausüben, verantwortlich.

Die wichtigsten Marri-Gruppen auf lokaler Ebene sind die Nomadenlager. Sie haben keine Standardanordnung, obgleich die Zelte gewöhnlich in einem Bogen gegen einen Hügel aufgeschlagen werden. Die Größe der Lager liegt zwischen einem und zehn Zelten, wobei die Normalgröße drei bis vier beträgt.

Der soziale Zusammenhang der Lager beruht gewöhnlich auf gemeinsamen wirtschaftlichen Interessen, Verwandtschaft durch Geburt oder Heirat und gemeinsamer Verteidigung. Jedes Lager hat einen Führer, dessen Macht dazu beiträgt, das Lager zusammenzuhalten. Zugleich wirken aber Meinungsverschiedenheiten über die Ortsveränderungen des Lagers, das Ererben von Besitz, die Verteilung der Arbeiten, der Wettbewerb um die Führerschaft und die Furcht vor Ehebruch als entzweiende Kräfte, die dazu führen können, daß ein Lager sich spaltet. Die Zusammensetzung des Lagers ist jederzeit das Produkt eines Zusammenwirkens von trennenden und vereinigenden Faktoren.

Die Lager zeigen die Tendenz, „Haufen" zu bilden, lockere Ansammlungen von getrennten, aber miteinander verbundenen Lagern, die innerhalb desselben Gebietes nomadisieren. Die meisten männlichen Personen in den Lagern, die miteinander einen Haufen bilden, sind patrilineal (das heißt, in „väterlicher Linie"; siehe Kapitel 12) miteinander verwandt und bilden zusammen ein Segment einer minimalen Patrilineage – eine solche besteht aus Individuen, die eine gemeinsame Abstammung von einem mehrere Generationen zurückliegenden Vorfahren beanspruchen.

Diese Lineages setzen sich auf der Grundlage eines Prinzips der patrilinealen Deszendenz zu jeweils größer werdenden Aggregaten zusammen: Subsektionszweigen, Subsektionen und Sektionen. Drei große Sektionen bilden zusammen die Marri-Belutschen, welche einem einzigen Oberhaupt, dem sogenannten *sardar,* unterstehen.

Der *sardar* und die (*wadera* und *mukadam* genannten) Führer der verschiedenen Sektionen und Subsektionen bilden den Stammesrat der Marri („Marri Tribal Council"), welcher den Distriktautoritäten für die lokale Verwaltung verantwortlich ist. Den Mitgliedern des Stammesrates untergeordnet sind die Führer der Minimallineages *(mutabar)* und die Führer der einzelnen Lager *(halkwaja).*

Die gegenwärtige politische Struktur der Marri hat sich offensichtlich infolge von Kriegen und Raubüberfällen herausgebildet, und ihr militärisches Grundgerüst ist später zu Verwaltungszwecken beibehalten worden, zunächst von den Engländern und dann von der pakistanischen Regierung.

Innerhalb dieser Struktur konnten Bevölkerungssegmente leicht zu zunehmend größeren Einheiten aufgeboten werden, wobei die Führer der Lager, Lineages usw. die Funktion von Kommandanten versahen, um die sich die Krieger scharten. Diese Führer führten auch die Verteilung der Beute durch und übernahmen die Schiedsrichterrolle bei sich daraus ergebenden Streitigkeiten. Ihre Autorität beruhte nicht nur auf Abstammung und Seniorität, sondern auch auf ihren Fähigkeiten und Leistungen.

Unter der von den Engländern etablierten indirekten Verwaltung wurde dieses System aus einem, das eine wirksame Kriegführung erleichterte, umgebildet zu einem, das administrative Kontrolle leichter machte. Die kolonialen Behörden verstärkten die vorhandene Struktur und unterstützten deren Kristallisation zu einer Struktur von stabilen und festumrissenen Institutionen. Die pakistanische Regierung, die später die Verwaltung übernahm, fuhr fort, mit den Marri auf die gleiche Art umzugehen wie die Engländer und fügte dem sogar noch etwas von ihrer eigenen bürokratischen Maschinerie und eigene Neuerungen hinzu. So wurde, was als ein Mittel zur Kriegführung entstanden war, als ein Regierungsmittel beibehalten.

# Kapitel 8
# Industrialismus

Der Begriff **Industrialismus** bezieht sich auf den Gebrauch von anderen Energiequellen als der (menschlichen oder tierischen) Muskelkraft zum Antrieb von Maschinen für die Erschließung und Verarbeitung von Ressourcen. Diese Adaptionsform begann sich erstmals gegen Ende des 18. Jahrhunderts in Großbritannien in großem Maßstab durchzusetzen. Wasser wurde nutzbar gemacht, um die Energie zum Betreiben von Textilwerken zu gewinnen. Das Wasserrad wurde durch den Dampf ersetzt, um die Maschinerie zu betreiben. Der Verbrennungsmotor, der für seinen Betrieb fossile Brennstoffe braucht, folgte bald darauf. Dann kam die Elektrizität. Dieser Übergang von der Muskelkraft zu anderen Energiequellen wird allgemein als die *industrielle Revolution* bezeichnet. Er bedeutet den Anfang von Transformationen menschlicher Sozialsysteme, die heute noch nicht abgeschlossen sind. Es ist schwer, allgemeine Aussagen über den Industrialismus zu treffen, zum Teil, weil er eine so junge Erscheinung ist. Nichtsdestoweniger können einige Charakteristika festgehalten werden.

## Kennzeichen von Industriegesellschaften

### Große Populationen

Zunächst macht die große Zahl und die gesteigerte Produktionskapazität der Energiequellen den Unterhalt einer größeren Anzahl von Menschen möglich. Mechanisierte Anbautechniken, der Gebrauch von Kunstdünger und so weiter erlauben es, größere Ernten zu produzieren. Daher sind *größere Populationen* für Industriegesellschaften kennzeichnend.

### Das Individuum als grundlegende Arbeitseinheit; relative Bedeutungslosigkeit der Verwandtschaft

Die effizienteren Techniken der Nahrungsproduktion bedeuten auch, daß weniger Menschen direkt an der Nahrungsproduktion teilnehmen. Es werden Menschen von der Landarbeit freigesetzt, die ihren Lebensunterhalt anderswo suchen. Dies führt zu einem Bedeutungsverlust der sich mehr oder weniger selbst versorgenden Gruppen, die zu ihrem Lebensunterhalt auf die

Kooperation bei Gemeinschaftsarbeiten, wie z. B. dem Pflanzen, der Pflege der Felder oder der Ernte, angewiesen sind. Statt dessen verlagert sich die *grundlegende Arbeitseinheit* vom Haushalt bzw. der Gruppe von Haushalten, deren Mitglieder als Verwandte betrachtet werden, auf das *Individuum.* Eine Person verkauft seine oder ihre Arbeit an ein unpersönliches, an den Maschinen orientiertes System, eine Fabrik, und verwendet dann die Bezahlung (in Geld), die er oder sie dafür erhält, dazu, sich andere mechanisch produzierte Güter zu kaufen: Nahrung, Kleidung, Obdach etc. Wie der Wildbeuter, der auf der Suche nach besserem Wild von Ort zu Ort wandert, wandert der Lohnempfänger von Ort zu Ort auf der Suche nach einer besseren Arbeit. Was jemand für seinen Lebensunterhalt tut, steht in keinem Zusammenhang mit seiner Verwandtschaft. Die *Verwandtschaftsbande* nehmen gesamtgesellschaftlich gesehen *an Wichtigkeit ab.*

Dies ist augenscheinlich für die Form des Nahrungsanbaus. Die Landwirtschaft ist keine „Familien"-Unternehmung mehr. Der heutige landwirtschaftliche Betrieb ist, wie in Kapitel 6 erwähnt wurde, eine komplexe Fabrik. Moderne Maschinen leisten den Großteil der Arbeit für die Produktion einer Ware – Nahrung –, die dann verteilt wird, um damit Profit zu machen.

## Städte und Handel

Weil der Großteil der in einer Industriegesellschaft angebauten Nahrung von einem kleinen Prozentsatz der Gesamtbevölkerung produziert wird, lebt deren größerer Prozentsatz in Städten.

Die Massenproduktion und die komplexe Technologie einer Industriegesellschaft setzt eine große Arbeitskraftreserve und eine Vielfalt an Fachkenntnissen voraus. Gleichzeitig bedeuten die Verbesserungen des Transportwesens, die aus der Nutzbarmachung stärkerer Energiequellen resultiert, daß die Produktionsstätten nicht mehr in der Nähe der Rohmaterialien, von denen sie abhängig sind, gelegen sein müssen. Daher entwickeln sich Städte, Zentren der Produktion und, was vielleicht noch wichtiger ist, der Verteilung von Gütern, in welche Menschen aus ländlichen Gebieten ihren Wohnsitz verlegen. Und da der gestiegene Ertrag der Massenproduktion einen großen Markt für die Verteilung der Güter verlangt, wächst auch der *Handel.* Die Bedeutsamkeit des Handels übt ihrerseits einen Einfluß darauf aus, wo Städte angelegt werden (an Küsten, an den wichtigsten Wasserwegen etc.).

## Wandel in der Familienorganisation

Die Bedeutungsabnahme der Verwandtschaft als Bezugssystem für das Verhalten sowie der Verwandtschaftsgruppen als Ordnungsfaktor der Gesellschaft können auch anhand des Wandels in der Familienorganisation beobachtet werden. In agrarischen Gesellschaften ist die für die produktive Arbeit grundlegende Einheit der Haushalt oder mehrere miteinander verbundene Haushalte. Wirtschaftliche Notwendigkeit ist die hauptsächliche Kohäsionskraft in diesen Einheiten; sie ist der Kitt, der sie zusammenhält; die adaptive Strategie verlangt die Kooperation einer größeren Menschengruppe, um das Land zu roden, zu bepflanzen, zu pflegen und abzuernten. Doch in sich entwickelnden Industriegesellschaften scheint eine kleine Haushaltseinheit, deren Mitglieder eine „Kernfamilie" (d.h. Ehemann, Ehefrau und unverheiratete Kinder; siehe Kapitel 13) bilden, das am besten funktionierende System zu sein. Ein Partner verkauft seine Arbeit draußen am Markt, während der andere zu Hause bleibt, um sich um die Kinder zu kümmern und andere Haushaltspflichten zu erfüllen. *Dies kann jedoch nur ein Übergangsstadium sein.* Mit zunehmender Abhängigkeit von Maschinen und mit steigender Kompliziertheit der Maschinerie können beide Partner ihre Arbeit außer Haus verkaufen. Dies würde den Nutzen der Kernfamilie als Wirtschaftseinheit verringern. Da der eine Partner nicht mehr vom anderen abhängig ist, um Ressourcen aus der Außenwelt zu bekommen, besteht für beide weniger Anlaß, sich durch formale Bande wie z.B. die Ehe zu binden (und, im Zusammenhang damit, besteht für den einen Partner weniger Grund, Autorität über den anderen auszuüben, so daß die Beziehungen zwischen den Geschlechtern sich ändern). Statt dessen können mehrere Personen beiderlei Geschlechts die Entscheidung treffen, einen gemeinsamen Haushalt zu gründen und zu führen, wobei jeder eine Lohnarbeit außerhalb des Haushaltes ausübt und alle die Haushaltspflichten und die Beaufsichtigung der Kinder unter sich teilen (es können auch Spezialisten für die Hausarbeit und die Kinderversorgung beschäftigt werden). Dies kommt in fortgeschrittenen Industriegesellschaften wie den Vereinigten Staaten bereits vor. Was von kurzsichtigen Gesellschaftskommentatoren irrtümlich als „Verfall der Familie" bezeichnet worden ist, kann ganz einfach einen Versuch darstellen, die Haushaltsstruktur den Erfordernissen des fortgeschrittenen Industriesystems anzupassen. Mit anderen Worten, wenn wir elektrische Zahnbürsten wollen, dann müssen wir vielleicht auch eine instabile Familienorganisation akzeptieren.

Als der „Familienhof" die wichtigste ökonomische Grundlage unserer Gesellschaft darstellte, hatte das Eintreten für eine Ideologie, die die Ehe verherrlichte, die Heiligkeit der Ehebande proklamierte und die Kinder ermahnte, ihren Eltern Respekt und Gehorsam entgegenzubringen, einen adaptiven Sinn. Alle diese Vorstellungen trugen zur Kohäsion dieser Wirtschaftseinheit bei und verstärkten die Arbeitsteilung innerhalb derselben. Nun, da ein Umschwung zugunsten des Individuums als einer selbständigen Arbeitseinheit stattfindet – einer Einheit, die ihre Arbeit in einem Fabriksystem, unserer vorherrschenden Produktionsform, verkauft –, besteht weniger adaptive Notwendigkeit dazu, Werte zu unterstützen, die zur Einheit der Familie beitragen.

Indem er die Familienorganisation der Shoshoni mit dem heutigen Leben in Amerika vergleicht, zählt Steward (1955, S. 102) kurz und bündig einige der Hauptkennzeichen einer Industriegesellschaft auf und hilft damit, die Bedeutungsabnahme „der Familie“ besser zu verstehen:

> Die Kultur der Shoshoni ... ist sowohl wegen der Art ihrer Organisation als auch wegen ihrer quantitativen Einfachheit von Interesse. Im Grunde genommen wurden alle kulturellen Tätigkeiten von der Familie in vergleichsweiser Isolation von anderen Familien durchgeführt. Eine Gegenüberstellung mit dem modernen Amerika trägt dazu bei, diesen Punkt zu klären. In den Vereinigten Staaten von heute sind die Menschen hochspezialisierte Arbeiter in einem nationalen und internationalen Modellen angepaßten Wirtschaftssystem; das Erziehungswesen ist in zunehmendem Maße standardisiert, und die Gemeinde oder der Staat übernimmt diese Funktion von der Familie, wenn das Kind sechs Jahre oder noch jünger ist; das Gesundheitswesen wird weitgehend von der in internationalem Maßstab durchgeführten Forschung bestimmt und wird teilweise vom Staat und den Gemeinden verwaltet; Erholung bedeutet mehr und mehr die Konsumption von Produkten, die von nationalen Organisationen hergestellt worden sind; der religiöse Kultus findet im Verbande nationaler oder internationaler Kirchen statt. Diese wachsenden Funktionen der Gemeinde, des Staates und der Nation entlasten die Familie in zunehmendem Maße von Funktionen, die sie in früheren Perioden der Geschichte erfüllt hatte. Es fällt vermutlich schwer sich vorzustellen, daß eine Familie alleine und ohne Hilfe sich eigentlich alle von ihr verbrauchten Nahrungsmittel verschaffen, alle ihre Kleider, Haushaltsgegenstände und übrigen Güter herstellen, ihre Kinder ohne Hilfe aufziehen und ausbilden, ihre Kranken (ausgenommen in Krisensituationen) selbst versorgen, in religiösen Angelegenheiten selbstgenügsam sein und, mit der Ausnahme spezieller Anlässe, auch ihre eigene Erholung gestalten konnte.

## Arbeitsspezialisierung; soziale Schichtung; soziale Mobilität

Im Zusammenhang mit der Bedeutungsabnahme der Verwandtschaftsgruppen und der Entstehung eines technologisch komplexen Fabriksystems für die Produktion kommt es auch zu einer *Steigerung der Arbeitsspezialisierung*. Der hohe Entwicklungsgrad der modernen Maschinerie und die Vielzahl ihrer Anwendungsmöglichkeiten verlangt Spezialisten für ihre rationelle Bedienung. Erfahrene Techniker und Manager müssen ausgebildet werden. Aus diesem Grunde wird großes Gewicht auf eine *formale Ausbildung* gelegt.

Man braucht Experten für die Verwaltung, das Finanzwesen, die technischen Belange und so weiter, um das Gesamtsystem mehr oder minder reibungslos in Gang zu halten. Unterschiede in der Fachausbildung und im Wissen bestimmen die Zugangschancen zu den Ressourcen und zum Reichtum der Gesellschaft; aus diesem Grunde ist *soziale Schichtung* ein Charakteristikum von Industriegesellschaften. Gleichzeitig können Fachausbildung und Wissen aber auch individuell erworben werden; daher ist *soziale Mobilität* ebenfalls ein Kennzeichen von Industriegesellschaften.

## Politische Organisation in Staaten

In Verbindung mit Industriegesellschaften gibt es auch Spezialisten für politische Angelegenheiten. Da Industriegesellschaften stets *staatlich organisierte Gesellschaften* sind, sind politische Organisation und Autoritätsrollen gut ausgebildet. Die zentralisierte politische Kontrolle einer heterogenen Gesellschaft, die durch einen beträchtlichen Grad an Arbeitsteilung gekennzeichnet ist, dient dazu, die vielfachen wirtschaftlichen Tätigkeiten zu einem wohlintegrierten Ganzen zu koordinieren. Wesentlich für diese Rolle des Staates ist sein Versuch, sich die Kontrolle über die hauptsächlichen Energiequellen in der Gesellschaft zu verschaffen. Ohne eine solche Kontrolle kann der Staat keine Autorität über die Organisation der Arbeit ausüben. Und wenn der Staat die Arbeitstätigkeiten nicht kontrollieren kann, dann kann er auch die Organisation der sozialen Beziehungen im allgemeinen nicht beeinflussen.[1]

---

[1] Diese Argumentationsweise mag dazu beitragen zu erklären, warum die Bundesregierung der Vereinigten Staaten in so überwältigendem Ausmaße den Übergang zur Kernkraft statt der Entwicklung von Sonnenenergiesystemen finanziell und technologisch fördert. Die Kontrolle der Kernkraftwerke wird vor allem in staatlichen Händen liegen; die Abhängigkeit von dieser Energiequelle bedeutet daher einen wesentlichen Fortschritt der Staatsmacht, denn je mehr Menschen von einem zentral kontrollierten Energiesystem abhängig sind, desto mehr sind sie der Kontrolle derer unterworfen, die dieses System verwalten. Ein wirksames Sonnenenergiesystem, mit Hilfe dessen jeder Haushalt einen Großteil seiner eigenen Energiebedürfnisse befriedigen kann, droht den Einfluß einer äußeren Autorität zu verringern. (Ein Sonnenenergiekomplex, der vom Staat überwacht werden kann, wäre natürlich eine andere Sache.)

Wie in Fußnote 2, Kapitel 6, erwähnt wurde, betrachtet der Staat jede aktive Mitbewerberschaft um die Kontrolle der entscheidenden Ressourcen als Bedrohung. Da jedes Individuum oder jede Gruppe, die den Fluß der lebensnotwendigen Ressourcen, Güter und Dienstleistungen, von denen die Gesamtgesellschaft abhängig ist, kontrolliert, ein dementsprechendes Ausmaß an Macht innerhalb der Gesellschaft ausübt, versuchen die Repräsentanten des Staates entweder, deren Kontrolle dem Staate zu übertragen (zum Beispiel durch schrittweise Gesetzgebung in Friedenszeiten oder durch abrupte Übernahme in Zeiten von Kriegen oder nationalen Krisen,

### Territorialität und Krieg

Mit diesem Interesse an den Energiequellen stimmt der für Industriegesellschaften charakteristische ausgeprägte Sinn für *Territorialität* überein. Ressourcen innerhalb der Grenzen einer Gesellschaft werden eifersüchtig gehütet, während zugleich neue Energiereserven außerhalb ihrer Grenzen gesucht werden. Dies stellt ebenso wie der Bedarf nach Absatzmärkten für die Ergebnisse der Massenproduktion und der durch das Bevölkerungswachstum gegebene Bedarf nach Lebensraum eine Mitursache von *Kriegen* dar. Und es braucht nicht weiter gesagt zu werden, daß die Kriegführung von den industrialisierten Nationalstaaten mit ihrer hochentwickelten Technologie soweit entwickelt wurde, daß der Grad des Zerstörungspotentials erschrekkend ist.

### Religion

Letztlich ist eine *monotheistische Form der Religion* für die industrialisierten Nationalstaaten charakteristisch. Wieder einmal trägt die Annahme einer einzigen Gottheit im übernatürlichen Bereich dazu bei, die Geltendmachung einer einzigen Autorität im natürlichen Bereich zu unterstützen. Hauptberufliche religiöse Spezialisten, oder *Priester,* stellen den Regelfall dar.[2]

## Zusammenfassung der Kennzeichen

Extrapersonale Energie; Abhängigkeit von Maschinen
Hohe Bevölkerungsdichten; Städte
Schwerpunktverlagerung auf das Individuum als selbständige Arbeitsein-

---

seien diese nun echt oder künstlich hervorgerufen) oder aber die Entwicklung anderer Ressourcen, Güter und Dienstleistungen zu stimulieren, die an deren Stelle treten können, und die Abhängigkeit des Publikums von diesen zu fördern. Aus diesem Grunde bin ich der Ansicht, daß die Regierung der Vereinigten Staaten und die Ölgesellschaften immer mehr in Konflikt miteinander kommen. Die heimliche Macht, die die Kontrolle über die Ölressourcen gewährt, stellt eine Herausforderung der offenkundigen Autorität, die beim Staat liegt, dar. Aus diesem Grunde werden wir von den Sprechern des Staates aufgefordert, unser Konsumniveau zu reduzieren, während „alternative Energiequellen" gesucht werden.

[2] Dieses Charakteristikum, der Monotheismus, braucht über die in Kapitel 4 gegebenen Erläuterungen hinaus eine nähere Bestimmung. Industriegesellschaften sind im typischen Falle heterogen in ihrer Zusammensetzung, und im Zusammenhang mit ihrer beruflichen, räumlichen, sprachlichen und „ethnischen" Vielfalt findet sich in ihnen auch religiöse Vielfalt. Und infolge des Vorhandenseins einer Vielzahl von religiösen Gruppen, Glaubensvorstellungen und Praktiken kommt es in Industriegesellschaften zu einer zunehmenden Säkularisierung der Ideologien, sowohl der öffentlichen als auch der privaten.

heit, während der Fabrikbetrieb die wichtigste Produktionsform wird
Geldwirtschaft
Bedeutungsgewinn unpersönlicher Beziehungen
Bedeutungslosigkeit der Verwandtschaft und Fehlen großer Verwandtschaftsgruppen bei der Ordnung der Gesellschaft
Bedeutungszunahme des Handels
Zunehmende Arbeitsspezialisierung, soziale Stratifikation und formale Ausbildung
Soziale wie auch räumliche Mobilität
Zentralisiertes staatliches System
Territorialität
Kriege
Charakteristische Religion: Monotheismus

## Ethnographisches Beispiel: Eine Subgruppe der Nacirema

Ein Sammelband mit dem Titel *The Nacirema* (Spradley und Rynkiewich 1975) enthält einundvierzig Artikel, die eine Anzahl von Aspekten des Glaubens und Verhaltens einer heterogenen Menschengruppe beschreiben, die bis vor kurzem von Anthropologen noch kaum erforscht worden ist. Diese Menschen bewohnen einen großen Teil des nordamerikanischen Kontinents sowie einige der seiner Küste vorgelagerten Inseln und bilden eine Gesamtbevölkerung von über 210 Millionen. Das Land der Nacirema ist topographisch sehr verschiedenartig. Es umfaßt Wüsten, Berge, Ebenen sowie Nadel- und subtropische Wälder. Große und kleine Wasserläufe durchziehen den Kontinent von Küste zu Küste. Die Siedlungen variieren von ländlichen Weilern mit weniger als 100 Einwohnern bis zu riesigen städtischen Zentren, die mehrere Millionen Menschen umfassen. Die natürlichen Ressourcen dieses Habitates, welches die Nacirema mit Hilfe einer fortgeschrittenen industriellen Technologie ausbeuten, sind vielfältig und reichhaltig.

Die Menschen selbst sind ebenso heterogen wie ihr Habitat. Man kann die Nacirema-Gesellschaft mit einer Flickwerk-Decke vergleichen, die aus Einwanderern aus allen Teilen der Welt zusammengesetzt ist, durch Notwendigkeit und wechselseitige Interessen zusammengenäht: Sie hängen von einem gemeinsamen wirtschaftlichen System ab, unterstehen einem einzigen zentralisierten politischen System und haben – wenigstens in groben Umrissen – einen Satz von kulturellen Voraussetzungen und Idealen miteinander gemein (für eine knappe Einführung in die wichtigsten gemeinsamen Glaubensvorstellungen der Nacirema siehe Garretson 1976).

In Anbetracht dieser Verschiedenartigkeit ist es hier nicht möglich, eine ethnographische Skizze der Gesamtgesellschaft der Nacirema zu geben. Die sogenannten *Subgruppen* oder *Subkulturen* bei den Nacirema unterscheiden sich voneinander oft ebensosehr wie die Pueblo-Indianer (übrigens eine der Subgruppen der Nacirema) von westafrikanischen Dorfbewohnern. Ebenso unhandlich wäre der Versuch, einen Querschnitt von Subtypen der Nacirema auszuwählen: Wenn man dies angemessen tun würde, müßte man den gesteckten Rahmen bei weitem überschreiten. Ich habe mich daher entschlossen, mich auf eine subkulturelle Variante der Nacirema-Gesellschaft zu konzentrieren. Da die Nacirema-Gesellschaft in mancher Weise als das Endprodukt einer Zusammenballung von Einwanderern betrachtet wird, beruht die folgende Skizze auf einer Beschreibung einer dieser Einwanderergruppen.

## Die Italo-Amerikaner im West End von Boston

In den Jahren 1957–1958 lebte der Soziologe Herbert J. Gans als teilnehmender Beobachter unter Italo-Amerikanern der zweiten Generation in einer billigen Gegend von Boston, die als das West End bekannt ist. In seinem Buch *The Urban Villagers* (1965, ursprünglich 1962) gibt Gans eine Beschreibung der Sozialorganisation, der Glaubensvorstellungen und Einstellungen (der „Subkultur") dieser West Ender. In der folgenden Skizze bezieht sich das ethnographische Präsens auf die Periode der Forschungen von Gans.

Ich habe das Werk von Gans als Grundlage für die ethnographische Skizze in diesem Kapitel ausgewählt, weil die äußere und die soziale Umwelt der West Ender (einschließlich der Mietshäuser, der beschränkten Arbeitsmöglichkeiten und niederen Einkommen, der Absonderung von der größeren Gesellschaft usw.) jener von vielen anderen Subgruppen vergleichbar ist, aus denen die Nacirema-Gesellschaft besteht – zumindest an einem Punkt ihrer jeweiligen Geschichte.[3] Für die meisten dieser Gruppen stellt das durch die West Ender exemplifizierte Anpassungsmodell ein eine, zwei oder drei Generationen lang dauerndes Übergangsstadium dar, währenddessen die

[3] Obgleich die jeweiligen Antworten auf diese Bedingungen verschieden sind, ähneln die Anpassungsformen im West End in mancher Hinsicht jenen anderer Einwanderergruppen. In Kapitel 11 seines Buches stellt Gans in groben Zügen die Ähnlichkeiten und Verschiedenheiten zwischen den West Endern und anderen Einwanderern oder sonstigen Gruppen mit niedrigem Einkommen in den Vereinigten Staaten (z. B. Iren, Polen, Juden, Puertorikanern, Schwarzen) und in anderen Teilen der Welt (z. B. Mexiko, Großbritannien, dem Mittleren Osten) dar und gibt eine Vielzahl von bibliographischen Hinweisen zu diesen Gruppen.

„Amerikanisierung“ stattfindet. (Für andere Gruppen, wie z.B. die amerikanischen Schwarzen, scheint dieser „Übergang“ schmerzhaft lange zu dauern.)

## Die Nachbarschaft

Das West End ist eine Nachbarschaft von Häusern mit niedrigen Mieten und engen Straßen. Äußerlich ist es von anderen Teilen Bostons durch seine natürliche Topographie (einen Hügel, einen Fluß) sowie durch künstliche Besonderheiten (eine Autobahn, einen Park) getrennt. In sozialer Hinsicht war es ein Wohngebiet für Einwanderer auf ihrem Weg von Europa zum „eigentlichen“ Amerika, ein Ort, wo sie Englisch lernten, ihre erste Generation von in Amerika geborenen Kindern aufzogen und ihre ersten paar Dollars verdienten.

Gegen Ende des 19. Jahrhunderts war das West End vornehmlich von Iren bewohnt worden. Um 1900 zogen die Iren fort. Es folgten ihnen im West End Juden, welche bis etwa 1930 die Mehrheit der Bevölkerung darstellten. Italiener und Polen waren die nächsten Hauptgruppen, die dieses Stadtviertel bevölkerten. Zur Zeit des zweiten Weltkrieges waren die meisten Juden fortgezogen, und das italienische Element herrschte in der Nachbarschaft vor. Zur Zeit der Feldforschung von Gans war die Bevölkerung des West End folgendermaßen zusammengesetzt: italienische Haushalte der ersten und zweiten Generation, 42 Prozent; jüdische Haushalte der ersten Generation, 10 Prozent; polnische Haushalte der ersten und zweiten Generation, 9 Prozent; ältere irische Haushalte, 5 Prozent; die restlichen 34 Prozent setzten sich aus kleineren Enklaven von anderen ethnischen Gruppen (Griechen, Albaner, Ukrainer), Studenten, Künstlern, Krankenhauspersonal (des benachbarten Massachusetts General Hospital) und vereinzelten anderen, von den niedrigen Mieten angezogenen Individuen und Familien zusammen.

Gans konzentrierte seine Forschungen auf die erwachsenen Italo-Amerikaner der zweiten Generation (d.h. also alle jene, die als Kinder italienischer Einwanderer in Amerika geboren worden waren). Gans nennt diese Leute West Ender, und ich werde es ebenso machen.

## Lebensunterhalt

Die Eltern der West Ender waren vorwiegend Landarbeiter aus Süditalien (d.h. aus den südlich von Rom gelegenen Provinzen und aus Sizilien). Sie kamen nach Amerika, um der chronischen Armut zu entrinnen, in der sie gelebt hatten. In dem neuen Land fanden sie bessere Möglichkeiten für ungelernte manuelle Arbeit (die meisten von ihnen arbeiteten bei Baukolonnen oder in Fabriken), sie erfuhren aber auch, daß sie genauso schwer für magere Löhne arbeiten mußten, um ihre Familien zu erhalten. Sie fühlten sich von der größeren Gesellschaft ausgebeutet und entfremdet (desgleichen auch von der katholischen Kirche, deren Klerus vorwiegend irischer Herkunft war). Infolgedessen fuhren sie fort, wie sie es schon in Italien getan hatten, besonderen Wert auf den Zusammenhalt und die Solidarität des Familienkreises zu legen. Dies bedeutete einen Ersatz für ihre mangelnde Teilhabe an ihrer sozialen Umwelt. Verwandte waren Menschen, auf die man sich jederzeit verlassen konnte, die sich persönlich um einen kümmerten und Glaubensvorstellungen, Einstellungen und Erfahrungen miteinander gemein hatten. Ein Mensch war entweder ein Verwandter oder verdächtig.

Ihre Kinder – die West Ender, bei denen Gans seine Feldforschung durchführte – wuchsen daher in einer Atmosphäre auf, in der Familienbeziehungen das Zentrum des sozialen Lebens bildeten, die Außenwelt mit Feindseligkeit und Mißtrauen betrachtet wurde und die Individuen an der Außenwelt (vor allem durch ihre Arbeit) nur darum teilhatten, um grundlegende materielle Bedürfnisse zu befriedigen und die Beziehungen zu den Verwandten aufrechtzuerhalten. Die Kinder wurden aus einer Vielzahl von Gründen daran gehindert, eine höhere Ausbildung anzustreben. Die Ausbildung beeinträchtigte die elterliche Autorität und schwächte die Orientierung des Kindes an der Familie, vor allem aber hielt sie das Kind davon ab, sofort eine Arbeit anzunehmen und zum Familieneinkommen beizutragen. Doch fanden sich die Eltern der West Ender wegen der Gesetze gegen Kinderarbeit und der Seltenheit von Arbeitsplätzen für Kinder mit den Schulgesetzen ab. Sie gestatteten es den Kindern, die Grundschule zu besuchen, wehrten sich aber gegen deren Besuch der High School. Sobald es gesetzlich möglich war, gingen die Kinder arbeiten. Die Arbeit, die sie ausüben konnten, war durch ihre mangelhafte Ausbildung und Fachschulung beschränkt. Die West Ender wuchsen daher mit einer Haltung zur Arbeit auf, die der ihrer Eltern ähnelt: Man nimmt eine Arbeit an, die Geld bringt, aufgrund dessen man ein aktiv teilnehmendes Mitglied des Familienkreises sein kann, aber man erhält sich eine gewisse Gleichgültigkeit gegenüber seiner Arbeit. Eine Arbeit ist ein notwendiges Übel. Man investiert psychologisch nichts in seine Arbeit und identifiziert sich nicht mit ihr (ein typischer West Ender denkt nicht in Begriffen einer „Karriere"). Wirklich wichtig ist der Familienkreis, und man bewertet seine Arbeit danach, inwieweit sie die Zwecke des häuslichen Lebens fördert oder hindert.

Die oben angeführten Faktoren tragen zu der von Gans getroffenen Zurechnung der West Ender zur „Arbeiterklasse" bei. Der typische Bewohner des West End hat ein niedriges Einkommen (das jedoch nicht unterhalb der offiziellen Armutsgrenze liegt: der Durchschnittslohn beträgt etwa 70 Dollar pro Woche), ist ein ungelernter oder angelernter manueller Arbeiter und hat ungefähr zehn Schuljahre hinter sich. Am wichtigsten ist nach der Ansicht von Gans die Identifikation der West Ender mit einer kleinen Verwandtschaftsgruppe, auf die sie im Gegensatz zu allen Außenstehenden völlig vertrauen. Dementsprechend ordnet Gans seine Beschreibung der Sozialorganisation der West Ender nach ihren Beziehungen innerhalb von drei Gruppierungen: der *peer group* (Kameradschaftsgruppe) (die auch die Familienbeziehungen mit einschließt), der Gemeinde und der Außenwelt.

## Sozialorganisation

Die grundlegende Haushaltseinheit ist bei den West Endern die Kernfamilie – Ehemann, Ehefrau und Kinder –, obgleich ein unverheirateter Verwandter (z. B. ein Bruder, eine Schwester, ein Vetter oder eine Base) eingeladen werden kann, mit im Haushalt zu leben.

Der Kernfamilienhaushalt ist die wichtigste Wirtschaftseinheit und Einheit der Kinderaufzucht. Die Pflichten des Ehemannes und der Ehefrau sind klar getrennt. Er arbeitet, um die Familie zu erhalten, und diszipliniert die Kinder. Sie verrichtet die verschiedenen Haushaltstätigkeiten und nimmt keine Arbeit außerhalb der Familie an (es sei denn, diese befinde sich in finanzieller Bedrängnis oder der Ehemann sei arbeitsunfähig) und ist für die tägliche Versorgung der Kinder verantwortlich.

Diese häusliche Arbeitsteilung wird streng eingehalten. Die Ehemänner helfen z. B. ihren Frauen nicht im Haushalt. Die Frau kocht, putzt, kümmert sich um die Bedürfnisse der Kinder und sucht die Möbel für die Wohnung und sogar die Wohnung selbst aus. Wenn ein Mann bei diesen Tätigkeiten mitarbeiten würde, würde dies seine Männlichkeit beeinträchtigen und ihn der Kritik aussetzen, daß seine Frau in der Familie „die Hosen trägt".

Ehemann und Ehefrau haben zueinander auch ein emotionell distanziertes Verhältnis. Jeder von beiden baut für emotionelle Unterstützung mehr auf Verwandte und Freunde desselben Geschlechts als auf den Ehepartner. Man geht mit seinen Problemen eher zu Geschwistern, anderen Verwandten oder Kindheitsfreunden, denen man vertraut, als zum eigenen Mann oder zur eigenen Frau. Das Gespräch – und überhaupt die Kommunikation im allgemeinen – zwischen Mann und Frau ist begrenzt.

Gans (1965, S. 52–53) erklärt dieses „Fehlen ehelicher Nähe" unter Bezugnahme auf die – vor allem wirtschaftliche – Unsicherheit des Lebens im West End. Bis vor kurzem waren wegen der begrenzten Arbeitsmöglichkeiten und des Risikos von Entlassung, Arbeitsunfähigkeit und Tod die Chancen hoch, daß sich einer der Ehepartner plötzlich allein finden konnte. Das Fehlen von Intimität mit dem Gatten und die Gewohnheit, sich auf andere Verwandte zu verlassen, halfen dem Überlebenden durch die schwere Zeit.

Desgleichen gibt es einen Gutteil an gegenseitiger Absonderung in den Beziehungen zwischen Eltern und Kindern. Gans beschreibt die West End-Familie als *erwachsenenzentriert,* d.h. „von Erwachsenen für Erwachsene geführt, wobei es die Rolle der Kinder ist, sich soweit wie möglich als kleine Erwachsene zu benehmen" (1965, S. 54). Die Familienpolitik wird von den Eltern, vor allem vom Vater, bestimmt, und von den Kindern wird erwartet, daß sie sich ihr widerspruchslos fügen. Sie haben die Erwachsenen nicht mit Forderungen oder mit lautem Spiel zu stören und den Ablauf des Haushaltsgeschehens nicht zu unterbrechen. Sobald wie möglich beginnen die Mädchen der Mutter im Haushalt zu helfen (etwa ab dem siebenten oder achten Lebensjahr), während den Knaben mehr Freiheit gelassen wird, sich in der Nachbarschaft herumzutreiben.

Zu Hause werden die Kinder genau überwacht, doch sie können tun, was sie wollen, wenn sie von zu Hause fort und unter ihresgleichen sind, solange sie ihren Eltern dadurch keine Schwierigkeiten bereiten.

Man ermutigt die Knaben nicht, sich mehr Ausbildung zu verschaffen, als für einen Beruf als Facharbeiter oder für eine einfache Bürotätigkeit notwendig ist. Mädchen ermutigt man nicht zu einer Ausbildung, die über das gesetzlich Vorgeschriebene hinausgeht, weil man von ihnen erwartet, daß sie ihr Leben als Hausfrauen zubringen. Die Universitätsausbildung wird im allgemeinen abgelehnt, weil sie den Menschen verweichliche und keine Garantie für eine besser bezahlte Tätigkeit biete. Zum Teil wird eine weitergehende Ausbildung deswegen abgelehnt, weil sie die Individuen von ihrer Kameradschaftsgruppe und dem Familienkreis absondert.

Der Familienkreis im Gegensatz zur Kernfamilie ist die soziale Einheit, innerhalb derer die am höchsten bewerteten Interaktionen stattfinden und mit der sich ein Individuum psychologisch identifiziert. Er stellt die wichtigste Bezugsgruppe und soziale Verankerung für den West Ender dar. Um den Familienkreis zu verstehen, ist es nötig, die allgemeine Bedeutung der Kameradschaftsgruppen bei den West Endern richtig einzuschätzen.

West Ender aller Altersstufen richten den Großteil ihrer sozialen Energie auf die Interaktion mit ihresgleichen, d.h. Personen ungefähr desselben Alters, desselben Geschlechts und derselben Einkommensstufe.

Während der Kindheit sind diese „Gleichen" vor allem Schulfreunde und Freunde aus benachbarten Straßen, mit denen man an Straßenecken, in Süßwarengeschäften und so weiter „herumlungert". Mit den Mitgliedern dieser Gruppe stehen die Kinder am ehesten auf vertrautem Fuße, weil ihre Beziehungen zu ihren Eltern und anderen Erwachsenen gehemmt und durch die formale Autoritätsstruktur geregelt sind.

Diese Kameradschaftsgruppen verlangen von ihren individuellen Mitgliedern strenge Gefolgschaft. Sie sind z. B. nach Geschlechtern getrennt, und sogar in der späteren Jugend ist der Kontakt mit dem anderen Geschlecht den Beziehungen innerhalb der Kameradschaftsgruppe untergeordnet. Knaben und Mädchen verabreden sich selten einzeln. Statt dessen besuchen ganze Gruppen Freizeitveranstaltungen, wie z. B. Tänze, wobei sich die jungen Männer an einem Ort und die jungen Mädchen an einem anderen Ort zusammenzufinden pflegen.

Mit der Heirat verlassen Mann und Frau diese Kameradschaftsgruppen, um bald darauf einer anderen beizutreten. Diese neue Gruppe wird von Gans (1965, S. 39) der *Familienkreis* genannt. Er besteht vornehmlich aus Verwandten (Geschwistern sowie Bluts- und angeheirateten Verwandten) sowie einigen nahen Freunden des Mannes und der Frau. Die Nähe des Verwandtschaftsgrades ist weniger bedeutsam als andere Faktoren: ähnliche Alters- und Einkommensstufe, gemeinsame Glaubensvorstellungen und Interessen. Mitglieder älterer Generationen (Eltern, Tanten, Onkel etc.) sind oft ausgeschlossen. Ein Individuum kann mehreren dieser Gruppen angehören; dadurch ergibt sich ein Netzwerk von einander überkreuzenden sozialen Bindungen und Kommunikationsbeziehungen, das sich über das gesamte West End erstreckt.

Diese Gruppe kommt informell mehrmals in der Woche in den Wohnungen ihrer Mitglieder zusammen. Obgleich die Zusammenkunft nach dem Abendessen stattfindet, werden im Laufe des Abends noch große Mengen an Essen verzehrt. Meistens findet bei diesen Treffen eine Trennung nach Geschlechtern statt: Die Männer unterhalten sich mit Männern, die Frauen mit Frauen; oft treffen sich die Geschlechter sogar in getrennten Räumen.

Jeder Versuch seitens einzelner Individuen, eine Führungsrolle in der Gruppe zu beanspruchen, wird mißbilligt, während jedes Mitglied im Verlauf des Abends die Gelegenheit zur Selbstdarstellung im Gespräch, durch die Erzählung von Anekdoten und durch das Aussprechen von Meinungen hat. Die West Ender vermeiden jedoch den Ausdruck abweichender Meinungen und Streitigkeiten während der Treffen des Familienzirkels. Die Meinungen, denen Ausdruck verliehen wird, sind im allgemeinen jene, die innerhalb der Gruppe Geltung haben. Die Anekdoten und das Gespräch haben die Funktion, die Einstellungen und Meinungen, die in der Gruppe vorherrschen, noch zu verstärken. Wenn ein Thema angeschnitten wird, über das verschiedene Meinungen bestehen, wendet sich das Gespräch rasch einem anderen Thema zu, um jeden Konflikt zu vermeiden.

Der Familienkreis versorgt jedes Individuum mit einer Anzahl von gleichgestimmten Personen, auf welche er oder sie in Krisenzeiten zurückgreifen kann und über die es Rat in weltlichen Angelegenheiten bekommt. Das ausgebreitete Netzwerk der Familienkreise und die psychologische und soziale (bisweilen auch wirtschaftliche) Unterstützung, die es seinen Mitgliedern gewährt, verringert deren Abhängigkeit von äußeren Instanzen, entweder der Gemeinde oder der Gesamtgesellschaft.

Der Familienkreis erfüllt auch die Funktion eines sozialen Kontrollmechanismus. Jeder, der ein Verhalten zeigt oder Meinungen äußert, die von der Gruppe mißbilligt werden, ist Gegenstand offener Kritik. Bei dem engen Nebeneinanderwohnen und den miteinander verwobenen Verwandtschafts- und Freundschaftsbeziehungen der West Ender gibt es wenige Geheimnisse. Niemand kann lange eine von seinesgleichen als abweichend betrachtete Lebensweise fortführen, ohne daß die Mitglieder seiner Kameradschaftsgruppe es erfahren und Druck auf ihn ausüben, seine Lebensweise zu ändern. Die West Ender nehmen die Meinungen anderer über sich selbst sehr wichtig und streben daher nach einem hohen Grade von Selbstkontrolle.

Innerhalb des Familienkreises werden die Einstellungen gegenüber der Außenwelt sehr energisch verstärkt, da man weiß, daß sich eine Person um so wahrscheinlicher ihrer Gruppe entfremden wird, je mehr sie an der größeren Gesellschaft teilnimmt. Diese Abneigung dagegen, die Primärgruppen zu gefährden, zeigt sich deutlich anhand der Beziehungen der West Ender zur Gemeinde und zur Außenwelt.

Innerhalb der Gemeinde beschränken die West Ender ihr Interesse fast ausschließlich auf Tätigkeiten, welche die Bedeutung des Familienkreises bejahen. Zum Beispiel können die Männer einer Kameradschaftsgruppe einer kirchlichen Organisation angehören, weil sie ihnen die Gelegenheit bietet, sich *als Gruppe* mit einer Freizeitbeschäftigung zu befassen wie z. B. Kegeln. Die einzige andere regelmäßige Teilnahme an Gemeindeangelegenheiten ist der Besuch von Gottesdiensten. Doch ist auch in dieser Hinsicht ihre Anteilnahme begrenzt, da die West Ender, wie Gans (1965, S. 111) bemerkt, „sich mit der katholischen Religion, nicht aber mit der Kirche identifizieren..."

Gans faßt wie folgt zusammen (1965, S. 106):

> In der Mittelschicht ist es üblich, daß man an Gemeindetätigkeiten teilnimmt. Man tritt also in Organisationen ein, weil man die von ihnen vertretenen Werte und Ziele befürwortet, oder weil man die Tätigkeit in Organisationen – wie z. B. das Erwerben von Prestige, Führungserfahrung oder gesellschaftliche und geschäftliche Beziehungen – als nützlich für die eigenen Zwecke ansieht. Weil die entsprechenden Funktionen für die West Ender durch die Kameradschaftsgruppen erfüllt werden, ist die Teilnahme an der Gemeinde für sie nebensächlich.

Mehr Berührungen gibt es mit der Welt außerhalb der Lokalgemeinde, doch sind diese mit Mißtrauen und Feindseligkeit beladen, wo die West Ender wenig Wahlmöglichkeit in einer Beziehung haben, und sehr selektiv, wo die Beziehungen eher freiwillig sind. In Tabelle 8.1 werden die Orientierungen der West Ender zu bestimmten Aspekten der Außenwelt[4] zusammengefaßt. Der Kürze halber werde ich nur zwei von ihnen knapp erwähnen: Arbeit und Regierung.

*Tabelle 8.1:* Einstellungen der West Ender zur Außenwelt

| *Als lebensnotwendig angesehen, Nutzen erkannt* | *Als unvermeidbar angesehen, Nutzen bezweifelt* | *Begrüßt, aber auf sehr selektiver Basis* | *Mit Mißtrauen und Neugier betrachtet, aber vorwiegend ignoriert* | *Mit Feindseligkeit betrachtet, als ausbeuterisch angesehen* |
|---|---|---|---|---|
| Arbeit, Gesundheitswesen | Ausbildung über die Elementarschule hinaus | Konsumgüter, Unterhaltung durch Massenmedien, besonders Fernsehen | Soziale Dienste, Fürsorgeämter | Rechtswesen, Polizei, Regierung |

Quelle: Gans 1965, S. 120–121

Die West Ender arbeiten, um Geld zur Befriedigung ihrer materiellen Bedürfnisse zu verdienen, um Kleider und andere persönliche oder Haushaltsgüter zu kaufen, mit denen sie ihre Individualität geltend machen, und um die Unkosten zu bestreiten, die ihnen durch die Teilhabe an Kameradschaftsgruppen erwachsen (so wird z.B. ein beträchtlicher Teil des Budgets eines West Enders dazu verwendet, den Familienkreis zu ernähren).

Die meisten West Ender sparen ihr Geld nicht, denn Geld gilt nur als für jene Zwecke wichtig, die man unmittelbar erreichen kann. Und der Hauptzweck ist für die West Ender die Aufrechterhaltung zufriedenstellender Beziehungen in den Kameradschaftsgruppen. Aus dem gleichen Grunde ist die Arbeit selbst nicht wichtig: Die Beschäftigung eines Menschen soll nicht zu seiner Hauptbeschäftigung werden. Gans (1965, S. 124) sagt dazu:

> Selbst wenn seine Arbeit gut bezahlt und zufriedenstellend ist, wird der West Ender versuchen, seine innere Anteilnahme an ihr auf ein Mindestmaß zu beschränken. Arbeit ist ein Mittel zu einem Zweck, aber niemals ein Selbstzweck. Die Hingabe an die eigene Arbeit gilt bestenfalls als selt-

[4] In der Terminologie von Gans bezieht sich der Begriff *Außenwelt* auf „die Welt jenseits der Kameradschaftsgruppen und der Lokalgemeinde: die Welt der Arbeitgeber, der Akademiker, der Mittelschicht, der Stadtverwaltung und – mit einigen Ausnahmen – die gesamte Nation... Sie besteht aus jenen Instanzen und Individuen, die in das Leben der Kameradschaftsgruppen-Gesellschaft eingreifen" (S. 120).

sam, schlimmstenfalls nimmt man an, daß sie zu Magengeschwüren, Herzbeschwerden und möglicherweise zu einem frühen Tode führen kann. ... die Vorstellung, daß die Arbeit der zentrale Lebenszweck sein kann und daß sie in einer Reihe von aufeinander aufbauenden Berufstätigkeiten, die in ihrer Gesamtheit eine Karriere bilden, organisiert werden könnte, ist unter der zweiten Generation im Grunde genommen nicht vorhanden.

Diese Haltung hängt mit einem allgemeinen Charakteristikum der West Ender zusammen, das Gans als *Person-Orientierung* im Gegensatz zur *Objekt-Orientierung* bezeichnet. Ein objektorientiertes Individuum strebt danach, „ein Objekt" zu erreichen. Dies kann ein moralisches Objekt sein, zum Beispiel ein Prinzip; ein ideologisches Objekt, zum Beispiel „Verständnis"; ein materielles Objekt, zum Beispiel eine Einkommensstufe; ein kulturelles Objekt, zum Beispiel ein Lebensstil; oder ein gesellschaftliches Objekt, zum Beispiel eine Karriere oder ein sozialer Status. „Für ein personorientiertes Individuum ist das wichtigste Lebensziel der Wunsch, eine Person innerhalb einer Gruppe zu sein; von den Mitgliedern einer Gruppe geliebt und geachtet zu werden, welche man selbst liebt und achtet" (Gans 1965, S. 90).

Personorientierte Menschen neigen außerdem dazu, alle Aspekte der Gesellschaft zu personalisieren. Sie denken nicht in Begriffen von Strukturen, Bürokratien, Institutionen und dergleichen, sondern in Begriffen von individuellen Personen, die ihre eigenen privaten Zwecke verfolgen. Die Einstellung der West Ender zur Regierung liefert ein Beispiel dafür.

Die Regierung wird als von Natur aus ausbeuterisch angesehen, und die Politiker gelten als korrupt. Die West Ender versuchen, möglichst wenig direkten Kontakt mit Regierungsstellen zu haben (obgleich sie ihn kaum ganz vermeiden können) und überlassen diesen soweit wie möglich den Händen eines Lokalpolitikers. Die West Ender glauben, daß auch er korrupt ist, sonst wäre er ja kein Politiker; aber sie meinen, daß er eher als andere Staatsfunktionäre in ihrem Interesse handeln wird, weil er damit auch seinen eigenen Interessen dient, da er ihre Stimmen braucht, um im Amt zu bleiben. Für politische Prozesse auf der Ebene des Bundesstaates oder der gesamten Nation interessieren sich die West Ender kaum.

Die West Ender fassen die Regierung nicht als ein Abstraktum, sondern als eine Ansammlung von Individuen auf, die meistens selbstsüchtige Zwecke verfolgen und versuchen, sich auf öffentliche Kosten zu bereichern. „Die Personalisierung der Regierungstätigkeit" sagt Gans (1965, S. 164–165) „rührt zum Teil von der Unfähigkeit der West Ender her, die Existenz objektorientierter Bürokratien anzuerkennen. Die Idee, daß sich der einzelne Beamte an Regeln und Vorschriften hält, die nicht auf persönlicher Moralität, sondern auf Vorstellungen von Effizienz, Ordnung, Beamtenhierarchie und dergleichen beruhen, ist für sie schwer begreifbar.

## Der Untergang des West End

Um diese Skizze zu vervollständigen und um nebenbei den Ort der West Ender im Gesamtzusammenhang einer modernen, industrialisierten Staatsgesellschaft anzugeben, soll das ethnographische Präsens fallengelassen werden.

Zwischen 1958 und 1960 wurde das West End, das von den Behörden als eine „Slum"-Gegend betrachtet wurde, niedergerissen und durch mehrstökkige Appartmenthäuser ersetzt, die von Familien mittlerer und höherer Einkommensstufen bewohnt werden sollten. Die früheren Bewohner wurden über das ganze Stadtgebiet von Boston verstreut. Die Entscheidung, diese Gegend zu „sanieren", wurde von der Außenwelt getroffen, die sich dabei über die Proteste der West Ender hinwegsetzte.

Die Sanierung des alten West End und die Umsiedlung seiner Bewohner beschleunigten deren *Akkulturation* (den Prozeß, durch den eine Gruppe viele der soziokulturellen Hauptkennzeichen einer anderen Gruppe, mit der sie in Beziehung steht, annimmt). Die Umsiedlung verursachte einen abrupten und plötzlichen Wandel, doch waren schon vorher Anzeichen aufgetreten, daß der alte Lebensstil seinen Einfluß auf die dritte Generation verlor und daß der Wandel schließlich auch so eingetreten wäre, wenn auch etwas langsamer und weniger schmerzvoll.

Mitglieder der dritten Generation besuchten zum Beispiel schon länger die Schule und stiegen zu höher qualifizierten Bürotätigkeiten auf. Die steigenden Berufschancen und die damit verbundene Aufstiegsmobilität würde wahrscheinlich die Bande unter den Mitgliedern der Familienkreise geschwächt und jene in der Kernfamilie gestärkt haben. Bessere Berufsmöglichkeiten und höhere Verdienste würden vielleicht einige Kernfamilien dazu veranlaßt haben, das West End zu verlassen und damit die soziale Distanz durch räumliche Distanz noch zu verstärken. All dies hätte dazu geführt, daß sich die Teilnahme an der Außenwelt vergrößert hätte, daß die Identifikation mit neuen Bezugsgruppen gefördert worden wäre und daß die Annahme der „eigentlich" amerikanischen Verhaltens- und Glaubensmuster angeregt worden wäre. Kurz gesagt wären die Italo-Amerikaner des West End auch ohne die Zerstörung ihrer alten Wohngegend einem typischen Modell der „Amerikanisierung" gefolgt, nach welchem sie höchstwahrscheinlich von marginalen Einwanderern mit niedrigem Einkommen zu Vorstadtbewohnern der Mittelschicht oder einem vergleichbaren Status aufgestiegen wären. Dies geschah jedoch nicht. Sie wurden gegen ihren Willen aus dem West End herausgerissen, und *das* kann als eine bemerkenswerte Nebenerscheinung moderner, industrialisierter staatlicher Systeme angesehen werden.[5]

[5] Gans ist hier anderer Ansicht. In einer persönlichen Mitteilung an den Autor behauptet er: „Der Schurke ist hier zu einem gewissen Grade der Kapitalismus, obwohl auch die sozialistischen Länder in Europa auf dieselbe Art Wohnviertel niederwalzen.“ Ich stimme dieser Behauptung von Gans nicht zu, weil es eines der Kennzeichen von Staaten zu sein scheint, daß sie ohne Rücksicht auf die von ihnen beanspruchten „Ismen“ den Versuch machen, die lokalen (einschließlich ethnischen) Bindungen zu zerstören, da diese als der umfassenderen Loyalität dem Staate gegenüber und der Anerkennung seiner Autorität abträglich angesehen werden. In diesem Lichte gesehen sind „Kapitalismus“ und „Sozialismus“ beinahe identisch mit der allgemeinen Politik, lokale Bindungen zu untergraben: Sie liefern bloß die Ideologien zur Legitimation dieser Politik. Sicherlich diente die Zerstörung des West End und die Zerstreuung seiner Bewohner dazu, lokale Bindungen zu schwächen. (Für meine Äußerungen über „Kapitalismus“, „Sozialismus“ und den Gebrauch von Macht in Nationalstaaten siehe Kapitel 11.)

# Teil III
# Institutionelle Übersicht

# Kapitel 9
# Einleitung: Die Ordnung sozialer Beziehungen

Nachdem wir unseren kurzen Überblick über die ökologischen Typen abgeschlossen haben, sind wir nun in der Lage, die Organisation sozialer Beziehungen im Hinblick auf bestimmte Institutionen: Verwandtschaft, Ehe, Wirtschaftsorganisation, politische Systeme und so weiter, eingehender zu behandeln. Das heißt, daß die Ausrichtung der Kapitel 3 bis 8 auf einer evolutionären Übersicht, wie ich sie – ungenau und mit Einschränkungen – genannt habe, lag, wobei die Organisation der sozialen Beziehungen auf jeder Entwicklungsebene nur ganz allgemein beschrieben wurde. In den Kapiteln 10 bis 14 werde ich mich auf die sozialen Beziehungen im besonderen konzentrieren, indem ich sie einigermaßen willkürlich in Sphären einteile (Wirtschaft, politische Organisation, Religion etc.) und dann den Versuch mache, eine Übersicht bzw. ein allgemeines Bild von den verschiedenen Arten und Weisen zu geben, in denen die Menschen ihre Tätigkeiten innerhalb dieser Sphären strukturieren. Es wird, mit anderen Worten, die Frage gestellt werden: „Welches ist die Variationsbreite der Wirtschaftstypen (bzw. der Typen von politischen Systemen oder der Typen von religiösen Orientationen) in menschlichen Gesellschaften?" Wie in Kapitel 3 erwähnt wurde, wird dies als der *institutionelle Ansatz* bezeichnet.

An diesem Punkt ist es angebracht, sich an unsere frühere Diskussion über den Unterschied zwischen dem sozialen und dem kulturellen Bereich zu erinnern. Wenn ich vom „Sozialen" spreche, beziehe ich mich auf tatsächliche Verhaltensmuster (was Menschen tun); wenn ich vom „Kulturellen" spreche, beziehe ich mich auf Regeln oder Ideen *über das* Verhalten. Ich werde diese Unterscheidung bei der Formulierung von Definitionen einiger Vorbegriffe verwenden, die für die folgenden Diskussionen von Nutzen sein werden.

## Rolle und Status

Die Literatur zu diesen Begriffen ist ungeheuer groß, und in den letzten paar Jahren ist eine Vielzahl neuer Beiträge zu den Beziehungen von Rolle und Status erschienen. Die einschlägigen Kontroversen und Theorien sind in der Tat immer komplexer und spitzfindiger geworden (siehe z. B. Goodenough 1965 und Keesing 1973). Weil ich mir jedoch vorgenommen habe, die Diskussionen in diesem Handbuch so einfach wie möglich zu halten, werde ich eine Unterscheidung zwischen diesen Begriffen treffen, die zwar viele, keineswegs aber alle Anthropologen machen.

Eine **Rolle** ist eine Gruppe von angemessenen Verhaltensweisen, ein erwartetes oder konventionelles Verhalten, das kulturell akzeptabel ist. Sie ist eine Anweisung für das Verhalten, das von einer Person in einer bestimmten sozialen Position erwartet wird. Man „spielt" eine Rolle, d.h. man setzt das angemessene Verhalten in Handlungen um.

Ein **Status** ist eine Position oder ein Platz, den eine Person innerhalb einer Gesellschaft innehat. Ein Status wird einer Person entweder zugeschrieben, oder sie erwirbt ihn sich. Das angemessene, dem Status entsprechende Verhalten, das man im Zusammenhang mit demselben erwartet, wird als *Rolle* bezeichnet.

**Zugeschriebener Status** ist derjenige Status, in den eine Person hineingeboren wird bzw. dessen Mitgliedschaft unfreiwillig ist (z.B. Geschlecht, Alter, Kaste). **Erworbener Status** ist derjenige, dessen Mitgliedschaft freiwillig ist oder durch Wettbewerb erreicht wird (z.B. Arzt, Rechtsanwalt, Lehrer). (Wieder einmal vereinfache ich, um diese Begriffe einzuführen. Es ist nicht immer leicht, einen Status als zugeschrieben oder erworben zu klassifizieren. Zum Beispiel können einige Analytiker „Scheckbetrüger" als einen zugeschriebenen Status betrachten, während ihn andere als einen erworbenen ansehen.)

Jede Gesellschaft hat eine Art Plan der sozialen Beziehungen, der als **Statussystem** bezeichnet wird, eine Anordnung von Statuspositionen in der sozialen Struktur. Statuspositionen können je nach der mit ihnen verbundenen Wertschätzung oder ihrem Prestige in eine Rangreihe gebracht werden. Männlich und weiblich, alt und jung oder Jäger und Schamane, Arzt und Zimmermann sind also in einer Gesellschaft mehr oder weniger prestigehaltig, je nachdem, wie sie von den Leuten bewertet werden.

Männlich, weiblich, Kind, Lehrer, Polizist, Arzt – dies alles sind Statuspositionen, erkennbare Positionen oder Plätze in der Gesellschaftsordnung. Und die Rollen des Lehrers, des Arztes, des Polizisten und so weiter sind jene Sätze von kulturell angemessenen oder erwarteten Verhaltensweisen, die mit diesen Statuspositionen verbunden sind. Eine Rolle ist nicht die Position selbst, noch die Person, die sie innehat, und auch nicht das tatsächliche Verhalten dieser Person. Die Rolle besteht vielmehr aus den Ideen darüber, was dieses Verhalten *sein soll.* Kurz gesagt, wenn man die Definitionen von *Norm* (Fußnote 1, Kapitel 2) anwendet, besteht eine Rolle aus den idealen Normen, die mit einem bestimmten Status verbunden sind. Wir können uns die *Rollen* daher als dem kulturellen Bereich und die *Status*positionen als dem sozialen Bereich zugehörig denken.

## Kategorie und Gruppe

Wie Keesing und Keesing feststellen (1971, S. 149) „ermöglicht es uns die Unterscheidung zwischem dem Sozialen und dem Kulturellen auch, einen Kontrast zwischen *kulturellen Kategorien* und *sozialen Gruppen* zu sehen."

Eine **Kategorie** ist eine Gesamtheit von Dingen, Menschen, Ereignissen – „eine Gruppe von Wesenheiten in der Welt" (Keesing und Keesing 1971, S. 149) – deren Mitglieder gewisse Attribute miteinander gemein haben. Blumen, Linkshänder, Automobile usw. sind alles *Kategorien.* Sie sind Dinge, die zusammen klassifiziert oder kategorisiert werden. Alle Kategorien können daher als Teile des kulturellen Bereiches angesehen und in ihrer Gesamtheit mit den *Gruppen* kontrastiert werden.

Eine **Gruppe** ist eine Gesamtheit, deren Mitglieder irgendetwas gemeinsam tun. Menschen, die zusammentreten, um etwas zu tun, bilden eine Gruppe. Wir können daher zwischen Kategorien und Gruppen danach unterscheiden, ob die Mitglieder als Mitglieder dieser Einheit zu irgendeinem Zweck gemeinsam handeln oder nicht. Eine Kategorie ist ein Mittel der Klassifikation: d. h. eine Möglichkeit, Individuen gemeinsam zu klassifizieren ohne dabei aber zu implizieren, daß diese Individuen miteinander interagieren. Der Begriff *Gruppe* bezeichnet hingegen genau das, daß die Mitglieder als Mitglieder dieser Einheit interagieren, um irgendeinen Zweck zu erreichen.

**Ansammlungen** oder **Aggregationen** sind im Gegensatz zu Gruppen ganz einfach Gesamtheiten von Menschen, die ohne innere Struktur oder Organisation zusammengewürfelt sind, die zufällig zu irgendeinem beiläufigen Anlaß zusammengekommen sind, die aber nicht interagieren, um irgendein gemeinsames Ziel zu verfolgen. In diesem Falle verfolgt jede Person eher ein individuelles Ziel, welches sie zufällig mit anderen Personen, die ihre individuellen Ziele verfolgen, in Kontakt bringt. Wenn ihre Ziele möglicherweise auch die gleichen sind, bilden sie doch miteinander keine Einheit, um sie zu erreichen. Menschen in einem Zug bilden eine solche Ansammlung, wie etwa auch das Publikum bei irgendeiner Vorstellung.

### Formale und informelle Gruppen

Wir können weiter zwischen *formalen* und *informellen* Gruppen unterscheiden.

Eine **informelle Gruppe** ist eine solche, deren Mitglieder einfach irgendetwas miteinander tun – und nichts sonst. Das heißt also, daß sie für einen ganz speziellen Zweck organisiert sind (normalerweise einen kurzfristigen) und nicht mehr Zusammengehörigkeitsgefühl besitzen als notwendig ist, diesen Zweck zu erreichen. Eine solche informelle Gruppe wird oft eine *Aktions-*

*gruppe* oder *Aufgabengruppe* genannt. Dies können vier Jäger sein, die sich zusammentun, um ein großes Tier zur Strecke zu bringen, das in ihrem Gebiet gesehen wurde; oder es können einige Bodenbauern sein, die zusammenkommen, um ein Stück Land zu roden; oder es kann eine Bürgerinitiative sein, die zusammentritt, um dafür zu sorgen, daß an einer gefährlichen Stelle eine Verkehrsampel eingerichtet wird.

Eine **formale Gruppe** hat die gleichen Kennzeichen wie eine informelle – also ein Anzahl von Menschen, die sich zusammenschließen, um etwas zu tun – wobei aber die Mitglieder einer formalen Gruppe ein Symbol oder eine Anzahl von Symbolen miteinander gemein haben, welche diese Gruppe repräsentieren und ihr ein über ihre speziellen Aufgaben hinausgehendes Einheitsbewußtsein vermitteln. Solche Symbole sind uns allen vertraut: Embleme, Fahnen, Jackenaufnäher und dergleichen.

## Primär- und Sekundärgruppen

Eine andere Unterscheidung, die gemacht werden muß, ist die zwischen *Primär-* und *Sekundärgruppen.*

**Primärgruppen** sind, ganz einfach gesagt, solche Gruppen, deren Mitglieder direkt persönlich miteinander interagieren. Ein Haushalt ist ebenso eine Primärgruppe wie eine Schulklasse. In einer **Sekundärgruppe** interagieren nicht alle Mitglieder direkt persönlich miteinander – einige Mitglieder interagieren mit anderen und diese wiederum mit anderen. Keesing und Keesing (1971, S. 150) erwähnen die Aktionäre einer Aktiengesellschaft als Beispiel. Nicht alle Aktionäre interagieren miteinander, sie alle aber interagieren mit der Geschäftsführung.

## Korporierte Gruppen

Abschließend soll der Begriff **korporierte Gruppe** besprochen werden, da er in der anthropologischen Literatur häufig vorkommt. Die am weitesten akzeptierte (wenn auch nicht unangefochtene) Beschreibung einer korporierten Gruppe ist die folgende (auf Fortes 1953 und Cohen 1968, S. 50 beruhende):

1. Von außen gesehen erscheint sie wie eine einzige Person – eine „Rechtspersönlichkeit". Dementsprechend werden alle Mitglieder einer korporierten Gruppe von außen her als rechtlich äquivalent angesehen. Das bedeutet, daß eine Handlung eines Mitgliedes im Hinblick auf Außenstehende als die Handlung der Korporation selbst angesehen wird. Jedes ihrer Mitglieder repräsentiert die Korporation, wenn es mit der Gesamtgesellschaft interagiert.

2. In ihrem Inneren ist die korporierte Gruppe eine Primärgruppe („face-to-face-group") „in der das Individuum für die anderen Gruppenmitglieder und ihnen gegenüber verantwortlich ist und umgekehrt diese für es und ihm gegenüber verantwortlich sind" (Cohen 1968, S. 50).

3. Ihr Bestehen gilt als ewig. Obwohl ein ständiger Wechsel ihrer Mitgliederschaft stattfindet durch Todesfälle einiger und durch die Geburt (oder andere Rekrutierungsmechanismen) anderer, bleibt die Einheit als Ganzes davon unberührt, eine fortdauernde Wesenheit.

4. Besonders wichtig ist, daß eine korporierte Gruppe eine solche ist, die irgendeine Ressource oder einen Besitz, sehr oft Landbesitz, kontrolliert. Eine Gruppe kann nicht korporiert sein, wenn sie nicht etwas besitzt, im Hinblick auf das sie sich korporieren kann (Lee und DeVore 1968). Es gibt daher stets irgendwelche hochgeschätzten Sachwerte, über die die Gruppe Besitzrechte ausübt.[1]

Es hat viele Kontroversen darüber gegeben, was eine korporierte Gruppe anthropologisch betrachtet nun eigentlich ist. Die oben gegebene Beschreibung ist viel benützt worden, fällt aber gegenwärtig etwas in Ungnade. Sie ist als eine legalistische Auffassung kritisiert worden, die nur auf moderne westliche Gesellschaften sowie einige Primitivgesellschaften, vorwiegend einige afrikanische anwendbar ist. Es ist behauptet worden, daß *korporierte Gruppe* ein schlechter anthropologischer Fachbegriff ist, weil er im interkulturellen Vergleich keine Geltung hat. In ihren Hauptzügen scheint diese Kritik berechtigt zu sein: „Korporiertheit" ist etwas, das von Gesellschaft zu Gesellschaft verschieden ist. Es ist daher vorgeschlagen worden, daß wir diesen Begriff entweder völlig aufgeben oder ihn jedesmal, wenn wir ihn benützen, neu definieren sollen, wobei die Definition auf dem jeweiligen gesellschaftlichen Zusammenhang begründet sein sollte. Ich habe dieses Thema hier angeschnitten, weil Sie immer wieder darauf stoßen werden, wenn Sie sich weiter mit Anthropologie befassen. Desgleichen werden Sie diesem Begriff begegnen, wenn Sie sich ältere Literatur vornehmen, wenn auch ohne Definition. Sie sollten daher eine gewisse Vorstellung haben, was die Autoren damit meinen.

Ich habe vier Charakteristika einer korporierten Gruppe angegeben. Diese bilden sozusagen die ältere Version. Um diese etwas zu modernisieren und dabei trotzdem die Übersichtlichkeit beizubehalten, können wir für unsere Zwecke das Charakteristikum 4 – die Kontrolle irgendwelcher hochgeschätzter Sachwerte durch die Gruppe – als das für die Definition von „Korporiert-

---

[1] Auf die Exogamie als Hauptcharakteristikum korporierter Gruppen wird hier nicht eingegangen, da diese jener Punkt zu sein scheint, der von den Theoretikern am meisten umstritten wird. (Die Exogamie wird in Kapitel 13 behandelt.)

heit" bestimmende Charakteristikum und die anderen drei Charakteristika als sekundäre, die für einen gegebenen Fall zutreffen können oder auch nicht, ansehen. Ich hebe das Charakteristikum 4 deswegen hervor, weil es, wie oben erwähnt wurde, bei Fehlen eines hochgeschätzten Sachwertes, im Hinblick auf den man sich korporieren kann, auch keinen Bedarf für eine Korporation gibt.[2]

Nachdem wir diese Betrachtungen angestellt haben, können wir uns der Erörterung der Arten und Weisen zuwenden, in welchen menschliche Gruppen ihre soziale Beziehungen ordnen. Bevor ich besondere Institutionen aufgreife, will ich den Rest dieses Kapitels dazu verwenden, einige Aspekte der Sozialorganisation zu betrachten, welche die institutionellen Gliederungen überschneiden.

## Lebenszyklus

In allen Gesellschaften ist der Prozeß Geburt-Geschlechtsreife-Reproduktion-Tod – in seiner Gesamtheit als der **Lebenszyklus** bezeichnet – sozial hervorgehoben und kulturell ausgeformt. Die Bedeutung, die diesen „Lebenskrisen" zugemessen wird, kann minimal sein, sie können aber auch mit viel Pomp und Ritual umgeben sein; es gibt jedoch keine Gesellschaft, in der sie völlig ignoriert werden.

Der Lebenszyklus beruht im allgemeinen auf biologischen Entwicklungsprozessen; Personen gehen mit fortschreitender Reife von einem Stadium zum nächsten über. Der Übergang von einem Stadium zum anderen wird oft durch ein besonderes Ritual markiert. Indem die Gruppe den Übergang oder die Passage von einem Zustand zum anderen besonders hervorhebt, prägt sie den Individuen die Bedeutsamkeit dieses Wandels ein.

Die speziellen Rituale, die diese besondere Form des Wandels begleiten, werden **Übergangsriten (rites de passage)** genannt; sie markieren den Übergang von einem Status zum anderen innerhalb des Lebenszyklus (siehe Van Gennep 1960).

Die Übergangsriten sind mit individuellen Lebenskrisen verbunden. Ihnen können die **Intensivierungsriten** gegenübergestellt werden. Dies sind Riten, welche die Gruppenbande intensivieren: „Rituale und Zeremonien, welche bestimmte Anlässe oder Krisen im Leben der Gemeinschaft als Ganzer markieren, wie z.B. den Bedarf an Regen, die Verteidigung gegen Epidemien

---

[2] Hier könnte sich der Leser die Frage durch den Kopf gehen lassen, ob Einheiten, die nichtproduktiven Besitz, wie Riten oder Zeremonialwissen, kontrollieren, „korporiert" sind oder nicht.

und Seuchen, die Vorbereitung des Pflanzens und die Ernten, die Einleitung gemeinsamer Jagd- und Fischzüge und die Rückkehr von einem erfolgreichen Kriegszug" (Beals und Hoijer 1965, S. 594).

Nach der Beschreibung von Van Gennep umfassen die Übergangsriten drei Etappen: (1) Trennung, (2) Übergangsstadium und (3) Inkorporation.

Die *Trennung* besteht darin, daß ein Individiuum seine frühere Statusidentifikation ablegt, d. h. „das Individuum wird zuerst (körperlich oder symbolisch) von seiner gegenwärtigen Position getrennt" (Bock 1969, S. 71).

Das *Übergangsstadium* ist jene Etappe, in der das Individuum in „einen einstweiligen Ausnahmezustand, abgeschnitten von normalen Sozialkontakten" (Keesing und Keesing 1971: 214) versetzt wird. Dieser ist also ein Übergangsstadium, in dem das Individuum seine frühere Position nicht mehr länger innehat, sein Eintritt in die neue Position aber noch bevorsteht.

Die *Inkorporation* ist die Schlußetappe, in der das Individuum den Ausnahmezustand aufgibt und rituell in eine neue soziale Position aufgenommen wird. Das Individuum hat jetzt wieder einen bestimmten Platz in der Gesellschaft.

Obwohl die Übergangsrituale vor allem mit Übergängen im Lebenszyklus verbunden sind, kommen sie auch in anderen Zusammenhängen vor. In Gesellschaften, deren Mitglieder ausgeprägte Vorstellungen von Heiligkeit und Entweihung haben, werden zum Beispiel die Übergänge zwischen diesen Stadien und dem alltäglichen Leben höchstwahrscheinlich durch Rituale markiert sein.

Eine Person in einer derartigen Gesellschaft, die entweiht oder rituell unrein geworden ist – zum Beispiel ein Mann, der einen Feind im Kampfe getötet hat, tabuisierte Nahrung gegessen hat oder durch Kontakt mit einer menstruierenden Frau[3] verunreinigt worden ist – muß wahrscheinlich ein Ritual durchmachen, welches diese Person reinigt und wieder in die normale Gesellschaft zurückbringt. Derartige Rituale werden **Reinigungsriten** genannt.

---

[3] Im interkulturellen Vergleich zeigt sich ein weitverbreiteter, wenn auch keineswegs universeller Glaube an die Unreinheit der Frau, ein Glaube, daß die Frau eine Quelle der Unreinheit und der Entweihung ist. Häufig ist damit die Vorstellung verbunden, daß das Menstruationsblut etwas Schlechtes und Ansteckendes ist. Zum Beispiel werden Mädchen bei ihrer Menarche (Erstmenstruation) oftmals von der Gemeinschaft isoliert und einer Anzahl von Restriktionen (besonders hinsichtlich der Nahrung) unterworfen. Nicht ungewöhnlich ist auch die Isolierung oder teilweise Isolierung von Frauen jeden Alters während ihrer monatlichen Menstruation. Es kann ihnen während dieser Zeit untersagt sein, zu kochen oder Nahrungsmittel zu berühren, gewisse Körperhaltungen einzunehmen, Geschlechtsverkehr auszuüben oder überhaupt sich vor der weiteren Gemeinschaft sehen zu lassen. (Drei nützliche Untersuchungen über diesen Gegenstand sind Stephens 1961, Young 1965 b sowie Paige und Paige 1973.)

Eine Person, die in nahem Kontakt mit dem Übernatürlichen gestanden hat, muß ebenfalls ein Ritual durchmachen, um in die alltagsweltliche Gesellschaft zurückkehren zu können. In diesem Falle spricht man von **Desakralisierungsriten**. In einigen Gesellschaften wird die Kraft, die vom Reiche des Übernatürlichen ausgeht, als so stark angesehen, daß der Kontakt mit ihr für jeden gewöhnlichen Sterblichen und sogar für Dritte, die mit einer solchen Person später in Berührung kommen, verhängnisvolle Folgen haben kann. Desakralisierungsriten sind im wesentlichen Mittel, um diese Kraft zu neutralisieren.

Die Übergangsrituale haben aber, um es noch einmal zu wiederholen, vor allem die Bewegung durch den Lebenszyklus hindurch zum Gegenstand. Wir wenden uns damit der Betrachtung dieses Zyklus zu.

## Geburt

**Pränatale Tabus.** Die Schwangerschaft ist eine Zeit der Unsicherheit. Wird sich der Fötus richtig entwickeln? Wird es eine Fehlgeburt geben? Wird die Geburt leicht oder schwer sein? Wird das Kind gesund sein? Je größer die Unwissenheit über die Physiologie der Schwangerschaft und der Geburt, desto größer die Angst. Und je größer die Angst, desto größer das Bedürfnis nach Beruhigung in Form von magischen Vorkehrungen, Tabus und rituellen Schutzmaßnahmen. Daher finden wir im interkulturellen Vergleich, daß pränatale Verhaltenseinschränkungen allgemein sind. Eine Schwangere soll diese Art von Nahrung nicht essen, aber jene. Sie soll nicht rückwärts durch eine Tür gehen. Sie sollte keine Knoten knüpfen oder lösen. Und so weiter. Sehr oft erstrecken sich solche Einschränkungen auch auf ihren Mann und sogar auf andere nahe Verwandte.

**Der Geburtsvorgang.** Die Geburt findet gewöhnlich in der Gegenwart von Frauen statt, entweder Verwandten der Mutter oder einer Hebamme – obwohl in manchen Gesellschaften der Mann dabeisein und sogar bei der Geburt helfen darf. Die modernen Industriegesellschaften sind in dieser Hinsicht untypisch, da die Geburt meist unter Fremden und in ungewohnter Umgebung stattfindet.

**Postnatale Praktiken.** Postnatale Praktiken sind interkulturell sehr verschieden. In einigen Gesellschaften nimmt eine Frau beinahe unmittelbar nach der Geburt ihre normalen Beschäftigungen wieder auf: in anderen müssen sie und ihr Kind für eine bestimmte Periode von der übrigen Gesellschaft abgeschlossen bleiben und die Mutter muß viele Tabus beachten. Eine Praktik, die Abendländer oft sehr merkwürdig finden, ist die **Couvade** („Männerkindbett"): der Vater zieht sich aus der Gesellschaft zurück, ruht sich aus und ist strengen Tabus unterworfen, während die Mutter ihre gewöhnlichen Tätigkeiten wieder aufnimmt. (In manchen Gesellschaften kann der Vater sogar einen Geburtsvorgang simulieren.) Ein anderer weitverbreiteter postnataler Brauch beinhaltet *die Tabuisierung des Geschlechtsverkehrs nach der Geburt,* wobei es der Frau (und vielleicht auch ihrem Manne) untersagt ist, eine gewisse Zeit nach der Geburt eines Kindes sexuelle Beziehungen aufzunehmen.

Oft genügt die Geburt nicht, einem Kind die Anerkennung als vollberechtigtes Mitglied der Gesellschaft zuteil werden zu lassen. Auf die Geburt kann eine Serie von Ritualen folgen, die zu vorausbestimmten Zeitpunkten stattfinden und die das Kind in die Gruppe inkorporieren, wie zum Beispiel *Namensgebungs-Zeremonien* und die formale *Darbietung des Kindes* der Gruppe und ihren Göttern. So zum Beispiel hielten die Herero-Rinderhirten im südlichen Afrika vor den neuesten Wandlungen in ihrer Sozialorganisation ungefähr einen Monat nach der Geburt eines Kindes eine kurze Zeremonie ab. Die Stirne des Kindes wurde mit der eines männlichen Kalbes in Berührung gebracht und dem Kinde wurden zwei Namen gegeben, ein gewöhnlicher und ein sakraler. Dann wurde das Kind in die Höhe gehalten und den Ahnen formell als einer ihrer Nachfolger vorgestellt (Gibson 1952, S. 170, Vivelo 1977, S. 132). Ähnliche Praktiken finden sich auch in anderen Gesellschaften. Sie veranschaulichen die Tatsache, daß das Zum-Mitglied-Werden einer Gesellschaft im allgemeinen ein Prozeß ist und nicht ein Zustand, der mit der Geburt eintritt.

## Kindheit

Die Kindheit, die Zeit zwischen der Geburt und der Geschlechtsreife, kann in einer Gesellschaft als eine einzige kontinuierliche Phase behandelt werden, während sie in einer anderen in verschiedene Perioden unterteilt ist, von denen jede rituell markiert wird. Die Kindheit ist oft die Zeit, in der die Regeln keine Geltung haben, zumindest nicht alle Regeln. Da die Kinder in einem gewissen Sinne „vorkulturelle Wesen" sind, kann es ihnen zum Beispiel erlaubt sein, gewisse Nahrungsmittel zu essen, die den Erwachsenen verboten sind. Auch sind sie normalerweise nicht an die gleichen Regeln sexuellen Verhaltens gebunden wie die Erwachsenen. Nichtsdestoweniger ist die Kindheit trotz gewisser populärer Vorstellungen von der „Permissivität" primitiver Gesellschaften nirgendwo eine völlig sorgenfreie Lebensepoche. Die Kinder erlernen die richtige Kontrolle ihrer Körperfunktionen; es werden ihnen die Grundlagen des guten Benehmens beigebracht; sie beginnen das Verwandten, Nachbarn und Fremden gegenüber angebrachte Verhalten zu meistern; sie lernen die üblichen Einstellungen zu ihren Göttern einzunehmen; sie erfahren, welche Persönlichkeitsmerkmale hochgeschätzt werden und welche nicht. Kurz gesagt, sie werden zu sozialen Wesen. Und Sozialität bedeutet Zwang und Konformität.

## Sozialisation

**Sozialisation** (oder **Enkulturation**)[4] ist der Prozeß, durch den das Individuum lernt, sich als Mitglied seiner oder ihrer Gesellschaft zu benehmen, ein soziales Wesen zu werden. Es lernt, was die Gesellschaft von ihm oder ihr erwartet – das heißt, es erlernt die kulturellen Regeln, welche die Wegweiser und Führer zu einer angemessenen Teilhabe an der Gesellschaft sind. Er oder sie lernt, sich in die vorgegebenen sozialen Interaktionsprozesse innerhalb der Gruppe einzufügen. Der Begriff Sozialisation bezeichnet kurz gesagt den „Übergang von einem kindlichen Organismus zu einem erwachsenen Teilnehmer an der Gesellschaft" (Le Vine 1973, S. 61).

Die Sozialisation beginnt mit der Geburt und endet eigentlich nicht mehr bis zum Tode, denn man paßt sein Verhalten fortwährend an, um der Gegenwart anderer und den eigenen Interaktionen mit diesen Rechnung zu tragen. Dies kann durch eine kurze Erwähnung dreier Einflußquellen auf das Verhalten einer Person veranschaulicht werden: (1) Aufseher, (2) Gleiche und (3) das Selbst.

## Sozialisationsagenten

**Aufseher.** Während des Säuglingsstadiums und der frühen Kindheit sind die wichtigsten Sozialisationsagenten die *Aufseher* des Kindes (Eltern, andere Erwachsene, ältere Geschwister etc.). Sie versorgen das Kind mit Nahrung, Schutz, Obdach, Gefährtenschaft und so weiter. Sie beginnen aber auch, sein oder ihr Verhalten zu modifizieren. Das Kind lernt, sich in einer gewissen Weise zu verhalten, um die Erfüllung seiner Wünsche zu erlangen.

---

[4] Auf Mead (1963) aufbauend unterscheidet Williams (1972, S. 1) in seiner umfassenden Einführung in das Studium der Sozialisation zwischen *Enkulturation* (welche er als „den Prozeß der Weitergabe einer besonderen Kultur" definiert) und *Sozialisation* („dem Prozeß der Weitergabe menschlicher Kultur"). Doch zeigt ein Überblick über die Literatur, daß die meisten Anthropologen diese beiden Begriffe synonym gebrauchen. Ich werde dies daher ebenfalls tun. Der Leser sollte sich jedoch dessen bewußt sein, daß die von Williams gemachte Unterscheidung stichhaltig ist. (Sie ist der Unterscheidung vergleichbar, die man zwischen der allgemein menschlichen Sprachlernfähigkeit und dem Erlernen einer besonderen Sprache getroffen hat.) Kein Anthropologe würde sich dagegen aussprechen, auch wenn er sich selbst dafür entschieden hat, die Begriffe anders zu gebrauchen.

**Gleichaltrige.** In dem Maße als das Kind größer wird, bekommt auch die Interaktion mit Spielgefährten eine Sozialisationsfunktion. Wenn das Kind von seinesgleichen akzeptiert werden will, muß es sein Verhalten modifizieren – das heißt, es muß ein gewisses Ausmaß an Konformität aufweisen. Der Mechanismus, der Konformität herbeiführt, wird daher als der *Druck der Kameradschaftsgruppen* bezeichnet. Wir sind es gewohnt, von diesem Prozeß in unserer eigenen Gesellschaft vor allem in Hinblick auf Kinder und Heranwachsende zu sprechen; aber er stellt auch einen wichtigen Druckmechanismus für Konformität unter Erwachsenen dar. In vielen schriftlosen Gesellschaften ist es in der Tat das wichtigste Mittel zur Herstellung von Konformität.

**Lächerlichmachen; Klatsch; Ausschließung.** Lächerlichmachen, Klatsch und soziale Ausschließung sind machtvolle Waffen in einer kleinen Lokalgruppe, deren Mitglieder sich alle von Angesicht zu Angesicht kennen. Zusätzlich dazu sollten noch drei andere Mechanismen erwähnt werden: Übernatürliche Sanktionen, Hexereianschuldigungen und Blutrache.

**Übernatürliche Sanktionen.** Übernatürliche Sanktionen sind eine wohlbekannte Kraft im Dienste der Konformität. Häufig glaubt man, daß Übertretungen der Verhaltensregeln die moralische Ordnung stören, weil sie die soziale Ordnung stören und die soziale eng mit der moralischen Ordnung verbunden ist. Die moralische Ordnung wird im allgemeinen durch übernatürliche Wesen überwacht: Gespenster, Ahnengeister, Gottheiten usw., (siehe Kapitel 14). Eine Person, die diese Regeln bricht, ist daher von übernatürlicher Vergeltung bedroht – in Form von Krankheit, Unfällen, Unglück oder sogar Tod – als Folge ihrer Übertretung.

**Hexerei.** In einigen Gesellschaften schweben Personen, die fortwährend die Regeln brechen, in Gefahr, als Hexen angeklagt und dementsprechend bestraft zu werden. Die Strafe kann variieren, angefangen von einer kleinen Geldstrafe bis zur Todesstrafe (oder Verbannung von der Gruppe, die gleichbedeutend sein kann mit Todesstrafe). Hexereinanschuldigungen sind ein gutes Mittel, jemanden zu bestrafen oder loszuwerden, der betrügt, stiehlt oder zu viele Regeln zu oft übertritt. Desgleichen sind sie ein gutes Mittel, jemanden loszuwerden, der zu erfolgreich ist, zuviel Glück hat oder einen bemerkenswerten Reichtum angesammelt hat. („So reich kann nur ein Hexer oder eine Hexe sein"). Die Gefahr von Hexereianschuldigungen hilft daher, die Konformität zu erhalten und die Wahrscheinlichkeit zu verringern, daß jemand „aus der Reihe tanzt" und sich über die Standards der Gemeinschaft hinwegsetzt.

Die Ermittlung der Schuld einer Person, die der Hexerei beschuldigt worden ist, kann – wie übrigens auch bei jeder anderen Übertretung – verschiedene Formen annehmen. Eine weitverbreitete Ermittlungsweise ist das **Gottesurteil.** Dieses kann als die Praktik definiert werden, jemanden einer schweren Tortur oder Probe zu unterwerfen oder ihn zu zwingen, irgendeine außergewöhnliche Tat zu vollbringen, um seine Schuld oder Unschuld zu beweisen oder seine Wahrhaftigkeit zu überprüfen. Der Betreffende kann zum Beispiel gefesselt und in einen Fluß geworfen werden. Wenn er nicht ertrinkt, dann ist er unschuldig. (Bisweilen geht jedoch diese Probe auf jeden Fall negativ für den Beschuldigten aus: wer sie überlebt, muß schuldig sein, weil man sie offenkundig ohne Hilfe nicht überleben kann; daher müssen die Kräfte des Bösen ihre Hand im Spiel gehabt haben. Wer dabei ertrinkt, ist unschuldig – aber leider tot.) Manchmal müssen sich sowohl der Ankläger wie der Angeklagte dem Gottesurteil unterziehen. Derjenige, der überlebt, spricht die Wahrheit.

**Blutrache.** Die Gefahr der Blutrache oder zumindest der Zahlung von Blutgeld (die Entschädigung, die für die Verletzung oder Tötung eines Mitgliedes einer anderen Gruppe geleistet werden muß) kann ebenfalls einen Druck zur Aufrechterhaltung der Ordnung darstellen. Sie trägt insofern zur sozialen Konformität bei, als sie eine Abschreckungswirkung auf mögliche Verbrecher ausübt, vor allem solche, die jemanden verletzen oder töten wollen. Wenn jemand nämlich dem Mitglied einer anderen Gruppe das Leben nimmt, kann sich die andere Gruppe rächen, indem sie ihrerseits ein Mitglied (gewöhnlich irgendein Mitglied) der Gruppe des Töters umbringt. Aus diesem Grunde übt die Gruppe Druck auf ihre einzelnen Mitglieder aus, den Frieden zu erhalten, damit sie nicht in eine Blutfehde verwickelt wird oder Blutgeld zahlen muß. (Das Fehdewesen wird in Kapitel 11 ausführlicher besprochen werden.)

**Das Selbst.** Letztlich kann das *Individuum* selbst als Sozialisationsagent angesehen werden. Infolge der **Internalisierung** – des Prozesses, durch den sich eine Person die Werte, Einstellungen, Ziele etc., die ihr als die gesellschaftlich angemessenen vermittelt worden sind, zu eigen macht – kann das Individuum sein eigener Wachhund werden. Man entwickelt ein „Gewissen" (oder, um die psychoanalytische Terminologie aufzugreifen, ein „Überich"), eine Zusammensetzung von Beurteilungskriterien, die dazu dienen, die eigenen Gedanken und Handlungen zu überwachen und zu bewerten. Eine Person, die wahrnimmt, daß ihr Verhalten im Widerspruch zu den internalisierten kulturellen Normen steht (und diese Wahrnehmung muß nicht bewußt sein) kann die Spannung, die sich daraus ergibt, als Schuld- und Angstgefühl erfahren und daher den Versuch machen, ihr Verhalten zu modifizieren, um diese Spannung abzubauen. Doch wird vermutlich auch ein Individuum, das die gesellschaftlichen Regeln nur in geringem Ausmaße internalisiert hat, sein oder ihr Verhalten aus praktischen Erwägungen, also im *wohlverstandenen Eigeninteresse,* genau überwachen. Mit anderen Worten, das Individuum wird vermutlich erkennen, daß es mit anderen Menschen zusammenarbeiten und sich an sie anpassen muß, wenn es in einer Gesellschaft sein Auskommen finden will. Man stellt fest, daß man, wenn man seine Ziele erreichen – das Spiel gewinnen – will, am besten daran tut, die Spielregeln und deren Anwendung zu lernen. Langfristig gesehen liegt dies im eigenen Interesse, obwohl dies zeitweilig nicht so scheinen mag. Eine Person, die ständig die Regeln bricht, wird nicht nur das Spiel nicht gewinnen, sondern kann sogar von anderen daran gehindert werden, überhaupt zu spielen. (Es sollte festgehalten werden, daß derartige Motivationen der Selbstkontrolle nicht in allen Kulturen vorkommen müssen. In unserer eigenen und in anderen Industriegesellschaften scheinen sie immer offenkundiger zu sein, aber es gibt wenig Beweismaterial zur Unterstützung der Behauptung, daß sie in „primitiven" Gesellschaften weit verbreitet seien.)

## Pubertät

„Die Pubertät bezeichnet die Abenddämmerung der Jugend und die Morgendämmerung des Erwachsenseins" (Hoebel 1972, S. 380). In vielen Gesellschaften ist der Einsatz der Geschlechtsreife von Ritual umgeben. Er stellt einen Wendepunkt dar, mit welchem Individuen, die früher noch als Kinder betrachtet worden waren, in ihrer Gesellschaft zunehmend die Identität und die Rollen von Erwachsenen annehmen müssen. Unser Augenmerk gilt daher der Pubertät als einer sozialen Grenzmarke und nicht als einem physiologischen Wandlungsvorgang.

Der Zeitpunkt, zu dem die Pubertätsrituale – häufig als *Initiationsrituale* bezeichnet – durchgeführt werden, muß nicht mit der wirklichen physiologischen Pubertät (Geschlechtsreife) zusammenfallen. In jenen Gesellschaften, deren Mitglieder ihren Lebenszyklus als individuelle Persönlichkeiten durchlaufen, entsprechen die Initiationsrituale, wie Keesing und Keesing (1971, S. 215) feststellen, mehr oder weniger dem Auftreten der körperlichen Anzeichen der Geschlechtsreife; außerdem kann der Zeitpunkt dafür auch noch von zusätzlichen Faktoren, so z. B. der Heimsuchung durch einen Geist im Traum, abhängig gemacht werden. In jenen Gesellschaften, deren Mitglieder kollektiv (d. h. in Gruppen) die Hauptabschnitte des Lebenszyklus durchlaufen, kann der Zeitpunkt der Abhaltung der Initiationsrituale nur wenig mit der tatsächlichen Geschlechtsreife zu tun haben. So zum Beispiel wurden bei den Herero im südlichen Afrika Initiationsrituale in unregelmäßigen Abständen abgehalten, wann immer in einer Lokalgruppe eine ausreichende Anzahl von nicht initiierten Knaben vorhanden war. Dann machen *alle* nicht initiierten Personen männlichen Geschlechts, ohne Rücksicht auf ihr Alter, das Ritual durch. Daher zeigen uns historische Berichte ein einjähriges Kind neben einem siebzehnjährigen jungen Mann, die beide ein „Pubertäts"-Ritual durchmachen.

Einige Gesellschaften haben Initiationsrituale nur für Knaben, andere nur für Mädchen, wieder andere für beide Geschlechter, oder für keines von beiden. Aufgrund einer Stichprobe von 54 Gesellschaften fand Frank Young (1965a, S. 14–15) heraus, daß 40 Prozent Initiationsrituale für Knaben und 57 Prozent solche für Mädchen hatten. Desgleichen fand er, daß die Rituale für die Knaben strenger und komplexer waren als die für die Mädchen.

Bei der Knabeninitiation findet oft die Beschneidung (Zirkumzision) der Initianden statt, und manche australische Eingeborene praktizieren die Subinzision (eine Operation, bei der die Harnröhre freigelegt wird). Bei den Mädchen sind Verstümmelungen seltener, obgleich sie vorkommen, in einigen wenigen Gesellschaften kommt es sogar zu einer Entfernung der Klitoris. Das Beifügen von Narben oder Hautmustern, das Abfeilen von Zähnen, das Durchbohren der Ohren, der Nase oder der Lippen und die Tatauierung sind weitere Praktiken, die sich häufig im Zusammenhang mit Initiationsritualen finden.[5]

## Erwachsenenalter

In sehr vielen Gesellschaften erreicht ein Individuum erst dann den vollen Status eines Erwachsenen, wenn es verheiratet ist oder eine gewisse Position oder Prestige in der Gesellschaft errungen hat – und dies kann bis zu einem Alter, das wir mittleres Alter nennen würden, hinausgeschoben werden. Häufig wird man erst dann zu den Erwachsenen gerechnet, wenn man ein King gezeugt oder geboren hat.

In manchen Gesellschaften kommt die Heirat bald nach der Initiation; in anderen wird sie noch einige Jahre aufgeschoben. In einigen ostafrikanischen Gesellschaften tritt zum Beispiel ein junger Mann nach der Initiation in die Altersklasse der Krieger ein (siehe die Besprechung der Altersstufen weiter

---

[5] Es hat in der Literatur eine interessante Diskussion über die „Funktionen der Initiationsrituale" gegeben. Vergleiche dazu (in der Folge ihres Erscheinungsjahres): Whiting, Kluckhohn und Anthony 1958; Whiting 1961; Burton und Whiting 1961; Norbeck, Walker und Cohen 1962; Stephens 1962; Young 1962; Brown 1963; Cohen 1964a, 1964b; Whiting 1964; Young 1965a, 1965b; und Cohen 1966.

unten): und solange er in dieser Klasse bleibt, darf er nicht heiraten. Man kann von ihm während dieser Periode sogar tatsächlich erwarten, daß er sexuell enthaltsam bleibt. In benachbarten Gesellschaften mit vergleichbaren Kriegerklassen kann dies jedoch auch eine Zeit relativer sexueller Freiheit sein.

Das Alter wird ebenfalls auf verschiedene Weise behandelt. In manchen Gesellschaften haben die Alten den Status von Respektspersonen und werden mit Achtung und Ehrfurcht behandelt. In anderen werden alte Menschen als ein unvermeidbares Übel angesehen und ähnlich wie die Kinder als Gruppenmitglieder von minderem Status behandelt. In wieder anderen können die alten Menschen eine übermäßige Bürde für die aktiven Gesellschaftsmitglieder darstellen und daher ihrem eigenen Geschick überlassen werden, entweder, um für sich selbst zu sorgen, oder um zu sterben oder Selbstmord zu begehen: sie können auch von ihren jüngeren Verwandten getötet werden (man nennt dies manchmal *Altentötung* oder *Senilizid*). Man wird vielleicht nicht fehlgehen wenn man sagt, daß die Art, in der ältere (und sonstige unproduktive) Gruppenmitglieder behandelt werden, in einem hohen Grade die Unsicherheit oder Sicherheit der adaptiven Strategie der Gruppe widerspiegelt. Bei sehr beschränkten Nahrungsquellen, einfacher Technologie, hoher Arbeitsinvestition und geringem Arbeitsertrag können wirtschaftlich unproduktive Gruppenmitglieder nicht leicht toleriert werden. Sie bedrohen die Existenz der gesamten Gruppe. Wo die Umwelt gastfreundlicher ist und die Werkzeuge und Techniken für die Ausbeutung und Umwandlung der Ressourcen die Produktion eines Überschusses ermöglichen, können Alte und Kranke erhalten werden (Meggers 1971 hat mit einer ähnlichen Argumentation versucht, das häufige Vorkommen des *Infantizides,* der Tötung Neugeborener, zu erklären.)

## Tod

Der Tod bedeutet einen Bruch. Er verändert die sozialen Beziehungen, an denen der Verstorbene teilgehabt hatte. Diese müssen daher neu eingerichtet werden, um seinem oder ihrem Fehlen Rechnung zu tragen. Die schwierigen Probleme der Erbschaft und der Nachfolge müssen in Angriff genommen werden. Der Tod konfrontiert die Menschen mit tiefgründigen und beunruhigenden methaphysischen Fragen nach der Natur und dem Sinn des Daseins. Und der Tod setzt alle jene einer schweren psychologischen Belastung aus, deren Gefühlsleben mit dem Verstorbenen eng verbunden gewesen war.

Wo Unsicherheit, Furcht, Bruch, emotionelle Belastung und dergleichen gefunden werden, wird auch Ritual gefunden. Und der Tod ist in allen Gesellschaften von Ritual umgeben. Was nun genau der Inhalt dieser Rituale ist, ist je nach Gesellschaft verschieden, aber die Totenrituale selbst sind universal. Man kann den Toten begraben, verbrennen, im Busch zurücklassen, auf Plattformen legen, der Wirkung der Elemente aussetzen oder in schützende Hüllen wickeln. Die Zugehörigkeit eines Individuums zur Gesellschaft kann mit seinem oder ihrem Tode endgültig enden oder nicht. Der Tod muß kein Ende der Teilhabe eines Individuums an den Angelegenheiten der Gruppe bedeuten; er kann einfach einen Wandel in der Auffassung dieser Teilhabe bedeuten. In einem derartigen Falle, wenn z. B. Ahnenverehrung praktiziert wird (Kapitel 14) ist es sinnvoll, das Totenritual als ein Übergangsritual von einem Status (lebendes Mitglied) zu einem anderen (totes Mitglied oder Ahnengeist) anzusehen.

## Altersstufen und Altersklassen

Das Lebensalter, das im allgemeinen eher sozial definiert als auf einer genauen Chronologie begründet wird, spielt bei der Organisation der sozialen Beziehungen eine wichtige Rolle. Dies wurde durch die vorangegangene Charakterisierung des Lebenszyklus schon in gewissem Maße angedeutet. Doch können Gesellschaften das Lebensalter in einer noch formelleren Weise dazu verwenden, Ordnung, Stabilität und Vorhersagbarkeit in die soziale Organisation zu bringen. Ein weitverbreiteter, die Institutionen überschneidender Weg, die sozialen Beziehungen auf der Grundlage des Lebensalters zu strukturieren ist der durch ein System von Altersstufen. Lassen Sie mich hier die früher gemachte Unterscheidung zwischen *Kategorie* und *Gruppe* wiederholen. Eine Kategorie ist die gemeinsame Klassifikation von Einheiten auf einer bestimmten Grundlage, die sie miteinander gemein haben, wohingegen eine Gruppe ein Kollektiv von Personen ist, die irgendetwas gemeinsam tun. Wenn wir diese Unterscheidung zugrundelegen, können wir sagen, daß Altersstufen Kategorien und Altersklassen Gruppen sind.

Genauer gesagt sind **Altersstufen** Kategorien, welche Menschen nach dem Kriterium des Lebensalters anordnen: d.h. die Menschen werden danach klassifiziert, wie alt sie sind. Die Altersstufen bilden einen festen (unwandelbaren) Satz von Denkkategorien, durch welche die Menschen nach Maßgabe ihres Älterwerdens hindurchgehen.

**Altersklassen** sind jene Personengruppen, die sich aus Mitgliedern gleicher Altersstufen zusammensetzen. Die Altersklassen haben ihren Namen und ihre Gruppenidentität. Alle Mitglieder einer bestimmten Altersklasse durchschreiten die einzelnen Altersstufen gemeinsam als eine Einheit. Gleichaltrige (Altersgenossen, Mitglieder derselben Altersklasse) haben einander gegenüber gewisse Rechte und Pflichten gemein (man kann von ihnen z. B.

erwarten, daß sie sich gegenseitig bei Streitigkeiten zu Hilfe kommen, gemeinsam kämpfen, einander im Bedarfsfalle wirtschaftliche Unterstützung oder Gastfreundschaft gewähren). Zugleich hat jede Altersklasse als Ganze gewisse Rechte und Pflichten den höheren Altersklassen gegenüber (ihre Mitglieder müssen z.B. den Mitgliedern höherer Altersklassen Respekt und Gehorsam erweisen und können von ihnen dafür gewisse Vergünstigungen erwarten) sowie auch den jüngeren Altersklassen gegenüber (ihre Mitglieder können zum Beispiel über die Mitglieder jüngerer Altersklassen ein gewisses Ausmaß an Kontrolle ausüben, sind aber auch verpflichtet, ihnen ein Vorbild zu geben, dem sie nacheifern können).

## Zyklische und Progressive Altersklassensysteme

Man hat aufgrund der Benennungsformen in verschiedenen Gesellschaften zwei Typen von Altersklassensystemen unterschieden: zyklische und progressive.

*Zyklische* Altersklassensysteme sind solche, in denen der für eine vergangene Altersklasse verwendete Name wiederum für eine neue Altersklasse zu einer späteren Zeit verwendet werden kann. Mit anderen Worten, derselbe Name taucht periodisch immer wieder auf.

*Progressive* Altersklassensysteme sind solche, in denen der Name für eine Altersklasse nur einmal verwendet wird: wenn das letzte Mitglied einer Altersklasse stirbt, wird der Name zurückgezogen und kann nie mehr benützt werden.

## Ethnographisches Beispiel

Vielleicht wird ein ethnographisches Beispiel helfen, die Altersstufen und Altersklassen zu veranschaulichen.[6]

Die Tiriki sind ein Bantu sprechendes Volk im westlichen Kenya. Die Grundlage, auf der ihre Organisation der sozialen Beziehungen aufbaut, ist ihr Altersstufensystem (welches jedoch nicht innerhalb ihrer eigenen Kultur entstanden, sondern von einer benachbarten Gruppe übernommen worden ist).

Das traditionelle System der Tiriki (im Gegensatz zu dem neueren, unter christlichem Einfluß entstandenen System) besteht aus vier Altersstufen:

---

[6] Es gibt eine Anzahl von guten ethnographischen Berichten über solche Systeme. Vergleiche zum Beispiel Gulliver 1953, 1958 und 1968. Leggesse (1973) hat ein provokantes Buch geschrieben, in dem ein bestimmtes Altersstufensystem als ethnographische Grundlage für die Veranschaulichung dreier anthropologischer Methoden der Gesellschaftserforschung dient.

Krieger, ältere Krieger, rechtsprechende Alte und rituelle Alte. Außerdem gibt es sieben Altersklassen-Namen. Wenn die höchste Altersklasse ausgestorben ist, wird deren Name einer neuen Gruppe gegeben, die auf der untersten Ebene in das Altersklassensystem eintritt (ein Name wird ungefähr alle 105 Jahre wieder benützt). Es handelt sich also um ein zyklisches Altersklassensystem.

Heranwachsende Knaben werden zu den formalen Altersstufen durch eine Reihe von Initiationsritualen zugelassen, die über sechs Monate dauern und zu denen Beschneidung, Isolierung von der Gesellschaft sowie eine intensive Belehrung über das Ritual, die Jagd, Singen, Tanzen, Kriegführung und das Weben von Zeremonialgewändern gehören.

Initiationen werden alle vier bis fünf Jahre durchgeführt, doch bleibt jede Altersklasse etwa fünfzehn Jahre lang auf einer bestimmten Altersstufe. Am Ende jeder Fünfzehn-Jahres-Periode steigt jede Altersklasse als Ganze zur nächsthöheren Altersstufe auf, während auf der untersten Ebene neue Initiierte in das System aufgenommen werden.

Sangree (1965), von dem dieser Bericht übernommen wurde, bemerkt dazu folgendes (zusammengezogen aus S. 66–69):

> Die ... Initiationsrituale der Tiriki lehren die Initianden in den sechs Monaten dramatischer und strenger Unterweisung, die während der auf die Beschneidung folgenden Isolierungsperiode stattfindet, wie sie sich als Mitglieder der hochformalisierten, gestuften Altersgruppe betragen sollen, welche die traditionellen militärischen, politischen und rituellen Tätigkeiten der Tiriki traditionsgemäß regelten...
>
> ... Die Initiationsrituale geben dem, der sie durchgemacht hat, offenkundig mit einer bemerkenswerten Effektivität das Gefühl, zu einer besonderen Bruderschaft innerhalb des Stammes zu gehören, und tragen wesentlich dazu bei, ihn zu lehren, welche Formen sozialen Verhaltens für die Mitglieder dieser Bruderschaft angemessen sind und von ihnen erwartet werden.
>
> ... Sehr wahrscheinlich ist der Schock, den die Initianden aufgrund des Kontrastes des Initiationszyklus der Tiriki zu allen ihren vorangegangenen Sozialisationsverfahren bekommen, ebenso bedeutsam für ihre Wirksamkeit wie ihr tatsächlicher Inhalt. Die schonungslose und dramatische Intensität der Initiation stellt einen radikalen Bruch mit der zwanglosen und unregelmäßigen Beaufsichtigung und Betreuung durch wenig ältere Kinder, Frauen und alte Menschen dar, die die Erziehung eines Knaben vor seiner Initiation ausmachen. Die wichtigsten Sozialisationsagenten während der Initiation ... sind initiierte Männer im Vollbesitz ihrer körperlichen Kräfte – eben jene Gruppe, mit der Knaben vor ihrer Initiation im Grunde genommen keinen Kontakt haben...

Vor der Initiation hat ein Knabe sehr wenig Kontakt mit initiierten Männern außerhalb seines eigenen Gehöftes; seine Altersgenossen stammen aus den verschiedenen in der Nachbarschaft siedelnden Klanen, während seine wichtigsten Loyalitätsbindungen die an sein Gehöft, seinen Klan und die Gruppe seiner Verwandten sind. Nach der Initiation werden alle diese Loyalitätsbindungen jedoch der Bindung an seine Altersgruppe sowie der rechtlichen und rituellen Autorität der höheren Altersgruppen untergeordnet. Das Initiationsritual der Tiriki gewährleistet somit die rasche Ausrichtung der Initianden auf ihren neuen Status der Mannbarkeit sowie ihre Schulung in den Komplikationen der gestuften Altersgruppenorganisation und überträgt ihre wichtigsten Loyalitätsbindungen und sozialen Bezüge von ihrer erweiterten Familie auf ihre Altersgruppe und die gestufte Hierarchie der höheren Altersgruppen.

## Benachbarte und alternierende Generationen; Primogenitur und Ultimogenitur

Natürlich wird das Lebensalter auf informellere Weise in allen Gesellschaften zur Ordnung der sozialen Interaktion verwendet. In diesem Zusammenhang sollen hier zwei Begriffspaare eingeführt werden, denen der Student in der anthropologischen Literatur öfter begegnen wird.

Im interkulturellen Vergleich findet man nicht selten, daß zwischen **benachbarten Generationen** (den Generationen von Eltern und Kindern, die unmittelbar aufeinander folgen) eine gewisse Spannung, ja sogar Feindseligkeit besteht. Dies ist wahrscheinlich auf den Umstand zurückzuführen, daß die Mitglieder der älteren benachbarten Generation direkte Autorität über die jüngere ausüben und daß dies bei den Mitgliedern der letzteren Groll hervorrufen kann. Es kann auch auf den Umstand zurückgeführt werden, daß die ältere Generation in den Mitgliedern der jüngeren unberechtigte Eindringlinge sieht, die sie verdrängen möchten, während die jüngere Generation die ältere, die sie ablösen möchte, als ein Hindernis in ihren Bestrebungen betrachtet.

Andererseits können die Beziehungen zwischen **alternierenden Generationen** (den Generationen von Großeltern und Enkeln, also jeder zweiten Generation) oft warm und herzlich sein. Dies mag darauf zurückzuführen sein, daß sie altersmäßig zu weit auseinander liegen, um einander als Rivalen zu betrachten sowie darauf, daß hier die ältere Generation nicht direkt damit befaßt ist, Autorität über die jüngere auszuüben.

Das andere Begriffspaar, das erwähnt werden muß, bezieht sich auf Erbschaftsregelungen, die auf Altersunterscheidungen beruhen. **Primogenitur** bedeutet Erbschaft durch den Erstgeborenen (oder das älteste Kind). **Ulti-**

**mogenitur** bedeutet Erbschaft durch den Letztgeborenen (oder das jüngste Kind).

In manchen Gesellschaften erbt das älteste Kind den ganzen Besitz oder den Großteil desselben, und die jüngeren Geschwister geraten damit in Abhängigkeit vom Ältesten oder müssen ihr Glück anderswo suchen. In anderen Gesellschaften verlassen die Kinder, wenn sie herangewachsen sind und heiraten, den Haushalt, um ihren eigenen Weg in der Welt zu machen; doch das (im allgemeinen: männliche) jüngste Kind bleibt nach seiner Heirat im Haushalt, um für die Eltern in ihrem Alter zu sorgen. In diesem Falle ist es das jüngste, das die Erbschaft antritt. (Es ist unnötig hinzuzufügen, daß es andere Gesellschaften gibt, in denen das Erbe unter einer Anzahl von Erben aufgeteilt wird.)

## Assoziationen auf nichtverwandtschaftlicher Grundlage

Altersstufensysteme sorgen, wenn sie gut ausgeprägt sind, für den gleichen Grad von Solidarität, für die gleiche Art von Verhaltensmaßstab und Strukturierung der sozialen Interaktion, wie dies in vielen schriftlosen Gesellschaften die Verwandtschaft tut (die Verwandtschaft wird in Kapitel 12 erörtert werden). Altersstufen sind jedoch nicht die einzigen derartigen Einrichtungen. Assoziationen (oder Bünde) stellen einen anderen dar.

### Freiwillige und unfreiwillige Assoziationen

**Freiwillige Assoziationen** sind Gruppen, die auf Wahlbasis gebildet werden (ihrer Größe nach können sie von einer Dyade – einer Zweipersonengruppe – bis zu sehr großen Einheiten, die buchstäblich Tausende von Mitgliedern umfassen, variieren). Ein Anthropologe (Bock 1969, S. 151) definiert freiwillige Assoziationen einfach als „jede Personengruppe, die aufgrund freier Wahl gemeinsam handelt, um ein bestimmtes Ziel zu erreichen".

Wir alle sind mit solchen Gruppen in unserer eigenen Gesellschaft vertraut (Klubs, Logen, Straßenbanden, Veteranenvereine, Verbindungen für männliche und weibliche Studenten, Verbraucherorganisationen usw. *ad infinitum*). Die starke Vermehrung solcher Assoziationen in Industriegesellschaften wird im allgemeinen auf die Bedeutungsabnahme der Verwandtschaft als soziales Organisationsprinzip und als Regelungsmechanismus der sozialen Zugehörigkeit für Individuen in auf industrieller Adaptionsstrategie beruhenden Gesellschaften zurückgeführt. Man sagt, daß die Assoziationen in solchen Gesellschaften eine soziale Verankerung und ein Zugehörigkeitsgefühl liefern, daß sie die soziale Integration und die Solidarität in den Lokalgemeinden oder in der Gesamtgesellschaft fördern und die Durchsetzung von individuellen und Gruppenzielen erleichtern.

Nicht alle Assoziationen sind jedoch freiwillig. **Unfreiwillige Assoziationen** (Zwangsassoziationen) sind solche, deren Mitgliedschaft zugeschrieben oder erzwungen ist. Die Gewerkschaften in gewissen Berufssparten in unserer Gesellschaft sind ein Beispiel für unfreiwillige Assoziationen.

Assoziationen gibt es auch in nichtindustriellen Gesellschaften. Doch kann man ruhig als allgemeine Regel aufstellen, daß die Wahrscheinlichkeit des Vorkommens von Assoziationen in einer Gesellschaft um so größer ist, je komplexer ihre technoökonomische Basis ist; denn die Verwandtschaft tritt als Hauptgrundlage für die Ordnung der sozialen Beziehungen um so mehr zurück, je mehr eine Gesellschaft sich „modernisiert".

## Typologie der Assoziationen

Im interkulturellen Vergleich betrachtet kommen so viele Arten von Assoziationen vor, daß sie nicht alle in einem Handbuch wie diesem behandelt werden können. Ich will einige wenige erwähnen, denen Sie in Ihrer Lektüre vielleicht begegnen könnten.

Zunächst einmal sind die sogenannten **Stammesbruderschaften** und **Stammesschwesternschaften** ziemlich häufig. Dies sind unfreiwillige Assoziationen auf der Grundlage des Geschlechts; das heißt, alle erwachsenen Männer oder alle erwachsenen Frauen müssen Mitglieder werden. (Aus diesem Grunde werden sie als *inklusive* Gruppen bezeichnet.) Obschon die Stammesbruderschaften im interkulturellen Vergleich statistisch häufiger zu sein scheinen, werden in manchen Gesellschaften beide Typen vorgefunden, während Stammesschwesternschaften nur in wenigen vorkommen.

**Militärgesellschaften oder Kriegsbünde** stellen einen anderen Assoziationstypus dar, bei dem die Mitgliedschaft freiwillig und aus diesem Grunde *exklusiv* ist (d.h., es werden nur einige Individuen Mitglieder). Viele nordamerikanischen Indianer, vor allem die Prärieindianer, hatten starke Kriegsbünde.

**Geheimbünde** stellen ebenfalls ein Beispiel für freiwillige und exklusive Assoziationen dar. Die Mitglieder der Gruppen besitzen ein geheimes und esoterisches Wissen, das den Nichtmitgliedern versagt ist. Obschon wahrscheinlich jede Gruppe eine Art von „Geheimnis" hat, an dem ihre Mitglieder teilhaben, wird der Begriff *Geheimbund* gewöhnlich für solche Gruppen reserviert, deren Macht oder sozialer Einfluß sich aus ihrem „Geheimnis" ableitet oder auch für solche, in denen das „Geheimnis" für gewisse Zwecke nutzbar gemacht wird bzw. seinen Besitzern eine besondere Befähigung, etwa zur Krankenheilung oder Kriegführung, verleiht. Ein Beispiel dafür liefern die Assoziationen von Spezialisten für Krankenheilung bei den Indianern des Sia Pueblo im amerikanischen Südwesten, von denen White sagt (1962, S.136): „Die Bünde waren mit übernatürlicher Macht begabt und verfügten über Gesänge, Paraphernalia, Rituale und in manchen Fällen Tänze, durch welche diese Macht ausgedrückt oder für gewisse Zwecke, wie Krankenheilung, Jagd und Krieg, benützt wurde."

Schließlich stellen auch *Interessengruppen* einen Assoziationstypus dar. Dies sind Gruppen, die von Personen gebildet werden, die irgendein Ziel durchzusetzen versuchen oder die ein Sonderinteresse miteinander gemein haben.[7] Beispiele dafür aus unserer eigenen Gesellschaft sind der ADAC, der Börsenverein des deutschen Buchhandels, der BBV und die verschiedenen „Befreiungs"-Gruppen in den USA. Zwei weitverbreitete Formen von Interessengruppen in anderen Gesellschaften sind Vertragsfreundschaften und Handelspartnerschaften.

**Handelspartner** werden in Kapitel 10 als Beispiel für eine Form wirtschaftlicher Austauschbeziehungen erwähnt, die oftmals zwischen einem Hirtennomaden und einem Bewohner einer seßhaften Gemeinschaft eingerichtet werden. Aus diesem Grunde soll hier nichts weiter über diese Assoziationsform gesagt werden.

**Vertragsfreundschaft** (bzw. eine **Mehrzweck-Assoziation**) ist eine andere Form der reziproken Beziehung, die zwischen zwei Partnern von gleichem Sozialstatus eingerichtet wird, die das gleiche Geschlecht und ungefähr das gleiche Alter haben. Sie beinhaltet gegenseitige Verpflichtungen und Rechte, z.B. den Austausch von Geschenken und Gastfreundschaft (was auch das Ausleihen der Ehefrau einbeziehen kann), rechtliche, wirtschaftliche und emotionelle Unterstützung und so weiter. Ein Individuum kann mehrere Vertragsfreundschaften haben, die ihm als ein verläßliches Netzwerk von Personen dienen, an die er sich im Bedarfsfalle wenden kann. Sie erweitern also die Grenzen der Sozialbeziehungen, auf die man bauen kann, über den Bereich der Verwandtschaft hinaus.

---

[7] Einige Autoren haben zwischen *instrumentalen* und *expressiven* Assoziationen unterschieden. Erstere sind solche, in denen die Erreichung eines oder mehrerer Ziele den Hauptgrund für das Bestehen der Gruppe bildet. Letztere sind solche, bei denen die Gruppenmitgliedschaft ihren Lohn in sich trägt, die Individuen ihre wichtigste Befriedigung also durch ihre bloße Zugehörigkeit empfangen. Weil vermutlich alle Gruppen sowohl instrumentale als auch expressive Aspekte haben, und weil es oft schwierig oder unmöglich ist, diese auseinanderzuhalten, habe ich mich entschlossen, mich nicht auf diese Unterscheidung zu konzentrieren. (Für eine kurze Beschreibung von Assoziationen, bei denen beide Aspekte offenkundig sind, siehe Little 1957.)

# Ungleichheit oder soziale Schichtung

Die gesellschaftliche Organisation von einigen Gesellschaften, vor allem von jenen, deren Grundlage ein fortgeschrittener Bodenbau oder der Industrialismus bilden, ist von einem Prinzip der Ungleichheit geprägt. Eine weitere nichtverwandtschaftliche Methode der Ordnung sozialer Beziehungen ist also die **soziale Schichtung**, welche als ein System beschrieben werden kann, nach welchem Personen vermittels einer Serie von hierarchisch angeordneten sozialen Schichten (Klassen oder Kasten) klassifiziert werden, die verschiedenen Zugang zu Ressourcen, Gütern und Ausbildungsmöglichkeiten haben. Nach der Formulierung von Collins (1975, S. 349): „Individuen oder Gruppen von Individuen werden als Angehörige höherer oder niederer Schichten begriffen", wobei die höheren „mehr von den Annehmlichkeiten besitzen, die die Gesellschaft zu vergeben hat".

Ein anderer Autor (Haviland 1975, S. 222) hat in einer anerkannten Definition der Schichtung einige ihrer üblichen Elemente aufgezählt:

> hierarchisch angeordnete Gruppen mit relativ dauerhafter Position, die je nach ihrem Rang in der Hierarchie eine verschieden große Kontrolle der Machtmittel haben, durch kulturelle und individuelle Unterscheidungen voneinander getrennt sind und eine über ihren sozialen Standort hinausreichende Ideologie haben, welche die Rechtfertigung für das Gesamtsystem bietet. Solche Gesellschaften zeichnen sich durch einen relativen Grad an Ungleichheit der Belohnungen und Privilegien aus.

Ungeachtet der besonderen Attribute, die in einer Definition des Schichtungsbegriffes (über das Grundelement der verschiedenen Zugangsmöglichkeiten zu Ressourcen hinaus), angeführt werden können, scheint es klar zu sein, daß zwei Bedingungen erfüllt sein müssen, bevor es in einer Gesellschaft zu Schichtung kommen kann: (1) Es müssen irgendwelche lebenswichtigen Sachwerte (Ressourcen, Güter) vorhanden sein, die von einigen Gruppenmitgliedern kontrolliert oder monopolisiert werden können; und (2) es muß die Möglichkeit eines Überschusses bestehen.

Wie sich aus Teil II dieses Handbuches ganz klar ergibt, tritt soziale Schichtung in menschlichen Gesellschaften als Korrelat der technoökonomischen Komplexität auf. Je fortgeschrittener eine adaptive Strategie ist (d. h. je raffinierter die Ausbeutungstechniken sind, so daß immer mehr Ressourcen erschlossen werden können), desto wahrscheinlicher ist es, daß es zu einem Überschuß, beruflicher Spezialisierung, Monopolisierung hochgeschätzter Sachwerte, starkentwickelten politischen Systemen und sozialer Stratifikation kommt. Daher fehlt in Wildbeuter-Gesellschaften, obwohl es auf individuellen Charakteristiken beruhende Rangunterschiede gibt (wie z. B. Geschicklichkeit, Persönlichkeitszüge usw.), normalerweise die gesellschaftliche Schichtung. In den wenigen Jäger- und Sammler-Gesellschaften, die stratifiziert *sind*, wie z. B. bei den Nordwestküsten-Indianern, hängt dies mit dem Vorhandensein von Überschüssen und monopolisierbaren Ressourcen zusammen. Viel charakteristischer ist die gesellschaftliche Schichtung jedoch für die Gesellschaften mit produzierender Wirtschaftsform. Sie findet sich in verschiedenen Ausmaßen bei niederen Bodenbauern, Hirten, höheren Bodenbauern und in Industriegesellschaften. Das Vorhandensein von Schichtung und der weitreichende Gebrauch der Verwandtschaft zur Ordnung sozialer Beziehungen schließen einander nicht *notwendig* aus, wie meine obigen Bemerkungen implizieren könnten. In Teilen von Afrika und Polynesien sind zum Beispiel Verwandtschaftsgruppen (wie z. B. Klane und Lineages; siehe Kapitel 12) je nach ihrem unterschiedlichen Rang hierarchisch geordnet. Manchmal bedeutet diese Rangreihung verschiedene Zugangsmöglichkeiten zu Ressourcen, manchmal aber auch nicht.

## Kastensysteme und Klassensysteme

Man unterscheidet gewöhnlich zwei Haupttypen der Stratifikation: Klassensysteme und Kastensysteme.

Ein **Kastensystem** ist ein solches, in dem die Gesellschaft in eine Anzahl von hierarchisch angeordneten festgelegten Gruppen unterteilt ist, wobei die Gruppenmitgliedschaft durch die Geburt zugeschrieben wird (d. h., die Mitgliedschaft ist erblich). Der Beruf einer Person wird durch deren Kastenmitgliedschaft bestimmt; über die Art der Arbeit, die er oder sie verrichten wird, entscheidet der Zufall der Geburt. Kasten sind endogam, man darf also nur jemanden heiraten, der zur selben Kaste gehört (siehe Kapitel 13). Doch das Hauptkennzeichen, das ein Kastensystem von einem Klassensystem unterscheidet, ist, daß die Kastenmitgliedschaft durch die Geburt endgültig festgelegt wird. Anders ausgedrückt: In einem Kastensystem gibt es theoretisch wenig oder gar keine soziale Mobilität.

Ein **Klassensystem** zeichnet sich im Gegensatz dazu durch soziale Mobilität aus (wenn schon nicht in Wirklichkeit, dann doch zumindest in der Ideologie); eine Person kann theoretisch in der Klassenstruktur auf- oder absteigen. Wir können ein Klassensystem also definieren als eine Einteilung oder Anordnung der Gesellschaft in eine Serie von hierarchisch angeordneten Strata oder Ebenen, die sogenannten *Klassen*, deren Mitgliedschaft zwar anfangs durch die Geburt bestimmt ist, aber durch persönliche Leistung geändert werden kann. Eine Person ist nicht an irgendeinen besonderen Beruf gekettet, der ihm durch seine Geburt zugeschrieben wird, und es besteht keine formalisierte Regelung, daß man innerhalb der eigenen Klasse heiraten muß.

Kurz gesagt, ein Kastensystem kann als *geschlossen* beschrieben werden, während man ein Klassensystem *offen* nennen kann.

## Sozial Verachtete und Sklaven

Anläßlich der Besprechung der Ungleichheit sollten noch zwei weitere Bezeichnungen erwähnt werden: sozial Verachtete und Sklaven.

*Sozial Verachtete* (oder *Paria*) sind Personen, die vom normalen sozialen Umgang mit anderen Mitgliedern der Gesellschaft ausgeschlossen sind. Sie sind „Unberührbare", unreine und verunreinigende Personen, die aus dem System „hinausgeworfen" worden sind. Die Pariagruppe führt oft Arbeiten aus, die für die Gesamtgesellschaft nützlich oder sogar lebenswichtig sind, die aber niemand anderer übernehmen will, weil sie als schmutzig angesehen werden.

*Sklaven* sind im Gegensatz dazu Personen, die einen Platz in der Gesellschaft haben; sie sind von ihr nicht ausgeschlossen. Die Charakteristika, die gewöhnlich dazu benützt werden, die Sklaverei zu definieren, sind das Fehlen von reziproken Beziehungen zwischen Sklaven und Herren sowie die Ausübung von Eigentums- und Verfügungsrechten seitens des Herrn über die Person des Sklaven. Sklaverei ist keine auf Billigkeit beruhende Vertragsbeziehung. Sie ist eine Beziehung, in der der Großteil der Rechte beim Herrn und der Großteil der Pflichten beim Sklaven liegt. Ungeachtet dieser Definitionscharakteristika ist die Sklaverei jedoch eine variable Institution. In manchen Gesellschaften haben die Sklaven eine sehr niedrige, entwürdigende Stellung und werden wie Sacheigentum behandelt. In anderen, wie z.B. in großen Teilen Afrikas, wird der Sklave zu einem Mitglied des Haushaltes, und man behandelt ihn wie einen Verwandten, wobei er viele der Vorrechte genießt, die Verwandtschaft mit sich bringt. Bohannan (1964, S.105–108) erläutert folgendermaßen den Unterschied zwischen der Sklaverei in Afrika und in Europa (sowie Amerika) während des „Zeitalters der Entdeckungen":

> Sowohl die Europäer als auch die Afrikaner hatten zu dieser Zeit ... eine Tradition der Sklaverei, doch waren diese beiden Traditionen sehr verschiedener Art. Die afrikanische Sklaverei (die gewöhnlich als milde bzw. als Haus- oder Haushaltssklaverei bezeichnet wird) war eine mit wenigen Ausnahmen über den gesamten Kontinent verbreitete häusliche Institution. Die Haushaltssklaven sind insofern interessant, als ihr wirtschaftlicher Wert nicht das Wichtigste an ihnen war (obgleich sie von wirtschaftlichem Wert sein konnten – ebenso wie Hausfrauen). Es war eher ihr Wert als politische Gefolgsleute und als Prestigeindikatoren, der vorherrschend war.
>
> ... Das Wort „Sklave" in diesem Sinne bezeichnet Menschen, welche durch nichtverwandtschaftliche Bande, die Elemente der Dienstbarkeit einschlossen, an Haushaltsgruppen gebunden waren...

... Ein Sklave war daher eine Art Verwandter – mit von anderen Verwandten verschiedenen Rechten, nichtsdestoweniger aber doch eine Art Verwandter...
In Europa war die Sklaverei eine völlig andere Institution... Die europäische Sklaverei war von Anfang an vor allem etwas Wirtschaftliches – vielleicht wäre es besser zu sagen, daß die Haussklaverei die Ausnahme darstellte...
Besonders in der mittelalterlichen Welt war die vorherrschende Form der Abhängigkeit oder Dienstbarkeit kaum „Sklaverei" im afrikanischen Sinne, denn sie bestand in jener Institution, die die europäische Geschichte als „Hörigkeit" kennt...
Was nun im Sklavenhandel geschah, war, daß die wirtschaftlich bestimmte feudale Version der Dienstbarkeit des europäischen Bereichs auf die im Grunde milde, familiär bestimmte Sklaverei Afrikas traf. Wie viele andere Aspekte der Kultur trafen sie erstmals am Marktplatz aufeinander. Die Afrikaner sahen nichts Schlechtes im Verkauf von Sklaven. Die Europäer fanden nichts Böses daran, sie zu kaufen – in der Tat wurden die ersten Neger, die als Sklaven nach Europa kamen, eher wie Schuldsklaven behandelt, deren Sklavendienst durch Vertrag auf eine mehrjährige Periode beschränkt war. Aber die Vorstellung, die jede Kultur von der Rolle der Sklaven in der Welt hatte, war von der der anderen total verschieden. Der Nachschub an Sklaven wurde immer teurer, und der Sklavendienst wurde permanent. Aus dem Aufeinandertreffen beider und dem Entstehen neuer Staaten und neuer Wirtschaftssysteme ging eine neue Institution – die Sklaverei der Neuen Welt – hervor.

Die Verschiedenheit der in diesem Einleitungskapitel behandelten Themen – die damit keineswegs erschöpft sind – soll zeigen, daß die sozialen Beziehungen durch eine Vielzahl von Mechanismen geordnet werden können. Sie gliedern sich nicht in sauber voneinander trennbare Bereiche – Religion, Verwandtschaft, Wirtschaft und andere institutionelle Kategorien –, wie die Überschriften der verbleibenden Kapitel vermuten lassen könnten. Es ist fruchtbarer, eine Gesellschaft als ein kompliziertes Netzwerk von wechselseitig voneinander abhängigen und ineinander verschränkten Tätigkeitssystemen aufzufassen. Die Querverbindungen zwischen diesen Tätigkeitssystemen werden von den Sozialwissenschaftlern noch sehr ungenügend verstanden, obwohl es eine in sich noch wenig gefestigte Ansammlung von Theorien darüber gibt. In den Kapiteln 10 bis 14 werde ich mich daher vor allem mit den interkulturellen Variationen innerhalb dieser institutionellen Bereiche beschäftigen und nur gelegentlich auf ihre komplexen Beziehungen untereinander eingehen.

# Kapitel 10
# Wirtschaftliche Organisation

Für unsere Zwecke ganz allgemein definiert ist **Wirtschaft** die Aufteilung von Ressourcen, Gütern und Dienstleistungen auf alternative Ziele. Die Ökonomische Anthropologie befaßt sich damit, wie das Energiepotential des Habitates und der menschlichen Population genutzt wird; wie Güter und Dienstleistungen erzeugt, verteilt und verbraucht werden; sowie mit den sozialen Beziehungen und Verhaltensmustern, welche mit diesen Tätigkeiten verbunden sind, und den diesen entsprechenden Gedankensystemen.

Wenn wir die Wirtschaftsorganisation einer beliebigen Gesellschaft untersuchen, können wir demnach Fragen zu folgenden drei Hauptbereichen stellen: Produktion, Verteilung und Verbrauch.

## Produktion

Wie werden Güter und Dienstleistungen hervorgebracht? Welche natürlichen Ressourcen aus der Umwelt werden von der menschlichen Population genutzt, und wie setzt die Bevölkerung ihre Energie ein, um diese Ressourcen auszubeuten und in Güter umzuwandeln? „Die ökonomische Anthropologie versucht herauszufinden, wie die Aufgabe der Produktion unter den Mitgliedern der menschlichen Gesellschaften verteilt ist und ob Individuen oder Gruppen innerhalb einer Gesellschaft sich auf bestimmte Tätigkeiten spezialisieren oder nicht“ (Beals und Hoijer 1965, S. 451).

Wenn wir uns mit der Produktion in einer Gesellschaft befassen, gilt unser Hauptinteresse ihrer *Technologie* und ihrer *Arbeitsorganisation*. Die **Technologie** besteht aus den Werkzeugen und Techniken, die dazu gebraucht werden, die Ressourcen aus dem Habitat zu gewinnen und Güter und Dienstleistungen hervorzubringen. Über die Technologie wurde schon in den früheren Diskussionen der Ebenen der soziokulturellen Evolution gesprochen. Die **Arbeitsorganisation** – d.h. die Weise, in der sich die Menschen zum Zwecke der Arbeit organisieren – wurde desgleichen bereits in Umrissen besprochen. Wir stellten fest, daß in nichtindustrialisierten, nichtstaatlichen Gesellschaften eine *auf Geschlecht und Lebensalter beruhende Arbeitsteilung* allgemein ist, da es in solchen Gesellschaften mit ihren relativ einfachen Techniken des Nahrungserwerbs wenig oder gar keine berufsmäßige Spezialisierung gibt: Jeder Haushalt bzw. jede kleine Verwandtschaftsgruppe ist imstande, die verschiedenen lebenswichtigen Tätigkeiten durchzuführen. Aber wenn wir im evolutionären Kontinuum aufsteigen und andere ökologische Typen oder adaptive Strategien betrachten, dann finden wir, daß diese Form der Arbeitsteilung allmählich durch eine immer mehr zunehmende *Arbeitsspezialisierung* verdrängt oder absorbiert wird, je näher man der Urbanisierung, staatlichen Systemen und dem Industrialismus kommt, da die Techniken des Lebensunterhaltes immer vielfältiger und komplizierter werden. Weil diese neuen Techniken komplex sind und Fertigkeiten voraussetzen, die zu erlernen man Zeit braucht, werden sie zur Tätigkeit von Spezialisten – Menschen, die hauptberuflich eine Arbeit oder mehrere miteinander zusammenhängende Arbeiten ausführen.

## Verteilung

Wie werden die Güter und Dienstleistungen aufgeteilt? Hier stellen wir die Frage, wie die Produkte von Technologie und Arbeit innerhalb der Gesellschaft verteilt werden. Zuerst müssen wir jedoch ermitteln, welche Produkte zu öffentlicher Verteilung bestimmt sind, da manche Güter nur für den Gebrauch des Produzenten und seines oder ihres Haushaltes da sind. Zum Beispiel wird die in einer Wildbeutergesellschaft gesammelte Pflanzennahrung im allgemeinen nicht öffentlich verteilt, sondern verbleibt im Haushalt: Während hingegen das Fleisch eines getöteten Tieres im Lager verteilt wird. Wenn die wirtschaftliche Grundlage der Gesellschaft niederer Bodenbau ist und die Menschen vorwiegend Pflanzer sind, kann nur ein kleiner Anteil der produzierten Nahrung verteilt werden, während der Großteil des Ertrags vom Haushalt konsumiert wird.

Wenn wir einmal festgestellt haben, was zur Distribution bestimmt ist und was nicht, können wir uns mit den Distributionsmechanismen, den damit zusammenhängenden Mustern sozialer Interaktion und dem Regulierungssystem der Distribution befassen. Erfolgt die Distribution eher informell, durch allgemeines Miteinander-Teilen innerhalb der Gemeinschaft? Oder gibt es ein formelles Zeremonial, bei welchem zu diesem Zwecke gelagerte Güter zur Schau gestellt und verteilt werden? Oder gibt es ein auf individuellen, persönlichen Handelsbeziehungen beruhendes Austauschsystem oder gar ein Marktsystem?

### Verteilung innerhalb einer Gesellschaft

Der Wirtschaftshistoriker Karl Polanyi hat drei Arten der Aufteilung bzw. der Bewegung von Gütern und Dienstleistungen innerhalb einer Gesellschaft unterschieden (Polanyi 1959): (1) Reziprozität, (2) Redistribution, (3) Marktaustausch.

**Reziprozität.** Reziprozität wird häufig als Gabenaustausch bezeichnet. Sie stellt eine Form des Austausches dar, der oft zwischen Individuen von äquivalentem sozialem Status vorkommt. Oder, wie Otterbein (1972, S. 28) es ausgedrückt hat, Reziprozität „ist der Austausch von Gütern und Dienstleistungen zwischen Einheiten derselben Art, wie z. B. Individuen, Haushalten, Verwandtschaftsgruppen". Diese Tauschhandlungen folgen oft vorgegebenen Netzwerken sozialer Beziehungen, etwa den auf Verwandtschaft und Freundschaft beruhenden. Materieller Gewinn oder Profit scheint nicht der Gegenstand des reziproken Austausches zu sein. Der eine Austauschpartner versucht nicht, den anderen zu übervorteilen. Die Hauptfunktion des reziproken Austausches scheint vielmehr die neuerliche Bestätigung der zwischen beiden Teilen bereits bestehenden Beziehung zu sein. Die Reziprozität schafft keine Bindungen, trägt aber dazu bei, sie zu erhalten.

Sahlins (1965) hat auf dieser Grundlage noch drei Subtypen der Reziprozität unterschieden.

**Ausgeglichene (direkte) Reziprozität** ist eine Form des direkten Austausches, bei welchem Güter in zwei Richtungen fließen. Der eine Teil gibt dem anderen eine Gabe, wobei von diesem anderen Teil erwartet wird, daß er innerhalb einer bestimmten Zeit eine Gabe von äquivalentem Wert zurückgibt. Wenn kein Gut von vergleichbarem Wert zurückgegeben wird, leidet die Beziehung Schaden.

**Generalisierte (verzögerte) Reziprozität** ist eine Austauschform, bei der die Güter vorwiegend in eine Richtung fließen. Man braucht keine Gegengabe von gleichem Wert, um eine bestimmte Gabe auszugleichen. Statt dessen gewinnt der Geber Prestige und Respekt als Lohn für seine Freigiebigkeit. Die Verteilung des Fleisches in dem wohlbekannten ethnographischen Film *The Hunters* bietet ein Beispiel für generalisierte Reziprozität. Dort gab es keine unmittelbare Gegenleistung von gleich großem Wert für das verteilte Fleisch. Langfristig gesehen gleichen sich die Konten jedoch aus, da der Jäger, der heute Erfolg gehabt hat, ein anderes Mal erfolglos bleiben kann, aber trotzdem Fleisch bekommen wird, wenn es einem anderen gelingt, ein Tier zu töten.

Nach Sahlins (1965, S. 148–149) ist **negative Reziprozität** „der Versuch, straflos etwas für nichts zu bekommen". Dieser Begriff bezieht sich auf die „unpersönlichste Form des Austausches", bei welchem „die Teilnehmer einander als Vertreter gegensätzlicher Interessen gegenüberstehen, wobei jeder danach trachtet, zu Lasten des anderen seinen eigenen Nutzen zu maximieren". Das Ziel der negativen Reziprozität ist der „nicht durch Arbeit verdiente Mehrertrag". Eigennutz und Profitmacherei sind der Inhalt der negativen Reziprozität. Sie wird aus diesem Grunde die vorherrschende Art der wirtschaftlichen Interaktion zwischen Fremden sein (sowie die Gestalt, in der der Handel zwischen einzelnen Gesellschaften vornehmlich stattfindet), im Gegensatz zur ausgeglichenen oder zur generalisierten Reziprozität, die eher zwischen Verwandten und Freunden vorherrscht. (Die Natur der negativen Reziprozität bringt es also mit sich, daß sie aus dem gewöhnlichen Gebrauch von *Reziprozität,* wie dieser Begriff oben allgemein beschrieben wurde, herausfällt.)

**Redistribution.** Redistribution bezeichnet einen Austauschmodus, bei welchem Güter und Dienstleistungen einem Verwaltungszentrum abgeliefert und von diesem wiederum ausgeteilt werden. So zum Beispiel bringen die Mitglieder der Bevölkerung mit den Steuern, welche als eine Art von Tribut aufgefaßt werden können, einen Anteil an den Produkten ihrer Arbeit (etwa in Form von Geld) einer Regierungsstelle dar. Diese Mittel werden zusammengelegt und danach wieder in der Bevölkerung verteilt. In geldlosen Wirtschaftsordnungen können solche Güter die Form von Bodenbauprodukten, wie z.B. Jamswurzeln, haben, die einem Dorfoberhaupt dargebracht und dann während eines Gemeinderituals wieder verteilt werden.

**Marktaustausch.** Dieser Austauschmodus bezeichnet den „Organisationsprozeß des Kaufs und Verkaufs zu Geldpreisen, welcher den Umsatzmechanismus für materielle Produkte, Arbeit und natürliche Ressourcen darstellt" (Dalton 1968, S. 144). Diese Austauschform beruht mit anderen Worten auf dem Prinzip von „Angebot und Nachfrage". Genaugenommen gibt es Marktaustausch nur dort, wo es ein als Maßstab dienendes monetäres System – etwas, das den Wert eines Objektes oder einer Dienstleistung repräsentieren kann – sowie ein Autoritätssystem gibt, das imstande ist, die Einhaltung vertraglicher Vereinbarungen durchzusetzen – mit anderen Worten, einen Staat oder ein staatsähnliches System (siehe Kapitel 11).

Diese drei Austauschmodi schließen sich gegenseitig nicht aus. Alle drei können in derselben Gesellschaft vorgefunden werden, bei jeweils verschiedenen Transaktionen. Wenn wir übermäßig vereinfachen und die Austauschmodi in eine Art von evolutionärer Perspektive stellen wollen, können wir sagen, daß Reziprozität der vorherrschende Austauschmodus bei Jägern und Sammlern und niederen Bodenbauern ist, wiewohl sich bei ihnen auch die Redistribution in verschiedenen Ausmaßen vorfindet. Redistributiver Austausch herrscht im allgemeinen bei fortgeschritteneren Bodenbauern und Hirtennomaden vor, obzwar bei ihnen auch schon Marktaustausch aufzutreten beginnt und die Reziprozität weiterhin verschiedene weniger bedeutsame Transaktionsformen reguliert. In Ackerbau treibenden und in Industriegesellschaften wird das Marktprinzip vorherrschend, mit Redistribution als einer wichtigen komplementären Austauschform, wohingegen die Reziprozität eine untergeordnete Stellung einnimmt.

## Austausch zwischen Gesellschaften

Diese drei Distributionsmodi werden verwendet, um den Fluß der Güter innerhalb einer Gesellschaft zu charakterisieren, der als *intrasozietale Austausch* oder als *Binnenhandel* bezeichnet werden kann. Aber es gibt auch einen Fluß von Gütern zwischen Gesellschaften, dies ist der *intersozietale Austausch* oder *Außenhandel*. Leider hat niemand eine übersichtliche Klassifikation intersozietaler Austausche vorgeschlagen, die Polanyis Klassifikation der intrasozietalen Austausche vergleichbar ist. Es ist jedoch möglich, die drei Austauschmodi von Polanyi zur Ordnung einer Darstellung des intersozietalen Austausches heranzuziehen – wenn man auch den Gegebenheiten ein wenig Gewalt antun muß, um sie in diese Kategorien einzupassen, was stets eine gefährliche Praktik ist.

**Reziprozität zwischen Gesellschaften: einfacher Handel.** Dies ist eine Form des Handels zwischen Individuen aus einer Gesellschaft und solchen aus einer anderen, bei dem es kein Marktsystem und keinen monetären Maßstab gibt. Sie beinhaltet den Austausch einer Art von Gütern gegen eine andere. „Weil die ausgetauschten Güter gewöhnlich gering an Zahl sind und keine großen Mengen von Material betroffen sind, sind weder Märkte noch andere ausgebildete Verfahrensweisen beim Handel notwendig. Die Handelskontakte bestehen gewöhnlich zwischen Individuen, die sich in unregelmäßigen Abständen zu diesem Zweck treffen..." (Beals und Hoijer 1965, S. 461). Zu einem solchen Handel kann es kommen, weil die Ressourcen eines Gebietes nicht allen darin lebenden Menschen in gleicher Weise verfügbar sind oder weil sich die am Handel beteiligten Gesellschaften auf jeweils verschiedene Formen der Nahrungsbeschaffungstechnik spezialisiert haben. So können Jäger und Sammler mit Bodenbauern Güter austauschen oder Hirtennomaden mit seßhaften Bauern entlang ihrer Wanderrouten. Die Prärieindianer tauschten z. B. Fleisch gegen von den Bodenbau treibenden Puebloindianern produzierte Körnerfrüchte.

*Stummer Tauschhandel* ist eine Form des Austausches, bei der sich die Handelspartner nicht persönlich treffen. Ein wohlbekanntes Beispiel stellen die Mbuti-Pygmäen des Ituri-Waldes in Zentralafrika dar. Diese stehen in Handelsbeziehungen mit ihren Bantu sprechenden Nachbarn. Die Pygmäen sind Jäger und Sammler, die Bantu Pflanzer. Die Pygmäen versorgen die

Bantu mit Fleisch, Häuten, wilden Früchten und anderen Gütern: Als Gegenleistung liefern die Bantu den Pygmäen Feldfrüchte und Eisenwerkzeuge. Soweit ist dies ein Beispiel für eine einfache Handelsbeziehung. Sie wird jedoch *stummer Tauschhandel* genannt, weil die Form des Austausches nur ein Minimum an Kontakt oder gar keinen Kontakt zwischen den Austauschpartnern nötig macht. Güter werden an bestimmten Orten in der Nähe der Bantusiedlungen niedergelegt; die Pygmäen kommen aus dem Wald (manchmal in der Nacht), nehmen die Güter an sich und lassen dafür Güter von angemessenem Wert zurück, welche sich die Bantu dann holen, wenn die Pygmäen in den Wald zurückgekehrt sind.

*Handelspartner* ist ein Begriff zur Bezeichnung einer persönlichen, aber formalen Austauschbeziehung zwischen zwei Individuen aus verschiedenen Gesellschaften. Sie besteht sehr häufig zwischen Nomaden und Seßhaften. Ein Hirtennomade, den wir Individuum A nennen wollen, ist nicht imstande, alle seine Bedürfnisse aufgrund der Tierhaltung zu befriedigen und schließt daher eine besondere institutionalisierte Freundschaft mit B, der als Seßhafter in einem Dorf lebt, das am Rande der Wanderroute des Hirten liegt. Ein- oder zweimal im Jahr hält sich A mit ziemlicher Sicherheit in der Nachbarschaft von B auf. Zu dieser Zeit kann A sein Hirtenlager verlassen und Milch und Milchprodukte (etwa Käse), Häute und gelegentlich auch ein lebendes Tier mit sich nehmen, um dies mit B gegen Getreide, Metall für Waffen, möglicherweise gewobene Stoffe etc. auszutauschen. Jeder Teil erhält also vom anderen hergestellte Produkte. A kann mehrere Handelspartner in verschiedenen Siedlungen entlang seines üblichen Wanderweges haben; B wird ähnliche Austauschbeziehungen mit mehreren anderen Hirten unterhalten, die regelmäßig an seinem Dorf vorbeikommen. Jeder von ihnen kann daher einigermaßen sicher mit einem verläßlichen Nachschub „fremder" Güter rechnen. Darüber hinaus werden solche Partnerschaften in kommenden Generationen fortgesetzt: Das heißt, daß die Kinder von A höchstwahrscheinlich eine Freundschaft dieser Art mit den Kindern von B schließen werden.

Wir können diese Analogie sogar ausweiten, um die Ausführungen von Sahlins über ausgeglichene und generalisierte Reziprozität mit hereinzunehmen. Manchmal tauschen der Hirte und der Seßhafte die Güter direkt und sofort aus, oft wird der Austausch aber verzögert (bis zu mehreren Jahren), weil ein Teil (gewöhnlich der Hirte) ihn nicht sofort erwidern kann.

**„Redistribution" zwischen Gesellschaften.** Ich verfahre vielleicht etwas zu schematisch, wenn ich diesen zweiten Modus *Redistribution* nenne, da es in Wirklichkeit beim intersozietalen Handel keine Parallele zur Redistribution innerhalb einer Gesellschaft gibt. *Raubzüge* und *Schutztribute* sind die Formen intersozietalen Austausches, die diesem Modus am nächsten kommen, obwohl sie in Wirklichkeit eher Formen der negativen Reziprozität sind.

Hirtennomaden oder Wildbeuter, wie die Prärieindianer, können Raubzüge um gewisser Güter willen gegen Bodenbau treibende Gemeinschaften durchführen, statt mit ihnen in friedliche Austauschbeziehungen zu treten. Oder die Räuber können von der seßhaften Gemeinschaft Tribut dafür einfordern, daß sie keine Raubzüge mehr gegen sie durchführen und sie vor anderen Räubern schützen.

**Marktaustausch.** Schließlich können Gesellschaften Handelsbeziehungen unterhalten, die auf einem Marktprinzip beruhen, wobei der Austausch von Gütern und Dienstleistungen vermittels einer Geldwirtschaft vollzogen wird. Dies ist natürlich der vorherrschende Austauschmodus zwischen modernen industrialisierten Nationalstaaten.

## Verbrauch

Wie werden Güter und Dienstleistungen konsumiert? Wie werden also die Produkte, die verteilt worden sind, letztendlich gebraucht, welches sind die Verhaltensmuster, die mit diesem Gebrauch zusammenhängen, und welches sind die Regeln oder kulturellen Prinzipien für den Gebrauch oder Verbrauch von Produkten?

„In vielen Gesellschaften, deren Techniken der Produktion und Verteilung sehr einfach sind, finden Produktion, Verteilung und Verbrauch innerhalb einer sehr kleinen Gruppe statt, deren Mitglieder in täglichem persönlichen Kontakt miteinander leben" (Beals und Hoijer 1965, S. 452). Leider haben die Anthropologen dem Verbrauch wesentlich weniger Aufmerksamkeit geschenkt als der Produktion und der Verteilung. Daher können hier nur wenige Allgemeinaussagen angeführt werden. Um Beals und Hoijer noch einmal zu zitieren: „In Gesellschaften ohne echte Arbeitsteilung (d.h. Spezialisierung) und ohne wesentlichen Binnen- und Außenhandel (z.B. viele Jäger und Sammler und niedere Bodenbauer) sind die Verbrauchsmuster gewöhnlich innerhalb der gesamten Gesellschaft einheitlich." Weil nur sehr wenig oder gar kein Überschuß produziert wird, „verfügt jede Einheit der Gesellschaft über ungefähr gleich viel wie ihre Nachbarn, und keine Gruppe gelangt zu materiellem Reichtum oder zu irgendwelchen Formen von demonstrativem Konsum".

Mit der Herausbildung einer komplexeren Technologie und Arbeitsspezialisierung und dem Anwachsen von Binnen- und Außenhandel entwickelt sich jedoch auch soziale Stratifikation, und die Strata fangen an, sich durch verschiedene Verbrauchsmuster voneinander abzuheben. Die verbrauchten Güter, das Ausmaß und die Art ihres Verbrauchs usw. dienen dazu, den sozialen Status zu unterstreichen und die Besitzenden von den „Habenichtsen“ zu unterscheiden. Dieses allgemeine Bild von den Verbrauchspraktiken sollte niemanden überraschen, der bis hierher gelesen hat, da es dem früher gegebenen Überblick über die Entwicklung von gewöhnlich egalitären Jägern und Sammlern zur Ungleichheit in staatlichen Systemen entspricht und mit der Ansammlung von Überschuß parallel geht.[1]

[1] Dies ist wieder eine geeignete Stelle, das Problem des Potlatsch bei den Nordwestküsten-Indianern aufzuwerfen und die Leser dazu aufzufordern, das Vorkommen dieser Form von demonstrativem Konsum in einer Gesellschaft von Jägern, Sammlern und Fischern zu erklären. Die Ausführungen von Harris (1975 a, S. 111–130) sind in dieser Hinsicht besonders anregend.

# Kapitel 11
# Politische Organisation

**Politische Organisation** bezieht sich auf die Mittel der Erhaltung von Ordnung und Konformität in einer Gesellschaft.[1] Sie beinhaltet die Zuteilung von Macht und Autorität[2], um über die persönliche Ebene hinausgehende

---

[1] Eine solche Beschreibung kann natürlich auf fast alle strukturierten Tätigkeiten in einer Gesellschaft ausgedehnt werden: Die Prinzipien verwandtschaftlichen Verhaltens haben die Funktion, Ordnung und Konformität aufrechtzuerhalten; ähnliche Funktionen haben die Religion, die Kinderaufzucht und Sozialisierungspraktiken. Es ist ja in der Tat fast unmöglich – besonders in primitiven Gesellschaften – klar zwischen Verhaltenssphären zu unterscheiden und die eine als *Wirtschaft,* die andere als *Politik* und wieder eine andere als *Religion* zu etikettieren. Wir Bürger moderner Industriestaaten sind daran gewöhnt, in Abteilungen zu denken, und wir setzen sogar einen gewissen Stolz darein, unsere verschiedenen Tätigkeiten voneinander zu trennen (wir vermeiden es, „Arbeit und Vergnügen zu mischen" oder „unsere Bürosorgen mit nach Hause zu bringen"; wir rühmen den Gedanken der „Trennung von Kirche und Staat"). Das Verfahren, das Handeln in verschiedene Bereiche aufzugliedern, ist als *Differenzierung* bezeichnet worden. Wenn man von diesem Vorgang auf gesamtgesellschaftlicher Ebene spricht, wird er *Institutionendifferenzierung* genannt; wenn individuelles Verhalten damit gemeint ist, nennt man ihn *Rollendifferenzierung.*
In nichtindustriellen, nichtstaatlichen Gesellschaften jedoch bilden die Leute, die miteinander arbeiten, essen, spielen und Kulthandlungen durchführen, ein und dasselbe Kollektiv – oder doch zumindest einander überschneidende Kollektive; und es fällt schwer, eine Tätigkeit als *wirtschaftlich* zu etikettieren, wenn sie ebensogut *politisch* oder *religiös* ist wie irgend etwas anderes. Alle diese Verhaltenssphären sind wechselseitig voneinander abhängig und durchdringen einander. Anthropologen bezeichnen dieses Phänomen als die *Multifunktionalität der Institutionen* (oder *der Rollen*).
Ich erwähne dies, um dem Leser bewußt zu machen, daß die Einteilung dieses Buches in Kapitel mit der Überschrift „Wirtschaftliche Organisation", „Religion" usw. nur ein Verfahren zur Erleichterung der Darstellung ist und daß solche Einteilungen, obgleich sie traditionell sind, doch auf willkürlichen Kriterien beruhen.

[2] Es wird nützlich sein, daß ich zu Beginn dieses Kapitels die grobe Unterscheidung, die ich zwischen Macht und Autorität mache, verdeutliche. **Macht** bezieht sich im Grunde auf die Fähigkeit, Menschen zu manipulieren, wohingegen **Autorität** das anerkannte „Recht" zur Ausübung von Macht, der „legitime" Gebrauch der Macht, ist. Der Psychologe Thomas Gordon stellt fest (1970, S. 191–192): „Macht ist kein ‚Einfluß' im Sinne des Überredens, Überzeugens, Erziehens oder Motivierens einer (Person), sich auf eine gewisse Weise zu verhalten. Es ist vielmehr so, daß Macht ein Verhalten entweder *erzwingt* oder *verhindert.*" Wenn die Macht einer Person oder Gruppe, das Verhalten anderer zu manipulieren, von der Gesellschaft als „richtig" oder „angemessen" gebilligt wird, dann sagen wir, daß diese Person oder Gruppe „Autori-

Entscheidungen zu treffen, d.h. also Entscheidungen, welche die Gruppe (den „sozialen Körper") als Ganzes betreffen. Sie bietet die Struktur, in deren Rahmen Entscheidungen über die politische Ordnung einer Gesellschaft getroffen und in die Tat umgesetzt werden. Außer ihrer Beschäftigung mit solchen Angelegenheiten *innerhalb* der Gesellschaft hat es die politische Organisation auch damit zu tun, wie eine Gesellschaft ihre Angelegenheiten im Hinblick auf andere Gruppen ordnet, d.h. also mit deren intersozietalen oder äußeren Angelegenheiten.

Der leichteste Weg, einen kurzen, allgemeinen Überblick über die Variationsbreite politischer Systeme zu geben, besteht in der Zugrundelegung eines evolutionären Bezugsrahmens. Die folgende Taxonomie beruht auf der von Elman Service (1962, 1966) vorgeschlagenen.

## Horden

Die Hordenorganisation (Abb. 11.1a) ist für die meisten Wildbeutergesellschaften kennzeichnend. Die Horde ist eine einfache, flexible Gruppe ohne permanentes Führeramt. Die Führerschaft gehört statt dessen zum Typus Erster-unter-Gleichen (siehe die Besprechung des *primus inter pares* in Kapitel 4). Niemand erteilt Befehle aufgrund festumrissener Amtsgewalt; die Mitglieder der Gruppe – die gewöhnlich klein ist (im allgemeinen werden Zahlen von fünfzig oder weniger Individuen angegeben) – kommt vielmehr zusammen und bespricht ein Problem, wobei jede Person ihre Meinung frei äußern kann, und die Entscheidung erfolgt durch Gruppenkonsens. Da Wildbeuter selten Kriege führen, werden Autoritätspositionen auch nicht durch Führerschaft bei Kriegshandlungen erreicht.

Im allgemeinen können wir in Horden organisierte Gesellschaften dadurch kennzeichnen, daß theoretisch alle Mitglieder Anteil an der Willensbildung haben und daß wenig oder gar keine Schichtung besteht. Innerhalb der Gruppe sind die Führungsrollen tendenziell informell und vorwiegend auf Persönlichkeitscharakteristiken begründet. Außerdem gibt es keine umfassende politische Organisationsform, die die verschiedenen Horden zu einer größeren Struktur vereinte; jede Horde ist politisch autonom. Die Gesellschaft hängt in sich vermittels des Netzwerkes der interpersonellen Bezie-

tät" hat. Um ein Beispiel zu geben, ich kann Sie wahrscheinlich zwingen, sich zu verhalten, wie ich wünsche, wenn ich ein geladenes Gewehr gegen Sie richte. Das ist Macht. Solange ich jedoch kein gesetzlich anerkannter Ordnungshüter bin und Sie kein Gesetzesbrecher sind, ist das nicht Autorität. (Für eine systematische Erörterung der Begriffe Macht und Autorität sowie deren Untergliederung in Subtypen vgl. Manicas 1974, S. 1–31.)

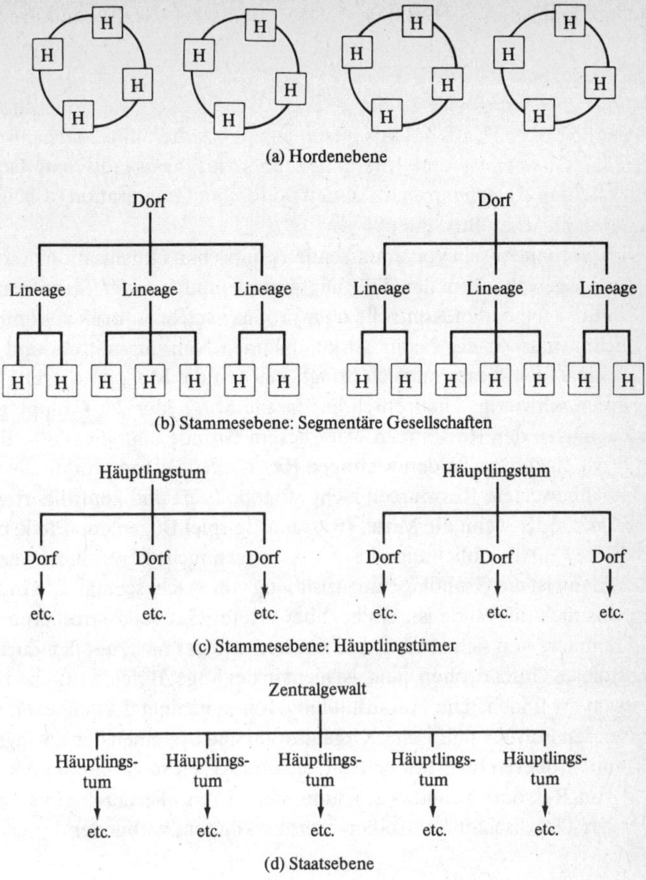


*Abbildung 11.1:* Politische Strukturen. (a) Hordenebene; politisch autonome nomadische Lager, von denen jedes aus mehreren Haushalten (H) besteht. (b) Stammesebene; Segmentäre Gesellschaften. (c) Stammesebene; Häuptlingstümer. (d) Staatsebene; anstelle der Häuptlingstümer können auch andere Unterteilungen treten.

hungen zusammen – durch Bande der Verwandtschaft, Heirat und Freundschaft, des Handels oder der Gastfreundschaft. Wie Beals und Hoijer feststellen (1971, S. 198), sind „Wildbeuter ... vorwiegend als selbstgenügsame Familiengruppen organisiert oder öfter auch als lockere Konföderationen von Familien oder Horden. Dementsprechend beruhen ihre Mechanismen der sozialen Kontrolle und Interaktion eher auf Verwandtschaft (sowie Freundschaft und Nachbarschaft) als auf politischer Organisation (d. h. einer formalen politischen Struktur)."
Das Nichtvorhandensein von umfassenden politischen Organisationen sowie von Zwangsgewalt, formalen Führungsämtern und sozialer Stratifikation hängt mit der fehlenden Kontrolle über produktive Ressourcen zusammen. Das Suchen nach in der Natur vorkommenden Nahrungsmitteln und der Nomadismus, den dieses mit sich bringt, machen die Monopolisierung von Ressourcen schwierig. Theoretisch haben alle Mitglieder der Gruppe gleichen Zugang zu den Ressourcen. Aus diesem Grunde fehlt die Vorstellung eines Privateigentums an den wichtigen Ressourcen. Wenn produktive und sozial hochbewertete Ressourcen nicht monopolisiert und kontrolliert werden können, oder wenn die Mittel (wie zum Beispiel Bögen und Pfeile oder Grabstöcke) zur Erschließung dieser Ressourcen nicht kontrolliert werden können, dann ist die Grundlage zur Ausübung von Macht schmal. Ein Individuum, das nicht imstande ist, ein hochbewertetes Gut zu kontrollieren und dadurch andere von sich abhängig zu machen und das nicht mit der Zurückhaltung dieses Gutes drohen kann, ist nicht in der Lage, Befehle zu geben und Gehorsam zu finden. Die Herausbildung von zunehmend komplexen und umfassenden Formen politischer Organisation und Systemen der Zwangsgewalt ist mit größeren Investitionen in Land und Arbeit sowie mit der Abhängigkeit von Ressourcen und Ausbeutungstechniken, die durch einige Mitglieder der Gesellschaft kontrolliert werden können, verbunden.

## Stämme

Die Stammesorganisation ist kennzeichnend für die meisten niederen Bodenbauer und Hirtennomaden. Die Stämme sind den Horden insofern ähnlich, als es in Stammesgesellschaften keine allumfassende, zentralisierte politische Autorität gibt, welche für sämtliche Stämme einer solchen Gesellschaft zuständig wäre. Die Stammesgesellschaften werden daher als *akephal* – das bedeutet „ohne Kopf" – bezeichnet. Außerdem sind Stammesgesellschaften durch das Ineinanderübergehen ihrer Institutionen gekennzeichnet: Wirtschaft, Politik, Verwandtschaft, Religion und so weiter sind nicht separat organisiert. Diese bilden in Stammesgesellschaften „nicht so sehr verschiedene

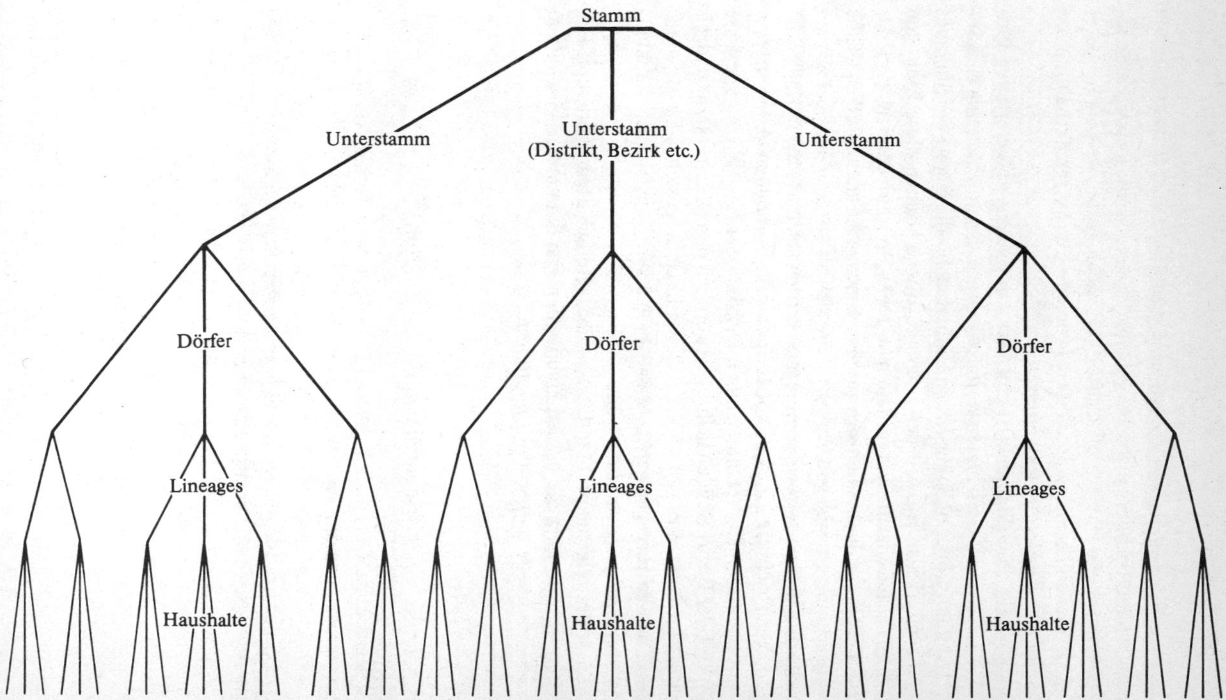


*Abbildung 11.2:* Idealstruktur eines Stammes

Institutionen als vielmehr verschiedene *Funktionen* derselben Institution: [Sie sind] verschiedene Dinge, die eine [Verwandtschaftsgruppe] beispielsweise verrichten kann" (Sahlins 1968, S. 15). Aber ein Stamm ist insofern einem Staate vergleichbar, als die Probleme, die die Stammesorganisation lösen muß, jenen von Staatsgesellschaften vergleichbar sind; weil die Bevölkerungen größer und dichter sind, sind die Probleme der Aufrechterhaltung von Ordnung und Konformität komplexer.

Die Struktur eines Stammes ist eine Art von Bau aus vorgefertigten Elementen. Kleine Einheiten bilden vermittels ihrer Zusammensetzung eine Serie von immer größeren, inklusiveren Einheiten, bis die Ebene des Stammes als Ganzem erreicht ist. Auf der untersten Ebene können diese Einheiten zum Beispiel aus einzelnen Haushalten bestehen. Verschiedene miteinander verwandte Haushalte können sich zu einer Lineage zusammensetzen. (Eine Lineage ist eine Gruppe von Personen, die sich als von einem gemeinsamen Ahnen abstammend betrachtet. Lineages werden ausführlicher in Kapitel 12 besprochen.) Mehrere Lineages können dann ein Dorf bilden. Alle Dörfer in einem bestimmten Gebiet bilden einen Distrikt oder Bezirk. Und alle diese Distrikte oder Bezirke bilden in ihrer Gesamtheit den Stamm.[3] (Diese Idealstruktur eines Stammes ist in Abb. 11.2 graphisch dargestellt.) Es ist jedoch wichtig, sich zu vergegenwärtigen, daß es auf der höchsten, der Stammesebene, *keine zentrale Autorität* gibt.

Dies ist der allgemeine Plan für Stammesgesellschaften überhaupt. Betrachten wir nun kurz die beiden Haupttypen von Stammesgesellschaften: *segmentäre Gesellschaften* und *Häuptlingstümer.*

## Segmentäre Gesellschaften

Eine segmentäre Gesellschaft (Abb. 11.1b) besteht aus einer Anzahl unabhängiger Lokalgemeinden, die als die *primären Segmente* bezeichnet werden. Dies können Dörfer oder Gehöfte sein, sehr häufig aber sind es, vor allem in Afrika, Lineages (daher der Name *Segmentäres Lineage-System* für diesen Organisationstypus). Die primären Segmente sind, wie schon der Name sagt, die kleinsten signifikanten Einheiten der segmentären Struktur und bilden die wichtigsten Bezugseinheiten für wirtschaftliche, politische und religiöse Aktivitäten. Mit anderen Worten, die meisten Angelegenheiten des sozialen Lebens werden auf der primären Ebene besorgt.

[3] Politische Allianzen können sich über die Stammesgrenzen hinaus auf andere Stämme erstrecken und damit zu einer *Stammeskonföderation* führen (wie dies bei der Liga der Irokesen in Nordamerika der Fall war).

In der Terminologie von Sahlins (1968) sind die primären Segmente – und in der Tat auch alle Einheiten auf irgendeiner Ebene – in einer segmentären Gesellschaft *strukturell und funktional äquivalent* sowie *politisch gleichrangig*.

*Strukturelle Äquivalenz* bedeutet ganz einfach, daß die Einheiten, die in einem Plan der Organisation der Gesellschaft beziehungsweise in einer graphischen Darstellung der Anordnung ihrer Teile auf derselben Ebene stehen, als Strukturen oder als Bausteine des Ganzen untereinander austauschbar sind.

*Funktionale Äquivalenz* bedeutet, daß jede Einheit bzw. jedes primäre Segment „in ökonomischer und in anderer Hinsicht für sich dasjenige tut, was auch die anderen Segmente für sich selbst tun" (Sahlins 1968, S. 21). Es erfüllen also alle Einheiten für sich selbst die gleichen Funktionen.

*Politische Gleichrangigkeit* erweist sich durch die Vorstellung, daß kein Segment einer Ebene besser ist als irgendein anderes Segment auf dieser Ebene; keines ist höherstehend oder politisch dominant. Kein Segment hat Autorität über irgendein anderes vergleichbares Segment; jedes ist in politischer Hinsicht unabhängig von den anderen. Wie Sahlins (1968, S. 21) sagt: „Eifersüchtig über ihre eigene Souveränität wachend, erkennen sie kein höheres politisches Ziel an, das ihren Sonderinteressen übergeordnet oder entgegengesetzt wäre. Bestimmte Gruppen können sich zeitweilig und für einen besonderen Zweck, wie z. B. eine militärische Unternehmung, miteinander verbünden, doch besteht ein solcher Kollektivgeist nur vorübergehend. Wenn der Zweck, zu dem sie entstanden ist, erfüllt worden ist, löst sich die Allianz auf, und der Stamm kehrt zu seinem normalen Zustand der Uneinigkeit zurück."

Nichtsdestoweniger gibt es im Hintergrund, unbeschadet der Neigung zu eifersüchtigem Separatismus, ein Gefühl ethnischer oder kultureller Verbundenheit. Die Identität der Stammesgesellschaft ist in gewissem Maße durch die Ähnlichkeiten von Sprache und Brauch gegeben, welche die verschiedenen Segmente zu einem lockeren Ganzen verbinden und dieses von anderen Völkern mit anderen Sprachen und Bräuchen unterscheiden. Es gibt eine gewisse Vorstellung, daß sie alle untereinander ähnlich, daß sie „ein Volk" sind. Gewöhnlich gibt es auch so etwas wie einen Begriff der historischen Identität.

**Politische Führer in segmentären Gesellschaften.** Es gibt zwei grundlegende Führungsrollen in segmentären Gesellschaften, welche die Anthropologen mit den Begriffen *Ältester* (manchmal auch *Dorfoberhaupt*) und *Big Man* bezeichnen. Beide treten natürlich auf der lokalen Ebene des primären Segmentes auf, da die Macht in solchen Gesellschaften auf dieser Ebene in Erscheinung tritt. Ich wiederhole: Die Stammesorganisation ist akephal, d.h., es gibt in ihr keine Zentralgewalt.

Der **Älteste** (oder auch Dorfoberhaupt) ist das Haupt einer Lokalgemeinde – das Haupt einer Lineage, eines Gehöftes oder eines Dorfes. Seine Stellung ist ein innerhalb der Gruppe anerkannter Status; sie ist eine offizielle Position. Insofern unterscheidet sie sich von der Führung vom *primus-inter-pares*-Typ, wie sie in Gesellschaften mit Hordenorganisation auftritt. Außerdem unterscheidet sie sich von der *primus-inter-pares*-Führung darin, daß die Position des Ältesten ein Amt ist, welches durch gewisse Nachfolgeregelungen bestimmt wird – selbst wenn diese Regelungen minimal oder unbestimmt sind und durch Erwägungen anderer Art außer Kraft gesetzt werden können. So zum Beispiel kann die ideale Sukzessionslinie vom Vater zum Sohn oder vom Bruder zum Bruder oder vom ältesten Mann in der Gruppe zum ältesten Mann verlaufen. Was immer die Besonderheit der idealen Sukzession auch sein möge, ist es doch wichtig im Gedächtnis zu behalten, daß, obgleich die Abstammung oder dergleichen wesentlich für die Qualifikation einer Person für das Amt sein kann, doch deren persönliche Eigenschaften im allgemeinen den Ausschlag geben. Die Ältestenschaft oder Oberhauptschaft ist also der *primus-inter-pares*-Führerschaft insofern ähnlich, als sich der Älteste oder das Dorfoberhaupt durch Erfolg bei seinen Tätigkeiten, durch einen gewissen Besitz, durch Gerechtigkeit in seinen Schiedssprüchen, durch Zurückhaltung seiner Aggressivität, durch seine Fähigkeit, in anderen Loyalität zu erwecken und dergleichen auszeichnen muß. Mit anderen Worten, wenn auch ein Mann der legitime Nachfolger für dieses Amt sein mag, muß er diese seine Stellung doch damit rechtfertigen, daß er die allgemein bewunderten persönlichen Qualitäten aufweist; denn man muß sich vergegenwärtigen, daß er die Gruppe nicht „beherrscht", sondern als Sprecher und Ratgeber, Ritualleiter, Koordinator wirtschaftlicher Tätigkeiten und vielleicht als militärischer Führer an ihrer Spitze steht. Er kommandiert die Leute nicht herum; nicht diese Art von Autorität ist es, über die er verfügt. Wie Sahlins (1968, S. 21) es ausdrückt: „Ein Wort von ihm genügt, und jeder tut, was ihm gefällt."[4] (Eine Zusammenfassung der Charakteristiken verschiedener Ty-

[4] Ich habe den anthropologischen Standardbegriff *Häuptling* – im Gegensatz zu *Oberhaupt* – verwendet, weil dieser letztere eine irreführende Bezeichnung für diese Art von Häuptlingstum in kleinem Maßstabe wäre. Nach der ethnographischen Literatur über segmentäre Stammesgesellschaften fällt die formale Führungsposition im Grunde genommen immer Männern zu. (Dies trifft auch für *Big Man* zu.) *(Anmerkung des Herausgebers: Die englisch- und die deutschsprachige ethnologische Terminologie für die verschiedenen Typen von Machthabern unterscheiden sich so stark, daß eine korrekte Übersetzung dieses Abschnittes außerordentlich schwierig ist. Deutsch „Häuptling" umfaßt sowohl englisch „headman"* [*oder „headperson"*] *als auch*

pen von Führern sowie der Ebenen der politischen Organisation, mit denen sie verbunden sind, wird in der unten stehenden Tabelle 11.1 gegeben.)

*Tabelle 11.1:* Typen der politischen Organisation und Führung

| *Ebene* | *Führungstyp* | *Grundlage* |
|---|---|---|
| Horde | *Primus inter pares* | Persönlich |
| Stamm | | |
| (1) Segmentär | (a) Ältester | (a) Offizielle Position<br>Sukzessionsideale<br>Persönlichkeit und persönliche Leistung |
| | (b) Big man | (b) Persönlichkeit und persönliche Leistung |
| (2) Häuptlingstum | Häuptling | Offizielle Position<br>Erbliche Sukzessionsordnung |
| Staat | Zentralgewalt<br>(König, Präsident etc.) | Offizielle Position<br>Erb- oder Wahlamt |

Den Begriff **Big Man** haben wir aus Studien übernommen, die in Melanesien durchgeführt wurden, wo dieser Typus informeller Führerschaft häufig ist. Er unterscheidet sich dadurch von der Ältestenschaft, daß er keine offizielle Position darstellt. Ob man ein Big Man ist, hängt einzig und allein von der Persönlichkeit und der persönlichen Leistung ab. Die Leute folgen der Führung des Big Man, weil er ein überzeugender Redner ist, über Besitz verfügt, in seinen Unternehmungen gewöhnlich Erfolg hat, eine dominierende Persönlichkeit ist, die Vertrauen und Loyalität einflößt, und vielleicht auch, weil er ein guter Krieger oder Magier ist. Um seine Führungsrolle zu behalten, muß er diese hochbewerteten Charakteristiken immer wieder unter Beweis stellen. Wenn er seine Anhänger in dieser Hinsicht enttäuscht, wird er nicht mehr als ein Big Man betrachtet werden und seine Führungsrolle verlieren. Außerdem ist die Position eines Big Man nicht erblich, da dies keine offizielle, durch eine bestimmte Sukzessionsordnung regulierte Position ist. Jeder Big Man muß sie aufgrund seiner eigenen Verdienste erringen. Schließlich hat ein Big Man keine formale Autorität; er kann die strenge Befolgung seiner Wünsche

---

*„chief", einen wesentlich bedeutenderen Machthaber, den man eventuell mit „Stammesfürst" wiedergeben könnte. Der terminus technicus „chiefdom" bezeichnet dessen Herrschaftsgebiet. Vivelo bezeichnet aber mit „headman" auch jenen Führungstyp, für den es im Englischen außerdem das Wort „elder" [zu Deutsch „Ältester" oder „Stammesältester"] gibt.)*

nicht erzwingen. In den Worten von Keesing und Keesing (1971, S. 273): „Er ist ganz einfach ein Mann, der führt, weil ihm Leute folgen, der Entscheidungen trifft, weil sich andere nach ihm richten."

## Häuptlingstümer

Auf der Grundlage der obigen Beschreibungen ist die als *Häuptlingstum* bezeichnete Form der Stammesorganisation (Abb. 11.1c) ziemlich leicht zu verstehen. In Häuptlingstümern ist der Ort der politischen Autorität in der Stammesstruktur weiter heraufgerückt, über die kleinen Lokalgemeinden (oder primären Segmente) hinaus, die ihre Autonomie eingebüßt haben und nunmehr zu wechselseitig voneinander abhängigen politischen Subgruppen reduziert worden sind. In anderen Worten, die Machtzentren haben sich in unserem Diagramm der Stammesstruktur in Abbildung 11.2 zu einer intermediären Position zwischen der Ebene der Lokalgemeinden und der Ebene des Gesamtstammes herauf verschoben – denn Häuptlingstümer bleiben noch immer Stammesgesellschaften und ermangeln als solche einer die Gesamtgesellschaft umfassenden Zentralgewalt. Der Stamm oder die Stammesgesellschaft besteht aus mehreren Häuptlingstümern, die politisch unabhängig voneinander sind.

So sind etwa in einem Häuptlingstum die Deszendenzgruppen, wie zum Beispiel Klane, in einer hierarchischen Rangordnung gereiht, wobei eine der Gruppen als die Häuptlings- oder adelige Gruppe betrachtet wird. Aus dieser Gruppe kommt der Häuptling, welcher über alle Gruppen in einem bestimmten Gebiet Autorität ausübt. Ein Häuptlingstum besteht in diesem Falle aus einer Anzahl von Deszendenzgruppen, die ein bestimmtes Territorium innehaben und unter der Führung eines Häuptlings stehen, welcher der höchstrangigen Deszendenzgruppe angehört. Eine Mehrzahl solcher Häuptlingstümer bilden, um es noch einmal zu wiederholen, den Gesamtstamm bzw. die Stammesgesellschaft.

Die Position des *Häuptlings* (oder *Oberhäuptlings*) ist eine offizielle, ein festumrissenes Amt, das durch eine auf dem Erbschaftsprinzip beruhende Sukzessionsordnung reguliert wird. Die Autorität eines solchen Häuptlings ist größer als die jedes anderen bisher besprochenen Führers. Gewöhnlich hat der Häuptling die Gewalt über Leben und Tod seiner Untertanen. Man muß sich jedoch noch einmal vergegenwärtigen, daß der Häuptling und die Häuptlings-Lineage nur solange an der Macht bleiben können, so lange sie stark genug sind, die Macht auch zu behaupten. Es ist immer möglich – und kommt nicht selten vor –, daß eine andere Gruppe so stark wird, daß sie diese stürzen und an ihre Stelle treten kann.

Früher haben wir ein staatliches System (auf der Grundlage der Ausführungen von Cohen) als ein solches definiert, das von einer Zentralgewalt gelenkt wird (oftmals einer Person), unterhalb derer eine Bürokratie, d. h. also eine Reihe von ineinander verschränkten Dienststellen, die Aufgabe hat, die Gesellschaft zu regieren. Das entscheidende Moment ist dabei das Vorhandensein einer Zentralgewalt. Wenn man diese mit einer Stammesstruktur verbindet, ergibt sich daraus ein Staat.

Stellen Sie sich zum Beispiel einen verstreut siedelnden Stamm vor, der aus politisch unabhängigen Häuptlingstümern besteht. Häuptling A grollt Häuptling B, weil dieser einige von A's Pferden gestohlen hat. Ein Stoßtrupp wird von A aufgestellt, welcher B überfällt. Statt sich nun einfach die Pferde zurückzuholen, entschließt sich A jedoch, B eine Lektion zu erteilen, indem er alle Tiere von B mit sich nimmt und das angegriffene Lager in Asche verwandelt. Die Leute von B sehen nunmehr A als ihren Häuptling an. A, der seine ursprünglichen Streitkräfte um diese neuen Gefolgsleute vermehrt, unternimmt dann einen Feldzug gegen C. Nachdem er C geschlagen und dessen Leute unterjocht hat, lehnt A es ab, aufzuhören, sondern fährt statt dessen fort, die Häuptlinge D, E und so weiter zu besiegen. Schließlich ist A zur obersten Zentralgewalt des Stammes geworden; die anderen Häuptlingstümer des Stammes sind zu politischen Unterteilungen degradiert worden, die unter A's Kontrolle stehen. Damit ist ein Staat geschaffen worden.[5] (Im wesentlichen ist dies der Prozeß, der zur Errichtung des Mongolenstaates durch Dschingis Khan im zwölften und dreizehnten Jahrhundert führte.)[6]

Staaten, welche für Gesellschaften mit höherem Bodenbau und Industriegesellschaften charakteristisch sind, bilden sich unter verschiedenen Bedingungen heraus. Nicht alle entstehen aufgrund von Eroberung, und natürlich waren nicht alle Staatsgesellschaften einmal Stammesgesellschaften. Die Frage nach den Ursprüngen der Staaten ist ein Problem, das die Forschung noch sehr beschäftigt; und wir verfügen bisher noch nicht über wirklich zufriedenstellende Antworten. Es würde jedoch dem Zweck dieses Buches wi-

---

[5] Wenn ein Staat ständig andere Staaten oder andere unabhängige Gesellschaften erobert und sie zu politischen Teilgebilden reduziert, entsteht daraus ein Gebilde, das als *Reich* bezeichnet wird.

[6] Dies ist keinesfalls als ausreichende „Erklärung" der Entstehung des Mongolenstaates gedacht; auch habe ich nicht die Absicht, eine psychologische oder Große-Männer-Theorie für den Ursprung von Staaten zu vertreten. (Zu den sozialen und wirtschaftlichen Grundlagen der Erfolge von Dschingis Khan vgl. Lattimore 1963. Leser, die sich mit den Theorien des Staates besser vertraut machen möchten, können zu Beginn Carneiro 1968 und Fried 1967, 1968 konsultieren.)

dersprechen, die vielen Hypothesen und Gegenhypothesen dieser Debatte anzuführen. Der entscheidende Punkt, den man hier festhalten muß, ist das besondere Charakteristikum staatlicher Gesellschaften: das Vorhandensein einer einzigen Zentralgewalt.

Eine oder zwei Bemerkungen zu einem bekannten Thema wären hier aber vielleicht doch angebracht. Seit den Zeiten von Karl Marx hat es eine stets wachsende Zahl von Beobachtern gegeben, die dem „Kapitalismus" als solchem die Schuld an den verschiedenen sozioökonomischen Problemen geben, die ihnen auffallen. Doch ist deren Primärquelle vermutlich der allgemeine Typus des politischen Systems, der weiter oben als der Nationalstaat definiert wurde (wobei „Kapitalismus", „Sozialismus" und „Kommunismus" nur besondere Attribute oder Varianten einer gemeinsamen politischen Form darstellen). Bedenken Sie die folgende alternative Interpretation. *Postulat:* Jene, die im Namen des Staates auftreten, führen politische Maßnahmen durch und schlagen Handlungsrichtungen ein, deren Tendenz es ist, die Sicherheit des Staates zu vergrößern – d.h., sie tendieren dazu, seine Macht und die Autorität zu steigern, und sichern den Staat dadurch immer mehr gegen Herausforderungen seitens der großen Masse ab – trotz aller selbsterniedrigenden Posen, die der Staat einnimmt, um das Gegenteil zu beweisen.

## Macht

*Macht* (die Fähigkeit, Menschen zu manipulieren und deren Verhalten entweder zu erzwingen oder zu unterbinden) beruht auf der Fähigkeit, die Technologie und die Organisation der Arbeit zu kontrollieren – d.h. also auf der Kontrolle der „Wirtschaft", vor allem der Mittel der Produktion und Distribution. Durch seine Kontrolle lebenswichtiger Ressourcen, Güter und Dienstleistungen ist es dem Staate möglich, die Menschen in Abhängigkeit von sich zu bringen. Diese Abhängigkeit bildet die Grundlage der politischen Kontrolle. Die Kontrollierenden drohen ganz einfach damit, lebenswichtige Ressourcen, Güter und Dienstleistungen zurückzuhalten, um Willfährigkeit gegenüber ihren politischen Maßnahmen zu erreichen. Der Staat übt in jenem Ausmaße soziale Kontrolle über die Bevölkerung aus, in welchem er die Werkzeuge und Techniken sowie die Arbeitsorganisation kontrolliert, die zum Einsatz dieser Werkzeuge und Techniken für die Ausbeutung und Umwandlung der Ressourcen und für die Verteilung der Güter und Dienstleistungen benötigt werden. *Diese Interpretation läßt sich unabhängig davon anwenden, ob das „Wirtschaftssystem" „kapitalistisch" oder „kommunistisch"* ist.

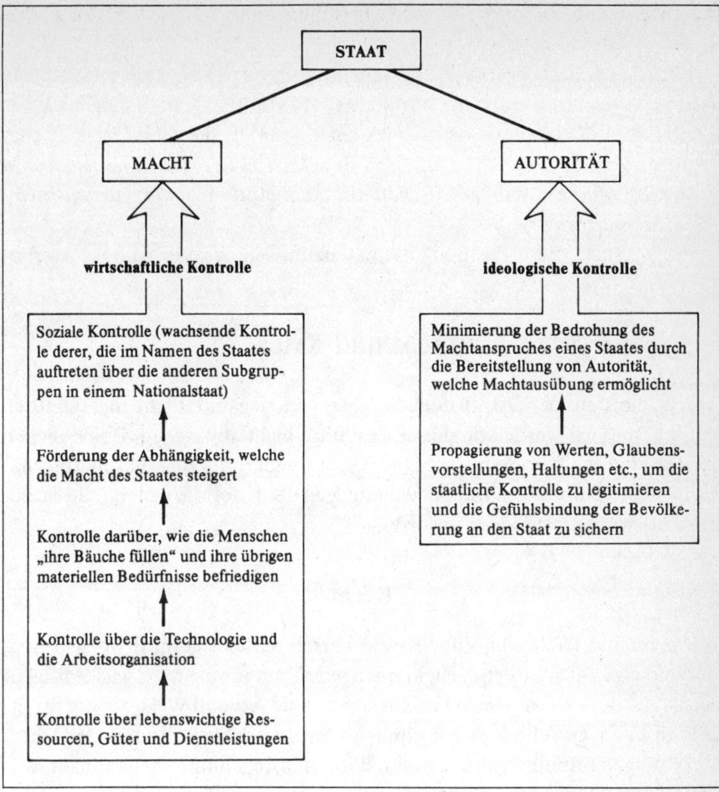


*Abbildung 11.3:* Arrangement von Macht und Autorität durch den Staat.

## Autorität

*Autorität* wird durch das Ausmaß bestimmt, in dem die Machthaber die Bevölkerung davon überzeugen können, daß sie das „Recht" zur Ausübung der Macht haben; Autorität bedeutet also die *Legitimation* der Macht. Alle Staaten bemühen eine Ideologie, um ihren Machtgebrauch zu rechtfertigen und dadurch ihre Autorität zu bestätigen. Das Ziel ist dabei, die gefühlsmäßige Bindung der Bevölkerung an den Staat zu sichern, um die Möglichkeit der Bedrohung oder Herausforderung seiner Macht so gering wie möglich zu halten. Wiederum *läßt sich diese Interpretation unabhängig davon anwenden, ob diese Konsolidierungsideologie „kapitalistisch" oder „kommunistisch" ist.* (Es gibt natürlich eine Unzahl von Einrichtungen, die von Staaten dazu benützt werden, die Werte, Glaubensvorstellungen und Haltungen zu propagieren, die dazu beitragen, seine politische Macht und Autorität zu verstärken. Eine davon ist das formale Bildungssystem. Dieses ist unter anderem ein Mechanismus der sozialen Kontrolle, das die entscheidenden Elemente der Legitimationsideologie verewigt und dazu beiträgt, die Abhängigkeit vom Staate zu fördern. *Wiederum läßt sich diese Interpretation unabhängig davon anwenden, ob die Gesamtgesellschaft als „kapitalistisch" oder „sozialistisch" charakterisiert wird.*)

Ein Versuch, diese Position zusammenzufassen, wird in Abb. 11.3 geboten.

## Recht und Krieg

Dies ist meistens der Ort, an dem die Themen Krieg und Recht angeschnitten werden, und ich werde von dieser Tradition nicht abweichen. Beide dienen der Herstellung von Ordnung: Das Recht fungiert als Regulierungsmechanismus innerhalb einer Gruppe, wohingegen der Krieg dazu dient, die Beziehungen zwischen Gruppen zu ordnen.

### Recht

Wenn auch seit Jahren heftige Kontroversen darüber geführt worden sind, was nun eigentlich „Recht" ist, können wir dieses für unsere Zwecke folgendermaßen definieren: **Recht** bezieht sich auf die Art und Weise, in der Streitfälle in einer Gesellschaft gewöhnlich beigelegt werden und in der Überschreitungen öffentlich anerkannter Verhaltensregelungen gehandhabt werden. (Diese Definition beinhaltet natürlich auch eine Spezifizierung, die gewöhnlich der rechtlichen Sphäre zugerechnet wird – nämlich die Klarstellung der Rechte und Pflichten von Individuen und Gruppen innerhalb der Gesellschaft.)

Es fällt schwer, das Thema des Rechtes zu besprechen, ohne zahlreiche ethnographische Fallbeispiele anzuführen. Statt dieses Verfahrens soll die folgende Zusammenfassung geboten werden.

Bei Wildbeutern werden Streitigkeiten und Abweichungen vom angemessenen Verhalten von den Hauptbeteiligten sowie deren Freunden und Verwandten dergestalt gehandhabt, daß die Spannungen innerhalb der Gruppe minimiert werden. Es gibt keine formalen Gerichtshöfe oder Richter, keine Polizei, keine im strengen Sinne „legalen" Verfahrensweisen, bzw. was ein Abendländer darunter verstehen würde. Wenn das Lagerleben unter dem Verhalten einer Person leidet, wird sozialer Druck auf diese ausgeübt, sein oder ihr Verhalten zu ändern (ein Mann wird z. B. als Jagdpartner gemieden, oder eine Frau macht die Erfahrung, daß ihre Besuche bei den Nachbarn unwillkommen sind). Drastischere Maßnahmen einschließlich der Ausstoßung durch die Gruppe können gegen einen Gewohnheitsverbrecher ergriffen werden. Streitigkeiten auf der Hordenebene sind – da es wenig oder gar keine Konkurrenz um produktive Ressourcen und kein Privateigentum gibt – im allgemeinen persönlicher Natur. Anschuldigungen wegen Ehebruchs können sich zum Beispiel bis zu Gewaltsamkeiten zwischen der beschuldigenden Person und seinen oder ihren Verbündeten (oftmals nahen Verwandten) einerseits und der beschuldigten Person und seinen oder ihren Verbündeten andererseits steigern. Die Konfliktlösung kann auf verschiedene Weise erfolgen. Die beiden Parteien können den Streit entweder auf der Stelle durch die Anwendung körperlicher Gewalt austragen oder aber von Verwandten dazu überredet werden, die Angelegenheit in friedlicher Diskussion beizulegen. Wenn der Streit nicht sofort geschlichtet wird und die Zusammenarbeit und den sozialen Zusammenhalt der Gruppe zu zerbrechen droht, kann das ganze Lager in die Angelegenheit hineingezogen werden. Jede Partei bringt ihre Beschwerden öffentlich vor, und es wird der Versuch gemacht, durch Gruppenkonsens zu einer Beilegung zu kommen. Schlägt dies fehl, kann sich die Gruppe spalten, oder die abweichende Minorität kann sich von ihr loslösen und einem anderen Lager anschließen. Es gibt aber auch institutionalisierte Methoden, um Streitpunkte zu beseitigen. Zum Beispiel treffen sich die Männer bei manchen Eskimogruppen zu Gesangsduellen. Jeder denkt sich Lieder aus, deren Ziel es ist, seinen Gegner in witziger Form zu beleidigen und zu demütigen. Die Gesänge werden öffentlich vorgetragen, und das Publikum beurteilt die Vorführung. Dadurch wird den Sängern die Möglichkeit gegeben, ihre Feindseligkeit und ihren Zorn loszuwerden, ohne die Harmonie des Lagerlebens in Gefahr zu bringen. Nach diesem Sängerwettstreit tauschen die Sänger Gaben aus und bezeichnen damit die Beendigung des Streites und das Aufhören der Feindseligkeit.

Wenn wir entlang des evolutionären Kontinuums von den Horden über die Stämme zu den Staaten aufsteigen, stellen wir fest, daß das rechtliche Handeln immer stärker formalisiert und institutionalisiert wird. In den Stammesgesellschaften liegt noch immer ein besonderer Nachdruck auf der Versöhnung der streitenden Parteien und auf der Schlichtung von Streitfällen durch die Herstellung eines Konsensus. Entsprechend den größeren Bevölkerungen in Stammesgesellschaften und der größeren Bedeutung inklusiverer Verwandtschaftsgruppen beziehen die Techniken der Konfliktbeilegung und der Behandlung von Regelüberschreitungen eine größere Anzahl von Personen sowie formalisiertere Verfahrensregelungen ein. Das Ziel ist dabei jedoch nicht die Bestrafung, sondern die Wiederherstellung freundschaftlicher Beziehungen innerhalb der Gemeinschaft. Ein Häuptling und ein Ältestenrat können zum Beispiel das Streitverfahren leiten, wobei aber die endlich getroffene Entscheidung die ganze Gemeinschaft zufriedenstellen muß. Andernfalls würde der Zweck des Verfahrens – die Aufrechterhaltung der Ordnung – nicht erfüllt werden. Obwohl es also in Stammesgesellschaften Gerichtshöfe gibt, müssen deren Entscheidungen die Zustimmung der Gemeinschaft finden und werden dieser nicht auferlegt. (Andere zur sozialen Kontrolle beitragende Mechanismen, wie die Hexereianschuldigungen, sind in Kapitel 9 erwähnt worden.)

In Stammesgesellschaften, die auf der Grundlage von Häuptlingstümern organisiert sind, sind die Rechtsverfahren jedoch weniger amorph, strenger durchgebildet und weniger abhängig von Verwandtschaftsgefühlen. Die Streitparteien können dem Urteil eines Richters (des Häuptlings oder eines Repräsentanten des Häuptlings) vollständig unterworfen sein. Es können Geldstrafen erhoben, Hände und Nasen abgehackt oder Hinrichtungen durchgeführt werden.

Der Gipfelpunkt autoritärer Rechtssysteme findet sich natürlich in staatlichen Gesellschaften. Die Institutionen des Rechtswesens nehmen an Zahl und Bedeutung zu. Streitigkeiten werden nicht mehr im Lebenszusammenhang von Verwandtschaft und Freundschaft beigelegt. Die Mechanismen des Rechts nehmen einen unpersönlichen Ton an. Gerichtshöfe und Richter vermehren sich sehr, und die Regeln, nach denen sie ihre Arbeit durchführen, entsprechen nicht mehr den Vorstellungen der Lokalgemeinden. Die Gesetze werden in endlosen Bänden von Gesetzesbüchern kodifiziert, welche von Spezialisten gelesen und interpretiert werden. All dies dient dazu, die Ordnung in einer komplexen, heterogenen, dichtbevölkerten und auf einer Marktwirtschaft beruhenden Gesellschaft aufrechtzuerhalten.

## Krieg

Wenn der Begriff *Recht* sich auf eine Form der Konfliktlösung *innerhalb* einer Gruppe bezieht, dann kann mit *Krieg* eine Methode der Konfliktlösung *zwischen* Gruppen bezeichnet werden. Die Beziehungen zwischen Gruppen können entweder durch friedliche Verhandlungen beziehungsweise Diplomatie oder aber durch den Gebrauch von Gewalt geregelt werden, von welch letzterem meistens drei Typen unterschieden werden: Kriege, Fehden und Raubzüge.

**Kriege.** Man kann *Kriege* als bewaffnete Auseinandersetzungen in großem Maßstab, die zwischen politischen Gemeinwesen stattfinden, beschreiben. Es handelt sich dabei um vergleichsweise langfristige Feindseligkeiten zwischen den gesamten Gemeinwesen als Einheiten. Es werden große Streitkräfte aufgestellt, und der Kampf ist eine organisierte Angelegenheit.

**Fehden.** *Fehden* sind bewaffnete Auseinandersetzungen in kleinem Maßstab, die entweder zwischen Parteien innerhalb eines Gemeinwesens oder zwischen strukturell äquivalenten Gemeinwesen stattfinden. Es sind davon geringere Teilnehmerzahlen betroffen, und die Kämpfer auf beiden Seiten sind bei einer Fehde durch andere Bande als die unmittelbar militärischen miteinander verbunden – sie hängen zum Beispiel oft verwandtschaftlich miteinander zusammen. Fehden treten auf, wenn eine kleine Gruppe mit einer anderen gleichartigen kleinen Gruppe in Konflikt gerät und zwischen diesen eine Beziehung von Angriffs- und Vergeltungsmaßnahmen besteht. Zum Beispiel kann eine Fehde aufgrund eines Mordes entstehen. Die Verwandten des Opfers können einen Vergeltungszug organisieren, der die Gruppe des Töters (sein Dorf oder seine Verwandten) überfällt und einem Mitglied dieser Gruppe (nicht notwendigerweise dem Töter selbst; jedes Mitglied seiner Gruppe kommt dafür in Frage) das Leben nimmt. Die zweite Gruppe macht dann einen Vergeltungsschlag gegen die erste und so weiter. Auf diese Art können Fehden Generationen hindurch andauern. Es ist jedoch wichtig, sich daran zu erinnern, daß nicht die gesamte Gemeinschaft, sondern nur eine kleine Partei, die sich um die Hauptbeteiligten formiert, an der Fehde teilnimmt.

**Raubzüge.** *Raubzüge* stellen einen im allgemeinen stärker organisierten Gebrauch von Gewalt dar als Fehden. Sie beinhalten wie die Fehden kurzzeitige Attacken, haben aber eher die Aneignung von Gütern und Ressourcen zum Ziel als die Rache für persönliches Unrecht. Wie in Kapitel 7 gezeigt wurde, sind Raubzüge für die Hirtennomaden charakteristisch. Diese unternehmen Raubzüge gegen ihresgleichen, um Vieh zu erbeuten, sowie gegen seßhafte Gemeinschaften, um sich in den Besitz von Gütern zu setzen, die sie selbst nicht produzieren (wie z.B. Getreide). Raubzüge können insofern als eine besondere Art wirtschaftlicher Anpassung angesehen werden, vermittels derer Güter und Ressourcen über eine große oder eine weit verstreute Bevölkerung verteilt werden.

Es sollte betont werden, daß Definitionen von der Art der vorangegangenen zwar für eine einführende Darstellung notwendig, in anderer Hinsicht aber von begrenztem Wert sind. Das tatsächliche Kampfverhalten zwischen Menschen läßt sich schwer in saubere Kategorien bringen. Es gibt z.B. einen klassischen ethnographischen Film mit dem Titel *Dead Birds*, in welchem ein Kampf in Neuguinea dargestellt wird. An diesem Kampf sind ganze politische Gemeinwesen und sogar einige verbündete Gemeinwesen beteiligt (Krieg?), zwischen denen eine geregelte Beziehung von Angriff und Vergeltungsmaßnahmen besteht (Fehde?). Der Kampf ist gut organisiert, und alle waffenfähigen Männer nehmen an ihm teil (Krieg?), er wird jedoch nach dem ersten Gefallenen auf einer der beiden Seiten eingestellt (Fehde?).

Eine zusätzliche Schwierigkeit besteht darin, daß nicht alle Anthropologen mit den oben gegebenen Beschreibungen von Fehde, Raubzug und Krieg übereinstimmen würden. Aber, wie Keesing und Keesing sagen (1971, S. 283), „die Wortklauberei bei Definitionen ist gewöhnlich Zeitverschwendung. Aus dem ethnographischen Material ergibt sich klar, daß (bewaffnete Konflikte) in verschiedenen Gesellschaften sehr verschiedene Formen annehmen können." Wenden wir uns nunmehr einer umfassenden, kulturvergleichenden Charakterisierung kriegerischen Verhaltens in einem evolutionären Bezugsrahmen zu.

## Kriegerisches Verhalten im Gesellschaftsvergleich

**Die Hordenebene.** Auf der Hordenebene sind Kriege im allgemeinen selten (obgleich einige wenige Wildbeutergesellschaften, wie die der Prärieindianer, bekanntermaßen kriegerisch waren). Wenn Kriege auftreten, sind die Kämpfe „sporadisch, oftmals kaum geplant, individualistisch und relativ unorganisiert. Es wird kein Gebrauch von komplizierter Bewaffnung oder von Taktik gemacht" (Keesing und Keesing 1971, S. 284). Dies ist in Anbetracht dessen, was über Wildbeutergesellschaften schon gesagt worden ist, nicht weiter überraschend. Im allgemeinen ist kriegerisches Verhalten auf Hordenebene meistens von jenem Typus, den wir als Fehde beschrieben haben, denn es tritt innerhalb von Lagern oder zwischen Lagern auf, und es geht dabei in den meisten Fällen um persönliche Feindschaften. Jäger und Sammler unternehmen gewöhnlich keine großangelegten Feldzüge, es sei denn, sie gerieten in Konflikt mit einer ihnen technologisch überlegenen Gruppe.

**Die Stammesebene.** Auf der Stammesebene kommt kriegerisches Verhalten häufiger vor. Es gibt hier Fehden, Raubzüge und Kriege. Feindseligkeiten zwischen Verwandtschaftsgruppen können zu einer Fehde ausarten, wenn sie zum Beispiel durch einen individuellen aggressiven Akt oder durch die Beschuldigung einer Übeltat ausgelöst werden. Bodenbauer können gegen andere Bodenbauer Raubzüge durchführen, um Köpfe, Land oder Frauen zu erbeuten. Hirten können einander wegen Vieh oder Bodenbauer wegen Feldfrüchten überfallen. Stammesgesellschaften, vor allem solche mit einer segmentären Lineage-Organisation, verbreiten sich oft über weite Gebiete auf Kosten schwächerer Nachbarn (Sahlins 1961) und können sogar großangelegte Eroberungskriege führen. Stammeskriege können „eine bösartige und grausame Angelegenheit" sein, bei der es eine große Zahl von Toten gibt, oder aber auch bloß auf ein „kunstvolles Paradieren, ja auf leeren

Mummenschanz“ hinauslaufen (Keesing und Keesing 1971, S. 284). Der letztere Aspekt – jener des „rituellen Kampfes“ – wird durch den oben erwähnten Film *Dead Birds* veranschaulicht. An einem Punkt endet der Kampf wegen beginnenden Regens; die Kämpfer fürchteten, daß der Regen ihre Frisuren verderben könnte. Dies zeigt, daß eine wichtige Funktion dieser Art kriegerischen Verhaltens die Zurschaustellung von Stärke, Wildheit etc. ist (die oftmals den Sinn hat, Landansprüche zu untermauern). Das regnerische Wetter drohte die Zurschaustellung zu stören, und daher wurde das Spiel beendet.

**Die Staatsebene.** Staaten, vor allem moderne Industriestaaten mit ihrer komplizierten Bewaffnung und ihrer hochentwickelten Technologie, haben den Krieg zu seiner tödlichsten Form fortentwickelt. Außerdem nehmen sowohl in Ackerbau treibenden wie in Industriestaaten die Zentralgewalt und ihre Repräsentanten für sich allein das Recht in Anspruch, Gewalt zu gebrauchen. Ein Fehdewesen innerhalb der Gesellschaft wird nicht geduldet – da es den Autoritätsanspruch des Staates untergraben würde –, und inoffizielle Angriffe gegen andere Gesellschaften, wie sie bei Raubzügen vorkommen, sind ebenfalls verboten – da sie den Staat Vergeltungsmaßnahmen aussetzen würden. Die bewaffnete Aggression ist eine hochorganisierte Tätigkeit geworden, die von öffentlicher Zustimmung getragen und durch eigens dafür ausgebildete Spezialisten ausgeführt wird.

# Kapitel 12
# Verwandtschaft, Deszendenz und Residenz

## Verwandtschaft

Verwandtschaft ist (nach Keesing und Keesing 1971, S. 157) eine Form der sozialen Beziehung, deren Modell die Beziehung ist, die man zwischen Eltern und Kindern voraussetzt. Das heißt, daß die Vorstellung der Verwandtschaft auf der Biologie der Reproduktion beruht, aber *auf einer durch die Kultur interpretierten Biologie.* Es ist dabei wichtig, sich daran zu erinnern, daß die Verwandtschaft nur in gewisser Hinsicht und nur in einem größeren oder geringeren Grade diesem biologischen Modell nachgebildet ist. **Verwandtschaft** ist jener Teil eines gedanklichen Systems oder einer Kultur, der Vorstellungen von – oder Ideen über – „Verwandtschaftsbeziehungen", d. h. also Beziehungen aufgrund von Geburt und (in einem breiteren Sinne) auch durch Heirat zum Gegenstand hat.

Aus diesem Grunde müssen wir beim Gebrauch vertrauter Begriffe vorsichtig sein, wenn wir über Verwandtschaftsbeziehungen in anderen Kulturen sprechen. Nehmen wir zum Beispiel *Vater.* (Ich werde hier eine bestimmte Version geben; diese Begriffe können verschieden gebraucht werden – siehe z. B. Bock 1969:88–89.) Drei Arten von „Vätern" können unterschieden werden:

1. *Genitor.* Dies ist der tatsächliche, biologische Vater, der Mann, dessen Samen die Eizelle einer Frau befruchtet hat.
2. *Pater.* Dies ist der soziologische Vater, der sozial und rechtlich anerkannte Vater, ob nun die tatsächliche Empfängnis durch ihn herbeigeführt wurde oder nicht. Er ist das Individuum, über welches das Kind seine Verwandtschaftsbeziehungen ableitet, sowie das Individuum, welches sozial als für das Kind verantwortlich angesehen wird. Eigentlich muß diese Person kein Mann und nicht einmal lebendig sein; bei den Nuer gibt es „weibliche Väter" und „Geistväter" (Evans-Pritchard 1951).
3. *Vir.* Dies ist einfach ein Ehemann, ob er nun ein „Vater" ist oder nicht.

Es gibt Parallelbegriffe für den Begriff „Mutter": *Genetrix, Mater* und *Uxor.*

### Symbole und Grundbegriffe

Bevor wir uns mit Typen von Verwandtschaftsterminologien sowie Deszendenz- und Residenztypen befassen, ist es notwendig, daß wir die Bedeutungen einiger Grundbegriffe und Notierungssymbole darlegen.

Sieben Grundsymbole (Siglen) werden von den Anthropologen zur Konstruktion von Verwandtschaftsdiagrammen benützt:

1 Eine männliche Person wird durch ein Dreieck bezeichnet: △
2 Eine weibliche Person wird durch einen Kreis bezeichnet: ○
3 Eine Person, deren Geschlecht nicht spezifiziert ist, wird durch ein Quadrat bezeichnet: □
4 Deszendenz (d.h. die Abstammungsbeziehung, wie z.B. von Eltern zu Kindern) wird durch eine vertikale Linie bezeichnet: |
5 Kodeszendenz (d.h. gemeinsame Abstammung, wie im Falle von Geschwistern) wird durch eine horizontale Linie mit nach unten gehenden vertikalen Linien bezeichnet: ⊓
6 Eine Ehe wird entweder (a) durch eine horizontale Linie mit nach oben gehenden vertikalen Linien: ⊔

Oder (b) durch ein Gleichheitszeichen bezeichnet: =

Um ein verheiratetes Paar mit zwei Kindern, einem Knaben und einem Mädchen, zu symbolisieren, können also beide in Abbildung 12.1 wiedergegebenen Diagramme dienen:

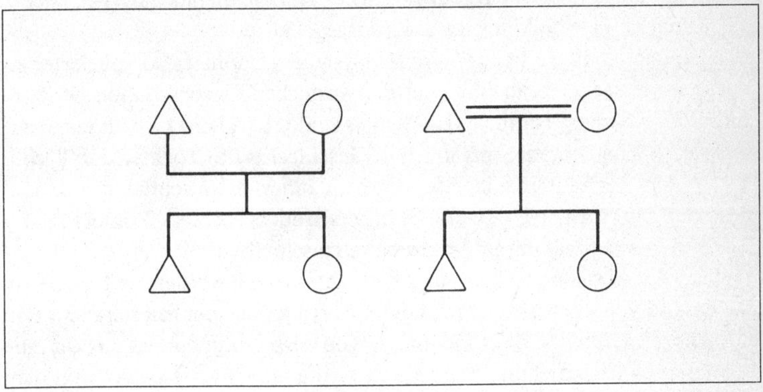

*Abbildung 12.1:* Alternative Weisen der Darstellung eines verheirateten Paares mit Kindern.

Außerdem benützen die Anthropologen Abkürzungen, um genealogische Positionen zu bezeichnen. Es gibt neun grundlegende Abkürzungen dieser Art:

Va: *Vater* (Englisch F oder Fa)
Mu: *Mutter* (Englisch M oder Mo)
So: *Sohn* (Englisch S oder So)
To: *Tochter* (Englisch D oder Da)
Br: *Bruder* (Englisch B oder Br)

Sw: *Schwester* (Englisch Z oder Si)
*Anmerkung:* Ältere und jüngere Geschwister werden durch „ä" und „j" (Englisch „e" und „y") bezeichnet (wie z. B. „äBr" oder „jSw").
Ma: *Ehemann* (Englisch H oder Hu)
Fr: *Ehefrau* (Englisch W oder Wi)
Ki: *Kind* (Englisch C oder Ch)

Andere Begriffe sind im allgemeinen Kombinationen dieser Grundbegriffe, wie z. B. VaVa *(Vatersvater)* und MuVa *(Muttervater),* für Individuen, die wir in unserem Verwandtschaftssystem *Großvater* nennen würden.

Die Verwendung dieser Symbole mag dem Leser als eine unnotwendige Komplikation erscheinen. Warum nennt man den VaVa nicht einfach *Großvater* und Schluß damit? Es gibt zwei Hauptgründe, aus denen diese Symbole verwendet werden. Erstens einmal ist *Großvater* ein Terminus in *unserem* Verwandtschaftssystem. Wir verzerren unser Verständnis, wenn wir versuchen, andere Systeme in unser eigenes zu übersetzen. Wir wollen die anderen Systeme verstehen, so wie *die anderen* sie verstehen. Das Abkürzungssymbol VaVa bedeutet nicht *Großvater;* es bezieht sich auf ein Individuum, das eine bestimmte Position in einem genealogischen Diagramm innehat. (Ein solches Diagramm ist in Abbildung 12.2 wiedergegeben.)

Zweitens sind manche Verwandtschaftssysteme um einiges komplizierter als jenes, an dessen Gebrauch wir in den westlichen Gesellschaften gewöhnt sind. Wenn wir herausfinden, daß der passende Heiratspartner für einen australischen Eingeborenen männlichen Geschlechts die Tochter der Tocher des Bruders der Mutter seiner Mutter ist, dann ist es wesentlich bequemer, diese mit MuMuBrToTo (MuttersMuttersBrudersTochtersTochter) zu bezeichnen, als den gesamten Ausdruck auszuschreiben.

Wenn Sie Abbildung 12.2. näher betrachten, dann werden Sie bemerken, daß ein Individuum (das durch ein dunkles Dreieck symbolisiert ist) mit **Ego** bezeichnet ist. Dies ist das Individuum, von dessen Standpunkt aus wir eine Verwandtschaftsbeziehung betrachten; Ego ist der Bezugspunkt, von dem aus man solche Beziehungen ableiten kann. Alle anderen Individuen in dem Diagramm sind im Hinblick auf das eine Individuum *Ego* bezeichnet. So ist z. B. das unmittelbar rechts neben Ego eingezeichnete Individuum Egos SwMa (Ehemann der Schwester). Wenn wir uns auf ein anderes Individuum als Ego konzentrieren würden – d. h. also, wenn wir unseren Bezugspunkt wechseln wurden –, dann müßten auch die übrigen Bezeichnungen geändert werden.

Um den Gebrauch von Verwandtschaftsdiagrammen in der Anthropologie zu illustrieren, habe ich in Abbildung 12.3 ein vereinfachtes Diagramm wiedergegeben, welches den genealogischen Zusammenhang einiger Verwandtschaftstermini bei den Herero aufzeigt. (Die Herero sind eine Gruppe von

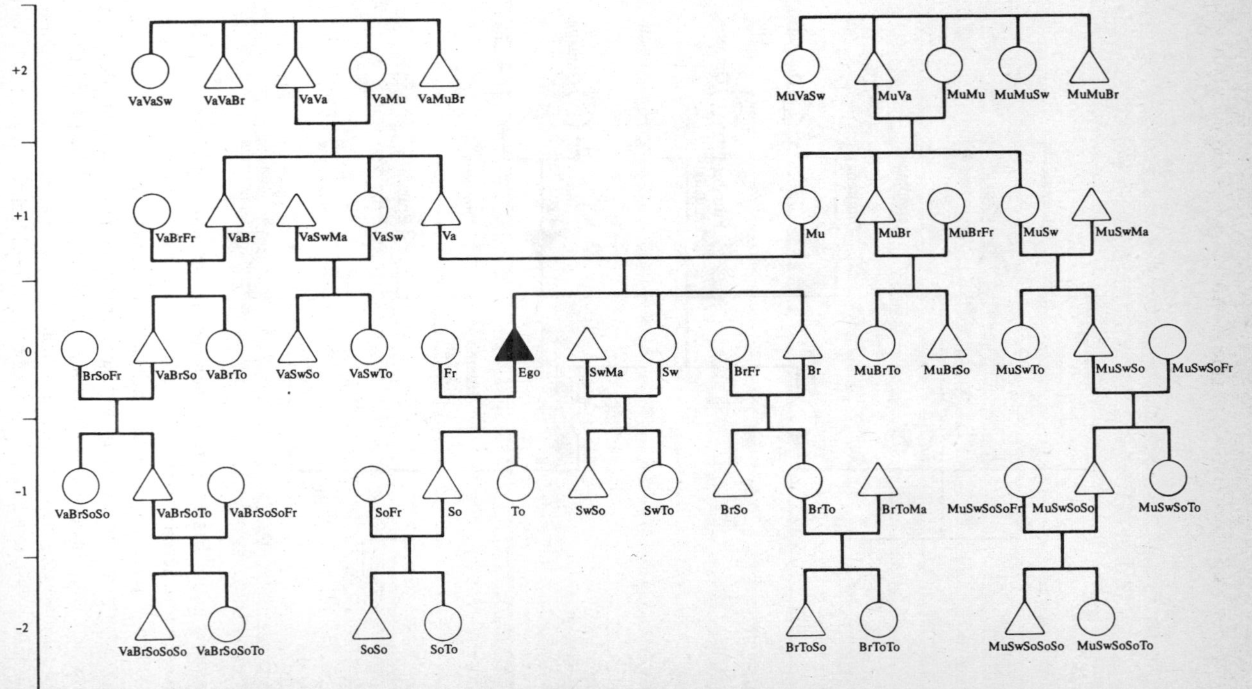


*Abbildung 12.2:* Genealogisches Diagramm.

Rinderhirten mit einer Bantu-Sprache in Afrika, bei denen ich 1973 eine Feldforschung durchgeführt habe.)

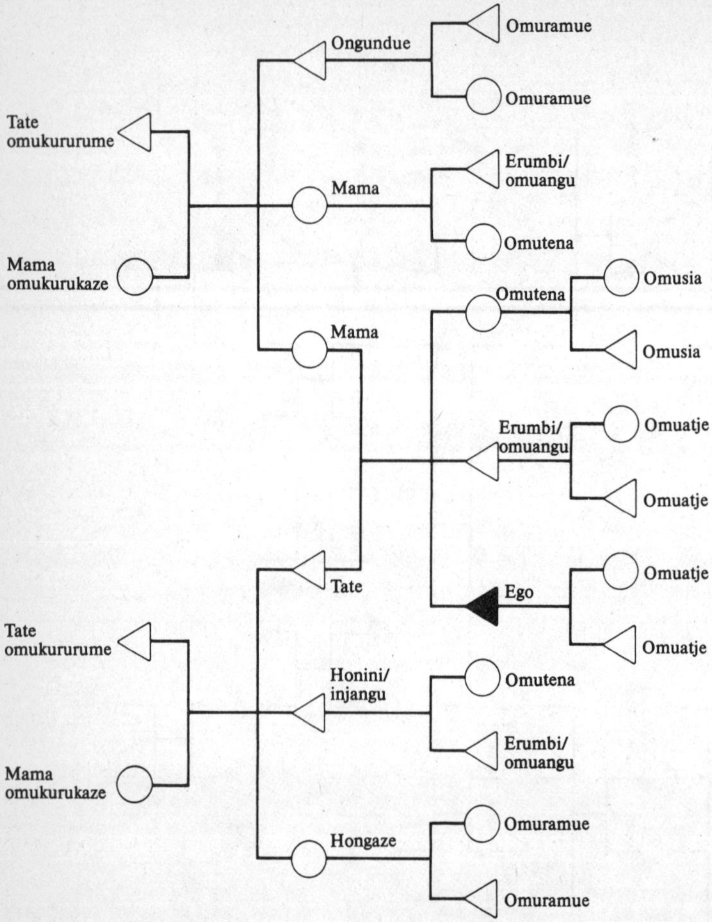


*Abbildung 12.3:* Einige Termini der Herero für Blutsverwandschafts-Beziehungen und deren genealogischen Zusammenhang. (Beachten Sie: In jenen Fällen, wo zwei durch einen Schrägstrich getrennte Termini vorkommen, hängt es vom relativen Alter ab, welcher Terminus gebraucht wird: äVaBr = *honini,* wohingegen jVaBr = *injangu;* äBr = *erumbi,* wohingegen jBr = *omuangu,* falls Ego männlichen Geschlechtes ist, bzw. äSw = *erumbi,* wohingegen jSw = *omuangu,* falls Ego weiblichen Geschlechtes ist.)

**Alter** ist, in Beziehung zu Ego, jenes Individuum, **zu** dem eine Verwandtschaftsbeziehung abgeleitet wird. So ist in dem oben anläßlich von Abbildung 12.2 gegebenen Beispiel SwMa Alter.

Ein **verwandtschaftliches Bindeglied** ist jedes Individuum, über welches eine Verwandtschaftsbeziehung zu einer anderen Person abgeleitet wird. Wenn wir zum Beispiel in Abbildung 12.2 die Verwandtschaft von dem als *Ego* bezeichneten Individuum zu dem als SwMa bezeichneten ableiten wollen, müssen wir dies über das als Sw bezeichnete Individuum tun. Ego's Schwester (Sw) ist also hier das verwandtschaftliche Bindeglied.

Jede durch Ego's Vater abgeleitete Verwandtschaftsbeziehung wird **patrilaterale Verwandtschaft** genannt (*patrilateral* bedeutet „von der Seite des Vaters", „väterlicherseits"). Mit anderen Worten: Wenn Ego's Va das verwandtschaftliche Bindeglied ist, dann ist Alter ein patrilateraler Verwandter. Ähnlich ist eine **matrilaterale Verwandtschaft** eine Verwandtschaft „mütterlicherseits".

Ein **Kreuzvetter** bzw. eine **Kreuzbase** (KV bzw. KB, Englisch XCu) ist ein Kind von Geschwistern der Eltern, wenn diese Geschwister anderen Geschlechtes sind als der Elternteil; d. h. also, ein Kreuzvetter oder eine Kreuzbase ist ein Geschwisterkind eines Elternteiles von Ego, wobei dieses verwandtschaftliche Bindeglied anderen Geschlechtes ist als der betreffende Elternteil. Zum Beispiel sind Ihr VaSwSo und Ihre VaSwTo Ihr Kreuzvetter und Ihre Kreuzbase, weil Ihr Vater und dessen Schwester anderen Geschlechtes sind.

Ein **Parallelvetter** bzw. eine **Parallelbase** (PV bzw. PB, Englisch //Cu) ist ein Kind von Geschwistern der Eltern, wenn diese Geschwister desselben Geschlechtes sind wie der Elternteil; d. h. also, ein Parallelvetter oder eine Parallelbase ist ein Geschwisterkind eines Elternteiles von Ego, wobei dieses verwandtschaftliche Bindeglied desselben Geschlechts ist wie der betreffende Elternteil. Zum Beispiel sind Ihr VaBrSo und Ihre VaBrTo Ihr Parallelvetter und Ihre Parallelbase, weil Ihr Vater und dessen Bruder desselben Geschlechtes sind.

Wenn wir einige dieser Termini zusammenstellen, dann sehen wir, daß
VaBrTo und VaBrSo die patrilateralen Parallelbasen und -vettern Ego's;
MuSwTo und MuSwSo die matrilateralen Parallelbasen und -vettern Ego's;
VaSwTo und VaSwSo die patrilateralen Kreuzbasen und -vettern Ego's und
MuBrTo und MuBrSo die matrilateralen Kreuzbasen und -vettern Ego's sind.

Diese Termini sind nicht aufs Geratewohl eingeführt worden; sie werden sich später (vor allem hinsichtlich der Heirat) noch als nützlich erweisen.

Eine weitere Reihe von Symbolen muß hier erwähnt werden. Sie werden auf der linken Seite von Abbildung 12.2 fünf Zahlen bemerkt haben. Diese beziehen sich auf das Kriterium der Generation: +2 bezieht sich auf die *zweite aufsteigende Generation* (d. h. zwei Generationen oberhalb von Ego), +1 bezieht sich auf die *erste aufsteigende Generation,* 0 bezieht sich auf *Ego's Generation,* −1 bezieht sich auf die *erste absteigende Generation, und* −2 bezieht sich auf die *zweite absteigende Generation.*

Alle diese Termini, die ich erwähnt habe, gehören in den Bereich der sogenannten *Verwandtschaftsstudien.* Wenn man die Unterscheidung zwischen dem Kulturellen (oder den vorstellungsmäßigen Regeln bzw. der gedanklichen Organisation) und dem Sozialen (oder dem tatsächlichen Verhalten) wieder aufgreift, dann versteht man leicht, daß sich die Anthropologen für die Verwandtschaft besonders von zwei Blickpunkten aus interessiert haben: (1) Was verschiedene Kulturen als Verwandtschaftskategorien definieren, oder wie sie „Verwandte" klassifizieren und ihre Verwandtschaftssysteme gedanklich organisieren; und (2) welche verhaltensmäßigen Korrelate mit welchen Verwandtschaftssystemen verbunden sind, d. h., wie sich Menschen in verschiedenen Gesellschaften auf der Grundlage ihrer Verwandtschaftsbeziehungen zueinander verhalten.[1]

Ich werde in diesem Handbuch weder den einen noch den anderen Gegenstand im Detail behandeln; jeder von ihnen bräuchte ein eigenes Buch. Statt dessen wähle ich den Weg, Aussagen allgemeinster Art vorzulegen.

---

[1] Ein Beispiel dafür, wie Verwandtschaft dazu benützt wird, soziale Beziehungen zu ordnen, wird durch die komplementären Bräuche geliefert, die als *Meidung* und *Scherzbeziehung* bekannt sind.

**Meidungsbeziehungen** sind solche, die durch formale Regeln gelenkt werden, welche die Interaktion zwischen bestimmten Kategorien von Verwandten einschränken oder sogar vollständige Meidung zwischen ihnen fordern. Zum Beispiel zeigt sich aus dem interkulturellen Vergleich, daß eine Meidungsbeziehung zwischen einem Mann und seiner Schwiegermutter nicht selten ist. In gewissen australischen Gesellschaften darf ein Mann z. B. mit seiner Schwiegermutter nicht sprechen oder sogar nicht einmal ihren Namen aussprechen. Die Bewohner der Trobriand-Inseln im Pazifik sind wegen ihrer Bruder-Schwester-Meidung bekannt, welche es Bruder und Schwester verbietet, miteinander allein zu sein oder privat miteinander zu sprechen.

**Scherzbeziehungen** sind das genaue Gegenteil davon. Sie gestatten Scherze, Necken, freien Zugang zu persönlichem Eigentum und möglicherweise auch sexuelle Freiheiten zwischen bestimmten Verwandtenkategorien. Eine solche Beziehung gibt es häufig zwischen der Frau und dem jüngeren Bruder eines Mannes (vor allem in solchen Fällen, wo das Levirat praktiziert wird; siehe Kapitel 13).

## Typen von Verwandtschaftsterminologien

Ich erhebe keinen Anspruch, alle möglichen Typen von Verwandtschaftssystemen (oder deren Varianten) zu behandeln – und dies aus einer Anzahl von Gründen nicht, deren wichtigster ist, daß es keine allumfassende Terminologie gibt. Ja, die Anthropologen beginnen sogar, am Nutzen solcher Typologien zu zweifeln. Wir brauchen uns darüber jedoch keine Gedanken zu machen, denn wenn Typologien überhaupt irgendeinen Nutzen haben, dann für eine Einführung wie diese hier. Ich werde also einige allgemeine Typen von *Verwandtschaftsterminologien* behandeln – d.h. einige Arten, „Verwandte" mit Hilfe terminologischer Systeme zu klassifizieren. (Die von mir angebotene Klassifikation beruht vorwiegend auf Murdock 1947 und Schusky 1965, wenngleich sie mit keiner von diesen beiden identisch ist.)

Wenn wir verschiedene Typen von irgend etwas bestimmen wollen, dann müssen wir uns auf eine Reihe von Kennzeichen festlegen, die von einem Typus zum anderen variieren, so daß wir eine Grundlage dafür haben, den einen vom anderen zu unterscheiden. Es sind verschiedene Typologien für Verwandtschaftsterminologien zur Diskussion gestellt worden. Manche Autoren haben zwischen den Typen aufgrund verhaltensmäßiger Korrelate unterschieden (z.B. nach der vorwiegenden Heiratsform in der Gesellschaft); andere haben aus der Kultur selbst stammende Kriterien herangezogen (z.B. eine Komponentenanalyse der Verwandtschaftstermini). Wir werden wesentlich schlichter vorgehen und ein ganz einfaches System aufgreifen: Die Typen von Termini für Vettern und Basen (in Ego's Generation) und die Termini für die erste aufsteigende (also die elterliche) Generation sollen uns als Unterscheidungskriterien dienen.

**Hawaii- oder Generationen-System.** Ego's Generation: Die Termini für Geschwister und für Vettern und Basen sind dieselben:[2]

Sw = VaBrTo = VaSwTo = MuBrTo = MuSwTo

Br = VaBrSo = VaSwSo = MuBrSo = MuSwSo

Erste aufsteigende Generation: Die Termini für „Tanten" und Mutter sind dieselben, desgleichen jene für „Onkel" und Vater:

Mu = MuSw = VaSw

Va = VaBr = MuBr

---

[2] Das Gleichheitszeichen besagt hier, daß derselbe Terminus angewendet wird. VaBrTo = VaSwTo kann also folgendermaßen gelesen werden: „Der auf eine genealogisch als VaBrTo bezeichnete Verwandte angewandte Terminus ist derselbe wie jener, der auf eine als VaSwTo bezeichnete Verwandte angewandt wird." (Wenn die Termini nicht äquivalent sind, d. h. also, wenn verschiedene Begriffe angewandt werden, dann wird dies mit einem $\neq$ wiedergegeben.)

Alles, was das Hawaii-System macht, ist zwischen den Generationen (und manchmal zwischen den Geschlechtern) zu unterscheiden. Jedes Mitglied von Ego's Generation (KV, KB, PV, PB, Geschwister) wird mit demselben Terminus bezeichnet. Jedes Mitglied der ersten aufsteigenden Generation wird mit demselben Terminus bezeichnet, usw.

Das Hawaii-System hat die „einfachste" Terminologie, weil es die wenigsten Unterscheidungen trifft: (1) Generation und (2) Verwandtschaft und Nicht-Verwandtschaft (d.h. jene, auf die die Termini angewandt werden, und jene, auf die sie nicht angewandt werden).

**Eskimo- oder Linien-System.** Ego's Generation: Alle „Vettern" und „Basen" werden terminologisch miteinander gleichgesetzt, aber von den Geschwistern unterschieden:

Br ≠ VaBrSo = MuBrSo = VaSwSo = MuSwSo
Sw ≠ VaBrTo = MuBrTo = VaSwTo = MuSwTo

Erste aufsteigende Generation: Matrilaterale und patrilaterale „Tanten" werden miteinander gleichgesetzt, aber von der Mutter unterschieden:

Mu ≠ VaSw = MuSw
Va ≠ VaBr = MuBr
(VaBr = MuBr; daher VaBrSo = MuBrSo)

**Irokesen-System.** Ego's Generation: Es gibt dieselben Termini für Geschwister und Parallelvettern und -basen; aber separate Termini für Kreuzvettern und -basen (wobei jedoch matrilaterale und patrilaterale KV und KB miteinander gleichgesetzt werden):

(Sw = VaBrTo = MuSwTo) ≠ (MuBrTo = VaSwTo)
(Br = VaBrSo = MuSwSo) ≠ (MuBrSo = VaSwSo)

Erste aufsteigende Generation: Der Terminus für Mutter und Mutterschwester ist derselbe, die Vaterschwester ist jedoch differenziert:

Mu = MuSw ≠ VaSw
Va = VaBr ≠ MuBr

**Crow- und Omaha-System.** Ego's Generation: Für Geschwister und Parallelvettern und -basen werden dieselben Termini verwendet, diese werden aber von den Kreuzvettern und -basen unterschieden, außerdem werden patrilaterale von matrilateralen Kreuzvettern und -basen unterschieden:

(Sw = VaBrTo = MuSwTo) ≠ MuBrTo ≠ VaSwTo
(Br = VaBrSo = MuSwSo) ≠ MuBrSo ≠ VaSwSo

Erste aufsteigende Generation: gleich wie beim Irokesen-System.

Wenn andere Faktoren näher in Betracht gezogen werden – vor allem die agnatische oder uterine Orientierung des Systems (siehe unten) –, dann läßt sich das Crow- und Omaha-System in zwei voneinander verschiedene differenzieren. Für unsere Zwecke können wir sie jedoch als ähnliche Varianten eines Irokesen-Systems ansehen.

**Sudan-System.** Ego's Generation: Alle Vettern und Basen haben besondere Termini, die auf ihrer besonderen Verwandtschaftsbeziehung zu Ego begründet sind:

Sw ≠ VaBrTo ≠ MuSwTo und so weiter

Br ≠ VaBrSo ≠ MuSwSo und so weiter

Erste aufsteigende Generation: sämtlich unterschieden:

Mu ≠ MuSw ≠ VaSw

Va ≠ VaBr ≠ MuBr

Das Sudan-System differenziert im Gegensatz zum Hawaii-System zwischen allen Verwandtschaftstypen. Es trifft die *meisten* Unterscheidungen. (Das Sudan-System findet sich oft in Zusammenhang mit segmentären Lineage-Systemen; vgl. Kapitel 11.)

Das Obige ist nur eine kurze Skizze, die Sie mit der Variationsbreite von Verwandtschaftssystemen vertraut machen soll. Nur wenige Anthropologen wären geneigt, zuzustimmen, wenn der Anspruch erhoben würde, daß dies mehr als eine erste Einführung in das Gebiet der Verwandtschaftsterminologien sei.[3]

Wollten wir diese terminologischen Systeme in einen evolutionären Bezugsrahmen stellen, dann könnten wir folgendes sagen: Die Eskimo-Terminologie hat die Tendenz, eine Unterscheidung zwischen der Kernfamilien-Gruppe (Kapitel 13), deren Vorfahren und Nachfahren in direkter Linie sowie den kollateralen Verwandten auf beiden Seiten (patrilateralen und matrilateralen) zu betonen; und dies spiegelt möglicherweise die sozioökonomische Abgetrenntheit dieser Gruppe wider. Eskimo-Terminologien werden aus diesem Grunde an den beiden Enden des evolutionären Kontinuums vorgefunden, d.h. in den Wildbeuter-Gesellschaften mit Hordenorganisation und in den Industriegesellschaften mit staatlicher Organisation. Zwischen diesen beiden werden die anderen Typen von Verwandtschaftsterminologien am häufigsten angetroffen. Die größte Vielfalt von Terminologien scheint es in den Bodenbau treibenden und den Hirten-Gesellschaften zu geben, wobei eine der Variationen des Irokesen-Typus statistisch am häufigsten vorkommt. In den Irokesen-Systemen werden die Blutsverwandten der einen

[3] Der Leser könnte an dieser Stelle den Wunsch haben, unsere eigene Verwandtschaftsterminologie darzustellen. Es könnte auch pädagogisch nützlich sein, den Gegensatz zwischen unserer Terminologie und einem nicht-westlichen Typus aufzuzeigen.

„Seite" von denen der anderen „Seite" unterschieden, was wiederum die Zuordnung des Personals zu kooperativen Tätigkeiten und häufig auch die korporative Kontrolle über irgendwelche hochgeschätzten Güter widerspiegelt.

## Wirkliche und klassifikatorische Verwandte; Bluts- und Affinalverwandte

Bei der Diskussion von Verwandtschaftssystemen sprechen Anthropologen häufig von *wirklichen* und *klassifikatorischen* Verwandten.

**Wirkliche Verwandte** sind solche, von denen der Forscher zur Überzeugung kommt, daß sie tatsächlich biologisch miteinander verwandt sind. **Klassifikatorische Verwandte** sind solche, die als Verwandte klassifiziert werden (d.h. solche, auf die ein Verwandtschaftsterminus angewandt wird), die aber nicht wirklich biologisch miteinander verwandt sind.

Eine andere Unterscheidung, auf die Sie häufig stoßen werden, ist die zwischen *Bluts-* und *Affinalverwandten.*

**Blutsverwandte** sind durch Geburt miteinander verwandt („Angestammte Verwandte"). **Affinalverwandte** sind durch Heirat miteinander verwandt („Angeheiratete Verwandte").

## Deszendenz

Die Verwandtschaftsorganisation umfaßt auch die **Deszendenz** (Abstammung). Ganz einfach gesprochen handelt es sich bei Deszendenz um das Ableiten von Verwandtschaftsbeziehungen durch aufeinanderfolgende Generationen, d.h. also darum, wer von wem *abstammt.*[4] Es gibt viele verschiedene Arten, Deszendenz abzuleiten.

**Unilineale Deszendenz.** Unilineale Deszendenz (oder Abstammung in „einer Linie") ist jene Form der Deszendenz, bei welcher die Verwandtschaftsbeziehung durch *ein* Geschlecht oder *eine* Linie abgeleitet wird, d.h. durch einen Elternteil als Bindeglied zwischen Ego und Ego's Vorfahren.

Die **agnatische oder patrilineale Deszendenz** ist eine Form der unilinealen Deszendenz, die nur über Männer abgeleitet wird. (Es ist wichtig, im Ge-

---

[4] Individuen, die „vertikal" oder in einer „Linie" miteinander verwandt sind – die also voneinander abstammen, wie z.B. VaVa, Va, Ego, So, SoSo – werden *lineale* Verwandte genannt. Kodeszendente Individuen – d.h. solche, die „horizontal" miteinander verwandt sind, wie z.B. Ego, Br, VaBrSo, MuBrSo – werden als *kollaterale* Verwandte bezeichnet.

dächtnis zu behalten, daß Ego, die Person, die ihre Deszendenz ableitet, entweder männlichen oder weiblichen Geschlechtes sein kann. Frauen leiten in einem patrilinealen System ihre Deszendenz auf genau die gleiche Weise ab wie Männer.) Siehe Abbildung 12.4a.

Die **uterine oder matrilineale Deszendenz** ist eine Form der unilinealen Deszendenz, die nur über Frauen abgeleitet wird. (Wiederum sollte darauf hingewiesen werden, daß sowohl Männer als auch Frauen ihre Deszendenz auf diese Weise ableiten.) Siehe Abbildung 12.4b.

Die **doppelte Deszendenz** wird auch als *doppelt unilineale, duolineale* oder *bilineale Deszendenz* bezeichnet. Sie stellt eine Form der unilinealen Deszendenz dar, die die Patrilinie und die Matrilinie miteinander kombiniert. Die Deszendenz wird *separat* über Männer *und* über Frauen abgeleitet. Ein Individuum (das wiederum entweder männlich oder weiblich sein kann) kann z.B. seine Deszendenz zu gewissen Zwecken patrilineal ableiten (z.B. um Erbrechte auf „heilige" Rinder oder Sukzessionsrechte auf Erbämter geltend zu machen), zugleich aber auch matrilineal zu anderen Zwecken (z.B. um Erbrechte auf „gewöhnliche" Rinder oder auf Ackerland geltend zu machen). Siehe Abbildung 12.4c.

Die **parallele Deszendenz** ist eine Form der unilinealen Deszendenz, bei welcher Frauen ihre Deszendenz nur durch Frauen, Männer ihre Deszendenz nur durch Männer ableiten. Siehe Abbildung 12.4d.

Die **ambilineale oder optative Deszendenz** ist eine Form der unilinealen Deszendenz, bei der ein Individum wählen kann, ob es seine Deszendenz patrilineal *oder* matrilineal ableiten will. Normalerweise kann ein Individuum, obwohl die betreffende Gesellschaft beide Typen anerkennt, nur einen von diesen wählen und muß sich dann an die getroffene Wahl halten. In einigen Gesellschaften behält sich das Individuum jedoch das Recht vor, seine oder ihre Zugehörigkeit wieder zu ändern (Otterbein 1972, S. 52). In einem optativen oder ambilinealen System kann es vorkommen, daß die Deszendenz, obgleich nur durch einen Elternteil abgeleitet, doch nicht nur durch Vorfahren bloß des einen Geschlechtes abgeleitet werden kann. Aufgrund des Elementes der Wahl in optativen Systemen können die signifikanten Vorfahren einer Person sowohl Männer als auch Frauen sein. Man kann in diesem Falle vielleicht genauer von „Filiation" statt von „Deszendenz" sprechen (Scheffler 1966, Shapiro 1967). Durch die Identifikation mit (oder die Filiation von) einem seiner oder ihrer Verwandten akzeptiert Ego dieselben Vorfahren, die dieser Verwandte zu seinen sozialen Zwecken akzeptiert hatte. Siehe Abbildung 12.4e.

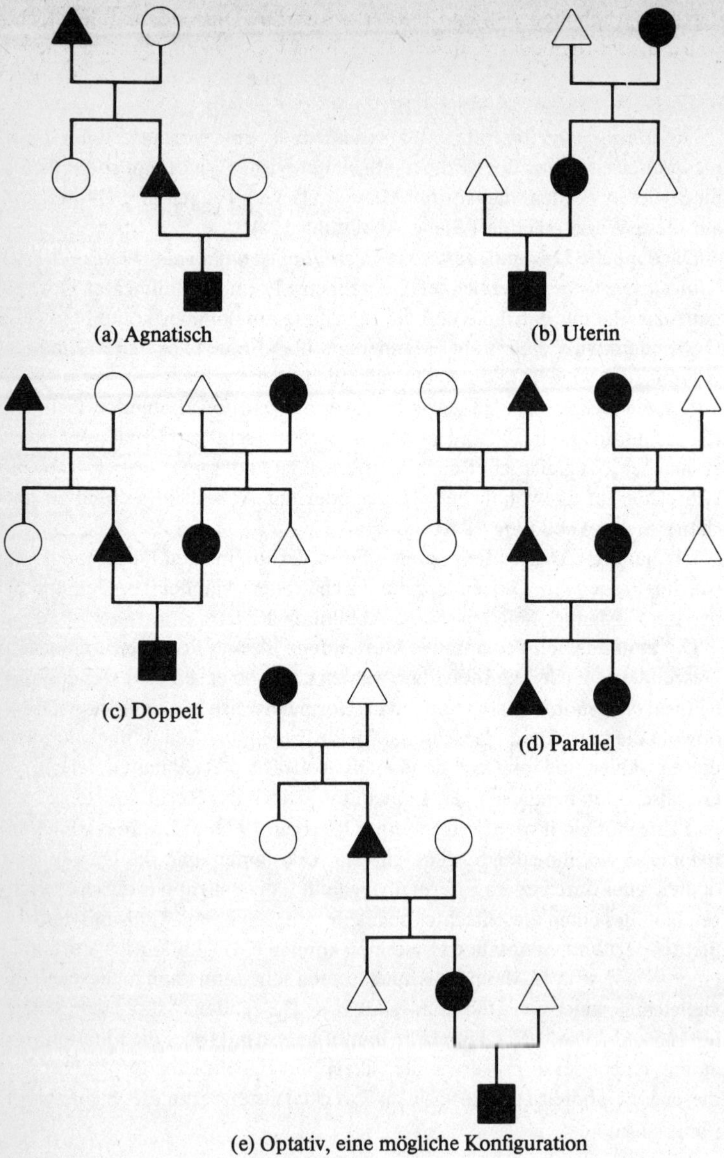


*Abbildung 12.4:* Typen unilinealer Deszendenz

**Kognatische oder bilaterale Deszendenz.** Die kognatische Deszendenz wird oft auch als *nichtunilineale* oder *multilineale* Deszendenz bezeichnet, um sie von allen vorgenannten Typen zu unterscheiden. Die Deszendenz ist hier nicht auf eine bestimmte Linie oder ein bestimmtes Geschlecht beschränkt; statt dessen wird die Abstammung von *allen* Vorfahren, männlichen und weiblichen, *sowohl* durch die Mutter *als auch* durch den Vater abgeleitet. Siehe Abbildung 12.5.

Ein ähnliches Muster wie das für die terminologischen Systeme charakteristische ergibt sich, wenn man Typen von Deszendenzsystemen intersozietal miteinander vergleicht: Kognatische Deszendenz kommt am häufigsten in Wildbeutergesellschaften mit Hordenorganisation und in Industriegesellschaften mit Staatsorganisation vor, während für die Stammesgesellschaften die eine oder andere Form der unilinealen Deszendenz charakteristisch ist. Dies ist nicht überraschend, weil die technoökonomischen Systeme der Wildbeuter- und der Industriegesellschaften zur Betonung individueller Arbeit sowie zur weitgehenden Selbstgenügsamkeit kleiner, auf „Kernfamilien“ (Mann, Frau, Kinder) basierender Haushalte tendieren, wohingegen Stammesgesellschaften in ihren adaptiven Strategien von der Zugehörigkeit zu größeren Verwandtschaftseinheiten Gebrauch machen (diese Strategien verlangen relativ stabile Gruppen, auf die man sich hinsichtlich wirtschaftlicher Kooperation, Verteidigung usw. verlassen kann).

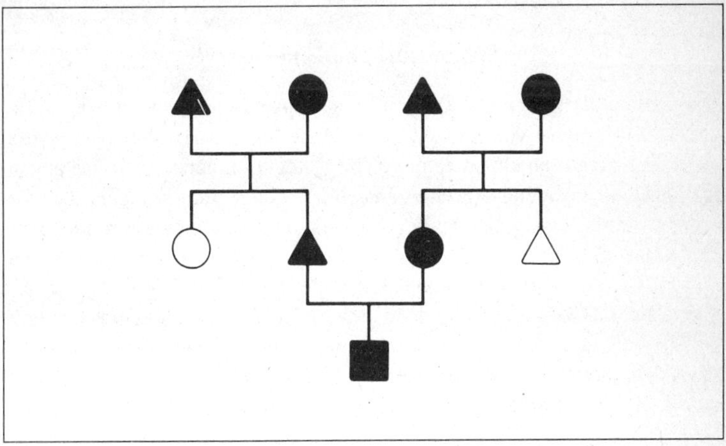

*Abbildung 12.5:* Kognatische oder bilaterale Deszendenz.

## Agnatische und uterine Verwandte

Vor der Betrachtung einiger der Arten von Einheiten, welche Menschen aufgrund ihrer Vorstellungen von Deszendenz bilden können, ist es notwendig, etwas über die oben gebrauchten Begriffe *agnatisch* und *uterin* zu bemerken.

**Agnatische Verwandte** sind Personen (beiderlei Geschlechts), die über Männer miteinander verwandt sind. Männliche Agnaten sind Männer, die über Männer miteinander verwandt sind; und weibliche Agnaten sind Frauen, die über Männer miteinander verwandt sind. So können zum Beispiel ein Bruder und eine Schwester mit demselben Pater als *agnatische Geschwister* bezeichnet werden, weil sie über einen Mann miteinander verwandt sind.

**Uterine Verwandte** sind Personen (beiderlei Geschlechts), die über Frauen miteinander verwandt sind. Männliche uterine Verwandte sind Männer, die über Frauen miteinander verwandt sind; und weibliche uterine Verwandte sind Frauen, die über Frauen miteinander verwandt sind. Zum Beispiel können ein Bruder und eine Schwester mit derselben Mater als *uterine Geschwister* bezeichnet werden, weil sie über eine Frau miteinander verwandt sind. (Geschwister, die beide Eltern gemeinsam haben, werden nebenbei bemerkt als *Vollgeschwister* bezeichnet.)

Eine agnatische oder eine uterine Verwandtschaftsbeziehung kann also unabhängig davon bestehen, ob die Deszendenzrechnung agnatisch (patrilineal) oder uterin (matrilineal) ist.

## Soziozentrische Einheiten

**Deszendenzkategorien und Deszendenzgruppen.** Menschen können die Begriffe (Konstrukte) von Deszendenz, die sie haben, dazu benützen, Menschen in Kategorien einzuteilen. Solche Kategorien nennen wir aus augenscheinlichen Gründen *Deszendenzkategorien.* Deszendenzkategorien umfassen ganz einfach gesprochen alle jene Personen, die unter Zugrundelegung der in ihrer Kultur vorherrschenden Auffassung von Deszendenz ihre Abstammung von einem gemeinsamen Vorfahren ableiten. Dies sind, wie man im Gedächtnis behalten möge, Deszendenz*kategorien,* weil sie sich aus Individuen zusammensetzen, die alle ein gemeinsames Charakteristikum aufweisen (Abstammung vom selben Vorfahren), die sich aber nicht auf der Grundlage ihrer gemeinsamen Abstammung zusammenschließen, um irgend etwas gemeinsam zu *tun.* Diese letztere Form kollektiven Zusammenschlusses würde eine *Deszendenzgruppe* darstellen. Menschen gemeinsamer Abstammung, die diese Abstammungsgemeinschaft als Grundlage für die Wählbarkeit oder Mitgliederrekrutierung in eine Gruppe benützen, bilden eine Deszendenzgruppe. Ein Anzahl von Menschen kann zur selben Deszendenzkategorie gehören, wobei aber nur einige von ihnen sich auf die Vorstellung der Deszendenz berufen können, um Gruppen zu bilden. Offenkundig brauchen sich also eine Deszendenzgruppe und eine Deszendenzkategorie keineswegs zu decken. Das heißt also, daß die Deszendenzgruppe möglicherweise nur einige von den Personen einschließen kann, die zu einer Deszendenzkategorie gerechnet werden. (Dies sollte weiter unten anhand einer Diskussion der Begriffe Lineage und Klan deutlicher werden.)

**Lokal- oder residentielle Gruppen.** Eine Art von Gruppe, die vorgefunden wird und die die Deszendenz als Kriterium der Mitgliedschaft benützt, ist die *Lokal-* oder *residentielle Gruppe,* d.h. eine Gruppe von Personen, die zusammenleben. Eine Lokalgruppe kann auf vielen verschiedenen Grundlagen gebildet werden, doch Menschen, die zusammen wohnen und die Deszendenz als die Grundlage für ihr Zusammenwohnen benützen, bilden eine Einheit, die, nicht ganz überraschend, eine *Lokalgruppe auf Deszendenzbasis* genannt wird.

**Lineage und Klan.** Eine *Lineage,* vor allem in afrikanischen Stammesgesellschaften, ist eine solche Gruppe auf Deszendenzbasis. Eine **Lineage** wird im allgemeinen definiert (obwohl diese Definition manchmal angefochten wird) als kleine Deszendenzgruppe, die sich aus Personen zusammensetzt, die in unilinealer Weise von einem bekannten Vorfahren abstammen, zu dem sie die genealogischen Bindeglieder bzw. Abstammungsbeziehungen zurückverfolgen können. Das heißt also, daß im allgemeinen angenommen wird, daß die Mitglieder einer Lineage ihre Abstammungsbeziehung zu dem von ihnen in Anspruch genommenen Vorfahren entweder patrilineal oder matrilineal genealogisch nachweisen können und daß die Anzahl der Generationen, die gezählt werden, um Ego mit dem Vorfahren zu verbinden, relativ gering ist.[5]

Die Lineage wird oft definitorisch dem *Klan* oder der *Sippe* gegenübergestellt.[6] Ein Klan (oder eine Sippe) kann eine Gruppe oder eine Kategorie sein, d.h. also, er kann entweder ein Kollektiv von Personen sein, die sich

---

[5] Eine auf patrilinealer Deszendenz basierende Lineage wird gewöhnlich als *Patrilineage* bezeichnet, eine auf matrilinealer Deszendenz basierende als eine *Matrilineage,* und eine auf ambilinealer oder optativer Deszendenz basierende als *Ambilineage* oder *Ramage* oder *optative Deszendenzgruppe.* Auf kognatischer oder bilateraler Deszendenz basierende Gruppen sind als *kognatische* oder *bilaterale* oder *unbeschränkte Deszendenzgruppen* bezeichnet worden.

[6] Früher machte man einen Unterschied zwischen *Klan* und *Sippe* sowie anderen Einheiten, die *Gens, Deme* etc. genannt wurden. Da diese Unterscheidungen in der gegenwärtigen anthropologischen Literatur nicht mehr gebräuchlich sind, wird hier nicht weiter darauf eingegangen (vgl. aber z.B. Murdock 1949).

aufgrund irgendeines Begriffes von Deszendenz zusammenschließen, um etwas gemeinsam zu tun, oder aber eine bloße Form der Klassifikation von Individuen aufgrund ihrer Deszendenz. In beiden Fällen ist jedoch das Kennzeichen, das gewöhnlich dazu herangezogen wird, eine Lineage von einem Klan zu unterscheiden, jenes, daß die einzelnen Mitglieder einer Lineage ihre Deszendenz von einem Vorfahren nachweisen können, während die eines Klans dies nicht können. Die Klanmitglieder haben zwar eine Vorstellung von gemeinsamer Abstammung, sind aber in Wirklichkeit nicht imstande, diese im Einzelnen zurückzuverfolgen und nachzuweisen. Wir können daher einen **Klan** oder eine **Sippe** als eine Gruppe oder Kategorie von Personen beiderlei Geschlechtes definieren, deren Mitgliedschaft durch unilineale Deszendenz bestimmt wird, wobei jedoch die Mitglieder nicht imstande sind, ihre Deszendenz zum Stammahnen zurückzuverfolgen (cf. R.A.I. 1956, S.89).[7]

Obwohl Lineages und Klane sich hinsichtlich der Fähigkeit ihrer Mitglieder, ihre Abstammung nachzuweisen, unterscheiden, haben sie doch als *Gruppentypen* eine Anzahl von Kennzeichen miteinander gemein:

1. Beide gründen sich auf unilineale Deszendenz. Sie werden daher oft als *Unilineale Deszendenzgruppen* bezeichnet.

2. Aus beiden können sich – was häufig vorkommt – Lokal- oder residentielle Gruppen bilden.

3. Beide können korporierte Gruppen sein, d. h., sie können irgendwelche hochbewerteten Güter kontrollieren.

4. Beide können exogam sein – d. h., es kann ihren Mitgliedern untersagt sein, ihre Heiratspartner innerhalb der Gruppe zu wählen. (*Exogamie* ist die Regel, welche festlegt, daß eine Ehe zwischen zwei Mitgliedern derselben Gruppe nicht geschlossen werden darf; oder, positiv ausgedrückt, die Regel, welche fordert, daß Individuen ihre Ehepartner außerhalb der Gruppe suchen müssen.)

5. Beide haben häufig Gruppentabus. Ein *Tabu* ist, ganz einfach gesagt, ein Verbot, welches gewöhnlich mit übernatürlichen Sanktionen verbunden ist. Es kann den Mitgliedern der Gruppe zum Beispiel untersagt sein, eine gewisse Speise zu essen oder ein gewisses Tier zu töten. Im Zusammenhang damit steht ein als *Totemismus* bezeichnetes Phänomen, welches vor allem in

---

[7] Es sollte darauf hingewiesen werden, daß es in der ethnographischen Wirklichkeit oftmals schwierig ist, klar zwischen einer „Lineage“ und einem „Klan“ zu unterscheiden. Aus diesem Grunde haben sich viele Ethnographen dafür entschieden, von „Minimal-“, „Minor-“, „Major-“ und „Maximallineages“ zu sprechen. Der Student sollte sich daran erinnern, daß es nicht der Zweck der ethnographischen Feldforschung ist, die entdeckte Wirklichkeit an die Begriffe der Lehrbücher anzupassen, sondern brauchbare Begriffe zu finden, die helfen, die Wirklichkeit zu beschreiben.

einigen Gesellschaften mit Klanen vorkommt. Die Bezeichnung Totemismus bezieht sich hier auf ein Charakteristikum der Klanorganisation, in welcher der Klan nach einem Naturobjekt benannt wird – im allgemeinen einer Pflanze oder einem Tier – und es den Klanmitgliedern verboten ist, dieses Naturobjekt zu töten oder zu essen. Oftmals ist damit der Glaube verbunden, daß die Klanmitglieder von diesem Naturobjekt abstammen oder daß der Klanahne in irgendeiner Weise eng mit ihm verbunden war, worüber in Mythen und Legenden berichtet wird. Das Totem, das Naturobjekt, nach welchem die Gruppe benannt ist, repräsentiert die Gruppe, wird zu ihrem Symbol.

6. Sowohl Lineage wie Klan umfassen ursprünglich Mitglieder beiderlei Geschlechts. Das heißt, daß in einer Gesellschaft mit Lineage- oder Klanorganisation jedes Kind mit der Geburt (oder kurz danach) aufgrund seiner Deszendenz zum Mitglied einer solchen Gruppe wird. Wenn jedoch Exogamie mit diesem Organisationstypus verbunden ist, dann muß ein Geschlecht mit der Heirat die Gruppe verlassen. Nehmen wir z. B. an, wir hätten es mit einer *Patrilineage* oder *agnatischen Lineage* zu tun, d. h. also mit einer Situation, wo Menschen der Lineage auf der Grundlage patrilinealer oder agnatischer Deszendenz zugeordnet werden. Verbinden wir nun dieses Deszendenzprinzip mit einer Regel der Lineage-Exogamie. Nun muß jeder Mann, wenn er heiraten will, eine Partnerin außerhalb der Gruppe finden. Nehmen wir außerdem an, daß es eine Regel gibt, daß eine Frau dort leben muß, wo ihr Mann lebt (mit den Wohnfolgeordnungen werden wir uns bald befassen). Der Mann verläßt daher die Gruppe, findet eine Frau und bringt sie in die Gruppe, um hier mit ihr zu leben. Nun haben wir jemanden in der Gruppe, der nicht durch Deszendenz verwandt ist. In der Zwischenzeit ist die Schwester unseres Helden heiratsfähig geworden. Auch sie muß der Exogamieregel folgen. Und sie findet einen Mann außerhalb der Gruppe und verläßt darauf die Gruppe, weil die Wohnfolgeordnung, wie man sich erinnert, festsetzt, daß eine Frau dort leben muß, wo ihr Mann lebt. Was wir nun vor uns haben, ist eine Lokalgruppe (Personen, die zusammenleben), deren Kernmitglieder (der Begriff *Kernmitglieder* bezieht sich auf jene Personen, die in der Gruppe geboren werden und in der Gruppe bleiben) durch patrilineale Deszendenz miteinander verwandt sind. Die Gruppe ist weiterhin eine Lokalgruppe auf der Grundlage von Deszendenz, doch ist Deszendenz nicht das einzige Kriterium der Mitgliedschaft. Einheirat in die Gruppe führt ebenfalls zu Mitgliedschaft, während Herausheirat aus der Gruppe zum Verlust der aktiven Mitgliedschaft führt. Ich spreche von *aktiver* Mitgliedschaft, weil die ausheiratende Frau weiterhin ein Mitglied der Deszendenz*kategorie* bleibt, aus welcher diese Deszendenz*gruppe* gebildet ist, aber aufhört, ein Mitglied der *Gruppe* zu sein. Sollte ihr Mann sterben oder sie geschieden werden, kann sie

(unter der Voraussetzung, daß sie nicht wieder heiratet) mit aller Wahrscheinlichkeit zurückkommen und wieder in der Gruppe leben.[8]

**Phratrie und Moiety.** Ich habe in unsere Diskussion einen neuen Gegenstand eingeführt, die Residenz, die eine ausführlichere Behandlung verdient. Zuvor müssen jedoch noch einige zusätzliche Themen erwähnt werden.

Eine **Phratrie** ist eine klassifikatorische Einheit, die größter ist als ein Klan. Sie beruht auf einem gewissen Begriff bzw. auf der Anerkennung von Verwandtschaft zwischen zwei oder mehreren Klanen. Phratrien sind im allgemeinen Kategorien; doch wenn die Mitgliedklane sich zu irgendeinem Zweck zusammenschließen, müßten wir eine solche Phratrie als *Gruppe* bezeichnen.

Bisher haben wir über Deszendenzgruppen und -kategorien gesprochen. Der letzte in dieser Sektion zu erörternde Begriff ist der der **Moiety**. Moieties können auf Deszendenz gründen oder auch nicht und sie können entweder Gruppen oder Kategorien sein. Moiety bedeutet ganz einfach „Hälfte" und eine Gesellschaft, die in zwei Hälften geteilt ist, hat ein sogenanntes *Dualsystem* (oder *Dualorganisation)*. Die Moieties können eine bloß klassifikatorische Einrichtung sein, durch welche Menschen in die eine oder andere Kategorie eingeteilt werden, oder aber eine Gruppeneinteilung, wobei die Gesellschaft für einen bestimmten Zweck oder zu mehreren Zwecken in zwei Gruppen zerfällt. Die Zweiteilung kann auf Deszendenz oder auf irgendeinem anderen Prinzip beruhen (z. B. „Winter- und Sommer-"Leute, „Ost-" und „West-"Leute, „rote" und „schwarze" Leute).

## Egozentrische Einheiten

Vom Blickpunkt jedes individuellen Ego aus gibt es einen Menschenkreis, der als Verwandtschaft betrachtet wird. Auf welche Personen nun genau sich diese Beziehung erstreckt ist von Gesellschaft zu Gesellschaft verschieden. Für Ego bilden diese eine *kulturelle Kategorie*, eine Kategorie der Verwandtschaft. Ego hat ihnen gegenüber gewisse Verpflichtungen, und sie haben solche Ego gegenüber, aufgrund der Tatsache, daß sie als Verwandte eingestuft werden. Eine derartige Kategorie der Verwandtschaft, vom Gesichtspunkt Egos aus gesehen, wird als **Kindred** bezeichnet. Wie Keesing und Keesing feststellen (1971, S. 158): „Kindreds sind keine scharf abgegrenzten und

---

[8] Wenn ich meinen Studenten dieses Beispiel erkläre, habe ich es als hilfreich gefunden, dasselbe mit seinen matrilinealen Gegenstücken zu kontrastieren: (a) Matrilineage + Lineage-Exogamie + uxorilokale Residenz, und (b) Matrilineage + Lineage-Exogamie + virilokale Residenz für die Frau und avunkulokale Residenz für das Paar als Einheit.

permanenten sozialen Gruppen, sondern es werden Handlungsgruppen aus ihnen rekrutiert: jede einzelne Person gehört zu den Kindreds vieler verschiedener Leute." (Mit anderen Worten, Ihr Onkel ist der Bruder eines Anderen, der Neffe eines Anderen, usw.) Die Kindreds der verschiedenen Individuen in derselben Gesellschaft sind also voneinander verschieden. Einzig Vollgeschwister haben dieselbe Kindred. Man kann sich die Kindreds vielleicht am einfachsten als eine Vielzahl von einander überschneidenden Kreisen denken, wobei ein Individuum (Ego) im Zentrum jedes derselben steht.

## Residenz

### Residenzregeln und -muster

**Residenzregeln (Wohnfolgeordnungen)** sind Normen, die festsetzen, wo Menschen leben sollen. Sie sind jener Teil des konzeptuellen Systems einer Kultur, der mit dem angemessenen Wohnverhalten zu tun hat: wer soll wo

Ein Herero-Haus, Südafrika. *(Photo vom Autor.)*

und mit wem leben. Die tatsächlichen **Residenzmuster** sind eine statistische Zusammenfassung dessen, was die Leute tatsächlich tun, d.h. wo und mit wem sie tatsächlich leben. Die Residenzregeln sind also ein Teil der Kultur, während die Residenzmuster zum Bereich der Gesellschaft gehören.

Es gibt so viele Arten und Kombinationen von Residenzregeln, daß der Versuch, sie hier alle darzustellen, nur verwirrend sein würde und über das Nötige hinausginge. Wie immer werde ich mich auch hier bemühen, die Darstellung einfach zu halten, aber doch das Gebiet adäquat zu behandeln. Wenn wir von *Residenzregeln* sprechen, sollten wir uns zunächst klar machen, über welche Personenkategorien in der Gesellschaft wir sprechen. Die Residenzregeln für einen alleinstehenden Mann können von jenen für einen verheirateten Mann verschieden sein. Die Residenzregeln für einen Mann unterscheiden sich von denen für eine Frau. Die für ein Kind sind wiederum anders als die für einen Erwachsenen. Wir müssen aus diesem Grunde klar zum Ausdruck bringen, von wem wir sprechen.

Meistens interessieren sich Anthropologen für die postmaritale Residenz (Heiratswohnfolge), und das in zweierlei Hinsicht: (1) welcher der Partner, der Mann oder die Frau, mit der Heirat seinen Wohnsitz verändert; und (2) wo das neuverheiratete Paar sich niederläßt.

Im Gedanken daran können wir nun zu den zur Beschreibung der Residenz verwendeten Begriffen übergehen.[9] (Das Suffix *-lokal*, von dem alle diese Begriffe Gebrauch machen, zeigt den Wohnort an.)

## Residenztypen

Wenn Ehemann und Ehefrau als getrennte Individuen angesehen werden, können die folgenden Typen vorkommen:

**Virilokal** („Ort des Mannes"). Die Frau übersiedelt[10] zum Wohnsitz des Mannes.

**Uxorilokal** („Ort der Frau"). Der Mann übersiedelt zum Wohnsitz der Frau.

**Natolokal** („Ort der Geburt"). Dieser Begriff, der von Robin Fox vorgeschlagen wurde (1967, S. 85), bezieht sich auf die Praktik, nach der keiner der

---

[9] Diese Begriffe sind gebraucht worden, um bestimmte Residenzregeln (kulturelle Normen dafür, wer wo leben sollte) zu bezeichnen sowie Residenzmuster (statistische Erfassung dessen, wer tatsächlich wo lebt) zu beschreiben.

[10] Die Begriffe *wohnt bei, übersiedelt zu* etc. können als „nimmt seinen (ihren) Wohnsitz bei oder nahe" gelesen werden. Die oben angeführten Residenztypen müssen sich nicht auf wirkliche Koresidenz innerhalb desselben Haushaltes beziehen, obwohl dies vorkommen kann, sondern können auch eine Residenz in derselben Nachbarschaft anzeigen.

beiden Partner seinen Wohnsitz aufgibt. Mit anderen Worten, sie wohnen überhaupt nicht zusammen, sondern bleiben in ihren Geburtsgruppen und besuchen einander nur für kurze Perioden.

Wenn das Ehepaar als eine Einheit betrachtet wird, können folgende Residenztypen vorkommen:

**Patrilokal.** Dieser Terminus bedeutet wörtlich „Ort des Vaters" und gibt uns als solcher keine Information darüber, bei welchem Vater, dem des Mannes oder dem der Frau, das Ehepaar wohnt; doch wird er im allgemeinen im Hinblick auf Residenz beim Vater des Ehemannes verwendet. Wegen dieser Ungenauigkeit werden gewöhnlich die Begriffe *patrivirilokal* oder *viripatrilokal* vorgezogen („Ort des Vaters des Mannes"). (Um zu weiterer Verwirrung beizutragen, hat man **patrilokal** zeitweilig auch anstelle von *virilokal* verwendet.)

**Matrilokal.** Da dieser Terminus „Ort der Mutter" bedeutet, kann er, wie *patrilokal*, zu Konfusionen führen, weil er nicht von sich aus angibt, ob das Ehepaar zur Mutter des Mannes oder zu der der Frau siedelt. Tatsächlich bezieht er sich meistens auf die Niederlassung des Paares am Wohnsitz der Mutter der Frau, und hier soll er so definiert werden. (Unglücklicherweise hat man *matrilokal* oft in der Bedeutung von *uxorilokal* verwendet.)

**Avunkulokal.** Statt bei den Eltern eines der Ehegatten wohnt das Paar beim Mutterbruder des Mannes (d.h. seinem Onkel mütterlicherseits). Manchmal wird auch der Terminus *viriavunkulokal* benutzt. Avunkulokale Residenz bezieht sich auch auf die in matrilinealen Gesellschaften weitverbreitete Praktik, nach der ein männliches Kind (oftmals zur Pubertätszeit) den Haushalt seiner Eltern verläßt und zu seinem MuBr übersiedelt. Wenn er nach seiner Heirat weiterhin bei seinem MuBr lebt, nennen wir dies ebenfalls *avunkulokale Residenz.*

**Ambilokal** oder **bilokal**. Das Paar hat die Wahl, ob es bei den Eltern des einen oder des anderen Gatten wohnen will.

**Neolokal** („neuer Ort"). Das Paar errichtet einen völlig neuen Wohnsitz, getrennt von den anderen. Ein neolokales Residenzmuster herrscht in unserer eigenen Gesellschaft vor.

**Kommunlokal.** Keith Otterbein (1972, S.37) hat diesen Terminus für die Praktik vorgeschlagen, nach der Ehepaare ihren Wohnsitz in einer Gruppe nehmen, in der die Eltern sowohl des Mannes als auch der Frau leben.

# Kapitel 13
# Ehe und Familie

**Bemerkung über den Inzest.** Es ist gebräuchlich (und außerdem auch logisch), das Thema des Inzestes in einer einführenden Behandlung der Ehe zu besprechen. Inzest ist ein Lieblingsthema in anthropologischen Kreisen; er ist definiert, umdefiniert, debattiert und *ad nauseam* analysiert worden.

Warum? Was macht den Inzest zu einem so wichtigen Thema? Letzten Endes gibt es zwei Gründe dafür, von denen sich der eine aus dem anderen ergibt. Das Inzesttabu ist als *universal* bezeichnet worden, was heißt, daß es in jeder bekannten menschlichen Gesellschaft vorgefunden wird. Das bedeutet, daß nach den meisten Autoren alle Gesellschaften Regeln haben, welche den Geschlechtsverkehr zwischen Eltern und Kindern sowie zwischen Geschwistern verbieten; das „Inzesttabu" („Inzestverbot") wird demnach als ein universales menschliches Charakteristikum aufgefaßt. Man hat sich daher auf es als *die* kulturelle Regel konzentriert, die Regel, welche dem Auftreten des Menschen als kulturellem Wesen, das sich insofern von den anderen Tieren unterscheidet, zugrundeliegt.

Daraus folgt daher, daß das „Inzesttabu, wenn es als *nicht* universal nachgewiesen werden kann, oder wenn es zumindest genügend Beweismaterial gibt, das seinen Universalitätsanspruch ernsthaft in Frage stellt, seine zentrale Bedeutung für die anthropologische Theorie verliert. Das ist in der Tat genau das, was man findet, wenn man die ethnographische Literatur über diesen Gegenstand durchmustert. Eine Anzahl von Gesellschaften gestatten einige oder alle der Formen sexuellen Verhaltens, die wir als „inzestuös" betrachten würden, so daß man sich wundert, warum die meisten Autoren, besonders die Autoren fast aller Einführungsbücher, auf ihrer Behauptung von der Universalität des „Inzesttabus" beharren.

Da die ethnographischen Fakten den übertriebenen Grad von Aufmerksamkeit, die das Inzest-Thema auf sich gezogen hat, nicht zu rechtfertigen scheinen, möchte ich es in diesem Kapitel nicht behandeln. Da dieses Thema in der Kulturanthropologie jedoch eine so große Bedeutung gehabt hat, und da dieses Handbuch als eine Einführung in die Kulturanthropologie gemeint ist, kann das „Inzesttabu" nicht völlig ignoriert werden. Ich sehe mich daher in eine paradoxe Lage versetzt: der Inzest verdient nicht das Ausmaß an Platz, das ihm in der Vergangenheit eingeräumt worden ist; doch muß ich selbst, um diese Behauptung zu rechtfertigen, diesem Thema einen unangemessen großen Platz einräumen. Ich habe versucht, mich aus dieser unangenehmen Situation zu ziehen, indem ich am Ende dieses Handbuches einen Anhang über Inzesttheorien aufgenommen habe (Anhang 2, Beurteilung von Inzesttheorien). Dieser Anhang definiert das Thema und die verschiedenen Begriffe, die bei seiner Behandlung verwendet werden, zieht den Universalitätsanspruch in Zweifel, skizziert die wichtigsten Theorien, die diesbezüglich aufgestellt worden sind (welche aus einem Glauben an die Universalität des Inzestverbotes herrühren) und stellt einen Bezugsrahmen (der die Beiträge verschiedener Autoren miteinbezieht) zur Beurteilung der Inzesttheorien zur Diskussion. Er behauptet auch, daß das „Inzesttabu", auch wenn es nicht universal ist, doch weiterhin untersucht werden kann. Dem Leser wird daher geraten, Anhang 2 zu konsultieren, nachdem er dieses Kapitel gelesen hat, da hier nichts weiter über dieses Thema gesagt wird.

## Ehe

Im Idealfalle sollte ein einleitender Schritt in jeder Diskussion eine Definition des Themas sein. Demgemäß sollten wir zuerst eine Definition von Ehe geben und dann damit fortfahren, ihre Variationen im Kulturvergleich zu besprechen. Aber es gibt keine anerkannte Definition von Ehe, die sich auf alle Gesellschaften anwenden läßt. Die beste Definition, die wir finden können, ließe sich vielleicht folgendermaßen wiedergeben: **Ehe** ist eine sozial anerkannte und normativ vorgeschriebene Beziehung zwischen mindestens zwei Personen, welche die ökonomischen und sexuellen Rechte sowie die anderen Pflichten festsetzt, die jeder dem anderen oder den anderen schuldet und welche den *primären* Mechanismus in einer Gesellschaft darstellt, durch welchen Nachkommen als legitim anerkannt werden und „das volle Geburtsrecht, das den normalen Mitgliedern ihrer Gesellschaft oder sozialen Schicht zusteht, gewährt bekommen" (Gough 1959, S. 32).[1]

Doch kann sich jede Definition von Ehe (einschließlich der obigen) als mangelhaft erweisen, wenn wir den Versuch machen, sie auf eine bestimmte Gesellschaft anzuwenden. Es ist vielleicht nützlicher, den Versuch zu machen, einige überkulturelle Charakteristika der Ehe zu liefern, als diese streng zu definieren zu versuchen. Unten führe ich vier allgemeine Aussagen an, die für eine Erörterung der Ehe relevant sind. Einiges davon ist von Keesing und Keesing (1971, S. 181–182) übernommen.

---

[1] „Primär" ist hier hervorgehoben, weil es Gesellschaften gibt, wie z. B. die Herero, die zusätzlich zur Ehe noch eine andere Art von Beziehung zwischen einem Mann und einer Frau kennen, die es dem Manne gestattet, eine Zahlung zu leisten, um die Kinder der Frau von der Gesellschaft als seine legitimen Nachkommen anerkennen zu lassen. Er braucht jedoch diese Frau nicht zu heiraten.

## Kennzeichen der Ehe

1. Wenn man die Ehe in kulturvergleichender Perspektive betrachtet, erweist sie sich ziemlich häufig eher als eine *Beziehung zwischen Gruppen* als eine bloße Beziehung zwischen Individuen. Keesing und Keesing geben zu bedenken, daß ein Ehesystem, das uns auf den ersten Blick sonderbar anmutet, oft verständlicher wird, wenn wir es als eine Vertragsbeziehung zwischen korporierten Gruppen auffassen. Dies wird durch die Tatsache unterstrichen, daß in vielen Gesellschaften die durch eine Heirat eingegangene Vertragsbeziehung *nicht notwendig mit dem Tode oder dem Ausfallen (z. B. durch Scheidung) eines der Partner endet* (siehe unten die Diskussion über das Levirat und das Sororat).

2. Ehe ist *nicht nur eine sexuelle Beziehung;* sie ist eine *Form des Tausches,* die eine Übertragung von Rechten und Pflichten zwischen den vertragsschließenden Parteien beinhaltet. Zum Beispiel bekommt ein Mann oft wirtschaftliche Rechte an der Arbeitskraft einer Frau, wenn er sie heiratet. Als Gegenleistung dafür gibt er der Gruppe der Frau Gaben, um diese für den Verlust ihrer Arbeitskraft zu entschädigen (der Brautpreis wird weiter unten besprochen werden). In den meisten Fällen wird durch eine Heirat eine wirtschaftlich kooperierende Einheit begründet, wobei jeder Partner seine oder ihre Arbeit und die Produkte dieser Arbeit beisteuert. Desgleichen kann die Heirat als ein politischer Mechanismus betrachtet werden, vermittels dessen Gruppen Ehepartner untereinander tauschen und dadurch eine Allianz begründen.

3. Keine Gesellschaft gestattet unterschiedslose Heiraten oder Sexualbeziehungen zwischen ihren Mitgliedern (auch wenn sie kein erkennbares „Inzesttabu" aufweist). Immer gibt es eine Gruppe oder Kategorie, in die man nicht heiraten darf. Und immer gibt es ein bestimmbares soziales Gebilde, innerhalb dessen in dieser Gesellschaft die meisten Ehen geschlossen werden (selbst wenn dort keine formalen Regeln festgestellt werden können, die bestimmen, wen man heiraten soll oder muß). Mit anderen Worten, alle Gesellschaften sind sowohl exogam als auch endogam (siehe die unten angeführten Definitionen).

4. Vergleichsweise wenige Gesellschaften gestatten ihren Mitgliedern nur einen Ehepartner; in den meisten Gesellschaften gilt es als wünschenswert, mehr als einen zu haben.

## Begriffsdefinitionen

**Exogamie** bezieht sich auf Heirat (nicht auf Geschlechtsverkehr) außerhalb der eigenen sozialen Einheit (z. B. eine Gruppe, wie etwa eine Lineage; oder eine Kategorie, wie etwa eine Moiety).

**Endogamie** ist Heirat mit einer Person innerhalb der eigenen sozialen Einheit (z. B. der Phratrie, des Stammes oder des Nationalstaates).

**Monogamie** ist die Ehe eines Mannes mit einer Frau; **Polygamie** ist die Ehe einer Person mit zwei oder mehreren Partnern zur selben Zeit.[2] Es gibt zwei Hauptformen der Polygamie: *Polygynie* und *Polyandrie*.

**Polygynie** ist die Ehe eines Mannes mit zwei oder mehreren Frauen zur selben Zeit. (*Sororale Polygynie* bedeutet die Ehe eines Mannes mit Schwestern.) **Polyandrie** ist die Ehe einer Frau mit zwei oder mehreren Männern zur selben Zeit. (*Adelphische* oder *fraternale Polyandrie* bedeutet die Ehe einer Frau mit Brüdern).

**Gruppenehe** ist eine Eheform, deren Existenz postuliert worden ist, bei der eine ganze Gruppe von Männern mit einer ganzen Gruppe von Frauen verheiratet ist, so daß alle Männer alle Frauen und alle Frauen alle Männer als Ehegatten gemeinsam haben. Die meisten Anthropologen vertreten die Ansicht, daß keine Gesellschaft bekannt geworden ist, in der echte Gruppenehe die normale Eheform ist (wenn sie deren Vorkommen überhaupt einräumen).[3]

Es gibt zwei Begriffe, die so klingen, als gehörten sie in einen Zusammenhang mit Monogamie und Polygamie, die sich aber auf eine andere Art von Heiratspraktiken beziehen: *Hypogamie* und *Hypergamie*. Beide beziehen sich auf Heirat zwischen sozialen Schichten oder Kasten.

**Hypogamie** ist eine Ehe zwischen sozialen Schichten, bei welcher *die Frau* der höheren Ebene angehört.

---

[2] Der Ausdruck *zur selben Zeit* wurde hinzugesetzt, um jene Gesellschaften auszuschließen, in denen serielle Monogamie vorkommt. *Serielle Monogamie* (oder *sukzessive Polygamie*) bezieht sich auf die Praktik, mehrere Ehepartner hintereinander zu nehmen, obgleich eine Person stets nur einen legalen Ehepartner hat. Serielle Monogamie scheint z. B. für fortgeschrittene Industriegesellschaften charakteristisch zu sein.

[3] Kathleen Gough (1959) behauptet jedoch, daß die Situation bei den Nayar, wobei eine Frau mit einem einzigen Mann eine Heiratszeremonie absolviert, nach welcher es ihr freisteht, sexuelle Beziehungen zu jedem anderen Mann in seiner Gruppe zu haben, einen Fall von Gruppenehe darstellt. Da jedoch alle anderen Frauen in der Gruppe dieser Frau keine legitimen Sexualpartnerinnen für alle Männer in der Gruppe dieses Mannes darstellen, fällt es mir schwer, dies als Gruppenehe zu bezeichnen.

Die Bewohner der Marquesas-Insel im Pazifik galten früher als eine Gesellschaft mit Gruppenehe. Bei diesen Menschen wird sowohl Polyandrie als auch Polygynie praktiziert. Daher kann eine Frau mit zwei Männern und zur selben Zeit jeder ihrer Männer mit zwei Frauen verheiratet sein (Otterbein 1963). Dies entspricht jedoch nicht ganz der Definition von Gruppenehe, weil jedes der betroffenen Individuen nur einen Ehegatten mit irgendeinem der anderen gemeinsam hat. Es sind nicht alle Frauen mit allen Männern verheiratet.

**Hypergamie** ist eine Ehe zwischen sozialen Schichten, bei welcher *der Mann* der höheren Ebene angehört.

Hypogamie findet sich mit größerer Wahrscheinlichkeit in Verbindung mit einem matrilinealen Deszendenzsystem (weil in solchen Systemen die Kinder ihre soziale Zugehörigkeit durch die Mutter übertragen bekommen), wohingegen Hypergamie mit größerer Wahrscheinlichkeit in Verbindung mit einem patrilinealen System auftritt (wo die Kinder ihren sozialen Status über den Vater bekommen).

Ich habe in Kapitel 9 gesagt, daß Kasten im allgemeinen endogam sind. Wie kann es da Ehen zwischen den Ebenen geben? Die Antwort ist, daß Kasten oft in sich stratifiziert sind, und hypogame oder hypergame Heiraten zwischen Individuen auf verschiedenen Ebenen innerhalb der Kaste stattfinden.

## Typen von Heiratssystemen

Claude Lévi-Strauss, ein sehr einflußreicher französischer Anthropologe, hat eine Auffassung von sozialer Interaktion als Tausch entwickelt, eine Auffassung, nach der Reziprozität im Verhalten ein Schlüsselprinzip der sozialen Interaktion ist (1969).[4] Ein Aspekt dieser Auffassung ist, daß auch die Ehe ein Austauschsystem ist – ein Tausch von Frauen als Heiratspartnern zwischen Gruppen. Obwohl die Theorien von Lévi-Strauss in der Anthropologie heiß umstritten sind, werde ich den von ihm gelieferten Bezugsrahmen zur Besprechung der Typen von Heiratssystemen heranziehen – nicht weil ich diesen Bezugsrahmen für über jede Kritik erhaben halte (dies keineswegs), sondern weil eine auf den Ausführungen von Lévi-Strauss basierende Darstellung die eleganteste Einführung in dieses Thema ist.

Die erste Unterscheidung, die man treffen muß, ist die zwischen elementaren und komplexen Heiratssystemen. (Abbildung 13.1 stellt Typen von Heiratssystemen in diagrammatischer Form dar und gibt, weil der Sprachgebrauch keineswegs einheitlich ist, Synonyme für die Typen von elementaren Systemen).

**Elementare Systeme** sind jene, in denen es Regeln gibt, die angeben, wen (d.h. in welche Personenkategorie oder -gruppe) man heiraten soll oder muß.[5] Die Regeln in elementaren Systemen sind also positiv.

---

[4] Die Prosa von Lévi-Strauss ist, zumindest bei seinem englischsprachigen Publikum, für ihre Unverständlichkeit berühmt. Obwohl es eine Anzahl von exegetischen Texten gibt, rate ich jedem Studenten, der sich ein elementares Verständnis der Betrachtungsweise von Lévi-Strauss verschaffen will, *Kinship and Marriage* von Robin Fox (1967) zu lesen.

[5] Anthropologen unterscheiden gewöhnlich zwischen präskriptiver und präferentieller Heirat. Bei einem *präskriptiven* Heiratssystem bestimmen die Regeln, daß ein Indivi-

**Komplexe Systeme** sind jene, in denen es Regeln gibt, die angeben, wen man *nicht* heiraten kann, aber nichts darüber besagen, wen man heiraten soll oder muß. Die Regeln in komplexen Systemen sind also negativ.

*Synonyme für elementare Systeme:*

(1) Direkter oder restringierter Austausch, symmetrisches System, reziprokes Heiratsmuster
  (a) Unmittelbarer Austausch, Schwesterntausch, bilaterale Kreuzbasen (MuBrTo/VaSwTo)-Heirat
  (b) Verzögerter Austausch, patrilaterale Kreuzbasen (VaSwTo)-Heirat
(2) Indirekter oder generalisierter Austausch, asymmetrisches System, zirkulierendes Konnubium, matrilaterale Kreuzbasen (MuBrTo)-Heirat

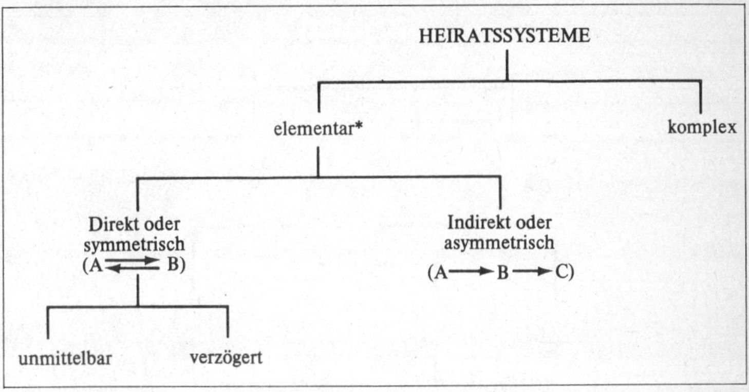


*Abbildung 13.1:* Typen von Heiratssystemen. *(Nach Fox, 1967, S. 222.)*

**Elementare Heiratssysteme.** Der **Direkte Austausch** ist das einfachste Austauschsystem. Der *direkte* oder *symmetrische Austausch* (auch als *restringierter Austausch* bezeichnet) bedeutet ganz einfach, daß Gruppe A ihre Frauen an Gruppe B gibt und als Gegenleistung dafür Gruppe B ihre Frauen an Gruppe A gibt.

Wenn der gesamte Austausch innerhalb derselben Generation stattfindet, wird er als *unmittelbarer* direkter Austausch oder *Schwesterntausch* bezeichnet (Abbildung 13.2 a). Er wird auch als *bilaterale Kreuzbasenheirat* bezeichnet, weil in diesem System, wenn man es in idealer Form in einem genealogischen Diagramm darstellt, jeder Mann ersichtlicherweise eine Frau heiratet

duum in eine vorgegebene Kategorie hineinheiraten *muß.* Mit anderen Worten, die Heirat ist vorgeschrieben. Ein *präferentielles* System ist dagegen ein solches, bei dem die Regeln angeben, in welche Kategorie oder Kategorien ein Individuum heiraten *soll*, d.h. also, welchen der Vorzug gegeben wird.

die mit ihm als MuBrTo/VaSwTo verwandt ist (siehe Abbildung 13.2b). Ein zweiter Typ des direkten Austausches ist der *verzögerte direkte Austausch* (Abbildung 13.3a). Bei diesem Typ gibt Gruppe A der Gruppe B Frauen in einer Generation, und Gruppe B gibt ihr die Gegenleistung in der *nächsten* Generation. Mit anderen Worten, es tritt hier eine Verzögerung ein, bevor die Frauen in entgegengesetzter Richtung zurückfließen (von B zu A). Dieses Heiratssystem wird graphisch oft als eine Kette (Abbildung 13.3b) oder als ein Kreis (Abbildung 13.3c) dargestellt. Es wird auch als *patrilaterale Kreuzbasenheirat* bezeichnet, weil ein Mann ideal seine VaSwTo heiratet – oder eine Frau in derselben Verwandtschaftskategorie wie seine VaSwTo (Abbildung 13.3d).

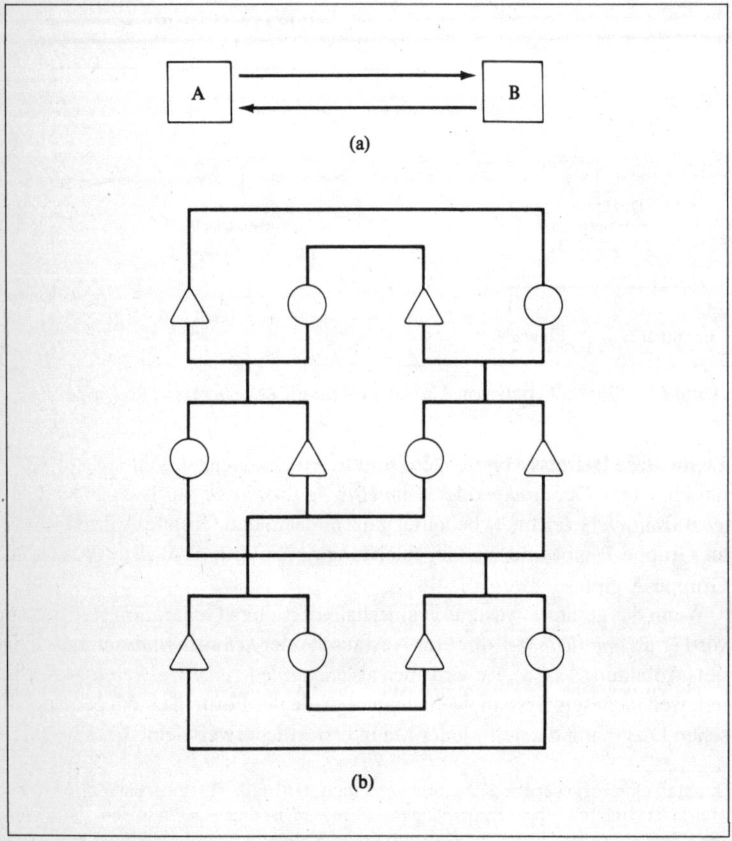


*Abbildung 13.2:* Unmittelbarer direkter Austausch

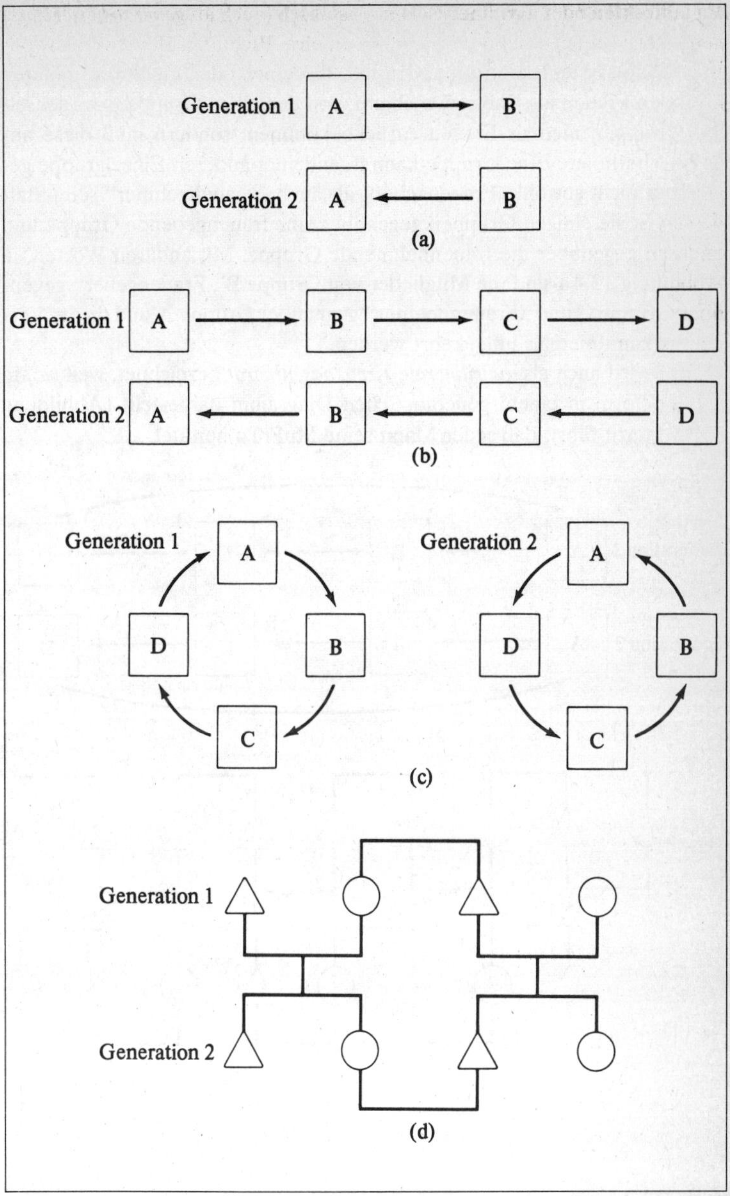


*Abbildung 13.3:* Verzögerter direkter Austausch

Im **indirekten** oder **asymmetrischen Austausch** (auch als *generalisierter Austausch* bezeichnet) fließen Frauen nur in eine Richtung. Bei diesem Typus von Heiratssystem kann eine Gruppe, die einer oder mehreren anderen Gruppen Frauen als Ehefrauen abgibt, von derselben Gruppe bzw. denselben Gruppen niemals Frauen zurückbekommen, sondern muß diese anderswo herholen. Eine Gruppe kann irgendeiner anderen Einzelgruppe gegenüber nicht sowohl „Frauengeber" als auch „Frauennehmer" sein. Statt dessen ist sie einigen Gruppen gegenüber eine frauengebende Gruppe und anderen gegenüber die frauennehmende Gruppe. Mit anderen Worten, in Abbildung 13.4 a sind die Mitglieder von Gruppe B „Frauengeber" gegenüber Gruppe C und „Frauennehmer" gegenüber Gruppe A und dieses Verhältnis kann niemals umgekehrt werden.

Dies wird auch als *matrilaterale Kreuzbasenheirat* bezeichnet, weil sie, in idealer Form in einem geneologischen Diagramm dargestellt (Abbildung 13.4b) dazu führt, daß jeder Mann seine MuPrTo heiratet.

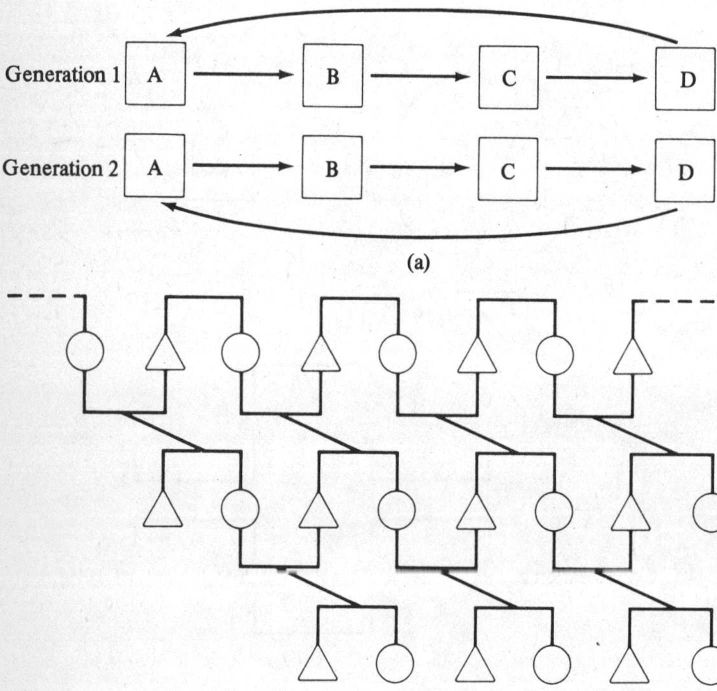


*Abbildung 13.4:* Indirekter Austausch

**Bint'amm**. In Kapitel 12 habe ich gesagt, daß Lineages im allgemeinen exogam sind. Eine klassische Ausnahme von dieser allgemeinen Regel stellen viele arabische und andere islamische Gesellschaften dar, die in eine Anzahl von Patrilineages unterteilt sind. In diesen Gesellschaften ist die bevorzugte Heiratspartnerin eines Mannes seine VaBrTo (seine *bint'amm*, um den Verwandtschaftsterminus zu verwenden) – eine Frau aus derselben Lineage wie er. Niemand anderer kann sie, zumindest der Theorie nach, heiraten, ohne zuerst die Erlaubnis ihres VaBrSo bekommen zu haben. Dieser Heiratstyp wird als *bint'amm-Heirat* und als *patrilaterale Parallelbasen-Heirat* bezeichnet (Abbildung 13.5).

Weil diese Art von Heirat den richtigen Heiratspartner spezifiziert (d.h. positive Regeln hat) erfüllt sie die Voraussetzungen eines elementaren Systems in den Begriffen von Lévi-Strauss. Weil sie jedoch anscheinend im Widerspruch zu der Auffassung steht, daß Heirat einen Austausch *zwischen* Gruppen beinhaltet und sie statt dessen die Solidarität *innerhalb* einer Gruppe bekräftigt, scheint sie aus dem Bezugsrahmen von Lévi-Strauss herauszufallen. Aus diesem Grunde führe ich sie nach den elementaren und vor den komplexen Systemen an.

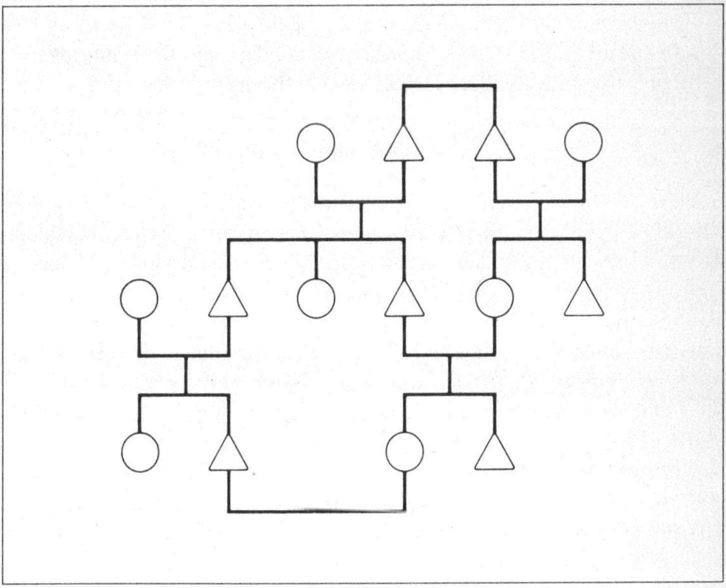

*Abbildung 13.5:* Patrilaterale Parallelbasen-Heirat

**Komplexe Systeme.** Komplexe Heiratssysteme sind solche mit Regeln, „die keine positive Bestimmung des Typs von bevorzugten Ehegatten beinhalten" (Lévi-Strauss 1969, S. 465). Das heißt, daß komplexe Systeme, wie oben dargestellt wurde, einfach feststellen, wen man *nicht* heiraten soll (sie geben keine formalen Regeln, wen man heiraten soll oder muß). Fox (1967, S. 222–223) gibt folgende Zusammenfassung:

> In unserem eigenen System und in anderen Systemen, bei denen korporierte Verwandtschaftsgruppen als Grundeinheiten der Gesellschaft fehlen, sind der Tendenz nach die verbotenen Verwandten eine egozentrische Verwandtschaftsgruppe. Diese stellen entweder eine bunt zusammengewürfelte Ansammlung dar, wie bei uns, oder eine wohldefinierte Kindred ...; zum Beispiel alle Verwandten Egos bis zum zweiten Grade oder dergleichen. Solange Ego außerhalb dieser Kategorie heiratet, gibt es keine Vorschriften hinsichtlich seiner Partnerwahl. Der Effekt davon ist, um es graphisch darzustellen, daß man die Leute in alle Richtungen zugleich fortstürmen läßt, und daß dadurch viele Kindreds in einer komplexen Weise miteinander verbunden werden...
>
> ... Viele „primitive" Gesellschaften können in gleicher Weise charakterisiert werden, doch weil sich diese Gesellschaften aus korporierten Verwandtschaftsgruppen zusammensetzen – Klanen, Lineages, Phratrien etc. – funktionieren sie etwas anders. Wieder gibt es hier keine positiven Regeln und die einfachsten von ihnen haben nur die Regel der Klanexogamie – Du sollst die Mitglieder Deines eigenen Klans nicht heiraten.

## Praktiken im Zusammenhang mit der Ehe

Früher ist festgestellt worden, daß es in den meisten Fällen nützlicher ist, eine Ehe als ein Kontraktverhältnis zwischen Gruppen statt zwischen Individuen zu betrachten. Im folgenden werden einige mit der Ehe zusammenhängende Bräuche angeführt, die diese Behauptung veranschaulichen.

**Heiratszahlungen.** Der **Brautpreis** ist eine Heiratszahlung, die vom Ehegatten oder, häufiger, von dessen Gruppe an die Gruppe der Ehegattin geleistet wird. Niemand „kauft" eine Frau. Durch die Entrichtung von Gütern sichert sich der Ehemann oder seine Gruppe in einer sozial anerkannten Weise seine Rechte hinsichtlich seiner neuen Frau und eventueller Kinder, die sie miteinander haben könnten. Der Brautpreis markiert die Übertragung von Rechten von einer Gruppe auf die andere. Er stellt eine Art von Kompensation dar, die von der Gruppe des Mannes an die der Frau für den Verlust von deren Arbeitskraft gezahlt wird, für den Verlust der Kinder, die sie in Zukunft gebären könnte etc. (Einige Anthropologen haben besonderes Gewicht auf das

Faktum gelegt, daß der Brautpreis die Zeugungsrechte des Ehegatten begründet – d.h. die Rechte, die er über die von der Frau geborenen Kinder hat – und haben gemeint, daß diese Zahlung besser als *Kinderpreis* oder *Nachkommenschaftspreis* genannt werden sollte. Als Beweis dafür führen sie den Umstand an, daß es in matrilinealen Gesellschaften gewöhnlich keinen Brautpreis gibt, da sich die Gruppe des Ehegatten keine Rechte über die Kinder der Ehegattin erwirbt. Diese Ansicht zieht jedoch die anderen Rechte nicht in Betracht,vor allem die ökonomischen und sexuellen, die durch den Brautpreis begründet werden.

Der Brautpreis sollte daher nicht nur einseitig betrachtet werden, d.h. nicht nur als eine Zahlung, die von der Gruppe des Ehemannes an die der Ehefrau geleistet wird. Er sollte als ein Austausch angesehen werden, bei dem hochbewertete Objekte in beide Richtungen fließen. Er kann einfach ein Austausch von Rechten über Kühe oder Kamele sein (oder was immer auch die „Währung" des Brautpreises sein mag); er kann aber auch den Austausch materieller Güter in *beide* Richtungen beinhalten, wenngleich im letzteren Falle die von der Gruppe der Frau gegebenen Güter (sagen wir zum Beispiel eine Ziege oder ein Schaf) gewöhnlich nur symbolischen Wert haben. (Von diesem Gesichtspunkt aus betrachtet gewinnt der europäische Brauch, während der Trauung Ringe auszutauschen, eine umfassendere Bedeutung.)

Eine **Mitgift** oder ein **Brautschatz** ist gewöhnlich eine Zahlung von anderer Art als ein Brautpreis. Obwohl einige Anthropologen (z.B. Taylor 1976, S. 157) Mitgift mit Besitz gleichgesetzt haben, der von der Gruppe der Frau an die des Mannes gegeben wird, scheinen die meisten Anthropologen die Mitgift als den Anteil der Frau an ihrer Erbschaft von ihrer Geburtsgruppe zu betrachten, einen Anteil, den sie bei der Heirat mit sich nimmt. (Damit soll natürlich nicht geleugnet werden, daß die Größe der Mitgift einer Frau von entscheidender Bedeutung für die Planung von Heiratsallianzen sein kann.)

Der **Brautdienst** (auch **Diensteirat** genannt) ist ein weiterer Brauch der Begründung der Legitimität der Eherechte durch den Mann. Er besagt, daß der Bräutigam eine bestimmte Zeit (die oft bis zur Geburt eines Kindes dauert) bei der Gruppe der Braut lebt, für sie arbeitet, und ihr Nahrung, Gaben usw. gibt.

**Sekundäre Heiraten.** In Gesellschaften, die das **Levirat** praktizieren, gibt die Verwandtschaftsgruppe eines Mannes nach dessen Tode seiner Witwe zum Ersatz einen anderen Mann als Ehegatten. Das Levirat wird oft als eine Praktik beschrieben, nach der der Bruder eines verstorbenen Mannes dessen Witwe heiratet (oder, in Hinblick auf die Frau formuliert, man erwartet von der Frau, daß sie den Bruder ihres verstorbenen Gatten heiratet). Aber dies muß nicht immer ganz genau stimmen. Oft muß sie nicht seinen Bruder (den wirklichen oder klassifikatorischen) heiraten, sondern irgend ein bestimmtes Mitglied seiner Verwandtschaftsgruppe. Da der Ehekontrakt die Gruppe miteinbezogen hatte, ersetzt die Gruppe das verstorbene Mitglied.

In Gesellschaften, die das **Sororat** praktizieren, gibt die Verwandtschaftsgruppe einer Frau nach deren Tode ihrem Witwer zum Ersatz eine andere Frau als Ehegattin. Normalerweise muß diese Ersatzfrau nicht ihre Schwester sein.

Die **Frauenerbschaft** unterscheidet sich vom Sororat. In diesem Falle erwartet man, wenn ein Mann stirbt, von seinem Erben, daß er die Witwe heirate. Dies ist einfach ein „Ausdruck der Sukzession eines Mannes in den Status und die Besitzrechte" des Vorgängers (Keesing und Keesing 1971, S. 195).

In einem matrilinealen System erbt z. B. ein männliches Ego nicht von seinem Vater (der einer anderen Verwandtschaftsgruppe angehört als Ego), sondern von seinem MuBr (der ein älteres männliches Mitglied derselben Verwandtschaftsgruppe ist wie Ego). Zusammen mit Besitz und Rechten erbt Ego von seinem Onkel mütterlicherseits auch Verpflichtungen. Eine von diesen ist die Sorge für die Frauen des Verstorbenen. Wenn er diese heiratet, anerkennt er diese Verpflichtung und löst den Vertrag mit der Gruppe oder den Gruppen ein, aus denen diese Frauen ursprünglich kamen.

## Familie und Haushalt

### Familiengruppen

Idealerweise sollten die Konzepte „Familie" und „Haushalt" unterschieden werden, wobei **Haushalt** sich auf eine häusliche residentielle *Gruppe bezieht,* wohingegen **Familie,** in einer transkulturell anwendbaren Minimaldefinition, sich auf eine intime Verwandtschaftseinheit (die nicht immer eine distinkte Gruppe bilden muß) bezieht, welche aus einer Mutter und Kindern besteht. Der Vater der Kinder (ob nun der Genitor oder der Pater) muß nicht unbedingt mit dieser Einheit verbunden sein, doch ist er dies in den meisten Gesellschaften.

In der ethnographischen Wirklichkeit ist diese Definition jedoch schwierig, wenn überhaupt, aufrecht zu erhalten. Es ist keine menschliche Gesellschaft bekannt geworden, in der Mutter und Kind als solche eine separate Einheit bilden. Die Mutter-Kind-Einheit ist immer Teil einer größeren *Gruppe*, die erwachsene Mitglieder beiderlei Geschlechts umfaßt, obgleich die Männer dabei Brüder der Frauen und nicht deren Ehemänner sein können.[6] Aus diesem Grunde besprechen Anthropologen, nachdem sie die begriffliche Unterscheidung zwischen *Familie* und *Haushalt* (unter welchem sie eine residentielle Gruppe verstehen und „nicht notwendigerweise eine Wohneinheit, da ein Haushalt mehrere Häuser bewohnen kann", Otterbein 1972, S. 47) anerkannt haben, weiterhin die Kern-, die erweiterte und die zusammengesetzte *Familie*, auch wenn sie im allgemeinen häusliche *Gruppen* behandeln.[7]

Ich werde mich daher, um dem Anfänger eine geordnete Darstellung zu bieten, auf *Familiengruppen* beziehen und unter diesem Begriff Haushalte verstehen, die auf der Grundlage von Verwandtschaft (ob nun Bluts- oder Affinalverwandtschaft) gebildet werden und die die Nachkommen mindestens eines ihrer erwachsenen Mitglieder einschließen.

## Typen von Familiengruppen

In der westlichen Gesellschaft stellen wir uns gewöhnlichen einen Ehemann, eine Ehefrau und deren Kinder als die grundlegende Familiengruppe vor. In kulturvergleichender Perspektive ist dieses Gebilde jedoch sehr selten. Häufiger dagegen ist eine komplexere Ausgestaltung der Mutter-Kind-Einheit.

---

[6] Ein berühmtes Beispiel stellen die Nayar in Indien dar (Gough 1961). Die primären residentiellen Gruppen und Gruppen mit gemeinsamem Eigentum waren Segmente einer Matrilineage, die aus Brüdern und Schwestern, den Kindern der Schwestern und den Kindern der Töchter der Schwestern bestanden. Die Männer, die diese Kinder gezeugt hatten, lebten anderswo, in ihren eigenen uterinen Gruppen. (Mit anderen Worten, die Nayar praktizierten ein natolokales Residenzmuster.) Haviland (1975, S. 176) nennt dies eine „konsanguine Familie".

[7] Dieses Problem spiegelt sich in einem verblüffenden Ausmaß an terminologischer Verwirrung wider. Es finden sich in der Tat kaum zwei Autoren von Einführungen, die in ihren Begriffsdefinitionen übereinstimmen. Für Keesing und Keesing (1971, S. 201) sind zum Beispiel *zusammengesetzte Familie (joint family)* und *erweiterte Familie* (extended family) synonyme Begriffe. Für andere Autoren sind die beiden Begriffe zu unterscheiden, aber die Unterscheidungskriterien sind verschieden. Für einige von ihnen bezieht sich *zusammengesetzte Familie* auf Kollaterale (Brüder), die mit ihren Frauen und Kindern zusammenleben (Otterbein 1972, S. 48), für andere auf alle Verwandten, „die in einem einzigen Haushalt zusammenleben, wobei jeder seinen oder ihren eigenen Ehepartner und Kinder hat" (Hoebel 1972, S. 434). Für Pearson (1974, S. 191) ist eine zusammengesetzte Familie eine erweiterte Familie, die in einem einzigen Haus lebt. Für viele Autoren sind *Nuklearfamilie* und *Konjugalfamilie (Kernfamilie* und *Gattenfamilie)* synonym. Für Haviland (1975, S. 176) ist die Nuklearfamilie nur eine besondere Art der Konjugalfamilie, und diese letztere bildet einen Gegentyp zur *konsanguinen Familie*. Für Pearson (1974, S. 191) besteht eine erweiterte Familie aus mindestens zwei Generationen, wohingegen die meisten anderen Autoren die Ansicht vertreten, daß eine erweiterte Familie mindestens drei Generationen umfassen muß (siehe das Glossar).

In diesem Abschnitt werde ich die hauptsächlichen Variationen von Typen der Familienorganisation anführen, die dazugehörigen Begriffe und Definitionen aufzählen (selbst wenn diese nicht von allen Anthropologen anerkannt werden) und jeweils eine kurze Erläuterung dazu geben.

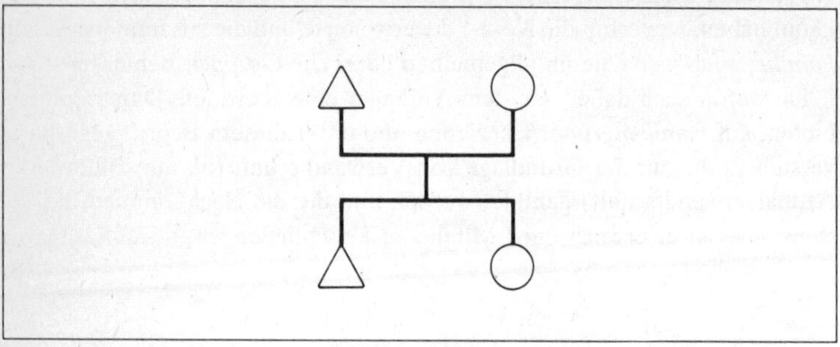

*Abbildung 13.6:* Eine Kernfamiliengruppe

**Einfache Familiengruppen.** Eine **Kernfamiliengruppe** (oder **Nuklearfamiliengruppe**), besteht aus einem Mann, einer Frau und deren Kindern (Abbildung 13.6). Am häufigsten wird sie an den beiden Enden des evolutionären Kontinuums vorgefunden – bei Jägern und Sammlern und in Industriegesellschaften. Haviland (1975, S. 177) bemerkt dazu:

> Man kann gewisse Parallelen zwischen der zeitgenössischen Nuklearfamilie in Industriegesellschaften und Familien ziehen, die am Rande des Existenzminimums leben. In beiden Fällen ist die Familie eine unabhängige Einheit, die für sich selbst sorgen muß; dies führt zu einer starken Abhängigkeit der Familienmitglieder voneinander. Bei Notfällen und Katastrophen gibt es wenig Hilfe von außen. Für die Alten, deren Nützlichkeit nachgelassen hat, sorgt man nur, solange dies möglich ist. Im Falle des Todes der Mutter oder des Vaters wird auch das Leben des Kindes unsicher. Doch ist diese Familienform gut an ein Leben angepaßt, das einen hohen Grad an Mobilität voraussetzt. Für die Eskimos ermöglicht diese Mobilität die Jagd nach Nahrung; was die Amerikaner betrifft, ist es vielleicht die Jagd nach Arbeitsplätzen und nach sozialem Aufstieg, die eine mobile Form der Familieneinheit verlangt.

Keesing und Keesing (1971, S. 199) vertreten die Ansicht, daß das Auftreten von Kernfamiliengruppen „am besten in Begriffen des *Fehlens* von Faktoren, welche komplexere Formen produzieren, erklärt werden kann." Um dies zu spezifizieren: Nuklearfamiliengruppen treten auf, wo Polygamie fehlt (so daß jede Person auf einen Ehepartner beschränkt ist) und wo unilineale Deszendenz als Grundlage der Organisation von Gruppen fehlt (so daß z. B. der Vater und seine Kinder nicht Mitglieder einer Verwandtschaftsgruppe höherer Ordnung sind, während die Mutter einer anderen angehört). Mit anderen Worten, die Nuklearfamilie ist das, was beim Fehlen dieser Faktoren als die zentrale häusliche Einheit auftritt. Oder, von einem anderen Blickpunkt her gesehen und positiv ausgedrückt, monogame Ehe führt im Zusammenhang mit neolokaler Residenz zu Kernfamiliengruppen.

*Tabelle 13.1:* Typen von Familiengruppen als Resultate von Heiratsformen und Residenzmustern

| *Heiratstyp* + | *Residenzmuster* = | *Typ der Familiengruppe* |
|---|---|---|
| Monogamie | Neolokal | Kernfamiliengruppe |
| Polygamie | Neolokal | Polygyne Familiengruppe<br>Polyandrische Familiengruppe |
| Monogamie oder Polygamie | Koresidente lineale Verwandte: | Erweiterte Familiengruppen: |
| | Patrivirilokal | Patrilokale erweiterte Familiengruppe |
| | Matrilokal | Matrilokale erweiterte Familiengruppe |
| | Avunkulokal | Avunkulokale erweiterte Familiengruppe |
| | Ambilokal | Sowohl patrilokale als auch matrilokale erweiterte Familiengruppen |
| Monogamie oder Polygamie | Koresidente kollaterale Verwandte | Zusammengesetzte Familiengruppe |
| Monogamie oder Polygamie | Natolokal | Konsanguine (uterine oder matrizentrische) Familiengruppe |

**Komplexe oder zusammengesetzte Familiengruppen.** Polygame Ehen oder unilineale Regelungen der Gruppenzugehörigkeit, oder gewisse Residenzmuster im Zusammenhang mit entweder monogamer oder polygamer Ehe, führen zu komplexeren Formen von Familiengruppen. Von diesen gibt es mehrere Typen (zusammengefaßt in Tabelle 13.1).

Eine **polygyne Familiengruppe** bildet sich, wenn ein Mann, seine Frauen und seine Kinder von diesen Frauen zusammenleben (Abbildung 13.7 a). Eine Kombination von Polygynie und neolokaler Residenz führt also zu einer polygynen Familiengruppe. Da das Wohnen meherer Ehefrauen unter demselben Dach oft zu Konkurrenz und Eifersüchteleien führen kann, vor allem in Zusammenhang mit Kindern kommt es vor, daß jede Frau mit ihren eigenen Kindern eine abgesonderte Wohnstätte hat. Diese *matrizentrische Haushalte* sind nicht selbständig. Sie sind Teile der größeren residentiellen Einheit und sind nur ein Element der Arbeitskraft, über die diese Einheit verfügt.

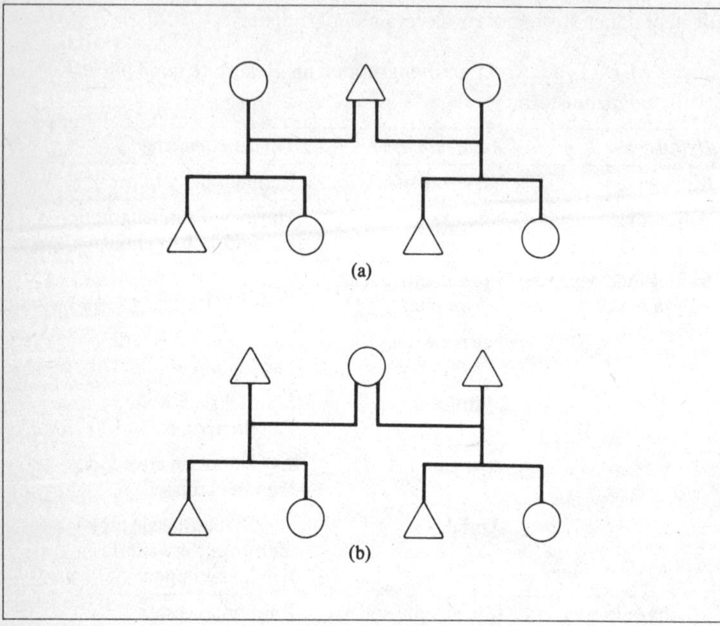


*Abbildung 13.7:* Polygame Familiengruppen: (a) polygyn; (b) polyandrisch.

Eine **polyandrische Familiengruppe** entsteht, wenn eine Frau, ihre Ehemänner und ihre Kinder zusammenleben (Abbildung 13.7b). Eine Kombination von Polyandrie und neolokaler Residenz führt zu einer polyandrischen Familiengruppe. In diesem Falle können alle Mitglieder unter einem Dach leben oder die Ehemänner können gemeinsam eine separate „Männerhütte“ bewohnen. Die Kinder wohnen natürlich bei ihrer Mutter.

**Auf gemeinsamer Deszendenz beruhende Familiengruppen** können entweder von einer Bindung zwischen Generationen Gebrauch machen, wie zwischen Eltern und Kindern *(Erweiterte Familie)*, oder aber von einer Bindung zwischen Geschwistern *(Zusammengesetzte Familie)*.

Eine **Erweiterte Familiengruppe** entsteht, wenn zwei oder mehr lineal verwandte Generationen von Personen mit ihren Ehegatten zusammenleben. Es gibt hier drei Haupttypen: patrilokal, matrilokal und avunkulokal.

Eine polyandrische Familiengruppe bei den Toda, Südindien. *(Mit freundlicher Genehmigung des American Museum of Natural History.)*

Eine *patrilokale erweiterte Familiengruppe* ergibt sich aus einem patrivirilokalen Residenzmuster und besteht aus einem Mann, dessen Sohn oder Söhnen, und der Frau oder den Frauen der letzteren sowie deren Kindern, die alle zusammenleben.[8] (Siehe Abbildung 13.8a).

Eine *matrilokale erweiterte Familiengruppe* ergibt sich aus einem matrilokalen Residenzmuster und besteht aus einer Frau, deren Tochter oder Töchtern, und dem Mann oder den Männern der letzteren sowie deren Kindern, die alle zusammenleben (Abbildung 13.8b).

Eine *avunkulokale erweiterte Familiengruppe* ergibt sich aus einem avunkulokalen Residenzmuster und besteht aus einem Mann, dessen Schwesternsohn oder -söhnen und der Frau oder den Frauen der letzteren, sowie deren Kindern, die alle zusammenleben (Abbildung 13.8c).

[8] Einige Autoren halten es für gut, einen Subtypus der erweiterten Familie zu unterscheiden, den sie eine *Stammfamilie* nennen. Dies bezieht sich auf den Fall, daß nur ein verheiratetes Kind mit seinem Ehepartner oder seinen Ehepartnern bei den Eltern oder einem Elternteil lebt.

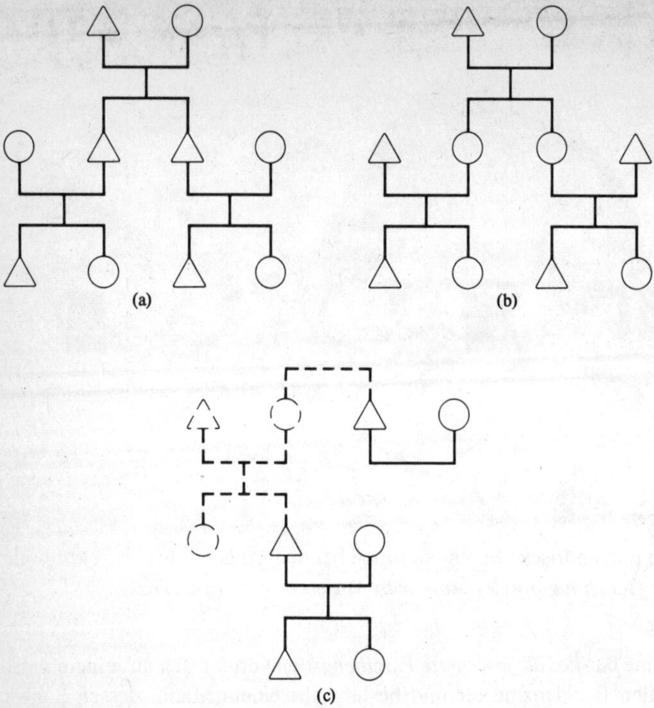


*Abbildung 13.8:* Erweiterte Familiengruppen: (a) patrilokal; (b) matrilokal; (c) avunkulokal (die durch volle Linien angezeigten Individuen sind jene, die die Gruppe bilden).

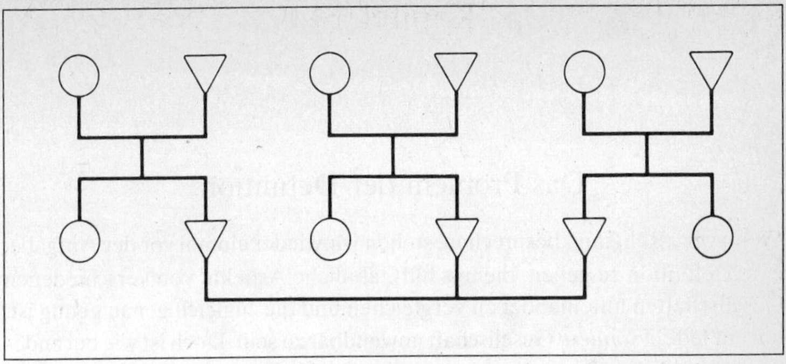

*Abbildung 13.9:* Eine fraternale zusammengesetzte Familiengruppe

Eine **Zusammengesetzte Familiengruppe** entsteht, wenn zwei oder mehr kollateral verwandte Personen mit ihren Ehegatten und Kindern zusammenleben. Der häufigste Typus ist die *fraternale zusammengesetzte Familiengruppe.* Diese besteht aus mindestens zwei Brüdern und deren Frauen und Kindern in Koresidenz (Abbildung 13.9).

Es sollte erwähnt werden, daß zusammengesetzte und erweiterte Familiengruppen sowie jene, die auf polygamen Ehen beruhen, sich nicht wechselseitig ausschließen. Eine Gesellschaft könnte eine residentielle Einheit haben, die sowohl auf gemeinsamer Deszendenz als auch Polygamie beruht. Die Herero stellen einen solchen Fall dar. Sie sind polygyn (die meisten Männer über vierzig haben mehr als eine Frau). Jede Frau bewohnt mit ihren unverheirateten Kindern eine besondere Hütte (der Mann hat keine eigene Hütte; er hält sich wechselweise in den Frauenhütten auf). Die verheirateten Söhne des Mannes mit ihren Frauen und Kindern sowie seine jüngeren Brüder mit ihren Frauen und Kindern wohnen ebenfalls bei ihm (obgleich sie natürlich eigene Hüten bewohnen). Diese, zusammen mit eventuellen entfernten oder armen Verwandten bilden eine einzige residentielle Einheit, die in der Sprache der Herero ein *onganda* („Gehöft“) genannt wird.

Komplexe Familiengruppen sind charakteristisch für Stammesgesellschaften. Sie stellen ein ausreichendes Arbeitskräftereservoir für kooperative wirtschaftliche Betätigungen wie das Roden des Landes, das Pflanzen und die Pflege der Pflanzungen sowie das Hüten domestizierter Tiere; sie bieten die Möglichkeit für die Betreuung der Alten und die Aufzucht der Kinder und sie stellen die zentralen Grundeinheiten für Ritual und andere soziale Betätigungen dar. Sie sind, kurz gesagt, die primäre soziale Umwelt in der die Menschen leben sowie die Hauptbezugspunkte ihrer sozialen Identität.

# Kapitel 14
# Religion

## Das Problem der Definition

Wenn wir „Religion" besprechen, stehen wir wieder einmal vor der Aufgabe, eine Definition zu geben, die uns hilft, ähnliche Aspekte von verschiedenen Gesellschaften miteinander zu vergleichen und die zugleich genau genug ist, um auf jede *besondere* Gesellschaft anwendbar zu sein. Doch ist wie bei anderen menschlichen Institutionen, vor allem in schriftlosen Gesellschaften, die Religion mit anderen Sphären des Verhaltens (wie z. B. Wirtschaft, Recht, Verwandtschaft und Politik) vermischt. Darüber hinaus ist die Aufgabe, „Religion" von „religionsähnlichen" Tätigkeitsbereichen, wie z. B. Magie, zu unterscheiden, eine sehr schwierige.

Worauf sollen wir also den Begriff *Religion* anwenden? Beim Durchblättern von etwa zwei Dutzend Lehrbüchern und anderer Fachliteratur zeigt sich, daß ein typisches, wenn auch nicht allgemein akzeptiertes Unterscheidungskriterium, das dazu verwendet wird, einen Bereich menschlichen Verhaltens als Religion zu bezeichnen, der Glaube an eine übernatürliche oder übermenschliche Komponente der Wirklichkeit ist (was Goode 1964 als „Supernatur" bezeichnet) oder aber, spezieller, ein Glaube an übernatürliche oder übermenschliche Wesen. Eine solche Definition hat eine lange Geschichte in der Anthropologie und ist im wesentlichen dieselbe wie die von E. B. Tylor in seinem Buch *Primitive Culture* (1871) vorgetragene. Dieses Buch gibt die erste anthropologische Behandlung dieses Themas. Tylor fand, daß das, was er „Animismus" nannte („der allgemeine Glaube an geistige Wesen"), für eine „Definition eines Minimums an Religion" „praktisch ausreicht". Für James G. Frazer (1922, S. 50) betraf Religion die „Besänftigung oder Versöhnung von dem Menschen überlegenen Kräften". In neuerer Zeit hat Spiro (1966, S. 94) einen Glauben an „übermenschliche Wesen" als die „Kernvariable, die von jeder Definition von Religion angeführt werden sollte", identifiziert.[1] Anthony Wallace (1966, S. 5) sagt, daß Religion „eine Art

[1] Spiros vollständige Definition von Religion ist (1966, S. 96): „Eine Institution, die aus kulturell strukturierter Interaktion mit kulturell postulierten übermenschlichen Wesen besteht." Im weiteren erklärt er (S. 98), daß „sich Religion von anderen Institutionen darin unterscheidet, daß ihre drei Teilsysteme Bezug auf übermenschliche Wesen haben". Die drei Komponenten jeder Institution sind nach Spiro Glaube, Handlung und Wertsystem (siehe Fußnote 4 in Kapitel 3).

von menschlichem Verhalten" ist, „das als mit übernatürlichen Wesen, Mächten und Kräften zusammenhängender Glaube bzw. Ritual" klassifiziert werden kann. Und schließlich bemerkt James H. Leuba (zitiert nach Vetter 1958, S. 157): „Es erschien mir, daß der einzige klare Weg, das Religiöse vom übrigen Leben zu trennen, nicht der über die Zwecke, sondern der über die Methode oder Mittel ist, die benützt werden, um die Zwecke zu erreichen. Diese Methode besteht darin, übermenschliche Wesen anzurufen und auf sie zu vertrauen."

Ich werde daher der Tradition folgen und *Religion* gebrauchen, um mich auf den Umgang der Menschen mit dem Übernatürlichen zu beziehen (wie immer auch das Übernatürliche – d. h. das jenseits der natürlichen, materiellen, sichtbaren Welt menschlicher Wesen Liegende – in irgendeiner Kultur bestimmt sein möge).[2]

Es muß jedoch darauf hingewiesen werden, daß eine solche Definition, weil sie von der Identifikation von irgend etwas als „übernatürlich" abhängig ist, einem Vorwurf des Ethnozentrismus ausgesetzt ist. Das heißt, daß sie auf einer kosmologischen Orientierung oder Weltsicht beruht, mit der sich im allgemeinen Angehörige der westlichen Kultur wohlfühlen. Wir finden es nicht schwierig, zwischen dem Natürlichen und dem Übernatürlichen zu unterscheiden. Aber dies kann sehr irreführend sein, da viele schriftlose Völker nicht auf diese Weise denken. Für sie stellen die Bereiche des „Natürlichen" und des „Übernatürlichen" ein einziges, interagierendes Ganzes dar. Für viele Völker wäre es in der Tat „unnatürlich" (bedeutungslos), eine solche Unterscheidung zu treffen. Totengeister, Naturgeister, Gottheiten und unfaßbare Mächte sind ein Teil des „normalen" oder gewöhnlichen Alltagslebens. Sie werden als ebenso real, als ein ebensolcher Teil der wirklichen Welt betrachtet wie irgend etwas anderes. Dennoch können wir als Erforscher der Menschheit, die menschliche soziokulturelle Systeme zu analytischen Zwekken gedanklich unterteilen wollen, ein Vertrauen auf das „Übernatürliche" sinnvoll als Grundlage für die Abtrennung eines Aspektes menschlichen Verhaltens, den wir *Religion* nennen können, heranziehen, um diesen näher zu untersuchen. Dadurch wird kein wirklicher Schaden angerichtet, solange es uns bewußt bleibt, daß wir durch die Abtrennung eines Teils von einem in sich zusammenhängenden System eine gewisse Verzerrung hineinbringen. Religion steht nicht für sich alleine da, vor allem nicht in primitiven Gesellschaften.

---

[2] Edward Norbeck (1961, S. 11) benützt *übernatürlich* zur Bezeichnung all dessen, „das nicht natürlich ist, das als außergewöhnlich, als nicht zu dieser gewöhnlichen Welt gehörig, geheimnisvoll und in normalen Begriffen unerklärt oder unerklärlich betrachtet wird".

# Funktionen der Religion

Keesing und Keesing (1971: 302) weisen richtigerweise darauf hin, daß „die Religionen der Menschheit sich nach den Wirkkräften und Wirkungen, die sie im Universum voraussetzen, und den Arten und Weisen, in denen Menschen mit diesen in Verbindung stehen, sehr voneinander unterscheiden"; und sie vertreten die Ansicht, daß „es vielleicht sinnlos ist, ‚Religion' genau zu definieren oder diese Variationsbreite auf einen gemeinsamen Nenner zu bringen zu versuchen". Wie andere vor ihnen treten sie dafür ein, nicht danach zu fragen, „was Religionen *sind,* sondern was sie im menschlichen Leben *tun*".[3]

Um zusammenzufassen, was die Religion tut, benützen Keesing und Keesing ein viergliedriges Klassifikationsschema, das ich hier auf drei Kategorien komprimiere: Erklärung, Unterstützung und psychologische Verstärkung.

## Erklärungsfunktionen

Vermittels der Religion suchen die Menschen das Unerklärliche zu erklären, solche Phänomene wie Existenz, Krankheit, Tod oder warum Dinge nach unten statt nach oben fallen (die „Schwerkraft" ist, nebenbei gesagt, keine Lösung dieses letzteren Problems; sie ist einfach eine andere Weise zu sagen, daß die Dinge nach unten fallen). Mit anderen Worten, die Religion wendet sich der Beantwortung der Frage nach dem „Warum" zu. Warum geschah dies zu dieser Zeit an diesem Ort dieser Person? Warum nicht einen Tag früher oder einen Tag später? Und warum nicht jemand anderem?

## Unterstützungsfunktionen

Gemeinsame Glaubensvorstellungen und Rituale tragen zur Kohäsion und Solidarität einer Gesellschaft bei. Die Religion liefert anderen Institutionen in einer Gesellschaft Unterstützung und Verstärkung und legitimiert die gesellschaftlichen Werte und Ziele (Keesing und Keesing bezeichnen dies als die „Validierungsfunktion" der Religion). Die Religion sorgt für Konsistenz und Kohärenz; sie trägt dazu bei, Gefühle, Erfahrungen, Wahrnehmungen

[3] Obwohl ich mit dem Gefühl sympathisiere, das hinter dieser Ansicht steht, bin ich nicht mit ihren Implikationen einverstanden, die mir in eine Sackgasse zu führen scheinen. Spiro (1966, S. 90) hat bemerkt: „Wenn er nicht deutlich weiß, was Religion ist, wie kann dann (ein) Anthropologe ... wissen, welche unter einer Vielzahl von Beobachtungen Beobachtungen von religiösen Phänomenen darstellen, statt von Phänomenen einer anderen Klasse, der Verwandtschaft zum Beispiel oder der Politik?"

usw. zu einem einigermaßen, wenn auch nicht völlig geordneten Ganzen zusammenzuziehen. Nach Keesing und Keesing (die dies ihre „Integrationsfunktion“ nennen), „webt (die Religion) viele Segmente der Bräuche und Glaubensvorstellungen eines Volkes zu einem allumfassenden Muster zusammen. Sie begründet und bekräftigt die Grundannahmen über die Welt und den Platz des Menschen in ihr; und sie bringt die Bestrebungen und Gefühle der Menschen mit ihnen in Zusammenhang“ (S. 302).

### Psychologische Verstärkungsfunktionen

Weil die Religion „ein organisiertes Bild des Universums bietet und eine mehr oder weniger geordnete Beziehung zwischen dem Menschen und seiner Umwelt begründet ... vermindert sie die Befürchtungen und Ängste der Menschen und gibt ihnen ein größeres Gefühl der Sicherheit in der unsicheren Gegenwart sowie die Hoffnung auf eine erträgliche Zukunft“ (Beals und Hoijer 1965, S. 597). Die Religion dient dazu, Furcht, Angst, Unsicherheit und Unwissenheit abzubauen; sie hilft den Menschen, mit Schicksal, Zufall, Krankheit, Tod, schlechten Ernten und mangelndem Jagderfolg fertig zu werden; und sie trägt dazu bei, die Unsicherheit im Zusammenhang mit Schwangerschaft, Geburt, Heirat, sozialem Erfolg und Krieg zu überwinden.

## Grundbegriffe

Bevor ich die Variationen religiöser Systeme skizziere, möchte ich Ihnen einige Begriffe geben, die zum Vokabular des Anthropologen gehören, wenn er über Religion spricht. Es sind dies Begriffe, auf die Sie stoßen werden, wenn Sie die Fachliteratur über Religion lesen.

### Personal

Ein **Schamane** (populärer ausgedrückt ein „Medizinmann“ oder „Zauberdoktor“) ist ein nebenberuflicher religiöser Funktionär. Das heißt, daß ein Schamane religiöse Funktionen nicht als Spezialberuf oder als ausschließlich ausübt. Ein anderes Kennzeichen, das manchmal herangezogen wird, um einen Schamanen zu identifizieren, ist, daß er oder sie mit dem Übernatürlichen vor allem als ein Individuum und nicht als Sprecher oder Repräsentant der Gruppe in Beziehung tritt.

Ein **Priester** ist ein hauptberuflicher religiöser Funktionär, ein Spezialist, der religiöse Funktionen erfüllt. Im Gegensatz zu Schamanen sind Priester bei der Durchführung des Rituals Repräsentanten der Gruppe und treten im Namen der Gruppe mit dem Übernatürlichen in Beziehung.

## Handlungen

**Ritual** wird manchmal in einem engeren Sinne zur Bezeichnung einer einzigen religiösen Handlung gebraucht. In einem breiteren Sinne wird dieser Begriff benützt, um jede vorgeschriebene, stilisierte, stets gleichbleibende Form der Durchführung einer Handlung, ob diese ihrer Natur nach nun religiös oder säkulär ist, zu bezeichnen.

**Zeremonie** wird gebraucht, um einen Komplex von Ritualen zu bezeichnen, d.h. „eine Anzahl von miteinander verbundenen und verwandten Ritualen“ (Beals und Hoijer 1965, S. 594). Meistens werden *Zeremonie* und *Ritual* (sowie auch *Ritus*) jedoch in der Literatur synonym gebraucht; man hält sich nicht streng an die Unterscheidung.

## Supernatur

**Gottheit** oder **Gott** bedeutet ein übernatürliches Wesen, das (1) einen Namen und (2) eine besondere ihm eigene Identität hat, dem (3) Opfer und Gebete dargebracht werden, das (4) eine Quelle der Macht ist und das (5) immer da ist, um seine Funktionen für die Gesellschaft zu erfüllen. (Diese Definition beruht auf jener von Cohen 1971, S. 177–178, von der sie eine nur leicht modifizierte Fassung darstellt.)

Ein **Hochgott** ist „ein übernatürliches Wesen, welches das Universum geschaffen hat und/oder letztlich das Universum beherrscht. In manchen Fällen kann der Hochgott andere übernatürliche Wesen erschaffen haben, welche dann ihrerseits das Universum hervorgebracht haben. Einige Hochgötter sind nach der Erschaffung des Universums inaktiv geworden oder nehmen an den Angelegenheiten der Menschen nicht mehr aktiv Anteil“ (Otterbein 1972, S. 96).

**Ahnengeister** sind die Geister verstorbener Vorfahren. In Gesellschaften, für deren Religion der Glaube an solche übernatürlichen Wesen wichtig ist, werden die Ahnengeister als interessierte und aktive Teilnehmer an den Angelegenheiten der Lebenden betrachtet.

**Naturgeister** sind übernatürliche Wesen, die, obwohl sie oft menschliche Kennzeichen besitzen, doch in ihrem Ursprung nicht menschlich sind. Solche Geister können mit natürlichen Gegebenheiten der äußeren Umwelt identifiziert werden – wie z.B. jene Wesen, die in Felsen, Bäumen oder Flüssen wohnen – und können sogar ihren Sitz in Tieren haben; oder sie können ungebundene Geister sein, die frei in der Gegend umherwandern. Sie können wohlwollend sein und den Menschen bei ihren Tätigkeiten helfen, aber auch übelwollend. Wenn sie hilfreich für die Menschen sind, wird die Verbindung mit ihnen aktiv gesucht. Ein gutes Beispiel dafür ist die Visionssuche bei den nordamerikanischen Prärieindiandern. Ein Knabe tat seinen ersten wichtigen Schritt zur Männlichkeit, indem er alleine in die Wildnis ging und tagelang fastete, bis er eine Vision hatte, in der ihn ein Schutzgeist, oft in Gestalt eines Tieres, heimsuchte, ihm einen heiligen Gesang mitteilte und danach sein Beschützer war.

**Animismus** ist der Glaube an geistige Wesen. Diese Geister können das sein, was wir als die nach dem Tode weiterlebenden Seelen von Menschen bezeichnen würden, oder Geister, die Tiere oder Orte bewohnen, oder aber frei umherschweifende Wesen. *Animismus* ist oft in einem eingeschränkteren Sinne gebraucht worden, um nur die Praktik zu bezeichnen, nach der nichtmenschlichen Phänomenen (d. h. anderen Tieren, Pflanzen und unbelebten Dingen) eine geistige Komponente zugeschrieben wird. Ich wende diesen Begriff, dem ursprünglichen Sprachgebrauch Tylors folgend, auf jeden Glauben an geistige Wesen an, eingeschlossen alle jene, die oben definiert wurden.

**Animatismus** sollte nicht mit Animismus verwechselt werden. Beals und Hoijer (1965, S. 573) umschreiben Animatismus als „die Doktrin, daß gewisse Objekte oder Naturphänomene, die wir als unbeseelt betrachten würden, von sich aus zu Empfindung, Handlung und Bewegung fähig sind ... Der kalifornische Indianer, der glaubt, daß ein Baum ihn töten könnte, wenn er es wünscht, indem er einen seiner Äste auf ihn niederfallen läßt, verehrt damit den Baum noch nicht und glaubt nicht, daß der Baum einen Geist enthält, der verehrt werden muß. Er umgeht bloß die Bäume oder ist äußerst vorsichtig, wenn er unter ihnen durchgeht.“ Andere Autoren, die Maretts Gebrauch des Begriffes (1909, 1912) folgen, verwenden *Animatismus,* um die Vorstellung von einer unpersönlichen übernatürlichen Kraft zu bezeichnen. Ich werde daher als nächstes diese Vorstellung besprechen.

Eine **unpersönliche übernatürliche Kraft** ist eine übernatürliche Kraft, die mit keinem individuellen Geist verbunden ist. Obwohl man sie nicht sieht, glaubt man, daß sie überall vorhanden ist, sowohl in Lebewesen als auch in unbelebten Dingen und Ereignissen. Wie die Elektrizität, mit der sie oft verglichen wird, ist die unpersönliche übernatürliche Kraft nicht das Eigentum irgendeiner Person oder eines Dinges, sondern kann zwischen Dingen fließen. Beals und Hoijer (1965, S. 569) sagen:

> Eines der interessantesten und am weitesten verbreiteten religiösen Phänomene ist der Glaube an eine überall vorhandene und unpersönliche Kraft oder Macht, die unsichtbar im ganzen Weltall vorhanden ist und die in größerem oder geringerem Ausmaße von Göttern, Menschen, Naturkräften (wie z. B. Sonne, Mond, Regen oder Donner) und Naturobjekten, wie Teichen, Flüssen, Stöcken und Steinen besessen werden kann. Es sollte betont werden, daß diese Kraft oder Macht völlig unpersönlich ist

und daß sie niemals als solche in einer obersten Gottheit oder einem Hochgott verkörpert ist. Götter können größere oder geringere Mengen dieser Macht besitzen, aber sie sind niemals Verkörperungen dieser Macht. Eine unpersönliche übernatürliche Kraft ist wie ein großes Kraftreservoir, an dem Menschen und Dinge in einem größeren oder geringeren Ausmaße teilhaben, eine Kraft, die Menschen und Dinge erfüllt. Sie ist weder gut noch böse; sie ist amoralisch. Sie besteht zu keinem bestimmten Zweck; es gibt sie einfach. (Die unpersönliche übernatürliche Kraft ist ein Begriff, daß der „life force“ des Dramatikers und Sozialkritikers George Bernard Shaw oder dem „élan vital“ des Philosophen Henri Bergson nicht unähnlich ist.)

Wir benutzen oft den polynesischen Begriff *Mana,* um die Vorstellung einer unpersönlichen übernatürlichen Kraft zu bezeichnen. (Ein schnelles Boot hat Mana. Ein erfolgreicher Mann hat Mana. Eine gute Ernte hat Mana.) Die Algonkin-sprechenden Indianer haben eine Vorstellung von einer unpersönlichen übernatürlichen Kraft, die *manitou* genannt wird (was oft mit „großer Geist“ oder „große Macht“ wiedergegeben wird). Es ist wichtig, sich daran zu erinnern, daß eine solche Kraft nicht verehrt wird und keine Opfer bekommt. Sie ist einem Naturgesetz oder Naturprinzip vergleichbar; sie ist *kein* übernatürliches Wesen. Sie hat keine persönliche Identität.

Die unpersönliche übernatürliche Kraft ist eine Vorstellung, die auf alles mögliche angewandt werden kann; alles Bemerkenswerte, Außergewöhnliche, Furchteinflößende oder Aufregende kann sie erklären. Insofern ist sie ein wunderbares Erklärungsmittel: Sie kann allem Rechnung tragen.

## Religion und Magie

Jeder einführende Überblick über die Religionsethnologie muß aufgrund eines traditionellen Usus das Thema der Magie behandeln. Es sind viele Worte für die Bemühung aufgewendet worden, „Magie“ von „Religion“ zu unterscheiden, obgleich es eine bedeutende Zahl von Forschern gibt, die die Ansicht vertreten, daß dies eine Scheinunterscheidung ist, die zum Verständnis von Lebensstilen wenig beiträgt.[4] Goode (1964, S. 50–54) hat sowohl die

---

[4] Indem er von der Energie und der Tinte spricht, die verschwendet wurde, um zwischen „Religion“ und „Magie“ zu unterscheiden, sagt Vetter (1938, S. 161–162, 168–169): „All dieses Dichotomisieren ist nichts anderes als eine mehr oder minder genaue Festlegung dessen, was die westliche, jüdisch-christlich geprägte Kultur von den verschiedenen in anderen Kulturen vorgefundenen Verhaltensweisen, die keinen offenkundig instrumentalen oder direkt praktischen Charakter aufweisen, als nicht eigentlich oder wahrhaft „religiös“ verworfen hat. Es ist offenkundig und unanfechtbar, daß unsere Trennung des Magischen vom Religiösen für die Menschen anderer Kulturen völlig bedeutungslos ist. Bei nur geringen Änderungen in den Haltungen

empirischen Ähnlichkeiten als auch die begrifflich gemachten Unterscheidungen zwischen Magie und Religion kurz und bündig zusammengefaßt.

Obwohl es gute Gründe dafür gibt, die traditionelle Trennung von Magie und Religion in der Anthropologie aufzugeben, ist eine Einführung wie die vorliegende nicht der passende Ort, dies zu tun. Die beiden werden hier unterschieden werden.

Die Unterscheidung, die ich verwende, ist die, ob eine übernatürliche Macht oder Gottheit angerufen wird oder nicht. Diese Unterscheidung ist mit unserer Definition von Religion logisch vereinbar. Eine derartige Grundlage für die Unterscheidung zwischen Religion und Magie ist alles andere als neu. Burris (1931) hat sie gebraucht, indem er die Behauptung aufstellte, daß Religion (in den Worten von Vetter 1958, S. 157) „einen Gott oder eine persönliche Handlungsursache irgendwelcher Art anruft“, während Magie dies nicht tut. Und für James G. Frazer beinhaltet Magie „keine notwendige Vorstellung vom Hinzutreten einer geistigen oder persönlichen Handlungsursache“, wohingegen Religion genau dies besagt (Bohannan 1963, S. 318).

Mit anderen Worten, *Magie* handelt von der direkten Manipulation von Ursache und Wirkung durch menschliche Wesen bei Ereignissen, die dem außenstehenden Beobachter als zusammenhanglos erscheinen (Keesing und Keesing 1971, S. 305). Magie beinhaltet Handlungen, die auf der angenommenen Fähigkeit eines Individuums oder Objektes beruhen, erwünschte Wirkungen in der Natur oder bei Menschen hervorzurufen. Diese Wirkung wird direkt, ohne Dazwischentreten eines dritten Elementes hervorgerufen

---

oder Glaubensvorstellungen derer, die solche magisch-religiösen Praktiken ausführen, würden wir unsere Klassifikation derselben ändern. Diese Unterscheidungen zwischen Magie und Religion zeigen nur die Wandlungen an, die in unserer eigenen Kultur in den Techniken zur Bewältigung praktischer Probleme stattgefunden haben. Alles, was ein bißchen zu stark nach den Methoden und Praktiken schmeckt, die wir nicht mehr verwenden, wird nun verworfen und daher als „magisch“ klassifiziert...“ „Objektiv gesehen kann es auf diese Kontroverse über Religion und Magie nur eine Antwort geben: Objektiv gibt es keinen Unterschied. Wie Goode es formuliert hat: ‚Magie und Religion stellen keine Dichotomie, sondern ein Kontinuum dar und sind nur idealtypisch voneinander zu unterscheiden.‘ Mit anderen Worten, wir, in dieser Kultur hier, treffen Unterscheidungen, die sicher anderswo nicht getroffen werden. Und wie kommt es, daß wir jetzt eine Unterscheidung treffen? Sehr einfach: Weil die wissenschaftliche Methode und Denkweise, die wir entwickelt haben, hinsichtlich des grundlegenden Kausalitätskonzeptes, das sowohl in der Magie als auch in der Religion impliziert wird, zu beiden in scharfem Gegensatz steht, und wir dort, wo wir diese Unvereinbarkeit mit der Wissenschaft bei irgendwelchen Betätigungen *anerkennen,* diese als *magisch* bezeichnen, während wir dort, wo wir uns noch weigern, eine solche Unvereinbarkeit zuzugeben, sondern darauf bestehen, daß Faktoren oder Kräfte mit im Spiel sind, die unseren wissenschaftlichen Bezugsrahmen übersteigen, von ‚Religion‘ sprechen.“

(siehe Abbildung 14.1a). Bei der *Religion* besteht dagegen die Annahme, daß nur die Gottheit die erwünschte Wirkung herbeiführt: Menschen können dies nicht direkt tun. Daher werden übernatürliche Wesen angerufen, das erwünschte Resultat herbeizuführen (siehe Abbildung 14.1b).[5] In seinem monumentalen Werk *The Golden Bough* unterteilte Frazer die von ihm so genannte „sympathetische Magie" in zwei Haupttypen, um das Grundprinzip zu erläutern, auf das sich der Glaube an die Wirksamkeit von Magie zurückführen läßt.[6]

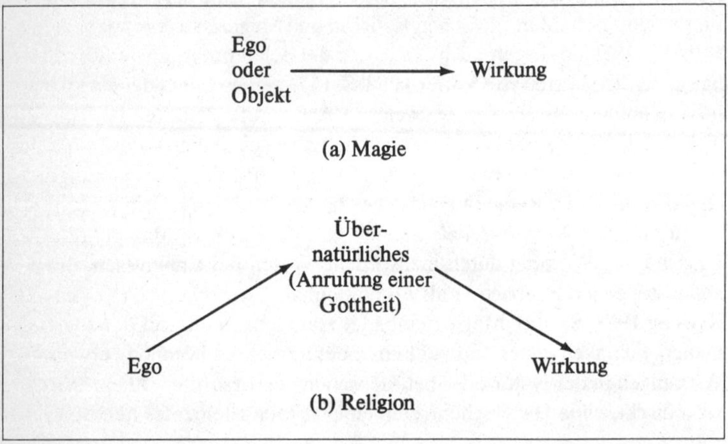


*Abbildung 14.1:* Unterscheidung zwischen Magie und Religion

**Nachahmende Magie** oder **homöopathische Magie** ist der Name, der von Frazer der Vorstellung gegeben wurde, daß ein erwünschter Effekt einfach dadurch herbeigeführt werden kann, daß er nachgeahmt wird. Dies beruht, wie er sagte, auf dem „Gesetz der Ähnlichkeit", welches besagt, daß „Gleiches wieder Gleiches hervorbringt oder ... eine Wirkung ihrer Ursache gleicht" (S. 415). Das Stecken von Nadeln in eine Puppe, um einen Feind zu töten oder zu verletzen, „im Glauben, daß ebenso wie das Bild auch der Mensch leidet und daß, wenn dieses zugrundegeht, auch er sterben muß" (S. 416–417) ist ein Beispiel für nachahmende Magie.

---

[5] Die Ausdrucksweise, derer ich mich bei der Unterscheidung zwischen Magie und Religion und in den illustrativen Diagrammen in Abbildung 14.1 bediene, beruhen auf Vorschlägen von Yehudi A. Cohen (persönliche Mitteilung).

[6] Die Seitenverweise in den Klammern beziehen sich auf das „Sympathetic Magic" betitelte Exzerpt in Lessa und Vogt (1972) aus Frazer's *The Golden Bough.*

**Übertragungsmagie** bezieht sich auf Handlungen, die mit einem Objekt in dem Glauben durchgeführt werden, daß sie eine Wirkung auf eine Person haben werden, die früher mit diesem Objekt in Kontakt gewesen ist. Dieser Glaube beruht auf dem „Gesetz der Berührung". „Dinge, die einmal in Kontakt miteinander gewesen sind, fahren fort, auch in der Entfernung aufeinander einzuwirken, nachdem der physische Kontakt unterbrochen wurde" (S. 415). „Das bekannteste Beispiel für die Übertragungsmagie", sagt Frazer (S. 425), „ist die magische Sympathie, die, wie man annimmt, zwischen einem Menschen und jedem abgetrennten Teil seiner Person besteht, wie z. B. seinen Haaren oder Nägeln; so daß, wer immer in den Besitz menschlicher Haare oder Nägel kommt, über jede Entfernung hin Macht über die Person bekommt, der sie abgeschnitten wurden."
Magie kann ihrer Absicht nach entweder wohlwollend oder übelwollend sein. Wohlwollende Magie wird als *weiße Magie* bezeichnet; ein gutes Beispiel für weiße Magie bietet die Krankenheilung in vielen schriftlosen Gesellschaften. Übelwollende Magie wird als *schwarze Magie* oder *Zauberei* bezeichnet; ihr Ziel ist es, dem Menschen, auf den sie angewandt wird, Leid oder Unglück zuzufügen. Die schwarze Magie wird gewöhnlich von der *Hexerei* unterschieden. Beide beinhalten Übeltun; aber der Magier erwirbt sich im allgemeinen esoterische Kenntnisse durch irgendeine Form der Ausbildung, wohingegen man von den Hexen im allgemeinen annimmt, daß sie angeborene Kräfte haben, eine Geistesgabe, vermittels derer sie mit einem Minimum an oder ganz ohne Paraphernalia Wirkungen hervorrufen können. Hexen werden geboren, nicht gemacht.

Schließlich gibt es eine Praktik, die als *Wahrsagen (Divination)* bezeichnet wird, die transkulturell weit verbreitet ist. **Wahrsagen** bezieht sich auf die Praktik, künftige Ereignisse vorherzusagen, Information über vergangene Ereignisse zu gewinnen oder das Unbekannte durch mystische Mittel in Erfahrung zu bringen, wie das „Lesen" aus Teeblättern oder Handflächen, die Vogelschau oder die Deutung der Muster, die von Stöckchen und Steinen gebildet werden, die man auf den Boden geworfen hat. Manchmal beinhaltet das Wahrsagen die Hilfe eines übernatürlichen Wesens und manchmal nicht. (Wenn wir uns streng an unsere Unterscheidung zwischen Magie und Religion halten wollen, dann müssen wir sagen, daß Wahrsagen in manchen Fällen „magisch" und in anderen „religiös" sein kann.)

## Betrachtungsweisen der Religion

Wenn spezifische Details untersucht werden, kann man zwischen vielen verschiedenen Betrachtungsweisen der anthropologischen Religionsforschung unterscheiden. Doch können diese im allgemeinen unter zwei Oberbegriffen zusammengefaßt werden: die soziologische und die kulturwissenschaftliche Betrachtungsweise (diese Einteilung entspricht der Unterscheidung, die früher zwischen dem „Bereich der Gesellschaft" und dem „Bereich der Kultur" gemacht wurde). Bei der soziologischen Betrachtungsweise wird die Religion als eine Widerspiegelung und als eine Unterstützung der Sozialorganisation der erforschten Gruppe (vor allem ihrer wirtschaftlichen und politischen Aspekte) gesehen. Bei der kulturwissenschaftlichen Betrachtungsweise wird die Religion getrennt von ihrem sozialen Nutzen als Denksystem betrachtet.

## Die soziologische Betrachtungsweise

Es ist schon seit langem bekannt, daß die Art und Weise, in der ein Volk seine sozialen Beziehungen ordnet, ihre Widerspiegelung in seiner Auffassung vom Übernatürlichen und in seinen religiösen Glaubensvorstellungen findet. Die Entsprechung hat viele Beobachter zu dem Schluß geführt, daß die religiösen Glaubensvorstellungen eine Legitimierungsideologie bieten, die die Sozialorganisation bekräftigt und damit hilft, soziales Verhalten zu regulieren.

Einer der einflußreichsten modernen Vertreter dieser Art von Religionstheorie war Emile Durkheim. In seinem Buch *Les formes élémentaires de la vie religieuse* (1912) vertrat er die Ansicht, daß sich in Form der Religion eine Gesellschaft in Wirklichkeit selbst Altäre errichtet und sich selbst verehrt; letzten Endes ist die Gesellschaft die Gottheit. Die Menschen richten ein Symbol oder ein Totem auf, welches die Gruppe – d. h. ihre soziale Identität – repräsentiert, und die Verehrung dieses Totems ist dann eine Anerkennung der Autorität der Gruppe sowie der Notwendigkeit sozialer Einheit. Durch die Religion erkennen die Menschen die Legitimität der sozialen und moralischen Ordnung an und helfen dadurch, sie aufrechtzuerhalten.

Kurz gesagt identifiziert Durkheim (wie vor ihm Frazer) den religiösen mit dem sozialen (besonders dem politischen) Bereich. Bohannan (1963, S. 326) drückt dies bündig aus, wenn er in seiner Besprechung der Religionssoziologie Max Webers sagt: „Das Gesetz oder das Drama sind das Leben selbst, das zum Zwecke der Kontrolle und des Verständnisses kleingeschrieben ist; die Religion ist das zum Zwecke der Kontrolle und des Verständnisses großgeschriebene Leben."

Alle Betrachtungsweisen, die die Religion in ihrer Beziehung zur Sozialordnung zum Gegenstand haben, gehen von vergleichbaren Grundannahmen aus. Genauer gesagt, sie sehen die Religion unter einem doppelten Aspekt:

Die Religion spiegelt oder verdoppelt die Sozialordnung: D.h. also, daß die Form, die eine Religion in irgendeiner Gesellschaft annimmt, in Einklang mit deren Sozialstruktur stehen wird – der Art und Weise, in der die Menschen ihren Lebensunterhalt gewinnen, ihre Arbeit organisieren, für die Willensbildung und die Ausübung von Autorität sorgen, usw.

Die Religion dient dazu, diese Sozialordnung zu bestätigen, zu bekräftigen und als die richtige Lebensweise zu legitimieren; und dies hilft bei der Regelung sozialer Tätigkeiten und trägt zur Aufrechterhaltung der sozialen Kontrolle bei.

Wenn diese Betrachtungsweise einigermaßen zutreffend ist, müßten wir irgendeine Korrelation zwischen Religionstypen und Gesellschaftstypen finden. Im folgenden setze ich die Ebenen der soziokulturellen Integration („Gesellschaftstypen") mit allgemeinen Kennzeichen der Religion auf diesen Stadien in Beziehung. Und tatsächlich gibt es gewisse Entsprechungen. Doch lassen Sie mich eine wichtige Einschränkung machen: Das „Zusammenpassen" von Entwicklungsstadium und Religionstyp ist kein ganz genaues. Elemente der verschiedenen Formen der Religion, die unten herausgearbeitet werden, finden sich auf der gesamten evolutionären Stufenleiter wieder. Das folgende ist demnach eine übermäßige Vereinfachung, doch wird sie Ihnen dabei helfen, sich mit den Hauptvariationen religiösen Glaubens bekannt zu machen.

**Hordengesellschaften.** Wir haben die Jäger und Sammler früher als Gesellschaften mit locker strukturierten, flexiblen Gruppen, als individualistisch und egalitär sowie durch schwache politische Führung vom Erster-unter-Gleichen-Typus ohne Zwangsgewalt charakterisiert. Nach der soziologischen Betrachtungsweise sollte die Religion diese Sozialordnung widerspiegeln und bekräftigen. Und im allgemeinen finden wir, daß sie dies tut.

Die Religionen der Wildbeuter sind gewöhnlich **polytheistisch.** Der Polytheismus ist eine Religionsform, in der es mehrere Gottheiten gibt. Im wildbeuterischen Polytheismus hat jede Gottheit Autorität in ihrer eigenen Sphäre, und keine von ihnen ist die oberste. Keine Gottheit kann irgendeiner anderen vorschreiben, was sie tun soll. Es kann z.B. eine Gottheit für den Regen, eine für Krankenheilung, eine für jede Art von Jagdwild usw. vorhanden sein; aber sie alle sind selbständig und voneinander verschieden. Und die Vorstellung eines Hochgottes fehlt normalerweise. Die Welt der Gottheiten spiegelt also die Welt der Menschen wider, wo jede Person im Grunde seine oder ihre eigene Autorität ist und wo es keine formale Führungsrolle gibt.

Auch beim Ritual ist jede Person sein oder ihr eigener religiöser Funktionär – d.h., jede Person hat seine oder ihre eigenen Beziehungen zum Übernatürlichen.[7] Es gibt keine Priester, obwohl es bei den Wildbeutern Schamanen gibt. Es gibt wenige regelrechte Zeremonien, die die ganze Gruppe betreffen, und jene, bei denen dies der Fall ist, werden oft spontan abgehalten oder haben unmittelbare Probleme zum Gegenstand (wie z. B. die Beendigung einer Dürreperiode oder die Heilung einer besonders bedrohlichen Krankheit), oder sie stehen im Zusammenhang mit dem Lebenszyklus. Meistens treten die Menschen jedoch auf einer individuellen und sporadischen Grundlage mit den Gottheiten in Beziehung; d. h., sie führen einen Ritus für eine bestimmte Gottheit nur dann durch, wenn sie mit dieser Gottheit durch Tätigkeit innerhalb der von ihr kontrollierten Sphäre in Berührung kommen – wenn sie das Tier dieser Gottheit jagen, unter ihrem Baum durchgehen und so weiter.

**Stammesgesellschaften.** Im Gegensatz zu Hordengesellschaften bestehen Stammesgesellschaften aus fester gefügten Verwandtschaftsgruppen von ziemlicher Stabilität (wie z. B. Klane) und sind durch eine politische Führung gekennzeichnet, die von einer schwachen, informellen, der der Hordengesellschaften vergleichbaren Form bis zu stärkeren, besser ausgeprägten Formen wie der Häuptlingsschaft variiert. Und auch hier spiegelt die Religion dies wider.

**Ahnenverehrung** (oder *Ahnenkult*) ist die Praktik der Aufrechterhaltung von Beziehungen mit den Geistern verstorbener Vorfahren. Am häufigsten tritt sie in segmentären Stammesgesellschaften auf, deren Grundeinheiten (oder primäre Segmente), wie Sie sich von Kapitel 11 her erinnern werden, kleine Lokalgruppen sind. Beim Ahnenkult verehrt jede kleine Gruppe, wie z. B. eine Lineage, ihren zuletzt verstorbenen Ältesten. Die vor diesem verstorbenen Ältesten verlieren der Tendenz nach ihre individuelle Identität und verschmelzen mit „den Ahnen“ als einem Kollektiv. Von den Ahnen wird angenommen, daß sie an den Angelegenheiten ihrer lebenden Verwandten großen Anteil nehmen und diese Angelegenheiten zum Guten oder zum Bösen beeinflussen können. Sie werden mit anderen Worten als aktive Mitglieder der Gesellschaft betrachtet. Nicht selten findet sich die Vorstellung eines entfernten Schöpfer-Hochgottes in Zusammenhang mit der Prak-

---

[7] Von den Shoshoni-Indianern des Großen Beckens sagt Steward (1955, S. 114). „Die Beziehung zwischen menschlichen Wesen und übernatürlichen Mächten wurde weitgehend als eine individuelle Angelegenheit aufgefaßt. Jede Person hoffte, eine übernatürliche Macht oder einen Schutzgeist zu erwerben. Diese Macht, in der Form von Tieren, Pflanzen, Wolken, Bergen und anderen Naturphänomenen verkörpert, kam zu ihm in Träumen und verlieh ihm spezielle Fähigkeiten, wie zum Beispiel Glück im Spiel, Geschicklichkeit bei der Jagd, Ausdauer und andere, die nur für ihn selbst von Nutzen waren.“

tik der Ahnenverehrung. Wo diese Vorstellung vorhanden ist, hat der Hochgott oft wenig mit den menschlichen Wesen und ihren sozialen Beziehungen zu tun. Diese sind Angelegenheiten des jeweiligen Ahnen (oder der Gottheit der Verwandtschaftsgruppe, siehe unten). Es scheint, daß die Vorstellung von einem Hochgott um so stärker wird, je näher eine Gesellschaft der politischen Zentralisierung kommt.

Der Religionstypus des **Unitheismus**[8] findet sich in manchen Stammesgesellschaften, bei denen kleine Verwandtschaftsgruppen, wie z. B. Lineages, in größere Verwandtschaftsgruppen, wie z. B Klane, inkorporiert sind, wobei die größeren Gruppen der Tendenz nach die zentralen korporierten Einheiten in der Gesellschaft sind. Mit anderen Worten, das Autoritätszentrum sowie das Organisationszentrum für gemeinschaftliche Arbeiten ist in der Stammesorganisation nach oben gerückt; und die religiöse Organisation wandelt sich, um damit wieder in Übereinstimmung zu kommen. Bei dieser Form der Religion unterhält jede dieser größeren Verwandtschaftsgruppen eine Beziehung mit nur einer Gottheit (daher der Begriff *Unitheismus;* er besagt: eine Gottheit pro Gruppe).

Stellen wir uns eine Stammesgesellschaft vor, die in vier Klane unterteilt ist: Adler, Bär, Kojote und Büffel. Die Mitglieder des Adlerklans erkennen die Existenz anderer Götter an, doch unterhalten sie nur mit einem eine aktive Beziehung, dem Gotte des Adlerklans. Die Mitglieder des Bärenklans bestreiten nicht die Existenz dieses Gottes, doch haben sie zum Adlergott keine Beziehung. Statt dessen richten sich ihre religiösen Aktivitäten auf den Gott des Bärenklans. Ähnlich ist es bei allen Gruppen in der Gesellschaft: Jede hat ihren eigenen Gott, obgleich die Existenz anderer Götter anerkannt wird.

Der Unitheismus ist also insofern eine Form des Polytheismus, als es *innerhalb* der Gesamtgesellschaft ebensoviele Gottheiten gibt wie die Gesellschaft konstituierende Verwandtschaftsgruppen, doch unterscheidet er sich vom Polytheismus insofern, als es diese vielen Gottheiten nicht *für* die Gesamtgesellschaft gibt; denn jede Gruppe verehrt nicht *alle* Gottheiten, sondern nur jene, die mit dieser Gruppe verbunden ist. In ähnlicher Weise kann der Unitheismus mit dem Monotheismus insofern in Zusammenhang gebracht werden, als es nur eine Gottheit pro Gruppe gibt, er ist aber insofern vom Monotheismus verschieden, als die Gesamtgesellschaft nicht nur einen Gott, sondern eine Anzahl von Göttern hat.

---

[8] Der Begriff *Unitheismus* wurde von Yehudi A. Cohen geprägt und wird von ihm in einer demnächst erscheinenden Publikation besprochen werden. Der Begriff wird hier mit seiner Erlaubnis verwendet. Ich bin Professor Cohen für viele Hinweise, die ich in dieses Kapitel aufgenommen habe, zu Dank verpflichtet; er ist jedoch keineswegs verantwortlich für irgendwelche Unzulänglichkeiten meiner Darstellungsweise.

Es gibt noch eine andere Religionsform, die hier erwähnt werden sollte, doch hat sie meines Wissens bisher noch keinen Namen bekommen. Aus Gründen der Zweckmäßigkeit werde ich sie daher als **Multitheismus**[9] bezeichnen. Dieser Begriff bezieht sich auf eine besondere Einstellung zum Übernatürlichen, bei der die Existenz vieler Götter anerkannt wird, aber nur einer von ihnen von der Gesellschaft verehrt wird. Mit anderen Worten, die Gesellschaft ist monotheistisch, aber die Weltanschauung ihrer Mitglieder ist polytheistisch. Die alten Hebräer bieten ein Beispiel dafür. Der Gott des Berges war der einzige hebräische Gott, aber er war nur einer unter vielen Göttern im Universum, Göttern, die von *anderen* Gesellschaften verehrt wurden.

**Staatsgesellschaften.** In jenen Gesellschaften, in denen sich ein staatliches System herausgebildet hat (und es daher eine politische Zentralgewalt gibt), wird dies in der Religion in Form des **Monotheismus** widergespiegelt, d.h. dem Glauben an einen Gott. Etwas genauer ausgedrückt können wir sagen, daß es in Staatsgesellschaften eine Tendenz zum Monotheismus gibt. Da der Monotheismus offensichtliche Vorteile für die Legitimation der Zentralgewalt hat, ist es nicht überraschend, daß Staaten – und solche Gesellschaften, die sich in Richtung auf Staatlichkeit entwickeln – eine monotheistische Religion begünstigen. (Der Leser sollte sich jedoch an die früher in den Kapiteln 4, 6 und 8 gemachten Einschränkungen hinsichtlich des Monotheismus in Staatsgesellschaften erinnern.)

An dieser Stelle erhebt sich eine Frage: Wie sollen wir sozialistische (speziell: kommunistische) Gesellschaften in Begriffen der Religion charakteri-

---

[9] Die starke Vermehrung deskriptiver Begriffe und Definitionen ist von vielen Anthropologen zu Recht kritisiert worden. Bohannan (1963, S. 328) sagt: „Bestenfalls sind sie vorgegebene Matrizen, anhand derer die Daten nur mit größerer oder geringerer Unklarheit betrachtet werden können. Im schlimmsten Falle sind sie Scheuklappen mit totaler Wirksamkeit." An anderer Stelle (S. 326) bemerkt er optimistisch: „Wir haben uns schließlich aus dem terminologischen Dunkel zu einer Situation emporentwickelt, in welcher die anthropologischen Kategorien zur Beschreibung primitiver Religion – Animismus, Animatismus, Fetischismus, Totemismus und der Rest – beiseite gelegt werden können. Die Anthropologen haben endlich eine Methode entdeckt, die religiösen Ideen der Menschen ohne die Verhüllung der *Ismen* wiederzugeben, die sie in der Vergangenheit so oft verborgen hatte. Diese Methode ist einfach: Zuerst muß man sich auf die Handlung (Ritual) konzentrieren, um die Erklärung der Handlung in den Begriffen dessen, der sie ausführt (Glauben), zu verstehen; man muß Ritual und Glauben in ihren weiteren kulturellen Zusammenhang setzen. Schließlich muß man Rituale und Glaubensvorstellungen verschiedener Gesellschaften miteinander vergleichen – sowohl nach ihren wesentlichen Aussagen als auch nach ihren symbolischen Widerspiegelungen der übrigen Kultur."
Obgleich ich natürlich nicht anderer Meinung bin als Bohannan, glaube ich, daß die Einführung dieses kleinen „Ismus" zu erklärenden Zwecken verzeihlich ist.

sieren? Sollen wir sagen, daß solche Gesellschaften „atheistisch" sind, daß sie die religiöse Ideologie völlig durch eine rein „materialistische" politische Ideologie ersetzt haben, welche dieselben bekräftigenden und integrierenden Funktionen erfüllt, wie es in anderen Gesellschaften die Religion tut? Können wir sagen, daß die kommunistischen Gesellschaften insofern unter allen bekannten menschlichen Gesellschaften einzigartig dastehen, als sie alleine keine „Religion" haben? Ich weiß es nicht; aber wenigstens ein Anthropologe vertritt die Ansicht, daß diese Gesellschaften *nicht* einzigartig sind. Cohen sagt (1971, S. 183):

> Kein bekanntes politisches System ist ohne religiöse Legitimation, ob wir nun den politischen Herrschaftsbereich der mittelalterlichen Kirche betrachten oder die zeitgenössische UdSSR. In der Sowjetunion gibt es eine Staatsreligion, die auf der Verehrung von Lenin beruht; die Tatsache, daß die Herrschenden in der Sowjetunion bei ihrem Nationalkult Yahweh durch den Geist Lenins ersetzt haben, rechtfertigt ebensowenig die Leugnung seiner religiösen Natur, als dies die Behauptung tun würde, daß die polytheistischen Washo-Indianer ... oder die Tallensi mit ihrer Ahnenverehrung ... ohne jede Religion seien. Der Kult Lenins hat allen Pomp einer Staatsreligion, trotz aller entgegenstehenden Behauptungen der Sowjets. Ein riesiges Porträt Lenins befindet sich auf dem Altar der Kathedrale von Leningrad; Sowjetbürger machen Wallfahrten zum Grabe Lenins, einem an den Sitz der Macht im Kreml angrenzenden Tempel; seine Propheten legen seine Worte immer wieder neu aus; und die sowjetische Gleichsetzung des Vorwurfes des Anti-Leninismus mit einem Angriff auf die Integrität des Staates unterscheidet sich kein bißchen von der mittelalterlichen religiösen Inquisition in Westeuropa. Dies sind wesentliche Bestandteile eines religiösen Kultes. Die meisten guten Sowjetbürger haben ein Bild Lenins in ihren Wohnzimmern; ich weiß nicht, ob sie nicht auch eines über ihren Betten haben.

Melford Spiro (1966, S. 88–89) betrachtet die Frage jedoch von einem anderen Gesichtspunkt aus: was macht es aus, wenn die Gesellschaft X „keine Religion" hat? Er fragt: „Aus welchem methodologischen Prinzip folgt, daß Religion – oder überhaupt irgend etwas anderes – universal sein muß, damit man sie vergleichend untersuchen kann?" Er weist darauf hin, daß das Vorhandensein oder Fehlen von „Religion" in irgendeiner bestimmten Gesellschaft in Wirklichkeit davon abhängt, wie wir Religion definieren, und daß „wenn wir das Wort ‚Religion' einmal aller Werturteile entkleiden, kein Grund entweder für Entsetzen oder für Jubel vorhanden ist, was die empirische Verbreitung von Religion gemäß unserer Definition anbelangt." Er gibt zu bedenken, daß der Befund „keine Religion" für eine oder mehrere Gesellschaften die positive Wirkung haben kann, die Forschung zu stimulieren.

**Revitalisierungsbewegungen.** Viele soziale Bewegungen mit dem Ziel, alten Sozialordnungen wieder Geltung zu verschaffen oder neue einzuführen, treten in einer religiösen Gestalt auf. Dies ist ein weiterer Beleg für den Zusammenhang zwischen sozialem Verhalten und religiösem Glauben. Solche Bewegungen ergeben sich oft aus dem Kontakt mit einer technologisch überlegenen Gesellschaft und entstehen als Teil eines Versuches der unterlegenen Gruppe, der sozioökonomischen Gerechtigkeit teilhaftig zu werden, die ihr, wie sie fühlt, vorenthalten wurde. Diese Bewegungen werden *Revitalisierungs-* oder *nativistische Bewegungen* genannt, weil sie den Versuch unternehmen, Verhaltens- und Glaubensmuster wiederzuerwecken, die für eine Gesellschaft oder Gruppe charakteristisch waren, bevor sie mit der dominanten Gesellschaft in Kontakt kam und ihr soziokulturelles System entweder freiwillig oder unter Zwang wandelte. Das Ziel ist also, durch die Wiederbelebung der alten Lebensweise, einschließlich der Wiederherstellung des Glaubens an traditionelle Götter und der Wiedereinsetzung früherer Rituale, die gegenwärtigen Lebensbedingungen zu ändern und zu verbessern. Oft wird die Überwindung der gegenwärtigen Verhältnisse und der Beginn einer neuen Prosperität beschleunigt durch das Auftreten eines charismatischen Führers oder Messias (weswegen solche Bewegungen auch als *messianische* oder *millennaristische* Bewegungen bekannt sind).

Die ethnographische Literatur ist voll von Fällen von Revitalisierungsbewegungen, doch müssen wir gar nicht so weit schauen, um Beispiele zu finden. Viele amerikanische Indianergruppen haben in den letzten Jahren, aber auch schon früher, den Versuch gemacht, ihren alten Lebensstil wiederzubeleben. Einige haben zum bewaffneten Kampf gegen die dominante Gesellschaft aufgerufen, andere sind für eine ruhige Rückkehr zu den alten Glaubensvorstellungen und Praktiken und für den Glauben, daß die Götter von sich aus den früheren Wohlstand wiederherstellen würden, eingetreten. Ein anderes Beispiel ist die Black Muslim-Bewegung in den Vereinigten Staaten – eine Bewegung, die für ihre Inspiration, ihr Zusammengehörigkeitsgefühl und die ihr eigentümlichen Paraphernalia nach Afrika (oftmals einem idealisierten Afrika) blickt – ein Beispiel, welches zeigt, daß nativistische Bewegungen nicht nur in sogenannten Primitivgesellschaften, sondern auch bei Subgruppen von größeren Gesellschaften, die sich der Majorität gegenüber benachteiligt fühlen, auftreten können. Der springende Punkt jedoch ist, daß Revitalisierungsbewegungen, welche konkreten Beispiele von ihnen auch immer herangezogen werden, die Verbesserung völlig irdischer materieller Bedingungen zum Ziele haben, aber oftmals religiöse Glaubensinhalte und Bezüge als unterstützende und verstärkende Ideologie, als Ausdrucksmittel für ihre Ziele benutzen.

Ein Typus einer sozialen Bewegung mit durchgängigen religiösen Obertönen ist der sogenannte *Cargo-Kult.* Die aufsehenerregendsten Formen von Cargo-Kulten wurden vorwiegend aus Melanesien berichtet. Diese Bewegungen sind im allgemeinen durch das Auftreten von Propheten gekennzeichnet, die die Menschen auffordern, ihre gegenwärtigen europäischen Güter aufzugeben, ihre Beziehungen mit den Kolonialisten abzubrechen und sich nicht mehr auf sie zu verlassen, sondern zu den alten Glaubensvorstellungen zurückzukehren. Wenn sie dies täten, würden die Ahnen zurückkehren – oft in Dampfern oder Flugzeugen – und den Wohlstand in Form von überreichen Ladungen (Cargo) von neuen, denen der Europäer ähnlichen Gütern mit sich bringen. Wie Harris (1975 a) feststellt, sind Cargo-Kulte eine Art, ein Verlangen nach verbesserten materiellen Bedingungen auszudrükken, wenn andere Möglichkeiten, sich Verbesserungen zu verschaffen, verschlossen sind. (Siehe Worsley 1959 und 1968 für die Beschreibung von Cargo-Kulten.)

## Die kulturwissenschaftliche Betrachtungsweise

Eine neuere Betrachtungsweise sieht die Religion nicht nur als eine Widerspiegelung der sozialen Wirklichkeit, sondern als ein gedankliches bzw. ein Ideen-System, welches ein Studium an und für sich selbst, abgesehen von seinen sozialen Funktionen, verdient. Keesing und Keesing (1971, S. 310) sagen: „In zunehmendem Maße erkennen wir, daß Religionen als Ideensysteme gesehen und in ihren Gesamtstrukturen nachgezeichnet werden müssen. Die Konzentrierung auf die Parallelen zwischen dem Religiösen und dem Sozialen hat uns anfällig dafür gemacht, nur auf jene Ausschnitte der religiösen Erfahrung zu blicken, wo die engsten Entsprechungen vorkommen, unter Vernachlässigung des Übrigen.“ Sie schlagen daher vor, daß „wir Religionen als Ideensysteme mit ihrer eigenen, komplexen Bedeutungsstruktur betrachten (sollen) und nicht (nur) als Widerspiegelungen von etwas Greifbarerem und Realerem“.

Der französische Anthropologe Claude Lévi-Strauss ist ein Hauptvertreter eines derartigen Standpunktes. Er vertritt die Ansicht, daß Menschen ihre schöpferischen, intellektuellen Fähigkeiten zur Manipulation von Symbolen benutzen, um mit den harten Wirklichkeiten ihrer Existenz sowie mit Kontrasten wie jenen zwischen Leben und Tod und zwischen Leib und Seele fertig zu werden. Das Argument von Lévi-Strauss ist daher, daß Religion, vor allem Mythos und Ritual, „eine Logik, Struktur und Reichhaltigkeit aufweisen, dic wir nicht vermutet hatten“ (Keesing und Keesing 1971, S. 312), und die einer Erforschung um ihrer selbst willen wert ist. Es gibt eine Struktur in diesem kulturellen Material, die herausgearbeitet werden muß und die unabhängig von ihrem sozialen Kontext bedeutungsvoll ist, weil sie uns Aufschluß über den menschlichen Geist und seine Arbeitsweise gibt. Vertreter dieser Position möchten Glaubenssysteme auseinandernehmen, um nachzuprüfen, welches ihre Teile sind und wie diese sich zu einem logischen System ineinanderfügen; und sie möchten die Grundannahmen oder Prinzipien freilegen, die solchen Systemen zugrunde liegen. Sie hoffen, daß sie durch die Zerlegung kultureller Systeme, wie z. B. der Religion, um zu sehen, wie diese funktionieren, etwas darüber lernen könnten, wie die Maschine, die diese Systeme errichtet hat, – der menschliche Geist – funktioniert. Die kulturwissenschaftliche Betrachtungsweise der Religion ist noch so neu und ihre Methodologie so schlecht definiert, daß ich hier nicht mehr tun kann, als ihre Grundsätze darzulegen. Es ist zu hoffen, daß sich die Vertreter dieser Position der selbstgestellten Aufgabe gewachsen zeigen werden.

# Literaturverzeichnis


Adams, R. McC. 1966. *The Evolution of Urban Society: Early Mesopotamia and Prehispanic Mexico.* Chicago.

Bacon, E. E. 1954. „Types of Pastoral Nomadism in Central and Southwest Asia“, *Southwestern Journal of Anthropology,* 10, S. 44–68.

Balikci, A. 1970. *The Netsilik Eskimo.* Garden City, N. Y.

Barnouw, V. 1973. *Culture and Personality* (neue, veränderte Auflage). Homewood, Ill.

Barnouw, V. 1975. *An Introduction to Anthropology: Ethnology* (neue, veränderte Auflage). Homewood, Ill.

Barth, F. 1956. „Ecologic Relationships of Ethnic Groups in Swat, North Pakistan“, *American Anthropologist*, 58, S. 1079–1089.

Barth, F. 1959–1960. „The Land Use Patterns of Migratory Tribes of South Persia“, *Norsk Geografisk Tidsskrift*, 17, S. 2–11.

Barth, F. 1961. *Nomads of South Persia: The Basseri Tribe of the Khamseh Confederacy.* Boston.

Barth, F. 1964. „Competition and Symbiosis in North East Baluchistan, *Folk,* 6, S. 15–22.

Bates, D. G. 1971. „The Role of the State in Peasant-Nomad Mutualism“, *Anthropological Quarterly,* 44, S. 109–131.

Bates, D. G. 1972. „Differential Access to Pasture in a Nomadic Society: The Yoruk of South-eastern Turkey“, *Journal of Asian and African Studies,* 7, S. 48–59.

Beals, A. R. 1962. *Gopalpur: A South Indian Village.* New York.

Beals, A. R. 1974. *Village Life in South India: Cultural Design and Environmental Variation.* Chicago.

Beals, R. L., und H. Hoijer. 1965. *An Introduction to Anthropology* (3. Aufl.) New York.

Beals, R. L., und H. Hoijer. 1971. *An Introduction to Anthropology* (4. Aufl.) New York.

Beattie, J. 1964. *Other Cultures: Aims, Methods, and Achievements in Social Anthropology.* New York.

Bee, R. L. 1974. *Patterns and Processes: An Introduction to Anthropological Strategies for Study of Sociocultural Change.* New York.

Bennett, J. W. 1971. *Northern Plainsmen: Adaptive Strategy and Agrarian Life.* Chicago.

Bernard, H. R. (Hrsg.) 1975. *The Human Way: Readings in Anthropology.* New York.

Bicchieri, M. G. 1972. *Hunters and Gatherers Today.* New York.

Bock, P. K. 1969. *Modern Cultural Anthropology.* New York.

Bohannan, P. 1963. *Social Anthropology.* New York.

Bohannan, P. 1964. *Africa and Africans.* Garden City, N. Y.

Browman, D. L. 1974. „Pastoral Nomadism in the Andes“, *Current Anthropology*, 15, S. 188–196.

Brown, J. K. 1963. „A Cross-Cultural Study of Female Initiation Rites“, *American Anthropologist*, 65, S. 837–853.

Burris, E. 1931. *Taboo, Magic and Spirits.* New York.

Burton, R. V., und J. W. M. Whiting. 1961. „The Absent Father and Cross-Sex Identity“, *Merrill-Palmer Quarterly of Behavior and Development,* 7, S. 85–95.

Carneiro, R. L. 1968. „The Transition from Hunting to Horticulture in the Amazon Basin", in: *Proceedings of the Eighth International Congress of Anthropological and Ethnological Sciences.* (Abgedruckt in: Cohen 1974, S. 157–166.)
Carneiro, R. L. 1970. „A Theory of the Origin of the State", *Science,* 169, S. 733–738.
Chagnon, N. A. 1968. *Yanomamö: The Fierce People.* New York.
Chance, N. A. 1966. *The Eskimo of North Alaska.* New York.
Cohen, Y. A. 1964 a. „The Establishment of Identity in a Social Nexus: The Special Case of Initiation Ceremonies and Their Relation to Value and Legal Systems", *American Anthropologist,* 66, S. 529–552.
Cohen, Y. A. 1964 b. *The Transition from Childhood to Adolescence: Cross-Cultural Studies of Initiation Ceremonies, Legal Systems, and Incest Taboos.* Chicago.
Cohen, Y. A. 1966. „On Alternative Views of the Individual in Culture-and-Personality Studies", *American Anthropologist,* 68, S. 355–361.
Cohen, Y. A. (Hrsg.) 1968. *Man in Adaptation: The Cultural Present* (1. Aufl.) Chicago.
Cohen, Y. A. (Hrsg.) 1971. *Man in Adaptation: The Institutional Framework.* Chicago.
Cohen, Y. A. (Hrsg.) 1974. *Man in Adaptation: The Cultural Present* (neue, veränderte Aufl.). Chicago.
Cole, D. P. 1975. *Nomads of the Nomads: The Āl Murrah Bedouin of the Empty Quarter.* Chicago.
Collins, J. J. 1975. *Anthropology: Culture, Society, and Evolution.* Englewood Cliffs, N. J.
Dalton, G. 1968 (zuerst 1961). „Economic Theory and Primitive Society", in: E. E. Le Clair and H. K. Schneider (Hrsg.), *Economic Anthropology.* New York.
Damas, D. (Hrsg.) 1969. *Band Societies.* Ottawa.
Demos, J. 1970. *A Little Commonwealth: Family Life in Plymouth Colony.* New York.
Dentan, R. K. 1968. *The Semai: A Nonviolent People of Malaya.* New York.
Diaz, M. N. 1966. *Tonalá: Conservatism, Responsibility, and Authority in a Mexican Town.* Berkeley.
Downs, J. F. 1966. *The Two Worlds of the Washo: An Indian Tribe of California and Nevada.* New York.
Dozier, E. L. 1965. *Hano: A Tewa Indian Community in Arizona.* New York.
Drucker, P. 1955. *Indians of the Northwest Coast.* Garden City, N. Y.
Durkheim, E. 1961. *The Elementary Forms of the Religious Life.* New York. (Deutsch: *Die elementaren Formen des religiösen Lebens.* Frankfurt am Main 1980.)
Ekvall, R. B. 1968. *Fields on the Hoof: Nexus of Tibetan Nomadic Pastoralism.* New York.
Evans-Pritchard, E. E. 1951. *Kinship and Marriage among the Nuer.* Oxford.
Fortes, M. 1953. „The Structure of Unilineal Descent Groups", *American Anthropologist,* 55, S. 17–41.
Fox, R. 1967. *Kinship and Marriage: An Anthropological Perspective.* Baltimore. (Deutsch: *Verwandtschaft und Heirat. Einführung in die Verwandtschaftsethnologie.* Wiesbaden 1976.)
Frake, C. O. 1964. „A Structural Description of Subanum ‚Religious Behavior'", in: W. H. Goodenough (Hrsg.), *Explorations in Cultural Anthropology.* New York.
Frazer, J. G. 1922. *The Golden Bough* (gekürzte Ausgabe). London. (Deutsch: *Der Goldene Zweig. Das Geheimnis von Glauben und Sitten der Völker.* Leipzig 1922.)
Fried, M. H. 1967. *The Evolution of Political Society: An Essay in Political Anthropology.* New York.
Fried, M. H. 1968. „State: The Institution", *International Encyclopedia of the Social*

*Sciences*, 15, S. 143–150.
Gade, D. W. 1969. „The Llama, Alpaca, and Vicuna: Fact vs. Fiction", *Journal of Geography*, 68, S. 339–343.
Gans, H. J. 1965 (zuerst 1962). *The Urban Villagers: Group and Class in the Life of Italian-Americans.* New York.
Garretson, L. R. 1976. *American Culture: An Anthropological Perspective.* Dubuque, Iowa.
Geertz, C. 1971 (zuerst 1963). *Agricultural Involution: The Processes of Ecological Change in Indonesia.* Berkeley.
Gibson, G. D. 1952. *The Social Organization of the Southwestern Bantu.* Diss. University of Chicago.
Goode, W. J. 1964 (zuerst 1951). *Religion among the Primitives.* New York.
Goodenough. W. H. 1951. *Property, Kin, and Community on Truk.* New Haven.
Goodenough, W. H. 1961. „Comments on Cultural Evolution", *Daedalus,* 9, S. 521–528.
Goodenough, W. H. 1965. „Rethinking ‚Status' and ‚Role'", in M. Banton (Hrsg.), *The Relevance of Models for Social Anthropology.* London.
Goodenough, W. H. 1968. *Description and Comparison in Cultural Anthropology.* Chicago.
Goodenough, W. H. 1969. „Frontiers of Cultural Anthropology", *Proceedings of the American Philosophical Society*, 113, S. 329–335.
Goodenough, W. H. 1971. *Culture, Language, and Society.* Reading, Mass.
Gordon, T. 1970. *P. E. T.: Parent Effectiveness Trainung.* New York. (Deutsch: *Familienkonferenz. Die Lösung von Konflikten zwischen Eltern und Kind.* Hamburg 1974.)
Gough, E. K. 1959. „The Nayars and the Definition of Marriage", *Journal of the Royal Anthropological Institute*, 89, S. 23–34.
Gough, E. K. 1961. „Nayar: Central Kerala" and „Nayar: North Kerala", in D. M. Schneider und E. K. Gough (Hrsg.), *Matrilineal Kinship.* Berkeley.
Gould, R. A. (Hrsg.) 1973, *Man's Many Ways: The Natural History Reader in Anthropology.* New York.
Gulliver, P. H. 1953. „The Age-Set Organization of the Jie Tribe", *Journal of the Royal Anthropological Institute*, 84, S. 147–168.
Gulliver, P. H. 1958. „The Turkana Age Organization", *American Anthropologist,* 60, S. 900–922.
Gulliver, P. H. 1968. „Age Differentiation", *International Encyclopedia of the Social Sciences*, 1, S. 157–162.
Hammond, P. B. 1971. *An Introduction to Cultural and Social Anthropology.* New York.
Hammond, P. B. 1975. *Cultural and Social Anthropology: Introductory Readings in Ethnology* (2. Aufl.). New York.
Harner, M. J. 1973 (2. Aufl. 1972). *The Jivaro: People of the Sacred Waterfall.* Garden City, N. Y.
Harris, M. 1968. *The Rise of Anthropological Theory.* New York.
Harris, M. 1975 a (zuerst 1974). *Cows, Pigs, Wars and Witches: The Riddles of Culture.* New York.
Harris, M. 1975 b. *Culture, People, Nature: An Introduction to General Anthropology* (2. Aufl.). New York.
Hart, C. W. M., und A. R. Pilling. 1960. *The Tiwi of North Australia.* New York.
Harvey, E. B. 1975. *Industrial Society: Structures, Roles, Relations.* Homewood, Ill.

Haviland, W. A. 1975. *Cultural Anthropology*. New York.
Heath, D. B. 1975. „Whatever Happened to ‚Culture Change'?" *Reviews in Anthropology*, S. 210–215.
Heider, K. G. 1970. *The Dugum Dani: A Papuan Culture in the Highlands of West New Guinea*. Chicago.
Hoebel, E. A. 1972. *Anthropology: The Study of Man*. New York.
Holmberg, A. R. 1969 (zuerst 1950). *Nomads of the Long Bow: The Siriono of Eastern Bolivia*. Garden City. N. Y.
Holmes, L. D. 1974. *Samoan Village*. New York.
Hostetler, J. A. 1968. *Amish Society*. Baltimore.
Hostetler, J. A., und G. E. Huntington, 1967. *The Hutterites in North America*. New York.
Hostetler, J. A. 1971. *Children in Amish Society: Socialization and Community Education*. New York.
Hsu, C. 1965. *Ancient China in Transition: An Analysis of Social Mobility, 722–222 B. C.* Stanford, Calif.
Hughes, C. C. (Hrsg.) 1976. *Custom-Made: Introductory Readings for Cultural Anthropology* (2. Aufl.). Chicago.
Hunter, D. E., und P. Whitten (Hrsg.). 1975. *Anthropology: Contemporary Perspectives*. Boston.
Johnson, D. L. 1969. *The Nature of Nomadism*. Chicago.
Keesing, R. M. 1967. „Statistical Models and Decision Models of Social Structure: A Kwaio Case", *Ethnology*, 6, S. 1–16.
Keesing, R. M. 1973. „Toward a Model of Role Analysis", in: R. Naroll und R. Cohen (Hrsg.), *A Handbook of Method in Cultural Anthropology*. New York.
Keesing, R. M., und F. M. Keesing. 1971. *New Perspectives in Cultural Anthropology*. New York.
Keiser, R. L. 1969. *The Vice Lords: Warriors of the Streets*. New York.
Klima, G. J. 1970. *The Barabaig: East African Cattle-Herders*. New York.
Kottak. C. P. 1974. *Anthropology: The Exploration of Human Diversity*. New York.
Kroeber, A. L., und C. Kluckhohn. 1952. *Culture: A Critical Review of Concepts and Definitions*. Cambridge, Mass.
Kroeber, A. L., et al. 1953. *Anthropology Today*. Chicago.
Langdon, G. D. 1966. *Pilgrim Colony: A History of New Plymouth, 1620–1691*. New Haven.
Lattimore, O. 1963. „Chingis Khan and the Mongol Conquests", *Scientific American*, 209 (2), S. 54–68.
Lee, R. B. 1969. „!Kung Bushman Subsistence: An Input-Output Analysis", in: D. Damas (Hrsg.), *Ecological Essays*. Ottawa.
Lee, R. B., und I. DeVore (Hrsg.). 1968. *Man the Hunter*. Chicago.
Leggesse, A. 1973. *Gada: Three Approaches to the Study of African Society*. New York.
Lessa, W. A., und E. Z. Vogt (Hrsg.). 1972. *Reader in Comparative Religion: An Anthropological Approach* (3. Aufl). New York.
Levine, N. D., et al. 1975. *Human Ecology*. North Scituate, Mass.
LeVine, R. A. 1973. *Culture, Behavior, and Personality*. Chicago.
Lévi-Strauss, C. 1969 (franz. Original 1949). *The Elementary Structures of Kinship*. Boston.
Lewis, O. 1960. *Tepoztlan: Village in Mexico*. New York.
Lindesmith, A. R., A. L. Strauss und N. K. Denzin 1975. *Social Psychology* (4. Aufl.). Hinsdale, Illinois. (Deutsch: *Symbolische Bedingungen der Sozialisation. Eine So-*

*zialpsychologie.* Düsseldorf 1974.)
Linton, R. 1937. „One Hundred Per Cent American“, *The American Mercury*, 40, S. 427–449. (Abgedruckt in: J. D. Jennings und E. A. Hoebel, Hrsg., *Readings in Anthropology,* New York 1966.)
Little, K. 1957. „The Role of Voluntary Associations in West African Urbanization“, *American Anthropologist*, 59, S. 579–594.
Löffler, R. 1971. „The Representative Mediator and the New Peasant“, *American Anthropologist*, 73, S. 1077–1091.
Lynch, T. F. 1971. „Preceramic Transhumance in the Callejon de Huaylas, Peru“, *American Antiquity*, 36, S. 139–148.
McGee, R. 1975. *Points of Departure: Basic Concepts in Sociology* (2. Aufl.). Hinsdale, Ill.
Mandelbaum, D. G., G. W. Lasker, und E. M. Albert (Hrsg.). 1967. *The Teaching of Anthropology* (gekürzte Ausgabe). Berkeley.
Manicas, P. T. 1974. *The Death of the State.* New York.
Marett, R. R. 1909. *The Threshold of Religion.* London.
Marett, R. R. 1912. *Anthropology.* New York.
Mead, M. 1963. „Socialization and Enculturation“, *Current Anthropology*, 4, S. 184–188.
Mead, M. 1966 (Hrsg. 1963), „Anthropology and an Education for the Future“, in J. D. Jennings und E. A. Hoebel (Hrsg.), *Readings in Anthropology* (2. Aufl.). New York.
Meggers, B. J. 1971. *Amazonia: Man and Culture in a Counterfeit Paradise.* Chicago.
Middleton, J. 1965. *The Lugbara of Uganda.* New York.
Miner, H. 1956. „Body-Ritual among the Nacirema“, *American Anthropologist*, 58, S. 503–507.
Morgan, E. S. 1966. *The Puritan Family: Religious and Domestic Relations in Seventeenth-Century New England.* New York.
Murdock, G. P. 1947. „Bifurcate Merging, a Test of Five Theories, *American Anthropologist*, 49, S. 56–68.
Murdock, G. P. 1949. *Social Structure.* New York.
Murdock, G. P. 1959. *Africa: Its People and Their Culture History,* New York.
Nakane, C. 1970. *Japanese Society.* Berkeley.
Nance, J. 1975. *The Gentle Tasaday: A Stone Age People in the Philippine Rain Forest.* New York.
Netting, R. McC. 1971. *The Ecological Approach in Cultural Study.* Reading, Mass.
Newman, P. L. 1965. *Knowing the Gururumba.* New York.
Norbeck, E. 1961. *Religion in Primitive Society.* New York.
Norbeck, E. 1965. *Changing Japan.* New York.
Norbeck, E., D. E. Walker, und M. Cohen. 1962. „The Interpretation of Data: Puberty Rites“, *American Anthropologist*, 64, S. 463–485.
Ohnuki-Tierney, E. 1974. *The Ainu of the Northwest Coast of Sakhalin.* New York.
Oswalt, W. H. 1972. *Other Peoples, Other Customs: World Ethnography and Its History.* New York.
Otterbein, K. F. 1963. „Marquesan Polyandry“, *Marriage and Family Living*, 25, S. 155–159.
Otterbein, K. F. 1972. *Comparative Cultural Analysis.* New York.
Paige, K. E., und J. M. Paige. 1973. „The Politics of Birth Practices: A Strategic Analysis“, *American Sociological Review*, 38, S. 663–677.
Pearson, R. 1974. *Introduction to Anthropology.* New York.

Pehrson, R. N. 1966. *The Social Organization of the Marri Baluch* (zusammengestellt von F. Barth). Chicago.
Poggie, J. J., G. H. Pelto, und P. J. Pelto (Hrsg.). 1976. *The Evolution of Human Adaptations: Readings in Anthropology.* New York.
Polanyi, K. 1959. „Anthropology and Economic Theory", in: M. Fried (Hrsg.), *Readings in Anthropology* (vol. 2.). New York.
Powell, S. C. 1970 (zuerst 1963). *Puritan Village: The Formation of a New England Town.* Middletown, Conn.
R. A. I. (Royal Anthropological Institute of Great Britain and Ireland). 1956. *Notes and Queries on Anthropology* (6. Aufl.). London.
Richards, C. E. 1972. *Man in Perspective: An Introduction to Cultural Anthropology.* New York.
Rubel, P. G. 1969. „Herd Composition and Social Structure: On Building Models of Nomadic Pastoral Societies", *Man*, 4, S. 268–273.
Sahlins, M. D. 1960. „Evolution: Specife und General", in M. D. Sahlins und E. R. Service (Hrsg.), *Evolution and Culture.* Ann Arbor.
Sahlins, M. D. 1961. „The Segmentary Lineage: An Organization of Predato Expansion", *American Anthropologist*, 63, S. 322–343.
Sahlins, M. D. 1965. „On the Sociology of Primitive Exchange", in M. Banton (Hrsg.), *The Relevance of Models for Social Anthropology.* London.
Sahlins, M. D. 1968. *Tribesmen.* Englewood Cliffs, N. J.
Salzman, P. C. 1967. „Political Organization among Nomadic People", *Proceedings of the American Philosophical Society*, 111, S. 115–131.
Salzman, P. C. 1971. „Movement and Resource Ectraction among Pastoral Nomads: The Case of the Shah Nawaze Baluch", *Anthropological Quarterly*, 44, S. 185–197.
Sangree, W. H. 1965. „The Bantu Tiriki of Western Kenya", in: J. A. Gibbs, Jr. (Hrsg.). *Peoples of Africa.* New York.
Scheffler, H. W. 1966. „Ancestor Worship in Anthropology: or, Observations on Descent and Descent Groups", *Current Anthropology*, 7, S. 541–551.
Schneider, E. V. 1969 (zuerst 1957). *Industrial Society: The Social Relations and the Community* (2. Aufl.). New York.
Schneider, H. K. 1957. „The Subsistence Role of Cattle among the Pakot and in East Africa." *American Anthropologist*, 59, S. 278–300.
Schusky, E. L. 1965. *Manual for Kinship Analysis.* New York.
Schusky, E. L. 1975. *The Study of Cultural Anthropology.* New York.
Service, E. R. 1962. *Primitive Social Organization: An Evolutionary Perspective.* New York.
Service, E. R. 1966. *The Hunters.* Englewood Cliffs, N. J.
Service, E. R. 1971. *Profiles in Ethnology* (neue, veränderte Aufl.) New York.
Shapiro, W. 1967. „Relational Affiliation in ‚Unilineal' Descent Systems", Man, vol. 2.
Smith, T. C. 1959. *The Agrarian Origins of Modern Japan.* Stanford.
Spain, D. H. (Hrsg.) 1975. *The Human Experience: Readings in Sociocultural Anthropology.* Homewood, Ill.
Spencer, R. F. 1959. *The North Alaskan Eskimo: A Study in Ecology and Society.* Washington, D. C.
Spencer, R. F., J. D. Jennings, et al. 1965. *The Native Americans.* New York.
Spiro, M. E. 1966. „Religion: Problems of Definition and Explanation", in: M. Banton (Hrsg.), *Anthropological Approaches to the Study of Religion.* London.
Spooner, B. J. 1972. „The Status of Nomadism as a Cultural Phenomenon in the Middle East", *Journal of Asian and African Studies*, 7, S. 122–131.

Spooner, B. J. 1973. *The Cultural Ecology of Pastoral Nomads.* Reading, Mass.
Spradley, J. P., und D. W. McCurdy. 1972. *The Cultural Experience: Ethnography in Complex Society.* Chicago.
Spradley, J. P., und D. W. McCurdy. 1974. *Conformity and Conflict: Readings in Cultural Anthropology* (2. Aufl.). Boston.
Spradley, J. P., und D. W. McCurdy. 1975. *Anthropology: The Cultural Perspective.* New York: Wiley.
Spradley, J. P., und B. J. Mann. 1975. *The Cocktail Waitress: Women's Work in a Man's World.* New York.
Spradley, J. P., und M. A. Rynkiewich (Hrsg.) 1975. *The Nacirema: Readings on American Culture.* Boston.
Stephens, W. N. 1961. „A Cross-Cultural Study of Menstrual Taboos", *Genetic Psychology Monographs*, 64, S. 385–416.
Stephens, W. N. 1962. *The Oedipus Complex: Cross-Cultural Evidence.* Glencoe, Ill.
Steward, J. H. 1938. *Basin-Plateau Aboriginal Socio-Political Groups.* Washington, D. C.
Steward, J. H. 1955. *Theory of Culture Change: The Methodology of Multilinear Evolution.* Urbana.
Stewart, E. W. 1973. *Evolving Life Styles: An Introduction to Cultural Anthropology.* New York.
Swartz, M. J., und D. K. Jordan. 1976. *Anthropology: Perspective on Humanity.* New York.
Turnbull, C. M. 1961. *The Forest People: A Study of the Pygmies of the Congo.* New York. (Deutsch: *Molimo. Drei Jahre bei den Pygmäen.* Köln/Berlin 1913.)
Taylor, R. B. 1973. *Introduction to Cultural Anthropology.* Boston: Allyn and Bacon.
Taylor, R. B. 1976. *Cultural Ways* (2. Aufl.). Boston.
Tylor, E. B. 1871. *Primitive Culture.* London. (Deutsch: *Die Anfänge der Kultur* [2 Bde.]. Leipzig 1873.)
Van Gennep, A. 1960 (zuerst 1908.) *The Rites of Passage.* Chicago.
Vanstone, J. W. 1974. *Athapascan Adaptations: Hunters and Fishermen of the Subarctic Forests.* Chicago.
Verrill, A. H., und R. Verrill. 1967 (zuerst 1953). *America's Ancient Civilizations.* New York.
Vetter, G. B. 1958. *Magic and Religion.* New York.
Vivelo. F. R. 1977. *The Herero of Western Botswana: Aspects of Change in a Group of Bantu-Speaking Cattle Herders.* St. Paul, Minn.
Von Hagen, V. W. 1960. *World of the Maya.* New York.
Von Hagen, V. W. 1961a (zuerst 1958). *The Aztec: Man and Tribe.* New York.
Von Hagen, V. W. 1961b (zuerst 1957). *Realm of the Incas.* New York.
Wallace, A. F. C. 1966. *Religion: An Anthropological View.* New York.
Watson, R. A., und P. J. Watson. 1969. *Man and Nature: An Anthropological Essay in Human Ecology.* New York.
Webster, S. 1973. „Native Pastoralism in the South Andes", *Ethnology*, 12, S. 115–133.
Weiss, G. 1973. „A Scientific Concept of Culture", *American Anthropologist*, 75, S. 1376–1413.
White, L. A. 1962. *The Pueblo of Sia, New Mexico.* Washington, D. C.
Whiting, J. W. M. 1961. „Socialization Process and Personality", in: F. L. K. Hsu (Hrsg.), *Psychological Anthropology.* Homewood, Ill.
Whiting, J. W. M. 1964. „Effects of Climate on Certain Cultural Practices", in: W. H.

Goodenough (Hrsg.), *Explorations in Cultural Anthropology.* New York.
Whiting, J. W. M., R. Kluckhohn und A. Anthony. 1958. „The Function of Male Initiation Ceremonies at Puberty", in: E. E. Maccoby, T. M. Newcombe und E. L. Hartley (Hrsg.), *Readings in Social Psychology* (3. Aufl). New York.
Williams, T. R. 1972. *Introduction to Socialization: Human Culture Transmitted.* St. Louis.
Wolf, E. R. 1966. *Peasants.* Englewood Cliffs, N. J.: Prentice-Hall.
Worsley, P. M. 1959. „Cargo Cults", *Scientific American*, 200, S. 117–128.
Worsley, P. M. 1968. *The Trumpet Shall Sound: A Study of „Cargo" Cults in Melanesia.* New York.
Young, F. W. 1962. „The Function of Male Initiation Ceremonies: A Cross-Cultural Test of an Alternative Hypothesis", *American Journal of Sociology*, 67, S. 379–396.
Young, F. W. 1965 a. *Initiation Ceremonies: A Cross-Cultural Study of Status Dramatization.* Indianapolis.
Young, F. W. 1965 b. „Menstrual Taboos and Social Rigidity", *Ethnology*, 4, S. 225–241.

# Anhang 1
# Zusammenfassende Tabelle

| | ? vor 5 Millionen Jahren | vor 9–11 000 Jahren | vor 5–6000 Jahren | vor 200 Jahren |
|---|---|---|---|---|
| *Adaptive Strategie* | Jagd und Sammeln | Niederer Bodenbau<br>Hirtentum | Höherer Bodenbau | Industrialismus |
| | Zunehmende Komplexität der Technologie; steigende Abhängigkeit von immer wirksameren Energiequellen, zunehmende Komplexität der Arbeitsorganisation | | | |
| *Politische Organisation* | Horden | Stämme | Staaten (doch oft in Verbindung mit ausgeprägter Lokalautonomie) | Staaten |
| | Zunehmende Komplexität der politischen Institutionen, der Heterogenität der Bevölkerung, der Ungleichheit und der formalen Kriterien politischer Führung | | | |
| *Soziale Kontrolle und Konfliktlösung* | beruht auf zwischenpersönlichen und Verwandtschafts-Beziehungen in Kleingruppen<br>Fehden | Beruht auf Verwandtschaftsbeziehungen in größeren Gruppen. Autorität wird verwandtschaftlich ausgedrückt. Auftreten nichtverwandtschaftlicher formaler Institutionen (wie z. B. Gerichtshöfe)<br>Fehden und Kriege | Abnehmende Bedeutung der Verwandtschaft zugunsten formaler Institutionen<br>Kriege | Formale, unpersönliche Institutionen<br>Kriege |
| | Zunehmende Abhängigkeit von überpersönlichen, formalen Kontrollmechanismen und zunehmender Zwangsgewalt | | | |
| *Wirtschaftliche Organisation* | Sexuelle Arbeitsteilung. Reziprozität. Gleichartigkeit der Konsumtion | Sexuelle Arbeitsteilung; beginnende Spezialisierung, Reziprozität und Redistribution (mit peripheren Märkten), vorwiegend Gleichartigkeit der Konsumtion | Arbeitsspezialisierung, Marktaustausch, Redistribution, etwas Reziprozität. Verschiedene Konsumtionsmuster | Arbeitsspezialisierung; vorwiegend Marktaustausch. Daneben Redistribution. Demonstrative Konsumtion |
| | Zunahme in der Verschiedenheit der Berufe, in den produzierten, distribuierten und konsumierten Gütermengen sowie in der Bedeutung des auf einem Marktprinzip beruhenden Handels | | | |

| | | | | |
|---|---|---|---|---|
| *Verwandtschaft und Deszendenz* | Eskimo-Terminologie. Kognatische Deszendenz. Im allgemeinen Fehlen größerer Verwandtschaftsgruppen | Hawaii-, Irokesen- und Sudan-Terminologen. Unilineale Deszendenz. Größere Verwandtschaftsgruppen (wie Lineages oder Klane) | Hawaii-Irokesen und Sudan-Terminologen. Unilineale Deszendenz. Größere Verwandtschaftsgruppen vorhanden, aber weniger bedeutsam | Eskimo-Terminologie. Kognatische Deszendenz. Fehlen größerer Verwandtschaftsgruppen |
| | Verwandtschaft und Deszendenz sind für die Ordnung der sozialen Beziehungen am wichtigsten in Stammesgesellschaften, weniger in Horden – und am wenigsten in Staatsgesellschaften | | | |
| *Ehe* | Vorwiegend komplexe Systeme (australische Eingeborene bekannteste Ausnahme). Sowohl Polygamie als auch Monogamie, letztere vorherrschend | Vorwiegend elementare Systeme. Polygamie wird gewöhnlich vorgezogen, wenngleich monogame Ehen häufig vorkommen | Elementare Systeme treten zugunsten komplexer Systeme zurück. Polygamie tritt zugunsten der Monogamie zurück | Komplexe Systeme. Nur Monogamie |
| *Familie* | In der Regel Kernfamiliengruppen, daneben auch manchmal komplexe | Komplexe Familiengruppen | Komplexe Familiengruppen | Kernfamiliengruppen |
| *Religion* | Polytheismus. Fehlen eines Hochgottes | Polytheismus, Unitheismus, Multitheismus, Ahnenverehrung. Es kann einen Hochgott geben, der aber entfernt ist und sich um irdische Angelegenheiten nicht kümmert | Tendenz zum Monotheismus, aber noch starke Elemente des Polytheismus, Unitheismus und der Ahnenverehrung. Hochgott gewöhnlich vorhanden | Monotheistisches Ideal |
| | Steigende Abhängigkeit von religiösen Mittlern oder religiöser Spezialisierung; steigende Komplexität des religiösen Rituals, zunehmende Bürokratisierung der religiösen Organisation; explizitere Theologie | | | |

# Anhang 2
# Bewertung von Inzesttheorien

„Die Tabuisierung des Geschlechtsverkehrs zwischen Bruder und Schwester findet sich überall, ebenso wie die Tabuisierung des Geschlechtsverkehrs zwischen Eltern und Kindern“ – so sagen die Autoren einer neuen Einführung in die Kulturanthropologie (Hoebel und Frost 1976, S. 172). Weil im Grunde genommen jede Einführung ähnliches behauptet, weil diese Bücher dem „Inzesttabu“ und der wichtigen Rolle, die die Inzesttheorie für das anthropologische Denken gespielt hat, bezeichnenderweise viel Platz einräumen und weil die zentrale Bedeutung dieses Themas auf diesem Universalitätsanspruch beruht, wird im folgenden ein diesbezüglicher Anhang für den Studenten gegeben. Unter anderem wird darin die Behauptung, daß sich Inzesttabus überall vorfinden, ernsthaft in Zweifel gezogen.

Spätestens seit 1865 (d.h. seit der Publikation von McLennans *Primitive Marriage*) bildeten Inzesttabus einen Hauptgegenstand gelehrter Untersuchungen und hatte das Studium der Inzesttabus eine allgemeine heuristische Wirkung auf die Theorienbildung innerhalb der Sozialwissenschaften, woraus sich dann viele Debatten über solche allumfassenden Fragen wie die nach dem Ursprung der Kultur und der menschlichen Familie sowie über Probleme des Ursprunges, des Fortbestehens, der Funktionen und der möglichen Universalität des Tabus selbst ergaben. Um es milde auszudrücken, das Interesse am Thema des Inzestes ist immer lebhaft gewesen.

Ich habe die Absicht, dem Studenten hier einen allgemeinen Bezugsrahmen für die Diskussion und die Bewertung von Inzesttheorien zu liefern.[1] Die

---

[1] Es wäre ein Versäumnis wenn ich nicht erwähnen würde, daß viele von den Bemerkungen, die ich hier mache, zum Teil Ergebnisse meiner Zusammenarbeit mit Joseph Shepher an einem verwandten Projekt sind, einer noch nicht publizierten Anthropologie mit dem Titel *Incest Taboos: A Reader in Theory*. Ich bin Dr. Shepher für die zahlreichen Diskussionen über Inzesttheorie, die wir während der Zusammenstellung dieses Buches hatten, zu großem Dank verpflichtet. Ich hätte diesen Anhang vermutlich ohne die Hilfe, die seine anregenden und scharfsinnigen Kritiken mir gaben, nicht schreiben können. Ich muß jedoch betonen, daß Dr. Shepher, obwohl er mir einen wichtigen Anreiz zum Schreiben dieses Anhanges gab, in keiner Weise für die möglichen Unzulänglichkeiten, die er in seiner gegenwärtigen Form aufweisen mag, verantwortlich ist.
Ich danke auch Yehudi A. Cohen, Robin Fox, Jane Lancaster, Gloria Levitas, Warren Shapiro und Lionel Tiger für ihre Hinweise und Kritiken – obgleich ich ihrem Rat nicht immer gefolgt bin.

Literatur über diesen Gegenstand hat insgesamt viel zu lange an einem Mangel an begrifflicher und gedanklicher Klarheit gelitten; Inzestverbote sind mit Exogamieregeln, und Heirat ist mit Geschlechtsverkehr verwechselt worden. Kurz gesagt, die Bedeutung der Wörter und Gedanken, die in der Literatur über den Inzest verwendet wurden, ist nicht in ausreichendem Maße präzisiert worden, und als Ergebnis dessen gab es bei den Forschern eine Menge von Unklarheiten darüber, worüber sie eigentlich sprachen.[2] Indem ich auf solche Streitfragen eingehe, hoffe ich weniger, die Probleme endgültig aufzuklären, als vielmehr neue Beobachter zu ermutigen, die Begriffe ihrer Vorgänger für das Studium dieser menschlichen Sexualverbote zu verfeinern.

## Typologie der Argumente

Bevor ich damit beginne, gebe ich zuerst einen kurzen Überblick über die wichtigsten Argumentationstypen, wobei nach jedem Typus einige Beispiele der Autoren folgen, die sich meiner Ansicht nach dieses Argumentationstypus bis zu einem gewissen Grade bedienen (die Werke dieser Autoren sind in der beigegebenen Bibliographie zusammengestellt). (Diese Typologie stützt sich weitgehend auf die in Aberle et al. 1963 gegebenen Anregungen.) Nicht alle Theoretiker, die ein bestimmtes Argument verwenden, sind angeführt, und viele Autoren können mehr als einen Argumentationstypus in ihren Interpretationen verwenden. Infolgedessen sind manche Autoren mehr als einmal angeführt, andere, die in verschiedenen Kategorien hätten angeführt werden können, scheinen vielleicht nur einmal auf. Ich bin nicht daran interessiert, eine abschließende Klassifikation zu geben, sondern so etwas wie eine allgemeine Zusammenfassung zu liefern, die jedem, der dieses Thema weiter verfolgen will, als Führer dienen kann.

### Inzucht

Dieses Argument behauptet, daß zu weit getriebene Inzucht biologisch schädlich ist: Inzucht würde letzten Endes zum Aussterben derer führen, die sie praktizieren, während jene, die sie vermeiden, überleben und sich fortpflanzen würden. Nach Westermarck scheint diese Idee etwa dreißig Jahre lang tot gewesen zu sein, bis sie 1963 von Aberle et al. wiederbelebt wurde.

[2] Für eine Diskussion der sprachlichen und gedanklichen Verwirrung bei diesem Thema – sowie des Einflusses dieser Verwirrung auf kulturvergleichende Forschungen – siehe Goody 1956. Schneider (1956, S. 10–15) diskutiert ebenfalls einige dieser Probleme sehr scharfsinnig.

Nunmehr scheint ihr aber Livingstone 1969 endgültig den Todesstoß versetzt zu haben. Der Hauptgrund für die Verwerfung dieses Argumentes ist, daß Inzucht nicht von Natur aus schädlich ist. Sie führt nur dazu, daß bei einer sich fortpflanzenden Population latente (rezessive) Erbmerkmale herauskommen, und diese können ebensogut vorteilhaft oder neutral wie schädlich sein.

Vertreter dieses Arguments sind unter anderem: Aberle et al., Frazer, Morgan, Müller und Westermarck.

## Natürliche Abneigung

Dieses Argument wurde zuerst von Westermarck vorgetragen. Es besagt, daß miteinander sozialisierte und gemeinsam wohnende Kinder im Erwachsenenalter eine natürliche Abneigung gegen sexuelle Beziehungen miteinander haben. Der Mechanismus, der diese Abneigung verursacht oder auslöst, ist schwer zu präzisieren.

Vertreter dieses Arguments sind unter anderem: Fox, Shepher, Taloon, Westermarck, Wolf und Young.

## Ökologie; Demographie

Als nächstes haben wir die Theorie von M. K. Slater, daß Geschlechtsverkehr innerhalb der Familie, vor allem zwischen Eltern und Kindern, unwahrscheinlich war, weil die Lebensdauer des „Vormenschen" so kurz war. Zum Zeitpunkt, an dem die Kinder alt genug waren, um sexuelle Beziehungen mit ihren Eltern zu haben, seien diese wahrscheinlich schon tot gewesen. Geschlechtsverkehr zwischen Geschwistern sei aufgrund der Abstände zwischen den Geburten ebenfalls unwahrscheinlich gewesen. Aber diese Rekonstruktion scheint irrelevant zu sein. Selbst wenn die „Vormenschen" an solchem Geschlechtsverkehr gehindert waren, was sollte sie davon abgehalten haben, sobald diese Bedingungen sich geändert hatten? Die Hypothese von Wallis (die neun Jahre vor jener von Slater vorgetragen wurde) hat einen ähnlichen demographischen Ausgangspunkt und weitet das Argument zu der Behauptung aus, daß die innere Stabilität der Familie durch die Familienexogamie gefördert wird.

Vertreter dieses Arguments: M. K. Slater und Wallis.

## Rollenlernen und Familienstabilität

Aberle et al. unterscheiden zwischen Rollenlernen und Familienstabilität als zwei Theorietypen; hier werden sie jedoch zusammen betrachtet. Interpretationen, die sich auf derartige Erwägungen stützen, sind die am häufigsten verwendeten. Die in ihnen vertretene Argumentation stützt sich zum Teil auf die Natur menschlicher Wesen, die eine lange Periode der Pflege und des Lernens brauchen, bevor sie reif genug sind, für sich selbst tätig zu sein. Ganz allgemein und vereinfachend können wir die Vertreter derartiger Argumente als ungefähr folgendes behauptend darstellen: Die Sozialisation beinhaltet notwendigerweise eine Regulierung des Sexualverhaltens, die das Rollenlernen erleichtert; und wenn durch die Erlaubnis unbeschränkter erotischer Beziehungen innerhalb der Familie die Rollen miteinander vermischt werden, wird die väterliche Autorität untergraben werden, die Familie desorganisiert werden und so weiter. Dieses Argument beruht auf einer möglicherweise ungerechtfertigten Annahme. Eine sexuelle Beziehung muß nicht unbedingt eine Auflösung der Autorität bedingen. Darüber hinaus sagt dieses Argument wenig darüber, warum der Geschlechtsverkehr zwischen Bruder und Schwester verboten sein sollte.

Vertreter: Aberle et al., Bagley, Coult, Count, Fox, Freud, Malinowski, Murdock, Parsons, Sahlins, Seligman, P. E. Slater und Vetter.

## Austausch zu Heiratszwecken

Als nächstes haben wir alle jene Argumente, die ihren Ursprung von Tylor's Feststellung „ausheiraten oder ausgerottet werden" herleiten. Diese Theorien behaupten, daß Menschen durch das Heiraten außerhalb der Geburts- oder Lokalgruppe bessere Überlebenschancen hatten, weil dadurch freundliche Beziehungen mit Nachbargruppen geschaffen wurden, die anderenfalls Feinde gewesen wären, oder weil die Kooperation zwischen Gruppen verbessert wurde etc. Theorien dieses Typus beinhalten oft eine Verwechslung zwischen „Heiraten außerhalb der Gruppe" und „Geschlechtsverkehr außerhalb der Gruppe" (siehe die Diskussion der Terminologie weiter unten). Es kann einem Individuum verboten sein, in der Gruppe zu heiraten, dabei aber immer noch erlaubt sein, sexuelle Beziehungen mit ihren Mitgliedern zu haben. Außerdem geht dieses Argument von der Annahme aus, daß untereinander heiratende Gruppen in freundlichen Beziehungen zueinander stehen – und das ist nicht immer so (ein Beispiel ist bei Meggitt 1964 zu finden).

Vertreter dieses Arguments sind unter anderem: Freud, Fortune, Lévi-Strauss, Livingstone, Parsons, Sahlins, P. E. Slater, Tylor, White und Young.

## Ethologie; Verhaltensforschung

Diese Theorien sind beinahe ebenso verschieden wie die Theoretiker, die sie vertreten; es ist daher schwer, allgemeines über sie auszusagen (einige werden später in dieser Diskussion behandelt werden). Grob gesprochen haben sie jedoch ein Kennzeichen gemeinsam: Das Belegmaterial für diese Theorien wird von Verhaltensbeobachtungen von nichtmenschlichen Primaten und anderen Tieren gewonnen und gründet auf der Auffassung des jeweiligen Theoretikers von der biologischen Natur des Menschen.

Vertreter dieses Arguments sind unter anderem: Count, Fox, Kortmulder, Shepher und Wolf.

Aufgrund dieser kurzen Zusammenfassung bestehender Inzesttheorien sollte offenkundig sein, daß wir es mit einer Vielfalt von Phänomenen zu tun haben, die oft unter der Bezeichnung „Inzest“ zusammengeworfen werden. Darüber hinaus können die Erklärungen für irgendwelche Formen des „Inzest“-Verbotes innerhalb einer gegebenen sozialen Situation zutreffend sein, aber außerhalb dieser besonderen Situation unzutreffend, weswegen man sie nicht verallgemeinern sollte, um Erklärungen für andere Formen von Verboten zu liefern.

Im nächsten Abschnitt beschreibe ich einige Perspektiven, die ich für nützlich für die Bewertung von Inzesttheorien halte.

## Bezugsrahmen

### Terminologie

Wenn ich von *Geschlechtsverkehr* spreche, dann meine ich ganz einfach den Kopulationsakt (und *nicht* die Ehe). *Intrafamilialer Geschlechtsverkehr* ist sexueller Verkehr innerhalb der Kernfamilie (ausschließlich dessen zwischen Ehemann und Ehefrau) – d. h. also Geschlechtsverkehr zwischen Mutter und Sohn, Vater und Tochter sowie Bruder und Schwester. *Intrafamilialer Geschlechtsverkehr ist nicht an sich inzestuös. Er muß erst kulturell als inzestuös definiert werden.* Ich spreche daher, aus gedanklichen wie auch aus Gründen der Darstellung, einfach von *Geschlechtsverkehr* oder *intrafamilialem Geschlechtsverkehr,* wenn ich allgemein spreche oder wenn es keine Regeln gegen diesen Geschlechtsverkehr gibt, und von *Inzest* nur dann, wenn er verboten ist. (Daher ist natürlich Inzest zwischen Tieren ein nichtexistentes Phänomen.) *Inzesttabu* wird hier verwendet, um die Verbotsregel selbst zu bezeichnen.[3]

---

[3] Ich möchte damit natürlich nicht implizieren, daß *Tabu* und *Verbot* synonym sind. Es ist mir klar, daß die besonderen Kennzeichen eines Tabus – daß es z. B. zugleich anziehend und abstoßend wirkt und daß es mit übernatürlichen Sanktionen umgeben ist – nicht auf alle Verbote zutreffen.

## Typen von intrafamilialem Geschlechtsverkehr

Die meisten Inzesttheorien beschränken sich auf eine Diskussion des Geschlechtsverkehrs *innerhalb* der Nuklearfamilie – was oben als intrafamilialer Geschlechtsverkehr definiert wurde – oder betrachten mindestens diesen Geschlechtsverkehr als zentral und infolgedessen andere Formen verbotenen Geschlechtsverkehres in kulturvergleichender Perspektive als „Ausdehnungen" des intrafamilialen Tabus. Wenn wir von der Annahme ausgehen, daß der Mann der Mutter zugleich auch der wirkliche Genitor ihrer Kinder ist (was ich aus Gründen der Einfachheit der Darstellung tun will), dann können wir drei mögliche Dyaden intrafamilialen Geschlechtsverkehrs isolieren: Mutter – Sohn (Mu – So), Vater – Tochter (Va – To) und Bruder – Schwester (Br – Sw).[4] Für jede Diskussion des Inzestes (d.h. des *verbotenen* intrafamilialen Geschlechtsverkehrs) ist es wichtig zu erkennen, daß es sich hierbei um drei verschiedene Beziehungen handelt. Diese Unterschiede sind zu oft übersehen und alle drei unter einer einzigen Überschrift, „*dem* Inzesttabu", diskutiert worden.

## Ursprünge, Fortbestehen, Funktionen

Die Literatur über „das Inzesttabu" hat oftmals Interpretationen geboten, die die Ursprünge, das Fortbestehen und die Funktionen der Inzesttabus miteinander verwechseln. Wie und warum diese Tabus entstanden sind, wie und warum sie weiterbestehen können und welches die Folge ihres fortdauernden Bestehens ist (oder was sie bewirken) sind voneinander verschiedene Probleme, die separat behandelt werden müssen. Allzuoft haben jedoch Sozialwissenschaftler eine Erklärung des Ursprunges angeboten, als sei sie eine Erklärung des Fortbestehens und der Funktion, wohingegen andere, die sich auf die Funktionen konzentriert haben, nach rückwärts extrapoliert und angenommen haben, daß Funktion und Ursprung untrennbar miteinander verbunden seien. Es sollte klargemacht werden, daß irgendein Argument, das sich auf einen dieser drei Aspekte konzentriert, nicht notwendigerweise die anderen erhellt. (Ein Teil dieses Problems kommt von dem englischen Wort *why* [warum] her, welches sowohl „wie kommt es" [how come?] als auch „wozu" [what for?] bedeuten kann. Einige andere Sprachen – das Deutsche zum Beispiel – haben verschiedene Wörter für diese verschiedenen Bedeutungen.)

---

[4] Da in den meisten Gesellschaften dieselbe Person Vir, Pater und Genitor ist, unterscheide ich an diesem Punkt noch nicht zwischen uterinen und agnatischen Geschwistern; ich werde aber auf diesen Unterschied später noch zurückkommen.

## Universalität

Eine andere Streitfrage, die immer wieder in den theoretischen Diskussionen der Inzesttabus auftaucht, ist das Problem ihrer Universalität. Ist irgendeine Form des Inzesttabus universal? Das Belegmaterial ist widersprüchlich. Zum Beispiel führte Slotkin 1947 Beweismaterial dafür an, welches, wenngleich nicht unbestreitbar, zeigt, daß Geschlechtsverkehr zwischen Mutter und Sohn, Vater und Tochter sowie Bruder und Schwester sowie die Heirat zwischen ihnen bei den alten Persern weitverbreitet und legal waren. Middleton (1962) überprüfte altägyptische Rechtsdokumente und fand, daß Heiraten zwischen Vater und Tochter sowie Bruder und Schwester *nicht* auf die Herrscherfamilie beschränkt, sondern auch anerkannte und häufige Heiratsformen beim Volke waren. Bagley (1969) erwähnt die Mormonen in Utah vor 1892, bei welchen Heiraten zwischen Männern und ihren Töchtern oder Schwestern sowie zwischen Frauen und ihren Stiefsöhnen unter Zustimmung der Mormonengemeinde häufig praktiziert wurden. Maisch (1972) bespricht weitere einschlägige Literatur und berichtet von weitverbreiteten, kulturell erlaubten intrafamilialen Heiraten (und daher vermutlich auch Geschlechtsverkehr, wenngleich das Umgekehrte – daß Geschlechtsverkehr Heirat mit sich bringt – aus offensichtlichen Gründen nicht behauptet werden kann) von den vor- und nachchristlichen Ägyptern (vor allem zwischen Bruder und Schwester, aber, wie es scheint, nicht auf sie beschränkt, S. 22), für das alte Peru (Mutter – Sohn, Vater – Tochter und Bruder – Schwester, S. 22), für die vormosaischen Hebräer (nur zwischen agnatischen Geschwistern, S. 23) und, möglicherweise, für Athen vor der Zeit Solons (Bruder – Schwester, S. 23). (Weitere Beispiele werden von Maisch S. 35 gegeben.)

Dies sind nur wenige Beispiele, aufgrund derer es aber klar ist, daß ohne weiteres die Möglichkeit gegeben ist, daß keine Form des Inzesttabus universal ist. Jede Theorie muß diese Möglichkeit miteinbeziehen – oder zumindest offenlassen. Keine Theorie kann aufgrund der Universalität des Tabus Gültigkeit beanspruchen, wenn gerade diese Universalität in Frage steht.[5]

---

[5] Auf die Frage der Universalität werde ich noch gegen Ende dieses Anhanges zurückkommen. Hier möchte ich nur bemerken, daß zumindest einer der oben zitierten Fälle gegen die oft wiederholte Behauptung von der Universalität des Inzesttabus zu sprechen scheint. Lévi-Strauss stellt zum Beispiel fest (1969, S. 9): „Es geht also nicht so sehr darum, ob einige Gruppen Heiraten erlauben, die andere verbieten, sondern darum, ob es irgendwelche Gruppen gibt, bei denen überhaupt kein Heiratstyp verboten ist. Die Antwort darauf muß völlig negativ ausfallen, und das aus zwei Gründen: erstens, weil niemals die Heirat zwischen allen nahen Verwandten erlaubt ist, sondern nur zwischen bestimmten Kategorien ...; zweitens, weil diese Heiraten zwischen Blutsverwandten entweder nur temporär oder rituell sind, oder, wenn sie per-

## Führer für das Studium des Inzestes

Ich möchte nun einen Bezugsrahmen skizzieren, den ich als allgemeinen Führer zur Überprüfung der Literatur über diesen Gegenstand für nützlich halte.

Als erstes betone ich den Wert einer gedanklichen Trennung der drei Typen intrafamilialen Geschlechtsverkehrs. Wenn wir jede dieser Dyaden gesondert aufgreifen, können wir jede Theorie hinsichtlich ihrer Adäquatheit für die Erklärung (1) der Ursprünge des Verbotes des Geschlechtsverkehrs zwischen den beiden Personenkategorien, (2) des Fortbestehens dieses Verbotes und (3) der Funktionen oder Konsequenzen des Verbotes bewerten. Dies wird durch Tabelle Anhang 2.1 illustriert.

*Tabelle Anhang 2.1:*

| *Typ des Geschlechts-verkehrs* | *Ursprünge* | *Fortbestehen* | *Funktionen* |
|---|---|---|---|
| Mu - So | | | |
| Br - Sw | | | |
| Va - To | | | |

Wenn wir uns einer solchen Tabelle erinnern, ist es weniger wahrscheinlich, daß wir etwa eine Erklärung der Ursprünge eines Verbotes mit der Erklärung der Funktionen eines anderen – oder selbst mit einer Erklärung seiner eigenen Funktionen – verwechseln.

Als nächstes schlage ich vor[6], daß jede Dyade in Hinblick auf drei mögliche Regulationsmechanismen untersucht werden soll: *Verhinderung* (gibt es Be-

---

manent und offiziell sind, doch nur das Privileg einer sehr eingeschränkten sozialen Kategorie bleiben."

Erstens ist, wie schon erwähnt wurde, Heirat nicht Geschlechtsverkehr, und es geht nicht darum, ob alle Gesellschaften Normen haben, wen man heiraten darf und wen nicht, sondern darum, ob es Gesellschaften gibt, in denen intrafamilialer Geschlechtsverkehr aller Typen (das heißt Geschlechtsverkehr zwischen jenen, die Lévi-Strauss als „nahe Verwandte" bezeichnet) erlaubt ist. Ich behaupte nicht, daß solche Fälle schlüssig nachgewiesen worden sind. Mein Wunsch ist nur, darauf hinzuweisen, daß es genug Material gibt, das uns, wenn wir willens sind, es näher zu betrachten, veranlassen kann, die Universalität in Zweifel zu ziehen und das uns zu empirischen Forschungen zu diesem Problem veranlassen kann. Wir können mögliche Ausnahmen nicht einfach ignorieren und die Universalität aus Gründen theoretischer Konsistenz *annehmen.*

[6] Diese Überlegungen verdanken natürlich Wesentliches früheren Autoren, vor allem Robin Fox (1967a, 1967b, 1967c, 1968a, 1968b), Joseph Shepher (1971b) und David Schneider (1956, S. 10–15).

legmaterial dafür, daß die betreffende Form des Geschlechtsverkehrs irgendwie verhindert wird?); *Vorbeugung* (wird der betreffenden Form des Geschlechtsverkehrs durch ökologische Bedingungen oder durch Situationen oder durch indirekt damit zusammenhängende Praktiken [cf. die „latenten Funktionen" bei Merton 1941] in der Gesellschaft, über welche das Individuum wenig oder gar keine Kontrolle hat, vorgebeugt?); und *Verbot* (gibt es eine Regel gegen die betreffende Form des Geschlechtsverkehrs – ist sie tatsächlich Inzest?).

Wenn wir diese Überlegungen mit einbauen, kann unsere Tabelle zu einer Tabelle wie etwa der folgenden erweitert werden:

*Tabelle Anhang 2.2:*

| *Typ der Dyade* | *Regulations-Mechanismus* | *Ursprünge* | *Fortdauer* | *Funktionen* |
|---|---|---|---|---|
| Mu - So | Verhinderung | | | |
| | Vorbeugung | | | |
| | Verbot | | | |
| Br - Sw | Verhinderung | | | |
| | Vorbeugung | | | |
| | Verbot | | | |
| Va - To | Verhinderung | | | |
| | Vorbeugung | | | |
| | Verbot | | | |

Ein ganz kurzer Abriß der allgemeinen Anwendungsmöglichkeiten des hier vorgeschlagenen Bezugsrahmens wird dazu dienen, das Gemeinte zu veranschaulichen. (Es sollte betont werden, daß keines der unten angeführten Argumente als gültig angenommen wird. Sie alle werden bloß als Beispiele zu Erklärungszwecken verwendet.)

## Gebrauch dieses Ansatzes: einige Beispiele

Das erste Problem, auf das wir stoßen, ist das der Ursprünge. Wenn wir dessen eingedenk bleiben, daß wir, wo immer möglich, den teleologischen Trugschluß der Gleichsetzung von Funktion und Ursprung zu vermeiden trachten, wohin wenden wir uns dann für mögliche Erhellung? Abgesehen vom hominiden Fossilienmaterial (das uns bisher wenig substantielle Gründe für Spekulationen gegeben hat) gibt es ohne Zweifel eine Anzahl von Forschungsfeldern, aus denen man sich relevante Daten verschaffen kann – z. B. Kleingruppenverhalten und Verhalten in Streßsituationen (Warren Shapiro, persönliche Mitteilung). Doch hat eine bestimmte Quelle, die Primatologie, begonnen, einige sehr suggestive (wenn auch noch nicht völlig schlüssige) Daten, zumindest für eine der Geschlechtsverkehrs-Dyaden (Mu – So) zu liefern; und ich werde meine Illustrationen mit solchen Daten beginnen.

## Mu-So-Geschlechtsverkehr

Es könnte sein, wie Sade (1968) zu verstehen gibt, daß es bei einigen nichtmenschlichen Primaten so etwas wie einen Mechanismus zur Verhinderung des Mu-So-Geschlechtsverkehres gibt. Das von Sade aufgrund seiner Beobachtungen der Makaken auf Cayo Santiago beigebrachte Beweismaterial scheint doch wohl die Behauptung zu unterstützen, daß bei seinen Versuchstieren etwas Derartiges vorhanden ist. Ob wir jedoch für den Menschen eine ähnliche Verhinderung voraussetzen können – wie rudimentär und wie weit in unserer entwicklungsgeschichtlichen Vergangenheit zurückliegend auch immer –, ist in der Tat eine unentschiedene Frage. Es ist keineswegs sicher, daß wir die folgende Behauptung von Sade (1968, S. 37) akzeptieren können:

> Wir können uns die Spekulation erlauben, daß eine schon vorher bestehende Verhaltensweise während der Menschwerdung mit symbolischem Inhalt ausgestattet wurde; der Ursprung zumindest des Mutter-Sohn-Inzesttabus könnte die Weiterbildung eines phylogenetisch älteren Systems gewesen sein, dessen Wirksamkeit noch heute auf der Ebene oder Organisationsstufe der Affen beobachtet werden kann.

In der Tat ist es auch nicht sicher, ob wir das Bestehen eines angeborenen Verhinderungs-Mechanismus für die Affen als solche anerkennen können, denn das Beweismaterial von Sade läßt annehmen, daß die „Verhinderung" nur solange wirksam ist, als der Sohn der Mutter untergeordnet bleibt. Wenn ihre Position in der Rangordnung sich umkehrt und der Sohn der Mutter gegenüber dominant wird, kann Mu-So-Geschlechtsverkehr vorkommen. (Bei solchen Fällen der Umkehrung der Dominanzbeziehung hat Sade Mu-So-Geschlechtsverkehr beobachtet.[7]) Wenn niedrigrangige Männchen sich mit

---

[7] Nach Jane Lancaster (persönliche Mitteilung) haben neueste Beobachtungen bei japanischen Makaken eine wesentlich größere Häufigkeit des Mutter-Sohn-Geschlechtsverkehrs ergeben als Sade gefunden hatte. Diese Beobachtungen führen daher zu denen von Sade entgegengesetzten Schlußfolgerungen. Da dieses Material jedoch noch nicht publiziert und mir nicht zugänglich ist, werde ich mich für meine Illustration auf das Material von Sade stützen.

keinem höherrangigen Weibchen paaren, brauchen wir für eine Erklärung der geringen Häufigkeit des Mutter-Sohn-Geschlechtsverkehres nicht weiterzugehen als bis zur Dominanzstruktur. Das ist aber nicht der Fall. Niedrigrangige Männchen paaren sich mit anderen höherrangigen Weibchen.

> Es scheint, daß ein Männchen nur dann an der Paarung mit einem höherrangigen Weibchen gehindert ist, wenn dieses seine Mutter ist, da Männchen mit höherrangigen nichtverwandten Weibchen zu kopulieren pflegen. Die Verhinderung ist daher spezifisch für die Eltern-Kind-Beziehung. Die Rolle des Kindes, die auf die Beziehung des erwachsenen Männchens zu seiner Mutter ausstrahlt, ist offensichtlich unvereinbar mit der Rolle des Sexualpartners (Sade 1968, S. 32).

Hier, könnte man behaupten, liegt eine einleuchtendere Erklärung des beinahe völligen Fehlens von Mu-So-Geschlechtsverkehr vor: das Ausstrahlen der Kindheitsrolle auf das erwachsene Männchen. Ein erwachsenes Männchen paart sich wahrscheinlich so lange nicht mit seiner Mutter, als es dieser untergeordnet bleibt, weil die Rollenbeziehung zwischen ihnen weiterhin eine Mutter-Kind-Beziehung ist. Offensichtlich ist, wie Sade behauptet, die Rolle des Sohnes unvereinbar mit der des Sexualpartners. Wenn sich jedoch die Dominanzbeziehung umkehrt, tritt das Männchen aus seiner untergeordneten Rolle des Sohnes heraus und statt dessen in eine dominante Männchenrolle einem untergeordneten Weibchen gegenüber. Das Ausstrahlen seiner Kindheitsrolle würde dann wahrscheinlich eine Paarung nicht mehr so sehr verhindern, da es diese Rolle auch in anderen nichtsexuellen (d. h. nicht erotischen) Beziehungen mit seiner Mutter zu spielen aufgehört hat. Da jedoch die meisten Männchen, unabhängig von der Stellung, die sie in der gesamten Dominanzhierarchie erreichen, ihren Müttern gegenüber untergeordnet bleiben (siehe z. B. Kawamura 1965), genügt wahrscheinlich das Ausstrahlen der Kindheitsrolle, um Mu-So-Geschlechtsverkehr zu verhindern.

Count, der menschliches Verhalten als ein Produkt „eines symbolbildenden Gehirns, das auf der Grundlage eines Primaten-Biogrammes arbeitet", ansieht (1958 :1073), hatte schon zehn Jahre vor dem Artikel von Sade das Ausstrahlen der Kindheitsrolle als einen Faktor der Verhinderung des Mu-So-Geschlechtsverkehrs bezeichnet:

> Eine Gegenseitigkeitsbeziehung zwischen Mutter und Kind, die über eine Dekade des lernenden Heranreifens bei einem Tier mit der schon erwähnten Ausstattung (d. h. mit einem komplexen Gehirn und einer hohen Lernfähigkeit) andauert, löst sich nicht so leicht wieder auf, auch wenn es in der Zwischenzeit zu noch anderen Statusbeziehungen kommt... Ein früherer Status kann fortfahren, eine Persönlichkeit zu beeinflussen, die neuere Statusbeziehungen auszubilden sucht, und dieses Fortdauern können wir als ein „Ausstrahlen" bezeichnen (Count 1958, S. 1075).

Ich interpretiere Count dahingehend, daß er behauptet, daß die Vermeidung des Mu-So-Geschlechtsverkehrs wahrscheinlich eine ursprünglich angeborene Tendenz ist, welche beim Menschen verstärkt, verlängert und schließlich durch Lernen ersetzt wird. Die lange und gründliche Lernperiode beim Menschen kann also dazu beitragen zu erklären, warum die Beobachtung von Mu-So-Inzesttabus bei erwachsenen Menschen fortdauert, wohingegen der Mutter-Sohn-Geschlechtsverkehr bei nichtmenschlichen Primaten nach der Umkehr der Dominanzbeziehung nicht mehr – oder nur mehr unzureichend – verhindert wird. (Es gibt jedoch auch Beweismaterial dafür – siehe Bagley 1969 –, daß unter bestimmten Bedingungen die Annahme einer dominanten Rolle durch ein Individuum auch beim Menschen zu intrafamilialem Geschlechtsverkehr führen kann, der sonst als inzestuös betrachtet werden würde.)

Count bietet also eine biologische Interpretation, die die Verwandtschaft des Menschen mit anderen Tieren hervorhebt. Seine Methode ist eine des Vergleichs zwischen den Gattungen. Menschliches Verhalten ist eine Ausformung eines biologischen Substrates. (Eine solche Interpretation ist, wie Count selbst anerkennt, besser auf das Mu-So-Verhalten anwendbar als auf die anderen beiden Arten intrafamilialen Sexualverhaltens, die weiter unten besprochen werden.) Die Interpretation von Count (ob sie nun zutreffend ist oder nicht) hat den Vorteil, daß sie sowohl zu erklären sucht, warum die Vermeidung dieses Geschlechtsverkehrs entsteht (sie gehört zum Primaten-Biogramm), als auch, warum sie fortdauert und zu einem Tabu wird (sie wird durch Lernen verstärkt). Seine Interpretation hat, wenn ich sie richtig verstehe, den weiteren wichtigen Vorteil, auch das tatsächliche Vorkommen von Mutter-Sohn-Geschlechtsverkehr zu erklären: Wenn die angeborene Tendenz, diesen Geschlechtsverkehr zu vermeiden, nicht durch entsprechende Sozialisation verstärkt wird, dann kann solcher Geschlechtsverkehr vorkommen.

Wieder könnte man hier Zweifel anmelden und die Notwendigkeit nicht fühlen, irgendeinen angeborenen Mechanismus zu postulieren, der von Anfang an besonders den Mu-So-Geschlechtsverkehr verhindert. Der Begriff des Ausstrahlens der früheren Rolle (Kind) allein könnte als ausreichend angesehen werden, die Verhinderung der potentiellen späteren Rolle (Sexualpartner) – sofern es eine solche gibt – zu erklären. Die lange Lernperiode, während derer der Sohn weiterhin in der untergeordneten Rolle des Kindes verbleibt, würde wahrscheinlich in den meisten Fällen alleine dazu ausreichend sein, ihn daran zu hindern, eine gleichrangige oder dominante Rolle als Sexualpartner seiner Mutter gegenüber anzunehmen.

Es ist jedoch *nicht unwahrscheinlich,* daß sich die beginnenden erotischen Wünsche des männlichen Kindes zunächst auf seine Mutter richten. (Dazu muß nicht viel gesagt werden; die psychologische Literatur über dieses Thema ist umfangreich.) Doch hat die lange Spezialisierungsperiode Mutter und Sohn auf eine andere, nichterotische Rollenbeziehung festgelegt. Und Coult (1963, S. 274) macht darauf aufmerksam, daß, „wenn ein Individuum in irgendeiner Situation eine neue Rolle lernen soll, dies wesentlich leichter geschieht, wenn diese Rolle in Beziehung mit einem Individuum gelernt wird, das nicht schon früher als Reiz zur Auslösung einer anderen Rolle gedient hat.

Der Ursprung der Verhinderung des Mu-So-Geschlechtsverkehrs läßt sich nach dieser Betrachtungsweise ausreichend aus dem Konzept des Ausstrahlens von Rollen erklären. Außerdem wird diese Verhinderung verstärkt durch das Weiterbestehen der Mutter-Sohn-Rollenbeziehung während der langen Entwicklungs- und Sozialisierungsperiode des Sohnes. Sie hat demnach die Tendenz anzudauern, selbst nachdem der Sohn erwachsen geworden ist.

Andererseits könnte man – wie Shepher (1971a, 1971b) – mehr zu Sades und Counts Begriff einer biologisch begründeten Verhinderung neigen, jedoch verbessert durch eine wichtige Modifikation. Die Meinung von Shepher ist, daß es höchstwahrscheinlich eine genetisch vorprogrammierte Empfänglichkeit des Menschen gibt, gegen den Mu-So-Geschlechtsverkehr „geprägt" zu werden. Shepher ist also der Ansicht, daß nicht die Verhinderung selbst, sondern die Tendenz oder Empfänglichkeit für eine solche Verhinderung angeboren ist. Er behauptet, daß dies sowohl für die Mu-So-Dyade als auch für die Br-Sw-Dyade (die unten besprochen werden wird) zutrifft.

Bisher habe ich einige Gründe dafür besprochen, warum es wahrscheinlich eine Tendenz für Mutter und Sohn gibt, nicht sexuell miteinander zu verkehren (was wir die *Verhinderung des Mu-So-Geschlechtsverkehrs* nennen können). Ich habe jedoch noch im einzelnen das *Tabu* zu besprechen, also das *Verbot des Mu-So-Geschlechtsverkehrs.* Ich wende mich nun der Betrachtung dieses Problems zu.

Vielleicht war einmal in der grauen und fernen Vorzeit unserer entwicklungsgeschichtlichen Vergangenheit (und da die Forschung auf verschiedenen Feldern Fortschritte macht, wird diese Aussage weniger hypothetisch und die Vergangenheit weniger grau und weniger fern) die menschliche Sozialorganisation, wie die Primatologen uns nahelegen, nicht allzu verschieden von der der nichtmenschlichen Primaten. Die elementare Sozialeinheit war vielleicht die Mutter mit ihren Kindern (siehe z.B. Fox 1967a, 1967b). Männliche Erwachsene, die nicht Kinder der Mutter waren, waren mit dieser Einheit nicht verbunden.

Gewisse Zwänge wirkten auf diese Gruppe. Zunächst nehme ich *zum Zwecke der Erklärung* die Idee einer angeborenen Empfänglichkeit für die

Verhinderung des Mu-So-Geschlechtsverkehrs als bewiesen an. Zusätzlich könnten zwei wahrscheinliche *Vorbeugungen* angenommen werden: die von M.K. Slater vertretene „demographische Vorbeugung", d.h. also die Idee, daß der Geschlechtsverkehr zwischen Mutter und Sohn durch den Altersunterschied schon sehr unwahrscheinlich gemacht worden wäre, da zur Zeit der Geschlechtsreife des Sohnes die Mutter wahrscheinlich schon tot gewesen wäre; sowie die „soziale Vorbeugung" durch irgendeine Form der Vertreibung oder Absonderung der jungen erwachsenen Männchen durch die älteren, dominanteren Männchen, wodurch der sexuelle Zugang der jüngeren Männchen zu den Weibchen eingeschränkt worden wäre. Diese beiden Vorbeugungen hätten die Verhinderung unterstützt, indem sie den Sohn und die Mutter sexuell voneinander getrennt hätten.

Das Argument könnte dann wie folgt lauten: Dasjenige, das verhindert und dem vorgebeugt wird, wird tendenziell als unnatürlich betrachtet. Doch gibt es keine Garantie dafür, daß das „unnatürliche" Verhalten nicht doch vorkommen kann. Daher wird dieses Verhalten, wenn es vorkommt (oder in Vorwegnahme dieses Vorkommens), *verboten:* Es ist sträflich. Das Verbot geht in den Gesamtinhalt der Sozialisierung ein. Es hat dadurch die Tendenz, fortzubestehen. Die Menschen gewöhnen sich daran. Es wird, Generation auf Generation, zu einem Teil ihrer Individualpsychologie und gleicherweise zu einem Teil der normativen Gesamtstruktur der Gesellschaft. Dies könnte also die Ursprünge und das Fortbestehen des Mu-So-Inzesttabus, wo es vorhanden ist, erklären. Was ist aber mit jenen Gesellschaften – wenn es solche gibt oder jemals gab –, in denen es dieses Tabu nicht gibt, in denen der Geschlechtsverkehr zwischen Mutter und Sohn nicht verboten ist? Wir können die Hypothese aufstellen, daß in einer solchen Gesellschaft die Tendenz zur Verhinderung des Mu-So-Geschlechtsverkehrs aus irgendwelchen Gründen nicht weiter ausgebaut wurde und eine Erziehung in dieser Hinsicht nicht systematisch in den Sozialisationsprozeß eingebaut wurde.

Es gibt hier eine Analogie mit der Prägung bei niederen Tieren. Die oben skizzierte Hypothese behauptet, daß es eine biologische Disposition dazu gibt, eine Abneigung gegen den Mu-So-Geschlechtsverkehr in die Verhaltensstruktur des Organismus einzubauen. Wenn jedoch die richtigen Reize (Auslösermechanismen), entweder in Form der Erziehung oder Situation (was man als die *richtigen Rahmenbedingungen der Prägung* bezeichnen könnte) während der „kritischen Periode" der Reifung vor der Pubertät nicht vorhanden sind (Shepher 1971b meint für die Br-Sw-Dyade, daß das prägbare Alter von der Geburt bis zum sechsten Jahr dauert), dann wird das Verhalten nicht zu einem Teil des Verhaltenssystems dieses Organismus werden.

Die Hypothese ist daher nicht widerlegt, wenn eine Gesellschaft gefunden wird, die den Geschlechtsverkehr zwischen Mutter und Sohn erlaubt, solange gezeigt werden kann, daß dieselbe Gesellschaft zur kritischen Periode nicht die richtigen Rahmenbedingungen für eine Prägung bietet (diese Begriffe werden beim Fortschreiten der Forschung auf diesem Gebiet verbessert und operational klarer definiert werden müssen).[8]

Ich habe eine Hypothese über den Ursprung und das Fortbestehen des Mu-So-Tabus skizziert, doch hat diese Diskussion weitere Implikationen. Gehen wir also weiter zur zweiten Dyade, Br-Sw, die durch ein ähnliches Argument erklärt werden kann.

## Br-Sw-Geschlechtsverkehr

Einiges empirisches Material (z.B. Talmon 1964; Wolf 1966, 1968, 1970; Shepher 1971a, 1971b) spricht für das Vorhandensein einer Tendenz zur Verhinderung des Geschlechtsverkehrs zwischen Individuen, die als Kinder gemeinsam sozialisiert worden sind. Die Befunde von Shepher sind besonders eindrucksvoll. Kinder, die während der „kritischen Periode" zwischen der Geburt und dem sechsten Lebensjahr in engem Kontakt miteinander aufgezogen worden sind, tendieren von selbst dazu, sexuelle Beziehungen zu vermeiden. Wir können also wieder auf die ins Auge springende Analogie der Prägung verweisen. (Shepher behauptet jedoch, daß es sich bei diesem Phänomen um einen Fall von *tatsächlicher* Prägung handle. Siehe Shepher 1971a und 1971b, S. 225–246, wo das Argument und das Beweismaterial angeführt werden.)

Wir können die Hypothese aufstellen, daß die Verhinderung des Br-Sw-Geschlechtsverkehrs ursprünglich nur für uterine Geschwister entstand und

---

[8] Die von Wilson (1961) für eine kleine Gruppe in der Karibik beschriebene Situation kann daher wie folgt behandelt werden: der intrafamiliale Geschlechtsverkehr bekam seinen ursprünglichen Anstoß, als die kleinere Gemeinde von der größeren Gemeinde isoliert und eines „normalen" sexuellen Betätigungsfeldes beraubt wurde. (Und eine solche Situation ist, wie Bagley 1969 gezeigt hat, in hohem Maße begünstigend für intrafamilialen Geschlechtsverkehr). Die heranwachsende Generation tat dies in einer Atmosphäre intrafamilialen Geschlechtsverkehrs, in der die Sozialisation diesen Geschlechtsverkehr eher ermutigte als unterband. Da die zur Auslösung der erblichen Tendenz, keine sexuellen Beziehungen innerhalb der Familie aufzunehmen, erforderlichen Umweltreize nicht gegeben waren, wurde der intrafamiliale Geschlechtsverkehr fortgesetzt. Es ist jedoch bezeichnend, daß nach der Wiederaufnahme des Kontaktes der größeren Gemeinde mit der kleineren Gemeinde die dritte Generation begann, ihre Sexualpartner außerhalb der Gruppe zu suchen. Vermutlich lieferte die soziale Umwelt die richtigen Signale für die Generation, die im dazu passenden Alter war. (Die anderen Berichte von weitverbreiteten Praktiken intrafamilialen Geschlechtsverkehrs, wie Slotkin 1947 und Middleton 1962, geben keine Informationen über die Sozialisation; aus diesem Grunde kann ihre Relevanz hier nicht bewertet werden.)

nur für diese Geltung hatte, da, wie oben behauptet wurde, die soziale Ureinheit vermutlich eine Mutter-Kind-Einheit war. Die Tatsache, daß der Genitor der Kinder vermutlich unbekannt war und daß er vermutlich Kinder mit mehreren Weibchen zeugte, hätte in diesem Falle die Möglichkeit einer ähnlichen Verhinderung zwischen agnatischen Geschwistern ausgeschlossen. Die Tendenz zur Verhinderung, obwohl ursprünglich nur zwischen uterinen Geschwistern vorhanden, hätte sich aber in jeder Gruppe gemeinsam sozialisierter, zusammenlebender und frei interagierender Kinder ausgewirkt.

Wenn wir einmal den neo-westermarckianischen Lehrsatz annehmen, daß es hier eine Tendenz zur Verhinderung gibt, fährt das Argument ähnlich zu dem oben umrissenen fort. Zwei Vorbeugungsmechanismen unterstützten vermutlich die Tendenz, den Geschlechtsverkehr zu vermeiden. Erstens die oben erwähnte „demographische Vorbeugung" von Slater – die Idee, daß aus den Abständen zwischen den Geburten sich ergebende Altersunterschiede und andere Unterschiede zwischen den Geschwistern sie am Geschlechtsverkehr hindern würden. Diese Hypothese läßt sich hier aber weniger schlüssig anwenden, weil die Altersunterschiede nicht so groß sind wie der zwischen Mutter und Sohn. Die „soziale Vorbeugung" (Vertreibung oder Absonderung) scheint hier jedoch in gleicher Weise anwendbar zu sein.

Der nächste Argumentationsschritt behauptet hier wiederum, daß das Verhinderte als unnatürlich betrachtet und daher ausdrücklich verboten wird. Die Sozialisation begründet dann dieses Verbot und läßt es Wurzeln schlagen.

Was aber, wenn kein Verbot auferlegt wird? Wenn die Sozialisation in Wirklichkeit erotische Beziehungen ermutigt? Wenn man dazu neigt, besonderen Nachdruck auf die Sozialisation zu legen und jede Art von angeborener Hemmungstendenz unterzubetonen, würde man erwarten, daß es zu sexuellen Beziehungen kommt. Wenn man andererseits überzeugt ist, daß der Mensch dazu veranlagt ist, diese Hemmung zu einem Teil seiner Biopsychologie zu machen, also gegen diese Verhaltensweise geprägt zu werden (solange der kritische Reiz freier taktiler Interaktion mit Altersgenossen von der Geburt bis zum sechsten Lebensjahre vorhanden ist), dann sollte es nicht zu sexuellen Beziehungen kommen. Hier scheint das vorhandene Material die zweite Ansicht zu unterstützen. Kibbutz-Kinder, die während der kritischen Periode ihrer ersten sechs Lebensjahre gemeinsam sozialisiert worden sind, *haben* einfach *keine sexuellen Beziehungen* (Shepher 1971a, 1971b). Ähnliche, wenn auch weniger dramatische Beobachtungen wurden von Wolf (1966, 1968, 1970) berichtet.

Doch taucht eine zusätzliche Schwierigkeit hinsichtlich des *Verbotes* auf. Entspricht die Entwicklung dieses Tabus genau der des Mu-So-Tabus, oder ergibt sich das Verbot aus anderen Umständen? Ich spiele auf Frauentausch-Theorien an (die in der obigen Typologie als *Austausch zu Heiratszwecken* etikettiert wurden). Auferlegen die dominanten Männchen den jüngeren Männchen das Verbot, um mehr Weibchen zu ihrer eigenen sexuellen Verfügung zu haben oder um mehr junge Weibchen zu haben, die sie mit den dominanten Männchen anderer Gruppen austauschen können? Hier stoßen wir auf das Problem der Verwechslung von Ursprung und Funktion. Es wurde oben gesagt, daß uns eine Diskussion der Funktionen nicht notwendig auch etwas über die Ursprünge sagt. Doch muß uns deshalb eine Diskussion der Funktionen nicht notwendigerweise überhaupt nichts über die Ursprünge zu sagen haben. Eine Ansicht, die zunehmend populär geworden ist, besagt, daß das Verbot von den dominanten Männchen ausgesprochen wurde, damit sie zu Austauschzwecken über Weibchen verfügen konnten – daß zum Zwecke der Kooperation, des Bündnisses, der Beschwichtigung, der allgemeinen Herstellung von Wohlwollen oder aus was für Gründen immer Frauen zwischen Gruppen ausgetauscht wurden. (Es besteht kein Grund dafür, dieses Argument zu wiederholen; siehe die in der Bibliographie unter den oben genannten Autoren angeführten Quellen.)

Aber die Gründe für dieses Argument sind fragwürdig. Das ethnographische Material scheint darauf hinzuweisen, daß es sich bei solchen Versuchen, durch den Austausch von Frauen politische Allianzen zu schließen, um eine postneolithische Entwicklung handelt, wohingegen die Literatur über Jäger und Sammler (unsere einzigen lebenden Repräsentanten, die mit den Menschen der paläolithischen Epoche vergleichbar sind) gegen das Vorkommen von Frauentausch zu politischen Zwecken bei den frühen Hominiden spricht (für die relevante Literatur über die Wildbeuter siehe Lee und DeVore 1968 und die darin gegebenen Hinweise). Die Seltenheit oder das völlige Fehlen von Kriegen zwischen den Gruppen, das mögliche Fehlen von Territorialität und das ebenfalls mögliche Fehlen von Kontrolle über Produktivbesitz sprechen sogar gegen einen Bedarf für solche Allianzen. (Aber man muß sich die Natur des fossilen Beweismaterials vergegenwärtigen. Es scheint bei unseren hominiden Vorfahren doch ziemlich viel gegenseitiges Schädeleinschlagen gegeben zu haben. Man könnte sich sehr gut das Bedürfnis eines australopithecinen oder pithecanthropinen Männchens vorstellen, ein anderes, das darauf erpicht ist, sein Hirn zu essen, durch das Angebot einer alternativen Beute zu besänftigen.)

## Va-To-Geschlechtsverkehr

Wir stoßen auf dasselbe Problem, wenn wir die Va-To-Dyade betrachten. Wozu ein Tabu des Va-To-Geschlechtsverkehrs? Wie ist es entstanden? Bevor wir hier die Allianzfrage diskutieren, wollen wir noch einmal die hypothetische evolutionäre Bühne aufbauen.

Die grundlegende Sozialeinheit muß sich irgendwie geändert haben. Der Prozeß oder das Ereignis, das als „Entstehung der menschlichen Familie“ bezeichnet wird, mußte eingetreten sein, d.h. es mußte zu irgendeiner Form der männlich-weiblichen Paarbildung zu Fortpflanzungszwecken gekommen sein. Ob dies nun temporär, permanent, polygyn oder monogam war ist unwesentlich. Wichtig ist nur, daß damit der Genitor bekannt war – oder zumindest ein gewisses Individuum als von Anfang an oder in der Folge verantwortlich, als ein „Vater“ (Pater) identifiziert wurde. Anderenfalls könnten wir offenkundig nicht von einer Va-To-Dyade sprechen.

Auch haben wir keinen Grund, hier eine Tendenz zur Verhinderung zu postulieren. Obwohl kein umfassender statistischer Kulturvergleich hinsichtlich des Auftretens von Va-To-Geschlechtsverkehr durchgeführt worden ist, ist die allgemeine Meinung bei den Forschern die, daß eine Verletzung des Va-To-Inzesttabus in den meisten Gesellschaften als die am wenigsten sträfliche betrachtet wird (dagegen gilt der Mu-So oder der Br-Sw-Geschlechtsverkehr, je nach der betreffenden Gesellschaft, als der furchtbarste Tabubruch). Darüber hinaus steht der Vater zu seiner Tochter in einer Dominanzbeziehung – als Mann, als Sozialisierungsagent und als potentieller Sexualpartner.

Warum dann das Va-To-Tabu? Die Allianztheorie behauptet, daß die Väter (dominanten Männchen) den Söhnen (untergeordneten Männchen) den Geschlechtsverkehr mit ihren Schwestern verboten, um Frauen zu Austauschzwecken zur Verfügung zu haben. Um die Eifersucht ihrer Söhne zu vermeiden und vielleicht auch, um „unverdorbene“ Frauen zum Tausch anbieten zu können, hatten sie sich gleicherweise auch selbst sexuelle Rechte ihren Töchtern gegenüber zu versagen. Das Va-To-Tabu entstand also als ein selbstauferlegtes Verbot, wurde in den Sozialisationsprozeß mit aufgenommen und bestand weiter wegen seines praktischen Nutzens (und später aufgrund der menschlichen Vorliebe für die Beibehaltung alter Gewohnheiten, selbst wenn sie keinen Nutzen mehr haben, solange sie nicht als wirklich schädlich empfunden werden).

Aber gerade diese Nützlichkeit ist fraglich. Es ist zweifelhaft, daß die Bedingungen in der paläolithischen Epoche einen solchen Frauenaustausch begünstigten. Und selbst wenn solche Bedingungen gegeben waren, sind sie hinreichende Gründe für eine Erklärung des Ursprunges des Tabus?

Wilson Wallis hat dazu folgendes bemerkt (1950, S. 278):

> Es scheint also wahrscheinlicher, daß das Heiraten außerhalb der Gruppe dazu führte, daß man sich seiner Vorteile bewußt wurde, als daß ein Bewußtwerden seiner Vorteile die Ursache für das Vorherrschen dieses Heiratstyps war.

Wie immer dies auch gewesen sein mag, führen Heiraten denn im allgemeinen zu einer engeren Beziehung zwischen den untereinander heiratenden Familien als sie bisher bestand? In unserer eigenen Gesellschaft ist dies häufig der Fall. Gibt es viele vergleichbare Beispiele in primitiven Gruppen? Diese Frage ist anscheinend wenig untersucht worden. Es fallen einem viele Beispiele ein, bei welchen die untereinander heiratenden Familien sich aufgrund der Heirat in einem gewissen Grade zu entfremden scheinen, zumindest daß sie in eine Verteidigungshaltung und manchmal sogar in eine Angriffshaltung gegeneinander geraten.

Mein Eindruck ist, daß dies häufig der Fall ist, wenn Brautkauf oder Mitgift vorherrscht. Hier gibt es natürlich spezielle Überlegungen. Wie ist es bei den Eskimo, Buschmännern oder Australiern, bei denen Besitzrechte fehlen oder von geringer Bedeutung sind? Hat die Schaffung dieser Beziehung zwischen Familien mit den darauf folgenden Verpflichtungen oder Rechten die Tendenz, zu einer politischen Allianz zwischen ihnen zu führen? Und wo werden bei diesen einander überschneidenden Familienverbindungen die Trennungslinien der Allianzen gezogen?

Hier weiß ich offen gestanden nicht mehr weiter. Obwohl ich mir der teleologischen Gefahren einer Interpretation wie der des Austausches zu Heiratszwecken bewußt bin, bin ich trotzdem nicht in der Lage, eine angemessene Alternative anzubieten. Ich führe diese Interpretation hier an, weil ich nichts besseres zu bieten habe, wobei ich den Leser noch einmal daran erinnere, daß ich hier nicht den Inhalt des Schemas oder die verschiedenen Hypothesen selbst vertrete, sondern vielmehr den Bezugsrahmen, der uns hilft, die Hypothesen zu analysieren und zu bewerten. Um diesen allgemeinen Bezugsrahmen zu illustrieren, wurde Tabelle Anhang 2.2 hier wiedergegeben. Die Tabelle ist unausgefüllt, womit betont werden soll, daß eher der Rahmen als der Inhalt empfohlen wird.[9]

## Die strukturelle Übereinstimmung der Inzesttabus

Obwohl es in den obigen Abschnitten nicht meine Absicht war, im Detail die logische oder empirische Gültigkeit eines bestimmten Argumentes oder einer Klasse zu Argumenten zu besprechen und zu bewerten, – denn es ging mir nur darum, einen Bezugsrahmen zu beschreiben (der dann dazu benützt werden kann, solche Bewertungen zu erleichtern) – kann man eigentlich nicht

---

[9] Es ist nicht notwendig, die Funktionen als solche detailliert zu behandeln. Sie haben in der Literatur vor allem im Zusammenhang mit den Ursprüngen des Tabus Beachtung gefunden, und in der obigen Diskussion sind sie in dieser Hinsicht erwähnt worden.

anders als von der Inadäquatheit der obenerwähnten „Erklärungen" des Inzesttabus betroffen sein. Das ist vielleicht darauf zurückzuführen, daß wir sozusagen den falschen Baum angebellt haben.

Eine im strengeren Sinne strukturelle Betrachtungsweise des intrafamilialen Geschlechtsverkehrs und des Inzesttabus (eine Betrachtungsweise, die als solche mit der möglichen Nicht-Universalität des obenerwähnten Tabus vereinbar ist) könnte etwa folgendermaßen aussehen: Kein Typ des sexuellen Verbotes braucht allen Gesellschaften gemeinsam zu sein. Was von augenscheinlicher Bedeutsamkeit ist, ist daß die sexuelle Aktivität *im allgemeinen* auf irgendeine Weise reguliert werden muß. Mit anderen Worten: die Menschen regeln ihre sozialen Tätigkeiten; und menschlicher Geschlechtsverkehr und die Muster desselben sind soziale Tätigkeiten (obgleich natürlich nicht nur soziale Tätigkeiten). Die Menschen regeln daher ihren Geschlechtsverkehr bzw. die Muster desselben. Man kann daher die Inzestverbote, so könnte das Argument fortfahren, am besten als einen Aspekt der Gesamtheit der regulierenden Gebote und Verbote einer Gesellschaft verstehen. Sie können nicht isoliert von den übrigen Verhaltensregeln einer Gesellschaft begriffen werden. Vermutlich würden sie einen Sinn ergeben, wenn man sie als einen Teil der Gesamtregelung sozialen Verhaltens betrachten würde (cf. Cohen 1969). Und ähnlich würde es vermutlich keine universelle Erklärung der verschiedenen Verbote erotischen Verhaltens geben, die gedankenlos unter dem Oberbegriff „das Inzesttabu" zusammengeworfen wurden.

Kurz gesagt könnte behauptet werden, daß es vermutlich kein universelles Inzesttabu gibt; daß sich sexuelle Verbote von Gesellschaft zu Gesellschaft in Übereinstimmung mit der Gesamtheit der Regulierungen in jeder Gesellschaft voneinander unterscheiden; und daß es vermutlich keine transkulturell gültige Verallgemeinerung gibt, die „das Inzesttabu" zutreffend erklären kann.[10]

---

[10] Außer im Hinblick auf die Funktionen (und desgleichen im Hinblick auf das Fortbestehen, da diese beiden in der Tat eng miteinander zusammenhängen können). Erwägen sie zum Beispiel folgendes: Inzestverbote bestehen aus denselben funktionalen Gründen wie das Verbot der Masturbation – das heißt, um die Kontrolle der Gesellschaft über die Individuen zu vergrößern (bzw. die Kontrolle derer, die im Namen der Gesellschaft auftreten). Intrafamilialer Geschlechtsverkehr (oder auch unregulierter Geschlechtsverkehr) führt eher zu Anarchie: eine Familie, die sich in sexueller Hinsicht selbst versorgt, braucht die übrige Gesellschaft weniger als eine Familie, die Heirats- oder Sexualbeziehungen nach auswärts anknüpfen muß. Und je weniger die Individuen innerhalb einer Einheit für ihre Bedürfnisbefriedigung von äußeren Quellen abhängig sind, desto weniger zugänglich sind sie auch für äußere Kontrolle. Heiratsfähige und sexuell zugängliche Männer und Frauen sind *Ressourcen* einer Gesellschaft und wie bei allen wichtigen Ressourcen sind sie und ihr Ver-

Diese Art von Betrachtungsweise wurde jedoch in der Vergangenheit nicht sehr oft benützt (siehe Goody 1956) und das meiste theoretische Material über Inzesttabus ist von völlig anderen Grundlagen her vorgetragen worden.[11]

halten Regelungen unterworfen, die ihnen durch die Gesellschaft auferlegt sind. Der Zugang zu sexuellen oder reproduktiven Ressourcen ist wie der Zugang zu ökonomischen oder produktiven Ressourcen ein Hauptgegenstand der sozialen Kontrolle bei jeder Gruppe. (Für einen provozierenden Essay, der auf der Grundlage eines interkulturellen Vergleiches die These von der Hilfsfunktion sexueller Verbote für die soziale Kontrolle aufstellt und illustriert siehe Cohen 1969.)

[11] Bei dem Symposion über Inzest in Ostozeanien bei der siebzigsten Jahrestagung der American Anthropological Association in New York äußerten mehrere Teilnehmer den hier vorgebrachten ähnliche Vermutungen und spekulierten darüber, daß diese Betrachtungsweise – d. h. die Betrachtung des Inzestes als Teil eines größeren Komplexes von Regeln – sich als der einzige produktive theoretische Bezugsrahmen für das Studium des Inzestes erweisen wird. Desgleichen hat Rodney Needham in einer neuen Publikation (1971) in dieser Richtung argumentiert.

# Literatur zu Anhang 2


Aberle, D.F., et al. 1963. „The Incest Taboo and the Mating Patterns of Animals", *American Anthropologist*, 65, S.253–265.

Bagley, C. 1969. „Incest Behavior and Incest Taboo", *Social Problems*, 16, S.505–519.

Cohen, Y.A. 1969. „Ends and Means in Political Control: State Organizations and the Punishment of Adultery, Incest and Violation of Celibacy", *American Anthropologist*, 71, S.658–687.

Coult, A.D. 1963. „Causality and Cross-Sex Prohibitions", *American Anthropologist*, 65, S.266–277.

Count, E.W. 1958. „The Biological Basis of Human Sociality". *American Anthropologist*, 60, S.1049–1085.

Fortune, R. 1932. „Incest," *Encyclopedia of the Social Sciences*, 7, S.620–622.

Fox, R. 1962. „Sibling Incest", *British Journal of Sociology*, 13, S.128–150.

Fox, R. 1967a. „In the Beginning: Aspects of Hominid Behavioural Evolution", *Man*, 2, S.415–433.

Fox, R. 1967b. *Kinship and Marriage: An Anthropological Perspective.* Baltimore.

Fox, R. 1967c. „Totem and Taboo Reconsidered", in: E.R. Leach (Hrsg.), *The Structural Study of Totemism and Myth.* London.

Fox, R. 1968a. „The Evolution of Human Sexual Behavior", *The New York Times Magazine,* 24. März.

Fox, R. 1968b. „Incest, Inhibition and Hominid Evolution", in am Wenner-Gren symposium in der Burg Wartenstein bei Gloggnitz gehaltener Vortrag.

Frazer, J. 1910. *Totemism and Exogamy* (4 Bde.). London.

Freud, S. *Totem und Tabu.* 1913, = Gesammelte Werke, Bd. IX, 4. Aufl. 1925, Leipzig/Wien/Zürich.

Goody, J. 1956. „A Comparative Approach to Incest and Adultery", *British Journal of Sociology*, 7, S.286–305.

Hoebel, E.A. und E.L. Frost 1976. *Cultural and Social Anthropology.* New York.

Kawamura, S. 1965. „Matriarchal Social Ranks in the Minoo-B Troop: A Study of Japanese Monkeys", in: S. Altmann (Hrsg.), *Japanese Monkeys: A Collection of Translations.* Atlanta.

Kortmulder, K. 1968. „An Ethological Theory of the Incest Taboo and Exogamy," *Current Anthropology*, 9, S.437–450.

Lee, R.B. und I. DeVore (Hrsg.) 1968. *Man the Hunter.* Chicago.

Levi-Strauss, C. 1969. *The Elementary Structures of Kinship.* Boston.

Livingstone, F.B. 1969. „Genetics. Ecology and the Origins of Incest and Exogamy", *Current Anthropology*, 10, S.45–61.

McLennan, J.F. 1865. *Primitive Marriage: An Inquiry into the Origin of the Form of Capture in Marriage Ceremonies.* Edinburgh, London.

Maisch, H. 1972. *Incest.* New York.

Malinowski, B. 1927. *Sex and Repression in Savage Society.* London. (Deutsch: *Geschlechtstrieb und Verdrängung bei den Primitiven.* Reinbek 1962.)

Malinowski, B. 1931. „Culture", *Encyclopedia of the Social Sciences*, 4, S.621–646.

Meggitt, M.J. 1964. „Male-Female Relationships in the Highlands of Australian New Guinea", *American Anthropologist*, 66, (no.4, pt.2), S.204–224.

Merton, R.K. 1941. „Intermarriage and Social Structure: Fact and Theory", *Psychiatry*, 4, S.361–374.

Middleton, R. 1962. „Brother-Sister and Father-Daughter Marriage in Ancient

Egypt“, *American Sociological Review*, 27, S.603–611.
Morgan, L.H. 1877. *Ancient Society.* New York. (Deutsch: *Die Urgesellschaft.* Stuttgart 1891.)
Muller, H.F. 1931. „A Chronological Note on the Physiological Explanation of the Prohibition of Incest“. *Journal of Religious Psychology*, 6, S.294–295.
Murdock, G.P. 1949. *Social Structure.* New York.
Needham, R. 1971. „Introduction“, in: R.Needham (Hrsg.), *Rethinking Kinship and Marriage.* London.
Parsons, T. 1954. „The Incest Taboo in Relation to Social Structure and the Socialization of the Child“, *British Journal of Sociology*, 5, S.101–117.
Sade, D.S. 1968. „Inhibition of Son-Mother Mating among Free-Ranging Rhesus Monkeys“, *Science and Psychoanalysis*, 12, S.18–38.
Sahlins, M.D. 1959. „The Social Life of Monkeys, Apes, and Primitive Man“, in: J.N.Spuhler (Hrsg.), *The Evolution of Man's Capacity for Culture.* Detroit.
Sahlins, M.D. 1960. „The Origin of Society“, *Scientific American*, 203, S.76–89.
Schneider, D.M. 1956. „Attempts to Account for the Incest Taboo“. Unveröffentlichtes Manuskript.
Seligman, B.Z. 1929. „Incest and Descent: Their Influence on Social Organization“, *Journal of the Royal Anthropological Institute*, 59, S.231–272.
Seligman, B.Z. 1932. „The Incest Barrier: Its Role in Social Organization“, *British Journal of Psychology*, 22, S.250–276.
Seligman, B.Z. 1935. „The Incest Taboo as a Social Regulation“, *Sociological Review*, 27, S.75–93.
Shepher, J. 1971a. „Mate Selection among Second Generation Kibbutz Adolescents and Adults: Incest Avoidance and Negative Imprinting“, *Archives of Sexual Behavior*, 1, S.293–307.
Shepher, J. 1971b. *Self-Imposed Incest Avoidance and Exogamy in Second Generation Kibbutz Adults.* Dissertation, Department of Anthropology, Rutgers University.
Slater, M.K. 1959. „Ecological Factors in the Origin of Incest“, *American Anthropologist*, 61, S.1042–1059.
Slater, P.E. 1963. „On Social Regression“, *American Sociological Review*, 28, S.339–364.
Slotkin, J.S. 1947. „On a Possible Lack of Incest Regulations in Old Iran“, *American Anthropologist*, 49, S.612–617.
Talmon, Y. 1964. „Mate Selection in Collective Settlements“, *American Sociological Review*, 29, S.491–508.
Tylor, E.B. 1888. „On a Method of Investigating the Development of Institutions; Applied to Laws of Marriage and Descent“, *Journal of the Royal Anthropological Institute*, 18, S.245–269.
Vetter, G.B. 1928. „The Incest Taboos“, *Journal of Abnormal and Social Psychology*, 23, S.232–240.
Wallis, W. 1950. „The Origin of Incest Rules“, *American Anthropologist*, 52, S.277–279.
Westermarck, E. 1922. *The History of Human Marriage* (3 vols.). London.
Westermarck, E. 1934a. „Recent Theories of Exogamy“, *Sociological Review*, 26, S.22–40.
Westermarck, E. 1934b. *Three Essays on Sex and Marriage.* London.
White, L.A. 1959. *The Evolution of Culture.* New York.
Wilson, P.J. 1961. „Incest – A Case Study“, *Social and Economic Studies*, 12, S.200–209.

Wolf, A.P. 1966. „Childhood Association. Sexual Attraction, and Incest Taboo: A Chinese Case“, *American Anthropologist*, 68, S. 883–893.
Wolf, A.P. 1969. „Adopt a Daughter-in-Law, Marry a Sister: A Chinese Solution to the Problem of Incest Taboo“, *American Anthropologist*, 70, S. 864–874.
Wolf, A.P. 1970. „Childhood Association and Sexual Attraction: A Further Test of the Westermark Hypothesis“, *American Anthropologist*, 72, S. 503–515.
Young, F.W. 1967. „Incest Taboos and Social Solidarity“, *American Journal of Sociology*, 72, S. 589–600.

# Glossar

Die definierten Begriffe und Querverweise stehen in DIESER SCHRIFT.

ACKERBAU. Siehe HÖHERER BODENBAU.

ADAPTION. Der Prozeß, durch welchen sich eine Population an die Bedingungen ihres HABITATES anpaßt, um sich am Leben zu erhalten und zu ihrem weiteren Überleben beizutragen.

ADAPTIVE STRATEGIE. Ein besonderer Komplex von TECHNOLOGIE und ARBEITSORGANISATION, durch welchen eine Gesellschaft sich selbst in Beziehung zu ihrem HABITAT erhält; mit anderen Worten, wie eine Gesellschaft ihren Lebensunterhalt gewinnt, ihre vorherrschende Überlebensstrategie – JAGD UND SAMMELN, BODENBAU, INDUSTRIALISMUS usw. Auch als *ökologischer Typ* bezeichnet.

ADELPHISCHE POLYANDRIE. Siehe FRATERNALE POLYANDRIE.

AFFINALVERWANDTE. Verwandte durch EHE. (Siehe BLUTSVERWANDTE.)

AGGREGATION oder ANSAMMLUNG. Kollektive von Personen, die zufällig zur selben Zeit am selben Ort anwesend sind. Im Gegensatz zu Gruppen (siehe GRUPPE) ermangeln Aggregationen einer inneren STRUKTUR oder Organisation. Sie setzen sich aus Personen zusammen, die nicht miteinander zur Erreichung irgendeines gemeinsamen Zieles interagieren.

AGNATISCHE DESZENDENZ. Siehe PATRILINEALE DESZENDENZ.

AGNATISCHE VERWANDTE. Personen (männlichen oder weiblichen Geschlechts), die über Männer miteinander verwandt sind, d.h. Personen, die über mindestens ein männliches VERWANDTSCHAFTLICHES BINDEGLIED miteinander zusammenhängen. Agnatische Beziehungen finden sich in allen Gesellschaften; solche Verwandtschaftsverbindungen sind nicht auf Gesellschaften mit PATRILINEALER (agnatischer) DESZENDENZ beschränkt. (Siehe UTERINE VERWANDTE.)

AHNENVEREHRUNG oder AHNENKULT. Eine Form polytheistischer Religion (siehe POLYTHEISMUS), bei der die Menschen eine aktive Beziehung mit den Geistern ihrer verstorbenen Vorfahren aufrechterhalten.

AKEPHAL. „Ohne Kopf"; bezieht sich auf einen Typus der POLITISCHEN ORGANISATION ohne Zentralgewalt oder übergeordnete Verwaltungsinstanz, wie es sie z.B. in Stammesgesellschaften gibt (siehe STAMM) und welche aus einer Anzahl von locker miteinander verbundenen, in politischer Hinsicht autonomen Lokaleinheiten besteht.

AKKULTURATION. Ein sowohl auf Individuen als auch auf ganze Gesellschaften angewandter Begriff, der sich auf Änderungen in Glaubensvorstellungen und Verhaltensweisen bezieht, welche sich aus dem Kontakt mit einer oder mehreren anderen Gesellschaften ergeben. Oft in einer engeren Bedeutung zur Bezeichnung einer Kontaktsituation gebraucht, in welcher eine Gesellschaft dominant ist und die untergeordnete Gesellschaft oder Gruppe Züge der übergeordneten annimmt.

AKTIONSGRUPPE oder AUFGABENGRUPPE. Eine im allgemeinen kurzlebige, zum Zwecke der Erreichung eines speziellen Zieles gebildete GRUPPE. (Siehe auch INFORMELLE GRUPPE.)

ALTENTÖTUNG. Siehe SENILIZID.

ALTER. Bei der Bestimmung einer VERWANDTSCHAFT ist Alter das Individuum, zu dem die Verwandtschaftsbeziehung abgeleitet wird. (Siehe EGO.)

ALTERNIERENDE GENERATIONEN. Jede zweite Generation (Großeltern-Enkel). (Siehe BENACHBARTE GENERATIONEN.)

ALTERSKLASSEN. GRUPPEN von Personen, welche gemeinsam bestimmten ALTERSSTUFEN angehören. Jede Gruppe hat ihren besonderen Namen und ihre Identität und rückt als Einheit sukzessive durch das Altersklassensystem der Gesellschaft vor.

ALTERSSTUFEN. Festumrissene Kategorien (Ebenen, Stadien), nach denen Menschen auf der Grundlage kulturell definierter Altersspannen klassifiziert werden und durch welche sie vorrücken. Eine Gesellschaft kann z. B. zwischen „Neuinitiierten“, „Jungen Kriegern“, „Alten Kriegern“ und „Alten“ unterscheiden. (Siehe auch ALTERSKLASSEN, KATEGORIE.)

ÄLTESTER (oder Dorfoberhaupt). Ein Typus des Führers in Gemeinden in Stammesgesellschaften, der Einfluß, aber wenig oder gar keine MACHT oder AUTORITÄT ausübt. In einer SEGMENTÄREN GESELLSCHAFT (einer Stammesgesellschaft, die in Form unabhängiger Lokalgemeinden organisiert ist, welche nicht in größere Gebilde, wie z. b. Häuptlingstümer, einbezogen sind) hat ein Ältester typischerweise kaum Zwangsgewalt. Seine exekutiven Funktionen hat er aufgrund des Konsenses der Gemeinde inne. In einer politisch komplexeren Stammesgesellschaft, wie z. B. einem HÄUPTLINGSTUM (in welchem die Lokalgemeinden Bestandteile eines umfassenderen, gewöhnlich stratifizierten, politischen Gebildes darstellen) ist die Autorität des Ältesten oder Dorfoberhauptes gewöhnlich größer, sie leitet sich jedoch von dessen Stellung als lokalem Vertreter des HÄUPTLINGS ab. (Der Begriff Ältester oder *(Dorf-) Oberhaupt* wird oft in einem allgemeineren Sinne zur Bezeichnung des Vertreters irgendeiner kleinen Gemeinschaft auf lokaler Ebene verwendet, ohne Rücksicht auf das größere politische System, welchem diese angehört. So sprechen Anthropologen manchmal vom Ältesten oder Oberhaupt einer Wildbeuter-Horde.)

AMBILINEAGE. Siehe RAMAGE.

AMBILINEALE DESZENDENZ. Der Begriff bedeutet „Beide-Linien-Deszendenz", bezieht sich jedoch auf eine Form der UNILINEALEN DESZENDENZ, bei welcher eine Person die Wahl hat, ihre Deszendenz *entweder* patrilineal *oder* matrilineal abzuleiten (siehe PATRILINEALE DESZENDENZ, MATRILINEALE DESZENDENZ). Genauer ausgedrückt ist sie eine Form der FILIATION, die entweder durch den Vater oder durch die Mutter abgeleitet wird. Auch als *optative Deszendenz* bezeichnet.

AMBILOKALE RESIDENZ. *Ambilokal* bedeutet „beide Orte"; es bezieht sich auf eine Residenzform, bei welcher das Ehepaar als Einheit entweder bei oder nahe den Eltern des Mannes oder bei oder nahe den Eltern der Frau lebt. Auch als *bilokal* bezeichnet.

ANEIGNENDE WIRTSCHAFT. Die Abhängigkeit von natürlich vorkommenden Pflanzen und wilden Tieren für die Ernährung. (Siehe PRODUZIERENDE WIRTSCHAFT und WILDBEUTERTUM.)

ANIMATISMUS. (1) Der Glaube, daß leblose Dinge bewußte Wesen sind, die die Macht haben, sich zu bewegen. (2) Häufiger, der Glaube an eine UNPERSÖNLICHE ÜBERNATÜRLICHE KRAFT oder Macht, wie z.B. *Mana*. (Siehe ANIMISMUS.)

ANIMISMUS. Der Glaube an geistige oder übernatürliche Wesen. Oft in einem engeren Sinne benutzt zur Bezeichnung des Glaubens, daß nichtmenschliche Wesen, Tiere, Pflanzen oder leblose Dinge Seelen oder Geister haben. (Siehe ANIMATISMUS.)

ANTHROPOLOGIE. Die Erforschung der Menschheit, sowohl in biologischer als auch in kultureller Hinsicht, einschließlich ihrer Ursprünge, Entwicklung und gegenwärtigen Erscheinungsformen.

ARBEIT. Siehe ENERGIE, Definition 2.

ARBEITSORGANISATION. Siehe ARBEITSTEILUNG.

ARBEITSSPEZIALISIERUNG. Eine Arbeitsorganisation, bei der Individuen oder Gruppen SPEZIALISTEN sind, d.h. also eine Arbeit oder einen Satz von zusammenhängenden Arbeiten hauptberuflich durchführen, und die zur Produktion vieler verschiedener Güter und Dienstleistungen führt. Die Gesellschaft ist also in eine Anzahl von spezialisierten Berufen eingeteilt, wobei die Menschen, die diese Berufe ausüben, die besonderen von ihnen produzierten Güter und Dienstleistungen (sowohl wirtschaftliche als auch nichtwirtschaftliche) untereinander austauschen. (Siehe ARBEITSTEILUNG.)

ARBEITSTEILUNG. Wie Menschen in einer Gesellschaft zum Zwecke der Arbeit organisiert sind, d.h. welche Individuen oder Gruppen welche Aufgaben erfüllen. Sie kann einfach auf zugeschriebenen Kennzeichen beruhen (wie z.B. Geschlecht oder Alter) oder auf erworbenen Fertigkeiten (wie im Falle der Spezialisierung) oder aber auf irgendeiner Kombination von Zuschreibung und Leistung. (Siehe ARBEITSSPEZIALISIERUNG.)

ARCHÄOLOGIE (URGESCHICHTE, FRÜHGESCHICHTE). Ein Zweig der ANTHROPO-

LOGIE, der sich mit der Erforschung und Rekonstruktion vergangener menschlicher Gesellschaften, vor allem durch Ausgrabung ihrer materiellen Überreste, befaßt.

ASSOZIATIONEN. GRUPPEN auf nichtverwandtschaftlicher Grundlage, die sich gebildet haben, um irgendein dauerndes Ziel zu verfolgen, z.B. eine Handelspartnerschaft, eine INTERESSENGRUPPE oder GEHEIMBÜNDE. Die Mitgliedschaft von Assoziationen kann freiwillig oder unfreiwillig sein.

ASYMMETRISCHE HEIRATSSYSTEME. Siehe GENERALISIERTER AUSTAUSCH.

AUSGEGLICHENE oder DIREKTE REZIPROZITÄT. Eine Form wirtschaftlichen Austausches, bei welcher Güter von einander entsprechendem Wert innerhalb einer bestimmten Zeitperiode ausgetauscht werden. (Siehe GENERALISIERTE REZIPROZITÄT.)

AUTORITÄT. Im allgemeinen und in bezug auf politische Institutionen bedeutet dieser Begriff die Legitimierung von Macht, das anerkannte „Recht", Kontrolle auszuüben sowie Verhalten zu erzwingen oder zu unterbinden. (Siehe MACHT.)

AVUNKULOKALE ERWEITERTE FAMILIENGRUPPE. Eine auf AVUNKULOKALER RESIDENZ basierende ZUSAMMENGESETZTE FAMILIENGRUPPE, die im Minimalfall aus einem Mann, seiner Frau oder seinen Frauen, seinem Schwestersohn oder seinen Schwestersöhnen sowie der Frau oder den Frauen und Kindern der letzteren besteht, die alle zusammenleben. (Siehe MATRILOKALE und PATRILOKALE ERWEITERTE FAMILIENGRUPPE.)

AVUNKULOKALE RESIDENZ. *Avunkulokal* bedeutet „Ort des Mutterbruders"; es bezieht sich auf eine Residenzform, bei der das Ehepaar als Einheit beim oder nahe dem Mutterbruder des Mannes lebt (aus diesem Grunde manchmal auch *viriavunkulokale* Residenz genannt). Es bezieht sich auch auf die in einigen Gesellschaften mit MATRILINEALER DESZENDENZ und VIRILOKALER RESIDENZ bei verheirateten Frauen vorkommende Praktik, nach welcher die Kinder einer Frau mit einem gewissen Alter ihren Geburtshaushalt verlassen und statt bei ihrer Mutter nunmehr bei ihrem Mutterbruder oder in dessen Nähe leben.

BAUERN. Im allgemeinen ländliche Bodenbauer (siehe BODENBAU) in einem nichtindustrialisierten NATIONALSTAAT, die den Anbau vor allem zu ihrer eigenen Ernährung betreiben, aber auch am Marktsystem der Gesellschaft teilhaben.

BENACHBARTE GENERATIONEN. Generationen, die unmittelbar aufeinander folgen, d.h. also in konsekutiver Ordnung (Eltern-Kind). (Siehe ALTERNIERENDE GENERATIONEN.)

BESITZ. Jedes Objekt, für dessen Gebrauch oder über das zu verfügen Personen oder Gruppen Rechte innehaben. (Siehe RECHT.)

BESITZRECHTE. Ein *Besitzverhältnis* zwischen einer Person oder Gruppe und einem Objekt, wobei die Person oder Gruppe das Vorrecht des Gebrauchs dieses Objektes oder der Verfügung über dasselbe für sich in Anspruch nimmt.

BIG MAN. Eine inoffizielle Führungsposition (d.h. eine solche, die nicht durch formale Regeln des Innehabens und der Sukzession gekennzeichnet ist) in Stammesgesellschaften. (Siehe STAMM.) Das Erwerben und Erhalten dieser Position hängt einzig von der Persönlichkeit und der persönlichen Leistung ab.

BILATERALE DESZENDENZ. Siehe KOGNATISCHE DESZENDENZ.

BILATERALE DESZENDENZGRUPPE. Siehe KOGNATISCHE DESZENDENZGRUPPE.

BILATERALE KREUZBASEN (MUBRTO/VASWTO)-HEIRAT. Eine Form des UNMITTELBAREN DIREKTEN AUSTAUSCHES bei Heiraten. (Siehe S.213–14 des Textes für eine Erklärung der Abkürzungen.)

BILINEALE DESZENDENZ. Siehe DOPPELTE DESZENDENZ.

BILOKALE RESIDENZ. Siehe AMBILOKALE RESIDENZ.

BLUTFEHDE. (1) Dasselbe wie FEHDE. (2) Eine Fehde, die besonders zwischen Verwandtschaftseinheiten vorkommt (d.h. zwischen solchen, die auf der Grundlage von VERWANDTSCHAFT oder DESZENDENZ organisiert sind).

BLUTGELD. Siehe *Wergeld*.

BLUTSVERWANDTE. Verwandte durch Geburt; solche, die DESZENDENZ von einem gemeinsamen Vorfahren beanspruchen. (Siehe AFFINALVERWANDTE.)

BLUTSVERWANDTE FAMILIENGRUPPE. Ein Begriff, der von manchen Anthropologen zur Bezeichnung einer Familieneinheit verwendet wird, die auf der Basis der Blutsverwandtschaft gebildet ist (siehe BLUTSVERWANDTE), im Gegensatz zu den durch HEIRAT gebildeten Familieneinheiten. Zum Beispiel eine aus Frauen, deren Kindern und deren Brüdern bestehende Familiengruppe.

BODENBAU oder ANBAU. Die pflegliche Behandlung von Anbaupflanzen zum Zwecke der Ernährung. (Siehe HÖHERER BODENBAU und NIEDERER BODENBAU.)

BRANDRODUNGSBAU. Eine Form des BODENBAUS, bei der der natürliche Pflanzenwuchs umgeschnitten und verbrannt wird, wobei man die Asche, die als Dünger dienen soll, an Ort und Stelle läßt, um dadurch Landstücke für das Anlegen von Pflanzungen zu roden. Jedes Landstück wird eine gewisse Zeit genutzt und dann brach liegen gelassen, während die Bevölkerung ihren Wohnsitz in ein anderes Gebiet verlagert, um dort denselben Prozeß wiederaufzunehmen. (Daher auch SCHWENDWIRTSCHAFT genannt.)

BRAUTDIENST. Die Praktik, wobei ein Mann der Gruppe einer Frau für eine bestimmte Zeitperiode seine Arbeitskraft und vielleicht auch Gaben zur

Verfügung stellt, um eine Ehe rechtsgültig zu machen. Der Dienst kann entweder vor oder nach der Heirat geleistet werden oder beides, und er kann das tatsächliche Leben des Mannes bei der Gruppe der Frau beinhalten oder auch nicht.

BRAUTPREIS. Eine Heiratszahlung, die vom Bräutigam oder der Gruppe des Bräutigams an die Gruppe der Braut geleistet wird. Sie dient dazu, die eheliche Verbindung rechtsgültig zu machen. (Oft mit dem KINDERPREIS oder Nachkommenschaftspreis in einen Topf geworfen.)

BRUDERSCHAFTEN (STAMMES-). Im allgemeinen auf dem Geschlecht beruhende unfreiwillige Assoziationen; d.h. alle erwachsenen Männer müssen Mitglieder werden. Es gibt jedoch auch Fälle von freiwilligen Assoziationen von Männern in Stammesgesellschaften, die manchmal von Anthropologen als *Bruderschaften* bezeichnet werden. (Siehe SCHWESTERNSCHAFTEN.)

CARGO-KULT. Eine Art von REVITALISIERUNGSBEWEGUNG, von der vor allem aus Melanesien berichtet wird, und die durch das Auftreten von Propheten gekennzeichnet ist, welche die Menschen auffordern, ihre gegenwärtigen europäischen Güter aufzugeben, ihre Abhängigkeitsbeziehungen zu den Kolonialisten abzubrechen und zu ihrem alten Glauben zurückzukehren. Wenn die Menschen dies tun, erwartet man, daß die Ahnen zurückkehren würden (oftmals in Schiffen oder Flugzeugen) und Wohlstand in Form reichlicher Ladungen (Cargo) von neueren europäischen Gütern mit sich bringen würden.

COUVADE oder MÄNNERKINDBETT. Eine Praktik, wonach sich ein Mann, dessen Frau geboren hat, zurückzieht, um zu ruhen, so als ob er selbst gerade die Geburtswehen durchgemacht hätte (in manchen Gesellschaften kann er sogar den Geburtsvorgang simulieren). Die Mutter kann sich ebenfalls zur Erholung zurückziehen, sie kann aber auch ihre normalen Betätigungen wieder aufnehmen, während ihr Mann „sich erholt“.

CROW-SYSTEM. Ein Typus der VERWANDTSCHAFTSTERMINOLOGIE, der im allgemeinen im Zusammenhang mit MATRILINEALER DESZENDENZ vorgefunden wird. Für die Hauptkennzeichen siehe Kapitel 12.

DEMONSTRATIVER KONSUM. Gebrauch oder Konsumtion von Gütern und Dienstleistungen zum Zwecke öffentlicher Zurschaustellung statt aus Notwendigkeit; eine Art der Demonstration von Reichtum und sozialem Rang.

DESAKRALISATIONSRITEN, RITES DE PASSAGE, die von einer Person durchgemacht werden müssen, die auf die eine oder andere Weise in nahe Berührung mit dem ÜBERNATÜRLICHEN gekommen ist. Weil das Übernatürliche aufgrund der ihm innewohnenden Kraft als für gewöhnliche Sterbliche schädlich angesehen wird, müssen Personen, die von ihm berührt worden sind, sowohl um ihrer selbst willen, als auch um Dritter willen, die später mit ihnen in Kontakt kommen, „neutralisiert“ werden. Bis zur Durchführung der Desakralisationsriten sind derartige Personen vom normalen sozialen Umgang ausgeschlossen. (Siehe REINIGUNGSRITEN.)

DESKRIPTIVE VERWANDTSCHAFT. Ein System der Bezeichnung von Verwandten, bei dem jede genealogische Position ihren eigenen besonderen Verwandtschaftsterminus hat. Bisweilen als ein System definiert, in welchem die Termini für LINEALE VERWANDTE von denen für KOLLATERALE VERWANDTE verschieden sind und desgleichen auch für PATRILATERALE Verwandte Termini angewandt werden, die von denen für MATRILATERALE Verwandte verschieden sind. (Siehe KLASSIFIKATORISCHE VERWANDTSCHAFT.)

DESZENDENZ. Eine Folge von genealogischen Bindegliedern, die eine Person mit deren Vorfahren verbindet. Die Art, in der Deszendenz nachvollzogen oder abgeleitet wird – d.h., welche der Vorfahren als für soziale Zwecke bedeutsam angesehen werden –, unterscheidet sich von Gesellschaft zu Gesellschaft. (Siehe UNILINEALE DESZENDENZ und KOGNATISCHE DESZENDENZ.)

DESZENDENZGRUPPE. Eine Gruppe, die auf der Grundlage der gemeinsamen Abstammung oder Blutsverwandtschaft ihrer Mitglieder (d.h. ihrer DESZENDENZ von einem gemeinsamen Vorfahren) organisiert ist. (Siehe BLUTSVERWANDTSCHAFT, VERWANDTSCHAFTSGRUPPE.) Mit anderen Worten, Menschen mit gemeinsamer Deszendenz, die diese Deszendenz als Grundlage für die Wählbarkeit oder Rekrutierung für die Mitgliedschaft in einer Gruppe heranziehen, bilden eine Deszendenzgruppe. Dieser Begriff soll nicht mit DESZENDENZKATEGORIE verwechselt werden.

DESZENDENZEINHEIT. Jede soziokulturelle Einheit – GRUPPE oder KATEGORIE –, die auf der Grundlage einer in Anspruch genommenen gemeinsamen DESZENDENZ ihrer Mitglieder gebildet oder strukturiert ist. (Siehe DESZENDENZKATEGORIE und DESZENDENZGRUPPE.)

DESZENDENZKATEGORIE. Einheit, zu der alle gehören, die durch in der jeweiligen Kultur geltenden Vorstellungen von DESZENDENZ von einem gemeinsamen Vorfahren miteinander verwandt sind.

DIREKTER AUSTAUSCH. Siehe RESTRINGIERTER AUSTAUSCH.

DIREKTE REZIPROZITÄT. Siehe AUSGEGLICHENE REZIPROZITÄT.

DOPPELTE DESZENDENZ. Eine Form der UNILINEALEN DESZENDENZ, die Prinzipien der PATRILINEALEN und der MATRILINEALEN DESZENDENZ miteinander kombiniert. Mit anderen Worten, das einzelne EGO leitet seine Deszendenz durch die väterliche Linie ab (d.h., der Vater ist das VERWANDT-

SCHAFTLICHE BINDEGLIED zwischen Ego und den unilinealen männlichen Vorfahren Egos: Va, VaVa, VaVaVa usw.) und leitet seine Deszendenz zugleich auch durch die mütterliche Linie ab (d. h., die Mutter ist das verwandtschaftliche Bindeglied zwischen Ego und den unilinealen weiblichen Vorfahren Egos: Mu, MuMu, MuMuMu usw.). (Siehe S. 213–14 für die Erklärung der Abkürzungen.) Wird auch als *duolineale, bilineale* und *doppelt unilineale* Deszendenz bezeichnet. Manche Anthropologen betonen, daß in einer Gesellschaft sowohl auf patrilinealer als auch auf matrilinealer Deszendenz beruhende GRUPPEN gegeben sein müssen, bevor man für diese Gesellschaft von doppelter Deszendenz sprechen kann. Andere Anthropologen halten das Vorhandensein von DESZENDENZKATEGORIEN, die auf beiden Prinzipien beruhen, für ausreichend, um von doppelter Deszendenz zu sprechen.

DOPPELT UNILINEALE DESZENDENZ. Siehe DOPPELTE DESZENDENZ.

DORFOBERHAUPT. Siehe ÄLTESTER.

DUALORGANISATION. Siehe MOIETY.

DUOLINEALE DESZENDENZ. Siehe DOPPELTE DESZENDENZ.

DUOLOKALE RESIDENZ. Eine Residenzform, bei welcher der Ehemann und die Ehefrau nicht zusammenwohnen, sondern in getrennten Gruppen leben.

DYADE. Eine Zweipersonengruppe; ein Paar.

EGALITÄR. Bezieht sich auf Gruppen, in denen die Zugangsmöglichkeit zu lebenswichtigen Ressourcen, Gütern und Dienstleistungen ungefähr gleich ist und in denen es keine mit Zwangsautorität ausgestatteten formalen Positionen gibt.

EGO. Bei der Bestimmung von VERWANDTSCHAFT ist Ego das Individuum, von dem aus die Verwandtschaftsbeziehung abgeleitet wird bzw. das die Beziehung ableitet. Bei Verwandtschaftsdiagrammen oder genealogischen Aufstellungen, die das System der VERWANDTSCHAFTSTERMINOLOGIE einer Gesellschaft wiedergeben, bezieht sich *Ego* daher auf jenes Individuum, von dessen Standpunkt aus wir das Diagramm erstellen, der Bezugspunkt für die Ableitung von Verwandtschaftsbeziehungen. (Siehe ALTER.)

EGOZENTRISCHE EINHEIT. Eine Einheit (GRUPPE oder KATEGORIE), die ihrer Definition nach auf ein Individuum bezogen ist und deren Mitgliedschaft auf irgendeiner Beziehung zu diesem Individuum beruht, wie dies z. B. bei der KINDRED der Fall ist. (Siehe SOZIOZENTRISCHE EINHEITEN.)

EHE. Eine sozial anerkannte und normativ vorgeschriebene Beziehung zwischen mindestens zwei Personen (von denen eine kulturell als männlich, die andere als weiblich definiert ist), durch welche wirtschaftliche, sexuelle und andere Rechte und Pflichten begründet und bestimmt sind, die jeder dem anderen oder den anderen sowie anderen Mitgliedern der Gesellschaft schuldet und die den *primären* bzw. gebräuchlichsten Mechanismus in der Gesellschaft darstellt, durch den die Nachkommen als legitim anerkannt werden und die normalen Rechte eines Mitgliedes ihrer Gesellschaft übertragen bekommen. Das Schließen einer Ehe heißt HEIRAT.

EINFLUSS. Die Fähigkeit durch Beispiel, Überzeugung oder durch Ratschläge, Entscheidungen zu lenken oder das Verhalten anderer zu ändern. (Siehe MACHT.)

ELEMENTARE HEIRATSSYSTEME. Systeme mit positiven Regeln, welche eine Heirat zwischen Mitgliedern bestimmter Kategorien oder Personengruppen spezifizieren; d. h. die Regeln spezifizieren, wen man heiraten soll oder muß. (Siehe KOMPLEXE HEIRATSSYSTEME.)

EMISCH. Bezieht sich auf den Versuch, Glaubens- und Verhaltensmuster vom einheimischen Standpunkt aus zu verstehen und kulturelle Gegebenheiten in einer Form zu interpretieren, die für die Mitglieder der erforschten Gesellschaft bedeutungsvoll ist. Der Begriff ist vom linguistischen Terminus *phonemisch* abgeleitet, der sich auf bedeutungstragende Laute in einer Sprache bezieht. (Siehe ETISCH, siehe auch ETHNOSCIENCE.)

ENDOGAMIE. HEIRAT (nicht GESCHLECHTSVERKEHR) innerhalb einer bestimmten sozialen Einheit (GRUPPE oder KATEGORIE). Bezieht sich sowohl auf die Regel, die Heirat innerhalb der Einheit vorschreibt, als auch auf die Praktik solcher Heiraten. (Siehe EXOGAMIE.)

ENKULTURATION. (1) Im Gegensatz zur Sozialisation die Übertragung einer bestimmten Kultur von einer Generation auf die folgende oder von den Dazugehörigen auf die Nicht-Dazugehörigen. (2) Dasselbe wie SOZIALISATION. (3) Dasselbe wie INTERNALISATION.

ERWORBENER STATUS. Ein STATUS, dessen Zugehörigkeit freiwillig ist oder durch eigene Anstrengung erlangt worden ist. (Siehe ZUGESCHRIEBENER STATUS.)

ESKIMO-SYSTEM. Ein auch als *Lineales System* bezeichneter Typus der VERWANDTSCHAFTSTERMINOLOGIE, der oft in Verbindung mit KOGNATISCHER DESZENDENZ auftritt. Für die Hauptkennzeichen siehe Kapitel 12.

ETHNOGRAPHIE. (1) Feldforschung, die bei einer Gemeinschaft vor allem mittels der TEILNEHMENDEN BEOBACHTUNG durchgeführt wird; (2) die daraus sich ergebende Beschreibung einer Gesellschaft oder Kultur (auch *ethnographische Monographie*). (Siehe ETHNOLOGIE.)

ETHNOGRAPHISCHES PRÄSENS. Die Präsensform, die gebraucht wird, um vergangene Zustände von Gesellschaften zu beschreiben. Sie bezieht sich auf diese Gesellschaften entweder (1) in jenem Stadium, in dem sie beobachtet wurden, als sie zum erstenmal mit Vertretern der westlichen Kultur in Kontakt kamen oder (2) in dem Stadium, in dem sie sich befanden, als der berichtende Ethnograph seine Feldforschung durchführte. Dies letztere dann, wenn zwischen der Forschung und dem Bericht viel Zeit verflossen ist.

ETHNOLOGIE. Der wissenschaftliche Vergleich von Ethnographien. Das Aufstellen von Theorien oder Allgemeinaussagen über die Kultur auf der Grundlage von Daten, die von verschiedenen Gesellschaften genommen wurden (im Gegensatz zur vorwiegend deskriptiven Funktion der ETHNOGRAPHIE). Viele britische Anthropologen verstehen unter *Ethnologie* die Rekonstruktion der Geschichte einer Gesellschaft oder verwandter Gesellschaften innerhalb einer bestimmten Region.

ETHNOSCIENCE. Eine theoretische und methodologische Vorgehensweise bei der Erforschung und Interpretation von Glaubens- und Verhaltensmustern, die von einer EMISCHEN Strategie Gebrauch macht; d. h. ein Versuch, fremde kulturelle Systeme von der Sichtweise des Darinnenstehenden her zu verstehen, mit einem besonderen Schwerpunkt auf Denkstrukturen oder Klassifikationssystemen. Auch als *kognitive Anthropologie* bezeichnet.

ETHNOZENTRISMUS. Die Tendenz, die eigene Kultur als zentral, anderen Kulturen überlegen und als Maßstab oder Standard, aufgrund dessen alle anderen Lebensstile bewertet werden, zu betrachten. (Siehe KULTURRELATIVISMUS.)

ETHOLOGIE. Die Erforschung tierischen Verhaltens. Wenn der Begriff auf Menschen angewandt wird *(Humanethologie),* bezieht er sich gewöhnlich auf die Erforschung nichtverbalen Verhaltens.

ETISCH. Bezieht sich auf den Versuch, Glaubens- und Verhaltensmuster in Begriffen zu erklären, die für den außenstehenden Beobachter sinnvoll sind, sowie kulturelle Gegebenheiten aufgrund eines analytischen Systems zu interpretieren, das dem einheimischen System gegenüber äußerlich und unabhängig von diesem ist. Der Begriff ist vom linguistischen Terminus *phonetisch* abgeleitet, der sich auf die Aufnahme von in der Sprache gebrauchten Lauten bezieht, unabhängig davon, ob die Laute für die Sprecher einer besonderen Sprache bedeutungstragend sind oder nicht. (Siehe EMISCH.)

EVOLUTION, SOZIALE EVOLUTION, KULTURELLE EVOLUTION. Langfristiger Wandel, wobei eine Gattung oder Klasse von Dingen in Form einer Serie von aufeinanderfolgenden Repräsentanten dieser Klasse gesehen wird. Im Hinblick auf soziokulturelle Systeme bezieht sich *Evolution* auf Wandlungen der Formen der ADAPTION. (Siehe GENERELLE EVOLUTION und SPEZIELLE EVOLUTION.)

EVOLUTIONÄRE EBENE ODER EVOLUTIONÄRES STADIUM. Siehe ADAPTIVE STRATEGIE.

ERWEITERTE FAMILIENGRUPPEN. Es gibt keinen einheitlichen Gebrauch dieses Begriffes in der anthropologischen Literatur, doch scheinen die folgenden Definitionen die verbreitetsten zu sein. (1) Eine Familiengruppe, die aus zwei oder mehr zusammenwohnenden, lineal verwandten Familieneinheiten besteht; d. h. zwei oder mehr Generationen von verwandten Personen und deren Ehepartnern, die alle zusammenleben. (Siehe PATRILOKALE, MATRILOKALE und AVUNKULOKALE ERWEITERTE FAMILIENGRUPPE; siehe auch STAMMFAMILIENGRUPPE.) (2) Jede Gruppe, die eine KERNFAMILIENGRUPPE oder eine POLYGAME FAMILIENGRUPPE sowie mindestens einen weiteren Verwandten umfaßt. (3) Jede Gruppe von verwandtschaftlich miteinander verbundenen und eng zusammenarbeitenden Familien. (4) Siehe ZUSAMMENGESETZTE FAMILIENGRUPPE, Definition 1.

ERWORBENER STATUS *(achieved status)*. Ein auf freiwilliger Zugehörigkeit oder aufgrund eigener Leistung gewonnener STATUS. (Siehe ZUGESCHRIEBENER STATUS.)

EXOGAMIE. HEIRAT (nicht GESCHLECHTSVERKEHR) außerhalb einer bestimmten sozialen Einheit (GRUPPE oder KATEGORIE). Bezieht sich sowohl auf die Regel, die Heirat außerhalb der Grenzen der Einheit vorschreibt, als auch auf die Praktik solcher Heiraten. (Siehe ENDOGAMIE.)

EXTENSIVER BODENBAU. Eine Form des Bodenbaus (im allgemeinen BRANDRODUNGSBAU), bei der die Menschen periodisch ihren Siedlungsort wechseln und extensive Landgebiete zum Anbau verwenden. Sie bleiben also nicht in ein und demselben Gebiet, um das gleiche Anbauland immer wieder zu bearbeiten. (Siehe INTENSIVER BODENBAU.)

FABRIKSYSTEM. Ein wirtschaftliches System, bei dem die Produktion in Stadien zerlegt ist und das Produkt sich aus Teilprodukten zusammensetzt und sowohl die Stadien als auch die Teilprodukte standardisiert sind, so daß die Tätigkeiten, die für ein Stadium erforderlich sind, sich von denen für andere Stadien unterscheiden und die auf jedem Stadium hergestellten Teilprodukte austauschbare Einheiten sind, die schließlich zu identischen oder ähnlichen Endprodukten zusammengestellt werden. Der Schwerpunkt dieses Systems liegt auf der Massenproduktion für die Massendistribution in Vorwegnahme späterer Massenkonsumtion. (Mehrere Kommentatoren haben darauf hingewiesen, daß die Organisation der sozialen Beziehungen in den Industriegesellschaften im allgemeinen auf einem Fabrikmodell beruht.)

FAMILIE. Gewöhnlich eine Haushaltseinheit, die auf dem Begriff der Verwandtschaft – entweder BLUTS- oder AFFINALVERWANDTSCHAFT (oder beiden) sowie entweder WIRKLICHER oder KLASSIFIKATORISCHER VERWANDTSCHAFT (oder beiden) – beruht und aus Erwachsenen und Kindern besteht.

Die Typen von Familiengruppen (siehe KERN-, POLYGAME, ERWEITERTE und ZUSAMMENGESETZTE FAMILIENGRUPPE) können als Ergebnis einer Kombination von Heirats- und Residenzmustern verstanden werden.

FEHDE. Bewaffneter Konflikt in kleinem Maßstab zwischen Fraktionen innerhalb einer Gemeinde oder zwischen strukturell äquivalenten Gemeinden, der nur eine beschränkte Teilnehmerzahl angeht, und durch eine fortdauernde Beziehung von Angriffen und Vergeltungsschlägen zwischen den sich befehdenden Gruppen gekennzeichnet ist. (Siehe KRIEG.)

FELDBAU. Siehe HÖHERER BODENBAU.

FIKTIVE oder PUTATIVE VERWANDTSCHAFT. (1) Eine Verwandtschaft, die von Personen in Anspruch genommen wird, die nicht imstande sind, irgendeine biologische Verbindung nachzuweisen. In diesem Sinne ähnelt sie der KLASSIFIKATORISCHEN VERWANDTSCHAFT. (2) Im Unterschied sowohl zur WIRKLICHEN VERWANDTSCHAFT als auch zur klassifikatorischen Verwandtschaft bezieht sich der Begriff auf die Behandlung einer anerkanntermaßen nichtverwandten Person als verwandt (wie z.B. bei Patenschaft, Blutsbruderschaft usw.).

FILIATION. Die soziale Anerkennung der Beziehung zwischen einer Person und deren Eltern. Von Anthropologen oft verwendet, um Verwechslungen mit DESZENDENZ zu vermeiden. Zum Beispiel wird in manchen Gesellschaften die Gruppenmitgliedschaft nicht durch die Deszendenz von einem entfernten Vorfahren, sondern durch die Regel bestimmt, daß ein Kind derselben Gruppe angehört, der einer seiner Eltern, entweder die Mutter oder der Vater, angehört.

FISSION. Die Aufspaltung oder Zersplitterung von Gruppen, entweder die Aufspaltung einer großen Gruppe in mehrere kleinere, separate Gruppen oder die Abspaltung einiger Mitglieder einer Gruppe, welche diese verlassen, um sich anderen Gruppen anzuschließen. (Siehe FUSION.)

FORMALE GRUPPE. Eine Gruppe, deren Mitglieder ein gemeinsames Symbol oder gemeinsame Symbole haben, welche die Gruppe repräsentieren, und damit ein über die Erfüllung spezieller Aufgaben hinausgehendes Zusammengehörigkeitsgefühl bewirken.

FORTPFLANZUNGSFAMILIE. Die FAMILIE, die man durch HEIRAT gründet. (Siehe auch ORIENTIERUNGSFAMILIE.)

FORTPFLANZUNGSGEMEINSCHAFT. Eine Population, d.h. eine Personengruppe innerhalb eines bestimmten geographischen Bereichs, die häufiger untereinander als mit außenstehenden Personen sexuelle Beziehungen haben (sich fortpflanzen, siehe GESCHLECHTSVERKEHR) oder Ehen eingehen.

FRATERNALE POLYANDRIE. Eine Form der POLYGAMIE, bei welcher eine Frau zur selben Zeit mit zwei oder mehr Brüdern verheiratet ist. (Siehe SORORALE POLYGYNIE.)

FRATERNALE ZUSAMMENGESETZTE FAMILIENGRUPPE. Eine ZUSAMMENGESETZTE FAMILIENGRUPPE, die sich aus dem Zusammenleben mindestens zweier Brüder, ihrer Frauen und ihrer Kinder ergibt.

FRAUENERBSCHAFT. Ein System, bei dem der Erbe eines verstorbenen Mannes verpflichtet ist, die Witwe oder Witwen zu heiraten.

FRAUENTAUSCH oder GASTPROSTITUTION. Die Praktik, wonach Männer Rechte des sexuellen Zuganges zu ihren Frauen aufeinander übertragen. Eine Form der Gastfreundschaft.

FUSION. Der Zusammenschluß einer Anzahl kleiner GRUPPEN zu einer größeren GRUPPE. (Siehe FISSION.)

GARTENBAU. Siehe NIEDERER BODENBAU.

GASTPROSTITUTION. Siehe FRAUENTAUSCH.

GEBURTSFAMILIE oder GEBURTSGRUPPE. Siehe ORIENTIERUNGSFAMILIE.

GEHEIMBÜNDE oder GEHEIMGESELLSCHAFTEN. ASSOZIATIONEN auf nichtverwandtschaftlicher Grundlage, deren Mitglieder ein geheimes oder esoterisches Wissen miteinander gemein haben, das Nichtmitgliedern nicht zugänglich ist und von dem man annimmt, daß es den Mitgliedern spezielle Fähigkeiten oder Macht verleiht. In manchen Fällen ist die Tatsache der Mitgliedschaft selbst geheim. (Manche Anthropologen definieren die Geheimbünde als freiwillige, andere als unfreiwillige ASSOZIATIONEN.)

GENERALISIERTE ODER VERZÖGERTE REZIPROZITÄT. Eine Form wirtschaftlichen Austausches, bei der Güter und Dienstleistungen von einer Partei der anderen gegeben werden, ohne daß eine sofortige oder direkte Erwiderung in Gütern und Dienstleistungen von entsprechendem Wert erwartet wird. (Siehe AUSGEGLICHENE REZIPROZITÄT.)

GENERALISIERTER AUSTAUSCH. Ein HEIRATSmuster, bei welchem Männer der GRUPPE A Frauen der GRUPPE B heiraten, Männer der GRUPPE B Frauen der GRUPPE C und so weiter. Diese Form des Austausches ist festgelegt und kann nicht umgekehrt werden; d.h., wenn einmal Männer von A Frauen von B heiraten, kann diese Beziehung niemals in dem Sinne umgekehrt werden, daß Frauen von A Männer von B heiraten. Statt dessen heiraten die Männer von B Frauen von C. Auch als *indirekter Austausch, asymmetrisches Heiratssystem, zirkulierendes Konnubium* und *matrilaterale Kreuzbasen-*(MuBrTo-)*Heirat* bezeichnet. (Siehe S. 213–14 für eine Erklärung der Abkurzungen.) (Siehe RESTRINGIERTER AUSTAUSCH.)

GENERELLE EVOLUTION. Der umfassende Wandel der Kultur als generelles Phänomen bzw. als Kennzeichen der Menschheit, betrachtet nach den aufeinanderfolgenden Formen, welche die Kultur an verschiedenen Orten und zu verschiedenen Zeiten angenommen hat, die Entwicklung komplexerer Systeme der ADAPTION. (Siehe SPEZIELLE EVOLUTION.)

GENITOR. Der biologische männliche Elternteil. (Siehe PATER und VIR.)

GERICHTSHÖFE. Versammlungen von Personen zum Zwecke der Entscheidung über Streitfälle und der Befassung mit Rechtsbrüchen (siehe RECHT).

GESANGSDUELL. Eine Methode der Konfliktlösung in manchen Eskimo-Gesellschaften. Für eine Beschreibung siehe Kapitel 11.

GESCHLECHTSVERKEHR. Sexueller Verkehr. Der Begriff soll nicht mit EHE verwechselt werden.

GESELLSCHAFT. (1) Im allgemeinen eine Wesenheit, die durch eine Kombination der folgenden Kriterien definiert wird: (a) eine Gruppe oder Population von Menschen, (b) die ein bestimmtes oder deutlich umgrenztes Territorium bewohnen, (c) die eine ähnliche Sprache und ähnliche Bräuche, Glaubensvorstellungen, Institutionen und Traditionen gemeinsam haben und (d) die ein starkes Gefühl ihrer besonderen Gruppenidentität aufweisen. (2) In diesem Buche (Gerald Weiss folgend) entweder eine FORTPFLANZUNGSGEMEINSCHAFT oder eine maximale politische Einheit, je nachdem, welche im gegebenen Falle die umfassendere ist.

GESETZ. Im weitesten Sinne die Mechanismen und Verfahrensweisen, die in einer Gesellschaft im Falle der Überschreitung öffentlich anerkannter Verhaltensregeln sowie bei der Entscheidung von Streitfällen angewandt werden. Der Begriff bezieht sich auch auf diese Verhaltensregeln oder -normen selbst. Einige Autoren möchten den Gebrauch der Begriffe *Gesetz* und *Recht* auf jene Gesellschaften beschränken, in denen es ein formal anerkanntes, durch die Möglichkeit der Gewaltanwendung abgesichertes politisches Autoritätssystem gibt, welches imstande ist, institutionalisierte Sanktionen gegen die Übertreter der Gesetze zu verhängen – womit sie implizieren, und manchmal auch aussprechen, daß eine Gesellschaft, in der diese Bedingungen nicht erfüllt sind, als eine Gesellschaft ohne Gesetz und Recht anzusehen ist. (Dies kann als eine Verwechslung zwischen zwei Gesetzesbegriffen angesehen werden; Gesetz als *jedes* Geflecht von Regelungsmechanismen für die Handhabung von Streitfällen und Übertretungen einerseits und Gesetz als *ein bestimmtes* Geflecht derartiger Mechanismen und Verfahrensweisen mit bestimmten Merkmalen andererseits.) (Siehe auch *Recht*.)

GOTT oder GOTTHEIT. Ein übernatürliches Wesen, das gewöhnlich (1) benannt ist, (2) eine eigene besondere Identität hat, (3) Opfer, Gebete oder eine andere vergleichbare Anerkennung seiner Macht empfängt und (4) immer vorhanden ist, um seine Funktionen für die Gesellschaft zu erfüllen.

GOTTESURTEIL. Eine Methode, Schuld oder Unschuld festzustellen oder auch die Wahrhaftigkeit einer Person zu prüfen, indem man die Person einer körperlich schmerzvollen oder gefährlichen Prüfung aussetzt.

GRABSTOCK. Ein zugespitzter Stock zum Graben.

GRAMMATIK. Die Gesamtheit der Regeln, die für die Kombination von Lauten zu verständlichen Äußerungen bestimmend sind (d.h. solchen, die für einen Sprecher dieser Sprache sinnvoll sind). (Siehe SPRECHEN.)

GRUPPE (SOZIALE). Ein Kollektiv von Personen, die zusammentreten, um irgend etwas gemeinsam zu tun. Im Gegensatz zu einer KATEGORIE ist eine Gruppe eine Verhaltenseinheit, d.h., ihre Mitglieder interagieren. (Siehe KATEGORIE.)

GRUPPENEHE. Die Ehe einer Gruppe von Männern (zwei oder mehr) mit einer Gruppe von Frauen (zwei oder mehr), wobei alle Männer Beziehungen als Ehegatten zu allen Frauen und alle Frauen Beziehungen als Ehegattinnen zu allen Männern unterhalten.

HABITAT. Die unmittelbare soziale und natürliche Umgebung, in der eine Population lebt; es stellt die äußere Umwelt dar, an die sich die Population anpaßt.

HÄUPTLING. Ein Typus des politischen Führers in einer Stammesgesellschaft (siehe STAMM), die auf der Grundlage von Häuptlingstümern organisiert ist. Dies ist eine offizielle Position, ein festes Amt, für welches explizite Sukzessionsregeln maßgebend sind, die auf DESZENDENZ beruhen. Ein Häuptling verfügt gewöhnlich über beträchtliche MACHT. (Siehe HÄUPTLINGSTUM. Siehe auch ÄLTESTER.)

HÄUPTLINGSTUM. Eine Form der Stammesorganisation, wobei Lokalgemeinden zu größeren territorialen Einheiten zusammengefaßt sind, an deren Spitze jeweils ein als HÄUPTLING bezeichneter Führer steht. Die Lokalgemeinden sind in Wirklichkeit politische Untereinheiten des Häuptlingstums, doch jedes Häuptlingstum ist politisch unabhängig und von den anderen Häuptlingstümern innerhalb des STAMMES unterschieden (d.h., es gibt keine übergeordnete oder zentrale Autorität über den gesamten STAMM).

HAUSHALT. Eine häusliche GRUPPE, deren Mitglieder einen gemeinsamen Wohnsitz haben (entweder in einem einzigen Gebäude oder in zwei oder mehr Gebäuden, die nahe beieinander liegen).

HAWAII-SYSTEM. Ein Typus der VERWANDTSCHAFTSTERMINOLOGIE, auch als *Generationen-System* bezeichnet. Für die Hauptkennzeichen siehe Kapitel 12.

HEIRAT. Das Schließen einer EHE.

HEXE ODER HEXER. Eine Person mit einer angeborenen Fähigkeit, durch magische – oft rein geistige – Mittel Leid oder Mißgeschick herbeizuführen.

HEXEREI. Am häufigsten das Ausüben einer angeborenen Fähigkeit, durch magische Mittel, entweder absichtlich oder unabsichtlich, schädliche Wirkungen herbeizuführen. Insofern mit Zauberei oder SCHWARZER MAGIE verwandt, doch gewöhnlich von dieser unterschieden, weil Zauberer zum Erwerb ihrer Fähigkeiten eine Ausbildung durchmachen, während HEXEN mit ihren Fähigkeiten geboren werden.

HIRTENNOMADISMUS. Eine ADAPTIVE STRATEGIE, die HIRTENTUM und NOMADISMUS kombiniert. Anscheinend keine selbstgenügsame adaptive Strategie, sondern eine regionale Spezialisierung in Gebieten, wo auch BODENBAU praktiziert wird, oder eine Strategie, von der Hirten Gebrauch machen, die selbst noch auf eine zusätzliche Weise ihren Lebensunterhalt erwerben (BODENBAU, Handel, Lohnarbeit, Karawanentransport).

HIRTENTUM. Eine ADAPTIVE STRATEGIE, deren Grundlage vornehmlich Herden von Großtieren (Schafe, Ziegen, Rinder, Kamele, Rentiere, Pferde) bilden.

HOCHGOTT. Die oberste Gottheit in einem polytheistischen religiösen System.

HOCHKULTUR (ZIVILISATION). Ein Begriff, der gewöhnlich auf eine Gesellschaft angewandt wird, die mehrere oder alle der folgenden Kennzeichen aufweist: (1) eine bestimmte Form stratifizierter politischer Organisation, im allgemeinen ein staatliches System; (2) eine bestimmte Form der wirtschaftlichen Organisation, gewöhnlich eine solche, die auf beruflicher Spezialisierung aufbaut und in der Märkte und Handel wichtig sind; (3) eine bestimmte Form der räumlichen Organisation und der Siedlungsform, die im allgemeinen Urbanisierung und eine monumentale Architektur mit sich bringt; (4) eine bestimmte Form der religiösen Organisation, im allgemeinen eine solche mit monotheistischer Ausprägung und mit einer Priester-Bürokratie; und (5) Schrift.

HÖHERER BODENBAU (ACKERBAU, FELDBAU). Am häufigsten eine Form des Pflanzenanbaues, bei der Pflug und Zugtiere verwendet werden. Bisweilen auch ein Anbau mit Terrassenbau, Fruchtwechsel, Düngung oder Bewässerung. Gelegentlich auch Getreidebau im Gegensatz zum Knollenfruchtbau. (Siehe NIEDERER BODENBAU.)

HOLISMUS. Der Versuch, irgendein System als ein Ganzes zu untersuchen und zu verstehen – d.h. als ein Gefüge aus einer Anzahl von miteinander verbundenen, gegenseitig aufeinander einwirkenden und wechselseitig voneinander abhängigen Teilen.

HOMINIDEN. Mitglieder der Familie Hominidae, der taxonomischen Familie, zu der die Menschen gerechnet werden.

HOMÖOPATHISCHE MAGIE. Siehe NACHAHMENDE MAGIE.

HORDE. Eine kleine, politisch unabhängige, gemeinsam lebende, egalitäre PRIMÄRGRUPPE, die gewöhnlich freiwillig auf den Grundlagen der Verwandtschaft und der Freundschaft assoziiert ist. Horden bestehen im allgemeinen aus weniger als fünfzig Personen, die ohne formal festgelegte Führungspositionen organisiert sind. (Siehe PRIMUS INTER PARES.) Sie kennzeichnen sich in wirtschaftlicher Hinsicht durch Selbstversorgung. Die Hordenorganisation ist typisch für Jäger und Sammler. (Siehe WILDBEUTERTUM.)

HORIZONTALER NOMADISMUS. Eine Form der TRANSHUMANZ oder jahreszeitlichen Ortsveränderung bei Hirtennomaden (siehe HIRTENTUM), wobei sich die Hirten und ihre Tiere von einer semipermanenten oder permanenten Ansammlung von Wohnstätten (z.B. einem Dorf) in Richtung auf die offene Umgebung derselben wegbewegen, um Weidegrund und Wasser zu suchen, aber schließlich wieder zu ihrem Ausgangslager zurückkehren. (Siehe VERTIKALER NOMADISMUS.)

HUMANÖKOLOGIE. Die Erforschung der Beziehung zwischen menschlichen Populationen und ihren Habitaten – wie die natürliche Umwelt die Form der ADAPTION und die Organisation der sozialen Beziehungen der Population beeinflußt und wie die ADAPTIVE STRATEGIE der Population auf die Umwelt zurückwirkt. (Siehe KULTURÖKOLOGIE.)

HYPERGAMIE. Wo SOZIALE STRATIFIKATION vorkommt, bezieht sich HYPERGAMIE auf eine Ehe zwischen den Strata, wobei der Mann zum höheren Stratum gehört. (Siehe HYPOGAMIE.)

HYPOGAMIE. Wo SOZIALE STRATIFIKATION vorkommt, bezieht sich HYPOGAMIE auf eine Ehe zwischen den Strata, wobei die Frau zum höheren Stratum gehört. (Siehe HYPERGAMIE.)

INDIREKTER AUSTAUSCH. Siehe GENERALISIERTER AUSTAUSCH.

INDUSTRIALISMUS. Der Gebrauch unbelebter Energiequellen (d.h. von ENERGIE, die auf andere Weise als durch Muskeltätigkeit, sei es nun tierische oder menschliche, erzeugt wird) zum Betrieb von Maschinen für die Erschließung und Verarbeitung von Rohstoffen in einem FABRIKSYSTEM der Produktion. Diese Adaptionsform begann erstmals in großem Maßstab gegen Ende des 18. Jahrhunderts in England, obwohl es Belegmaterial für den gelegentlichen oder peripheren Einsatz mancher industrieller Methoden schon vor 2000–3000 Jahren gibt (zum Beispiel Wasserräder in Griechenland vor etwa 2300 Jahren). Der Begriff *industrielle Revolution* ist daher auf die Zeit vor etwa 200–300 Jahren beschränkt, als die Abhängigkeit vom Industrialismus erstmals eine entscheidende Bedeutung für die ADAPTION gewann.

INFORMELLE GRUPPE. Eine Gruppe, die zu einem bestimmten Zweck organisiert worden ist und, abgesehen von der Notwendigkeit, diesen Zweck zu erfüllen, kein Zusammengehörigkeitsgefühl hat. (Siehe FORMALE GRUPPE.)

INITIATIONSZEREMONIE. Ein RITE DE PASSAGE, der den Statusübergang vom Nichtmitglied zum Mitglied einer identifizierbaren sozialen Einheit markiert. Der Begriff wird am häufigsten in bezug auf die RITES DE PASSAGE von der Kindheit zum Beginn des Erwachsenenalters gebraucht (und ist insofern synonym mit *Pubertätsritual*).

INSTITUTION. Ein Handlungssystem bzw. ein Geflecht von zusammenhängenden und untereinander verbundenen Glaubens- und Verhaltensmustern. Zu einer Institution gehört eine funktional verbundene Konstellation von verhaltensmäßigen, ideologischen und kognitiven Subsystemen, die eine analytisch oder empirisch abgrenzbare Handlungssphäre betreffen – z. B. die Wirtschaft (siehe WIRTSCHAFTLICHE ORGANISATION), die RELIGION oder die VERWANDTSCHAFT. (Siehe auch MULTIFUNKTIONALITÄT DER INSTITUTIONEN und INSTITUTIONENDIFFERENZIERUNG.)

INSTITUTIONENDIFFERENZIERUNG. Ein relativ hoher Grad an Aufspaltung und Verselbständigung der Teile in soziokulturellen Systemen. Bestimmte Bereiche des Glaubens und Verhaltens werden mit einer besonderen INSTITUTION verbunden und von anderen Institutionen abgesondert, d. h., es gibt wenig Überschneidung zwischen den Institutionen, so daß die Menschen dazu neigen, zwischen religiösen und wirtschaftlichen Betätigungen, wirtschaftlichen und verwandtschaftlichen Betätigungen usw. zu unterscheiden. Im Zusammenhang damit findet sich eine ROLLENDIFFERENZIERUNG für Individuen. (Siehe MULTIFUNKTIONALITÄT DER INSTITUTIONEN und MULTIFUNKTIONALITÄT DER ROLLEN.)

INTENSIVER BODENBAU. Eine Form des BODENBAUS, bei der die Menschen dasselbe Land immer wieder bearbeiten. Das bedeutet, daß sie mit Hilfe von Techniken wie Fruchtwechsel, Terrassenbau, Düngung oder Bewässerung mit oder ohne den Gebrauch des Pfluges (siehe HÖHERER BODENBAU und NIEDERER BODENBAU) intensive Arbeit in den Anbau von Pflanzen in einem bestimmten Gebiet investieren, statt ihren Wohnort immer wieder zu verändern, um neue Landstücke zu bebauen (siehe EXTENSIVER BODENBAU). Diese Form der produzierenden Wirtschaft kann als *arbeitsintensiver Bodenbau,* d. h. eine Form des Bodenbaus, die eine hohe Arbeitsinvestition von Menschen und domestizierten Tieren voraussetzt, oder als *kapitalintensiver Bodenbau* bezeichnet werden, d. h. als mechanisierter Bodenbau, wo wenige Menschen zur Bedienung der Maschinen benötigt werden, welche die meiste Arbeit tun.

INTENSIVIERUNGSRITEN. Riten, deren Funktion es ist, Gruppenbande zu intensivieren oder die Solidarität und Kohäsion einer Gruppe zu verstärken. Es sind dies Zeremonien, die in einer Gesellschaft regelmäßig und zu bestimmten Zeiten wiederkehren, wie z. B. Ernterituale (aus diesem Grunde manchmal auch als *Kalenderriten* bezeichnet) oder auch solche, die zu einer besonderen Gelegenheit oder während einer Krise, z. B. während einer Epidemie, durchgeführt werden. (Siehe RITES DE PASSAGE.)

INTERESSENGRUPPEN. Eine nichtverwandtschaftliche Assoziation (siehe As-

SOZIATIONEN), die sich aus Personen zusammensetzt, die dasselbe Ziel verfolgen oder ein Sonderinteresse, eine Beschäftigung oder ein Hobby, eine Absicht etc. miteinander gemein haben.

INTERNALISATION. Der Prozeß, durch den sich eine Person die Werte, Einstellungen, Ziele, Vorstellungen usw. zu eigen macht, die ihm als die gesellschaftlich anerkannten vermittelt worden sind; eine Form der psychologischen Einverleibung. Manchmal synonym mit ENKULTURATION und SOZIALISATION gebraucht.

INZEST. Verbotener sexueller Verkehr (GESCHLECHTSVERKEHR) zwischen festgelegten Kategorien von VERWANDTEN – d.h. ein von INZESTTABUS verbotenes Verhalten.

INZESTTABUS. Regeln, die im allgemeinen als durch übernatürliche Sanktionen verstärkt betrachtet werden, welche den GESCHLECHTSVERKEHR zwischen bestimmten festgelegten Kategorien von Verwandten verbieten. (Siehe auch INZEST.)

IROKESEN-SYSTEM. Ein Typus der VERWANDTSCHAFTSTERMINOLOGIE. Für die Hauptkennzeichen siehe Kapitel 12.

KASTENSYSTEM. Ein Typus der SOZIALEN SCHICHTUNG, bei welchem die Gesellschaft in eine Anzahl von hierarchisch geordneten, als *Kasten* bezeichneten Gruppen eingeteilt ist, deren Mitgliedschaft durch die Geburt festgelegt (d.h. also erblich) ist und die daher wenig oder gar keine SOZIALE MOBILITÄT gestatten. Kasten sind gewöhnlich endogam (siehe ENDOGAMIE) und mit spezialisierten Betätigungen verbunden. (Siehe KLASSENSYSTEM.)

KATEGORIE (SOZIALE oder KULTURELLE). Eine klassifikatorische Einheit oder Gesamtheit von Personen, deren Zugehörigkeit sich aus irgendeinem gemeinsamen Charakteristikum ergibt. Sie steht insofern im Gegensatz zu einer GRUPPE. Die Mitglieder einer Kategorie (d.h. Personen, die gemeinsam klassifiziert werden) interagieren nicht miteinander bzw. tun nichts gemeinsam. (Siehe GRUPPE.)

KERNFAMILIENGRUPPE oder NUKLEARFAMILIENGRUPPE. Eine häusliche Einheit, die aus einem Mann, einer Frau und deren Kindern besteht. Auch als *Elementarfamilie* oder *Konjugalfamilie* bezeichnet. (Siehe ERWEITERTE, ZUSAMMENGESETZTE und POLYGAME FAMILIENGRUPPE.)

KINDERPEIS. Eine Zahlung, die Rechte über Kinder begründet. (Siehe RECHT, ZEUGUNGSRECHTE.) Er kann im Zusammenhang mit der EHE oder auch ohne eine formale eheliche Verbindung vorkommen. Er beinhaltet die Entrichtung von Gütern durch einen Mann oder die Gruppe eines Mannes an eine Frau oder die Gruppe einer Frau zum Zwecke der Legitimierung der Kinder als Mitglieder der VERWANDTSCHAFTSGRUPPE des Mannes. Anders ausgedrückt, sie affiliiert die Kinder dem Manne. (Siehe FILIATION.)

Dies wird auch als *Nachkommenschaftspreis* bezeichnet. (Bisweilen mit dem BRAUTPREIS verwechselt, wahrscheinlich, weil der Brautpreis gewöhnlich auch einen Kinderpreis umfaßt – wohingegen das Umgekehrte nicht der Fall ist.)

KINDERTAUSCH. Die Praktik, einige der Kinder zur Erziehung in die Haushalte vertrauter Freunde und Verwandter zu geben, wofür man REZIPROZITÄT übt, indem man Kinder anderer aufnimmt. Die Praktik ist jedoch nicht auf einen Austausch von Kindern beschränkt, denn es kann jemandem, der selbst kinderlos ist, ein Kind anvertraut werden.

KINDRED. Eine egozentrische Kategorie (im Gegensatz zu GRUPPE; siehe EGOZENTRISCHE EINHEIT), die gewöhnlich sowohl MATRILATERALE als auch PATRILATERALE Verwandte umfaßt. Das heißt also, es gibt vom Standpunkt jedes individuellen Ego aus einen Personenkreis, den er oder sie als VERWANDTE betrachtet.

KLAN. Eine benannte GRUPPE oder KATEGORIE von Personen beiderlei Geschlechts, deren Mitgliedschaft durch UNILINEALE DESZENDENZ oder FILIATION von einem Elternteil bestimmt ist, obwohl die Mitglieder ihre DESZENDENZ vom STAMMAHNEN nicht tatsächlich nachweisen können. (Siehe LINEAGE.) Ein Klan setzt sich oft aus einer Anzahl von verwandten Lineages zusammen. Früher wurde der *Klan* von der SIPPE auf der Grundlage des Kriteriums unterschieden, ob die Mitglieder zusammenleben (Klan) oder nicht (Sippe). Heute werden *Klan* und *Sippe* oft synonym gebraucht.

KLASSENSYSTEM. Ein Typus der SOZIALEN SCHICHTUNG, bei welchem die Gesellschaft in eine Anzahl von hierarchisch angeordneten, als *Klassen* bezeichneten Schichten oder Strata eingeteilt ist, deren Mitgliedschaft, obzwar ursprünglich durch Geburt festgelegt, durch persönliche Leistung geändert werden kann (d.h. ein Klassensystem ist, wenigstens ideell, durch SOZIALE MOBILITÄT gekennzeichnet). Die Klassen sind im allgemeinen eher Kategorien als Gruppen. (Siehe KASTENSYSTEM.)

KLASSIFIKATORISCHE VERWANDTSCHAFT. Ein System der Bezeichnung von Verwandten, bei welchem Personen als VERWANDTE klassifiziert werden, obgleich sie im biologischen Sinne nicht verwandt sind, oder ein System, in welchem genealogisch verschiedene Verwandte in dieselbe Kategorie gebracht und mit demselben Verwandtschaftsterminus bezeichnet werden. Zum Beispiel werfen wir in unserem eigenen System die Vaterschwester, Mutterschwester, Frau des Vaterbruders und Frau des Mutterbruders in einen Topf unter dem einen Begriff *Tante*. Manchmal auch als ein System definiert, in dem Termini für LINEALE VERWANDTE auf KOLLATERALE VERWANDTE „ausgedehnt" werden. (Siehe DESKRIPTIVE VERWANDTSCHAFT und WIRKLICHE VERWANDTSCHAFT.)

KOGNATISCHE DESZENDENZ. Ein System der Ableitung von DESZENDENZ von *allen* Vorfahren, den männlichen und den weiblichen, sowohl durch die Mutter als auch durch den Vater. Oft auch als *nichtunilineale Deszendenz* bezeichnet. Auch *bilaterale Deszendenz* genannt. (Siehe UNILINEALE DESZENDENZ.)

KOGNATISCHE DESZENDENZGRUPPE. Eine auf der Grundlage KOGNATISCHER DESZENDENZ bzw. bilateraler Deszendenz gebildete Gruppe. Auch als *bilaterale* oder *unbeschränkte* Deszendenzgruppe bezeichnet.

KOGNITIVE ANTHROPOLOGIE. Siehe ETHNOSCIENCE.

KOLLATERALE VERWANDTE. Dem Wortsinne nach bedeutet *kollateral* „Seite an Seite". Dieser Begriff bezieht sich auf BLUTSVERWANDTE, die aber nicht in einer direkten Linie der DESZENDENZ stehen; z.B. Vettern. D.h. also sogenannte „Seitenverwandte" oder „horizontale" Verwandte. (Siehe LINEALE VERWANDTE.)

KOMMUNLOKALE RESIDENZ. Eine Residenzform, bei welcher das Ehepaar als Einheit in einer Gruppe lebt, in welcher auch die Eltern des Mannes und die Eltern der Frau leben.

KOMPLEXE HEIRATSSYSTEME. Systeme mit negativen Regeln, welche eine Heirat zwischen Mitgliedern bestimmter Personenkategorien oder -gruppen verbieten, aber nicht spezifizieren, wen man heiraten soll oder muß. (Siehe ELEMENTARE HEIRATSSYSTEME.)

KOMPONENTENANALYSE. Eine Technik der Analyse, die jeden Bereich des Glaubens oder Verhaltens in seine grundlegenden Elemente oder Komponenten auflöst, um die bedeutungsvollen Unterschiede zwischen den Teilgliedern dieses Bereiches zu bestimmen, welche als verschiedene Kombinationen (Konfigurationen oder Konstellationen) dieser Grundelemente aufgefaßt werden.

KONFÖDERATION. Eine freiwillige Allianz zwischen zwei oder mehr politisch autonomen Stämmen (siehe STAMM).

KONJUGALFAMILIENGRUPPE. Meistens wird dieser Begriff synonym mit KERNFAMILIENGRUPPE gebraucht. Manchmal wird er auch zur Bezeichnung aller jener Familiengruppen verwendet, die durch HEIRAT gebildet werden, im Gegensatz zu Familiengruppen, die auf Banden der Blutsverwandtschaft unter ihren Mitgliedern beruhen (siehe BLUTSVERWANDTE).

KORPORIERTE GRUPPE. Im anthropologischen Sprachgebrauch eine Gruppe, deren bestimmendes Kennzeichen das kollektive Eigentum oder die kollektive Kontrolle irgendeines hochbewerteten Gutes ist. Zu den interkulturell variablen sekundären Kennzeichen gehören: (1) eine von den Identitäten der sie bildenden Mitglieder unabhängige Gruppenidentität, (2) kontinuierliche Existenz trotz Veränderungen in der Zusammensetzung ihres Personals und (3) direkte Interaktion zwischen ihren Mitgliedern.

Ein häufig erwähntes tertiäres Kennzeichen ist die EXOGAMIE der Gruppe.

KREUZVETTERN und -BASEN. Personen, die Kinder von Geschwistern entgegengesetzten Geschlechts sind; d. h. also, die Kreuzvettern und -basen von EGO sind seine oder ihre VaSwKi und MuBrKi (siehe S. 213–14 für die Erklärung der Abkürzungen). (Siehe PARALLELVETTERN UND -BASEN.)

KRIEG. Relativ langfristiger bewaffneter Kampf in großem Maßstab zwischen ganzen politischen Gemeinwesen (im Normalfall ganzen Gesellschaften), bei dem große Streitkräfte mobilisiert werden und bei dem der Kampf eine organisierte und im allgemeinen durch eine formale Führungshierarchie charakterisierte Angelegenheit ist. (Siehe FEHDE.)

KULTUR. (1) Die einem Volk gemeinsamen Geflechte erlernter Glaubensvorstellungen und Verhaltensweisen, die in ihrer Gesamtheit dessen Lebensstil ausmachen; die Gesamtheit der Werkzeuge und Geräte, Handlungen, Denkinhalte und Institutionen jeder gegebenen menschlichen Population. (2) Manche Anthropologen halten es für gut, diesen Begriff nur auf das Ideen- oder gedankliche System einzuschränken, d. h. das gemeinsame System von Ideen, Wissen und Glaubensvorstellungen, mit Hilfe dessen ein Volk seine Wahrnehmungen und Erfahrungen ordnet und Entscheidungen trifft, und an dem es seine Handlungen orientiert.

KULTURANTHROPOLOGIE. (1) Ein Hauptzweig der ANTHROPOLOGIE, der sich mit dem holistischen und vergleichenden Studium der KULTUR befaßt (siehe HOLISMUS). (2) Ein Teilgebiet der Anthropologie, synonym mit ETHNOGRAPHIE und ETHNOLOGIE. (3) Eine besondere Betrachtungsweise innerhalb der Anthropologie, die sich mit dem Studium des menschlichen Geistes und seiner Arbeitsweise beschäftigt. Als solche ist sie synonym mit der kognitiven Anthropologie (ETHNOSCIENCE) und unterscheidet sie sich von der Sozialanthropologie, welche sich mehr für die ETHISCHEN Interpretationen des Verhaltens als für die Konzeptualisierungen oder Interpretationen der Handelnden selbst für ihre Verhaltensweisen interessiert.

KULTURAREAL. Eine geographische Region, innerhalb derer getrennte Gesellschaften ähnliche Kulturen haben; d. h. also ein Areal, in dem eine Anzahl von Völkern ähnliche Lebensstile aufweist, die, als Ganzes genommen, von den Lebensstilen anderer Areale verschieden sind. Kulturareale sind klassifikatorische und nicht analytische Hilfsmittel.

KULTURÖKOLOGIE. (1) In ETHISCHEN Begriffen das Studium der KULTUR als Adaptionsmechanismus; d. h. das Studium der Wechselbeziehungen zwischen soziokulturellen Systemen und ihren Habitaten (siehe HABITAT). (In dieser Bedeutung oft synonym mit *Humanökologie* gebraucht.) (2) In EMISCHEN Begriffen das Studium der kognitiven Orientierung eines Volkes seinem Habitat gegenüber sowie das Studium seiner ADAPTION an dasselbe; d. h. also der Weise, in der ein Volk seine Beziehung zu seinem Habitat auffaßt. (Siehe HUMANÖKOLOGIE und SOZIALÖKOLOGIE.)

KULTURRELATIVISMUS. Eine Betrachtungsweise, die Verhaltensweisen und Glaubenssätze im Gesamtzusammenhang des soziokulturellen Systems, in dem sie auftreten, bewertet. Der Kulturrelativismus fordert, daß eine Kultur nicht nach irrelevanten Kriterien beurteilt wird, wie z.B. den Maßstäben der eigenen Kultur. (Siehe ETHNOZENTRISMUS.)

LEBENSZYKLUS. Der Verlauf eines individuellen Lebens von der Geburt über das Heranwachsen und die Reife bis zum Tode.

LEVIRAT. Ein Mechanismus für die Fortsetzung der durch eine EHE eingegangenen Beziehung zwischen Gruppen über den Tod des ursprünglichen Ehegatten hinaus. Wenn ein Mann stirbt, setzt seine VERWANDTSCHAFTSGRUPPE einen anderen Mann an seine Stelle als Gatten für die Witwe. Der neue Ehemann ist oft ein Bruder (ob nun ein wirklicher oder klassifikatorischer; siehe WIRKLICHE VERWANDTSCHAFT, KLASSIFIKATORISCHE VERWANDTSCHAFT), doch kann er ebensogut irgendein anderer Mann aus derselben Verwandtschaftsgruppe sein. (Siehe SORORAT.)

LINEAGE. Eine auf der Grundlage der Deszendenz gebildete Einheit (siehe DESZENDENZEINHEIT), gewöhnlich eine GRUPPE, die im allgemeinen weniger Mitglieder und eine geringere genealogische Tiefe aufweist als ein Klan. Sie ist eine Gruppe von Personen beiderlei Geschlechtes, deren Mitgliedschaft durch UNILINEALE DESZENDENZ bestimmt wird und deren Mitglieder ihre Deszendenz vom STAMMAHNEN an durch eine Reihe von nachweisbaren genealogischen Bindegliedern ableiten können. Eine Lineage ist gewöhnlich lokalisiert, d.h. sie ist eine residentielle Gruppe. (Siehe KLAN.)

LINEALE VERWANDTE. BLUTSVERWANDTE in einer direkten Deszendenzlinie, wie z.B. Großelternteil, Elternteil, Kind – d.h. also Individuen, die „vertikal“ miteinander verwandt sind. (Siehe KOLLATERALE VERWANDTE.)

LINEALES SYSTEM. Siehe ESKIMO-SYSTEM.

LOKALGRUPPE oder RESIDENTIELLE GRUPPE. Eine Gruppe von Personen, die zusammenleben.

MACHT. Die Fähigkeit, Menschen zu manipulieren und Verhalten entweder zu erzwingen oder zu unterbinden, mit oder ohne begleitende AUTORITÄT. Sollte vom EINFLUSS unterschieden werden.

MAGIE. Die direkte Manipulation von Ursache und Wirkung zwischen Phänomenen, deren Zusammenhang durch davon unabhängige Mittel nicht nachweisbar ist – d.h. zwischen Dingen oder Ereignissen, die einem außenstehenden wissenschaftlich orientierten Beobachter als zusammenhanglos erscheinen, wie z.B. die Beeinflussung des Wohlbefindens einer

Person durch das Aussprechen von Zaubersprüchen über deren Bildnis.

MANA. Der malayo-polynesische Begriff für eine UNPERSÖNLICHE ÜBERNATÜRLICHE KRAFT.

MANITU. Der Algonkin-Begriff für eine UNPERSÖNLICHE ÜBERNATÜRLICHE KRAFT.

MARKTAUSTAUSCH. Eine Form des wirtschaftlichen Austausches, in der Geld (d.h. ein anerkanntes Austauschmedium, welches dazu verwendet wird, den Wert eines Gutes zu repräsentieren) verwendet wird. Beim Marktaustausch wird die Beziehung zwischen Käufern und Verkäufern vorwiegend wirtschaftlich (statt verwandtschaftlich, freundschaftlich etc.) gesehen.

MATRIKLAN. Ein KLAN, bei welchem die Mitgliedschaft durch MATRILINEALE DESZENDENZ oder FILIATION von der Mutter bestimmt wird.

MATRILATERAL. Auf Verwandte „mütterlicherseits" bezogen; das heißt, die Mutter ist das VERWANDTSCHAFTLICHE BINDEGLIED, zwischen EGO und dessen kollateralen Alters. (Siehe ALTER, KOLLATERALE VERWANDTE; siehe auch PATRILATERAL.) Der Begriff wird manchmal auch gebraucht, wenn MATRILINEAL gemeint ist.

MATRILATERALE KREUZBASEN-(MuBrTo-)HEIRAT. Siehe GENERALISIERTER AUSTAUSCH. (Siehe S. 213–14 für eine Erklärung der Abkürzungen.)

MATRILINEAGE oder MATRILINEALE LINEAGE. Eine auf der Grundlage MATRILINEALER DESZENDENZ gebildete LINEAGE. Auch als *uterine Lineage* bezeichnet.

MATRILINEALE DESZENDENZ. „Deszendenz in mütterlicher Linie"; eine Form UNILINEALER DESZENDENZ, bei welcher eine Person seine oder ihre Deszendenz nur durch Frauen ableitet (Mu, MuMu, MuMuMu usw.). (Siehe S. 213–14 für eine Erklärung der Abkürzungen.); d.h. die Mutter ist das VERWANDTSCHAFTLICHE BINDEGLIED zwischen EGO und EGO's unilinealen weiblichen Vorfahren. Auch als *uterine Deszendenz* bezeichnet.

MATRILOKALE ERWEITERTE FAMILIENGRUPPE. Eine ERWEITERTE FAMILIENGRUPPE, die auf MATRILOKALER RESIDENZ begründet ist; im Minimalfalle besteht sie aus einer Frau mit oder ohne deren Ehemann oder Ehemännern (je nach der Definition des einzelnen Anthropologen), ihren Töchtern sowie den Ehemännern und Kindern dieser Töchter, die alle zusammenleben. (Siehe PATRILOKALE und AVUNKULOKALE ERWEITERTE FAMILIENGRUPPE.)

MATRILOKALE RESIDENZ. *Matrilokal* bedeutet „Ort der Mutter"; es bezieht sich auf eine Form der Residenz, bei welcher das Ehepaar als Einheit bei oder nahe der Mutter der Frau lebt. Oft mit UXORILOKALER RESIDENZ verwechselt.

MATRISIPPE. Eine SIPPE, bei welcher die Mitgliedschaft durch MATRILINEALE DESZENDENZ oder FILIATION von der Mutter bestimmt wird.

MEDIZINMANN. Siehe SCHAMANE.

MEHRZWECKASSOZIATION. Siehe VERTRAGSFREUNDSCHAFT.

MEIDUNGSBEZIEHUNGEN. Beziehungen, die durch formale Regeln gesteuert werden, welche die Interaktion zwischen bestimmten Kategorien von Verwandten einschränken oder diesen sogar völlige gegenseitige Meidung auferlegen. (Siehe SCHERZBEZIEHUNGEN.)

MESSIANISCHE BEWEGUNG. Eine REVITALISIERUNGSBEWEGUNG, die von einem charismatischen Erlöser oder Heilsbringer geführt wird, oder eine Bewegung, die die künftige Erscheinung eines solchen Führers prophezeit. Dieser wird als *Messias* bezeichnet.

MILLENNARISTISCHE BEWEGUNG. Eine Art REVITALISIERUNGSBEWEGUNG, welche behauptet, daß die neue Ordnung, wenn sie einmal eingerichtet ist, tausend Jahre dauern wird. Mit dem Millennarismus ist oft auch der Glaube an einen Messias verbunden. (Siehe MESSIANISCHE BEWEGUNG.)

MITGIFT. (1) Der Anteil einer Frau am Erbe (Hab und Gut) aus ihrer Geburtsgruppe, ein Anteil, den sie bei ihrer Heirat mit sich nimmt. (2) BESITZ, der bei der Heirat von den Verwandten der Braut dem Bräutigam oder der Gruppe des Bräutigams übergeben wird.

MOIETY. „Hälfte", bei Gesellschaften, bei denen es eine Unterteilung in zwei große soziale Einheiten (GRUPPEN oder KATEGORIEN) gibt. Alle Personen in der Gesellschaft sind durch Geburt Mitglieder der einen oder der anderen dieser Einheiten. Die Mitgliedschaft kann, muß aber nicht, auf DESZENDENZ oder FILIATION beruhen. Eine Moiety ist oft, aber nicht immer, exogam (siehe EXOGAMIE). (Auch als *Dualorganisation* bezeichnet.)

MONOGAMIE. EHE, in der nur ein Mann mit nur einer Frau verheiratet ist.

MONOTHEISMUS. Ein religiöses System, bei dem der Glaube an nur einen GOTT gegeben ist. (Siehe POLYTHEISMUS.)

MULTIFUNKTIONALITÄT DER INSTITUTIONEN. Ein relativ hoher Grad von Überschneidung oder Integration – im Unterschied zur Segregation bzw. Ausdifferenzierung – in soziokulturellen Systemen: Verschiedene Bereiche des Glaubens und Verhaltens sind der Tendenz nach miteinander verbunden und untereinander vermischt, so daß sich z. B. religiöse, wirtschaftliche und verwandtschaftliche Tätigkeiten nicht leicht voneinander unterscheiden lassen, sondern eher verschiedene Aspekte oder Funktionen desselben, allumfassenden Systems von Tätigkeiten bilden. Im Zusammenhang damit steht die MULTIFUNKTIONALITÄT DER ROLLEN bei Individuen. (Siehe INSTITUTIONENDIFFERENZIERUNG und ROLLENDIFFERENZIERUNG.)

MULTIFUNKTIONALITÄT DER ROLLEN. Ein relativ hoher Grad von Überschneidung oder Integration – im Unterschied zur Segregation bzw. Ausdifferenzierung – im Rollenverhalten eines Individuums. Sie steht im Zusammenhang mit der MULTIFUNKTIONALITÄT DER INSTITUTIONEN in der Gesamtgesellschaft. (Siehe ROLLEN- und INSTITUTIONENDIFFERENZIERUNG.)

MULTILINEALE DESZENDENZ. Siehe KOGNATISCHE DESZENDENZ.

MULTITHEISMUS. Ein Typus der Religion, bei welchem eine Gesellschaft nur mit einem GOTT in Beziehung steht, aber die Existenz anderer Götter für andere Gesellschaften anerkennt.

NACHAHMENDE MAGIE. Eine Magie, die auf dem Glauben beruht, daß ein erwünschter Effekt einfach dadurch herbeigeführt werden kann, daß er nachgeahmt wird, einem Glauben, der von Frazers „Gesetz der Ähnlichkeit" ausgedrückt wird: „Gleiches bringt wieder Gleiches hervor, oder ... eine Wirkung gleicht ihrer Ursache." (Siehe ÜBERTRAGUNGSMAGIE.)

NACHGEBURTLICHES SEXUALTABU. Das Verbot sexuellen Verkehrs für einen oder beide Elternteile für eine bestimmte Zeitperiode nach der Geburt eines Kindes.

NATIONALSTAAT. Eine Gesellschaft, die ein zentralisiertes politisches System (den Staat) aufweist und sich aus sozial stratifizierten, wirtschaftlich spezialisierten und auch in anderer Weise heterogenen Populationen zusammensetzt, die ein bestimmtes Territorium bewohnen.

NATIVISTISCHE BEWEGUNG. Siehe REVITALISIERUNGSBEWEGUNG.

NATOLOKALE RESIDENZ. *Natolokal* bedeutet „Ort der Geburt" und bezieht sich auf eine Form der DUOLOKALEN RESIDENZ, bei der weder der Mann noch die Frau bei der Heirat ihren Wohnsitz aufgeben, sondern statt dessen weiterhin bei ihren jeweiligen Eltern wohnen.

NEGATIVE REZIPROZITÄT. Eine Form wirtschaftlichen Austausches, der vom Profitmotiv und vom Eigeninteresse der beteiligten Parteien beherrscht wird, und bei dem jede Partei versucht, die andere zu übervorteilen.

NEOLITHISCH. „Neustein-"; der Begriff *Neolithikum* (Neusteinzeit, jüngere Steinzeit) bezieht sich (1) auf den Gebrauch polierter Steingeräte oder (2) auf die Domestikation von Pflanzen und Tieren zu Nahrungszwecken. Der Begriff *neolithische Revolution* bezieht sich auf die Zeit von vor etwa 9000–10000 Jahren, als die Menschen in verschiedenen Weltteilen erstmals Nahrung zu produzieren begannen. (Siehe PALÄOLITHISCH.)

NEOLOKALE RESIDENZ. *Neolokal* bedeutet „neuer Ort" und bezieht sich auf eine Form der Residenz, bei der das Ehepaar als Einheit einen neuen Haushalt getrennt von den Eltern beider Ehegatten begründet.

NICHTUNILINEALE DESZENDENZ. Siehe KOGNATISCHE DESZENDENZ.

NIEDERER BODENBAU (PFLANZERTUM, GARTENBAU). Im allgemeinen eine Form des Pflanzenanbaus, bei welcher Handgeräte, wie die Hacke oder der Grabstock, verwendet werden; manchmal auch Anbau von Knollenfrüchten im Gegensatz zum Anbau von Körnerfrüchten. (Siehe HÖHERER BODENBAU.)

NOMADISMUS. Veränderung des Wohnortes auf der Suche nach Ressourcen,

d. h. als Teil der ADAPTIVEN STRATEGIE der Gruppe. Nomaden haben also keine permanenten Wohnstätten. (Siehe SESSHAFTIGKEIT.)

NORM, DESKRIPTIVE. Der statistische Ausdruck tatsächlichen Verhaltens, d. h. die Art, in der sich Menschen in gegebenen Situationen *normal* oder gewöhnlich verhalten, im Gegensatz zu den Ideen darüber, wie sie sich verhalten sollten oder welches Verhalten man allgemein von ihnen erwartet.

NORM, IDEALE. Ideen über korrektes Verhalten oder Anweisungen dazu.

NUKLEARFAMILIENGRUPPE. Siehe KERNFAMILIENGRUPPE.

ÖKOLOGISCHE NISCHE. Der besondere Komplex von Land und Ressourcen in einem von einer Population ausgebeuteten HABITAT sowie die Ausbeutungsweise dieser Population. Bezieht sich auf den „Ort" einer Population in einem ÖKOSYSTEM.

ÖKOSYSTEM. Das zusammenhängende und ineinandergreifende Ganze, das von den vielfältigen Beziehungen zwischen Populationen und Organismen, dem Land und den Ressourcen, welche diese ausbeuten, so wie den zur Ausbeutung angewandten Mitteln (ADAPTION) innerhalb einer bestimmten Region (HABITAT) gebildet wird. Man vergegenwärtigt es sich vielleicht am besten als ein System des Energieumlaufes, in dem ENERGIE ständig durch eine Serie von symbiotischen Bindegliedern erschlossen, umgewandelt und verbraucht wird.

OMAHA-SYSTEM. Ein Typus der VERWANDTSCHAFTSTERMINOLOGIE, der gewöhnlich in Verbindung mit PATRILINEALER DESZENDENZ vorgefunden wird. Für die Hauptkennzeichen siehe Kapitel 12.

OPTATIVE DESZENDENZ. Siehe AMBILINEALE DESZENDENZ.

OPTATIVE DESZENDENZGRUPPE. Siehe RAMAGE.

ORIENTIERUNGSFAMILIE. Die Familiengruppe, in die man hineingeboren worden ist (Geburtsfamilie) oder in der man aufgezogen worden ist. (Siehe FAMILIE, siehe auch FORTPFLANZUNGSFAMILIE.)

PALÄOLITHISCH. „Altstein-"; der Begriff *Paläolithikum* (Altsteinzeit, ältere Steinzeit) bezieht sich (1) auf den Gebrauch behauener, nicht polierter Steingeräte oder (2) auf die weiter als 9000–11000 Jahre zurückliegende Zeit, als die Menschen für ihre Ernährung überall bloß auf Jagd und Sammeln angewiesen waren. (Siehe NEOLITHISCH.)

PALÄONTOLOGIE. Das Studium der Fossilien.

PARALLELE DESZENDENZ. Eine Form UNILINEALER DESZENDENZ, bei der Frauen ihre Deszendenz nur durch Frauen und Männer ihre Deszendenz nur durch Männer ableiten. Mit anderen Worten *in derselben Gesellschaft* machen Frauen von MATRILINEALER DESZENDENZ und Männer von PATRILINEALER DESZENDENZ Gebrauch.

PARALLELVETTERN und -BASEN. Personen, die Kinder von Geschwistern desselben Geschlechts sind; d.h. also die Parallelvettern und -basen von EGO sind dessen VaBrKi und MuSwKi. (Siehe KREUZVETTERN und -BASEN; und siehe S. 213–14 für eine Erklärung der Abkürzungen.)

PARIA. Personen, denen nicht der normale freie Spielraum der sozialen Interaktion mit anderen Mitgliedern der Gesellschaft zugestanden ist. Sie werden als unreine und Unreinheit mit sich bringende Personen betrachtet, und der Kontakt mit ihnen wird als beschmutzend angesehen (auch als *sozial Verachtete* oder *Unberührbare* bezeichnet).

PATER. Eine sozial als „Vater" definierte Person; oft als „soziologischer Vater" beschrieben. Das als solcher identifizierte Individuum muß jedoch nicht wirklich männlichen Geschlechts sein. (Siehe GENITOR und VIR.)

PATRIKLAN. Ein KLAN, bei welchem die Mitgliedschaft durch PATRILINEALE DESZENDENZ oder FILIATION vom Vater bestimmt wird.

PATRILATERAL. Auf Verwandte „väterlicherseits" bezogen; das heißt, der Vater ist das VERWANDTSCHAFTLICHE BINDEGLIED zwischen EGO und seinen kollateralen Alters. (Siehe Alter, kollaterale VERWANDTE; siehe auch MATRILATERAL.) Der Begriff wird manchmal auch gebraucht, wenn PATRILINEAL gemeint ist.

PATRILATERALE KREUZBASEN-(MuSwTo-)HEIRAT. Siehe VERZÖGERTER DIREKTER AUSTAUSCH. (Siehe S. 213–14 für eine Erklärung der Abkürzungen.)

PATRILINEAGE ODER PATRILINEALE LINEAGE. Eine auf der Grundlage PATRILINEALER DESZENDENZ gebildete LINEAGE. Auch als *agnatische Lineage* bezeichnet.

PATRILINEALE DESZENDENZ. „Deszendenz in väterlicher Linie"; eine Form UNILINEALER DESZENDENZ, bei welcher eine Person seine oder ihre Deszendenz nur durch Männer ableitet (Va, VaVa, VaVaVa etc., siehe S. 213–14 für eine Erklärung der Abkürzungen); d.h. der Vater ist das VERWANDTSCHAFTLICHE BINDEGLIED zwischen EGO und EGO's unilinealen männlichen Vorfahren. Auch als *agnatische Deszendenz* bezeichnet.

PATRILOKALE ERWEITERTE FAMILIENGRUPPE. Eine ERWEITERTE FAMILIENGRUPPE, die auf PATRILOKALER RESIDENZ begründet ist; im Minimalfalle besteht sie aus einem Mann mit oder ohne seine Ehefrau oder Ehefrauen (je nach der Definition des einzelnen Anthropologen), seinen Söhnen sowie den Ehefrauen und Kindern dieser Söhne, die alle zusammenleben. (Siehe MATRILOKALE und AVUNKULOKALE ERWEITERTE FAMILIENGRUPPE.)

PATRILOKALE RESIDENZ. *Patrilokal* bedeutet „Ort des Vaters"; es bezieht sich auf eine Form der Residenz, bei welcher das Ehepaar als Einheit bei oder nahe dem Vater des Mannes lebt (deshalb auch als *viripatrilokale* und *patrivirilokale Residenz* bezeichnet). Der Begriff wird oft mit VIRILOKALER Residenz verwechselt.

PATRISIPPE. Eine SIPPE, bei welcher die Mitgliedschaft durch PATRILINEALE DESZENDENZ oder FILIATION vom Vater bestimmt wird.

PHRATRIE. Eine nichtlokalisierte, benannte DESZENDENZEINHEIT (gewöhnlich eine KATEGORIE, sie kann aber auch eine GRUPPE sein), die aus zwei oder mehr miteinander verwandten Klanen oder Sippen besteht. (Siehe KLAN, SIPPE.) Phratrien sind oft exogam. (Siehe EXOGAMIE.)

PHYSISCHE ANTHROPOLOGIE. Ein Zweig der ANTHROPOLOGIE, der sich mit der Menschheit als biologischer Spezies befaßt – ihrer natürlichen Entwicklung, ihren Kennzeichen als einer Population von natürlichen Organismen und ihren natürlichen Variationen.

POLITISCHE ORGANISATION. Die Art, in der Ordnung und Konformität in einer Gesellschaft aufrechterhalten werden; d.h. jene Mechanismen, die am unmittelbarsten mit sozialer Kontrolle befaßt sind.

POLYANDRISCHE FAMILIENGRUPPE. Eine POLYGAME FAMILIENGRUPPE, die aus einer Frau, zwei oder mehreren Ehemännern und ihren Kindern besteht, die zusammenleben. (Siehe POLYGYNE FAMILIENGRUPPE.)

POLYANDRIE. Eine Form der POLYGAMIE, bei der eine Frau zur selben Zeit mit zwei oder mehr Männern verheiratet ist. (Siehe POLYGYNIE.)

POLYGAME FAMILIENGRUPPE. Eine Gruppe, die durch die Partner einer polygamen Ehe (siehe POLYGAMIE) und deren Kinder, die zusammenleben, gebildet wird. Diese Gruppe muß nicht nur ein einziges Gebäude bewohnen. Siehe POLYANDRISCHE FAMILIENGRUPPE und POLYGYNE FAMILIENGRUPPE.

POLYGAMIE. Die EHE einer Person mit zwei oder mehr Partnern zur selben Zeit. Ihre Subtypen sind POLYANDRIE und POLYGYNIE.

POLYGYNE FAMILIENGRUPPE. Eine POLYGAME FAMILIENGRUPPE, die aus einem Mann, zwei oder mehreren Ehefrauen und seinen Kindern besteht, die zusammenleben. (Siehe POLYANDRISCHE FAMILIENGRUPPE.)

POLYGYNIE. Eine Form der POLYGAMIE, bei der ein Mann zur selben Zeit mit zwei oder mehr Frauen verheiratet ist. (Siehe POLYANDRIE.)

POLYTHEISMUS. Eine Religion, in der es den Glauben an mehr als einen GOTT bzw. an mehr als ein götterähnliches, übernatürliches Wesen gibt. (Siehe MONOTHEISMUS.)

POSTNATALES SEXUALTABU. Das Verbot sexuellen Verkehrs für einen oder beide Elternteile für eine bestimmte Zeitperiode nach der Geburt eines Kindes.

POTLATSCH. Eine Form DEMONSTRATIVEN KONSUMS bei den Indianern der Nordwestküste Nordamerikas, wobei während einem Fest BESITZ fortgegeben oder zerstört wird.

PRÄFERENTIELLE HEIRATSREGELN. Regeln in ELEMENTAREN HEIRATSSYSTEMEN, die spezifizieren, wen (d.h. in welche Kategorie oder Gruppe) man heiraten *sollte*. Mit anderen Worten Regeln, welche bevorzugte Heiraten bezeichnen. (Siehe PRÄSKRIPTIVE HEIRATSREGELN.)

PRÄSKRIPTIVE HEIRATSREGELN. Regeln in ELEMENTAREN HEIRATSSYSTEMEN, die spezifizieren, wen (d.h. in welche Kategorie oder Gruppe) man heiraten *muß*. Mit anderen Worten Regeln, welche vorgeschriebene Heiraten bezeichnen. (Siehe PRÄFERENTIELLE HEIRATSREGELN.)

PRIESTER. Ein hauptberuflicher religiöser Funktionär, d.h. ein Spezialist (siehe SPEZIALISTEN). Sekundäre Kennzeichen, die oft zur Identifikation eines Priesters benutzt werden, sind (1) die Führerschaft bei Gruppenritualen, (2) das Auftreten als Sprecher oder Repräsentant der Gruppe im Hinblick auf das Übernatürliche, (3) die Mitgliedschaft in einer formal strukturierten, gewöhnlich hierarchischen religiösen Organisation und (4) die Ableitung der Autorität als religiöser Funktionär von einer speziellen Ausbildung unter den Auspizien der religiösen Organisation. (Siehe SCHAMANE.)

PRIMÄRGRUPPE. Eine „face-to-face-Gruppe", d.h. eine solche, bei der die allermeisten Mitglieder persönlich und direkt miteinander interagieren. (Siehe SEKUNDÄRGRUPPE.)

PRIMOGENITUR. Die Beerbung durch den Erstgeborenen oder das älteste Kind. (Siehe ULTIMOGENITUR.)

PRIMUS INTER PARES. „Erster unter Gleichen", ein Typus informeller Führerschaft, kennzeichnend für Gesellschaften mit HORDEN-Organisation (vor allem Wildbeuter), in welchen die Person, der die Führungsposition zugestanden wird, keine wirkliche MACHT oder AUTORITÄT hat, aber aufgrund seiner oder ihrer Persönlichkeit oder Leistungen EINFLUSS in der Gruppe ausübt.

PRODUKTION. Vor allem der Prozeß, durch den die von einer Gesellschaft nutzbar gemachten Ressourcen zu Gütern umgewandelt werden (im Dienste der VERTEILUNG und des VERBRAUCHS).

PRODUZIERENDE WIRTSCHAFT. Der Anbau von Pflanzen (NIEDERER BODENBAU, HÖHERER BODENBAU) oder die Haltung von Tieren (HIRTENTUM) zur Ernährung. (Siehe ANEIGNENDE WIRTSCHAFT.)

PROGRESSIVE ALTERSKLASSENSYSTEME. Altersklassensysteme, in welchen der Name für eine Altersklasse (siehe ALTERSKLASSEN) nur einmal gebraucht wird; er kann nicht noch einmal von einer derartigen Gruppe getragen werden. (Siehe ZYKLISCHE ALTERSKLASSENSYSTEME.)

RAMAGE. Eine auf der Grundlage OPTATIVER oder AMBILINEALER DESZENDENZ bzw. der FILIATION vom einen oder vom anderen Elternteil gebildete DESZENDENZGRUPPE. Auch als *Ambilineage* oder *optative Deszendenzgruppe* bezeichnet.

RAUBZUG. Eine Form bewaffneten Konfliktes zwischen Territorialgruppen oder Lokalgemeinden geringer Größenordnung, welche eine Beziehung von Angriff und Vergeltungsschlag beinhaltet, die oft das Erbeuten von Gütern oder Ressourcen zum Ziele haben (im Gegensatz zur FEHDE, die keine vordergründig wirtschaftlichen Ziele verfolgt).

RECHT. (1) Ein öffentlich anerkanntes, als selbstverständlich betrachtetes Privileg, das sich über kürzere oder längere Zeit erstrecken kann. Es ist ein soziales Vorrecht, das besteht, weil eine Sozialeinheit es (entweder in Antwort auf ein Verlangen oder von sich aus) auf eine andere Sozialeinheit überträgt; oder, anders gesehen, es ist das Resultat einer sozialen Konvention oder Konvenienz, wobei wenigstens zwei Parteien dahingehend übereinkommen, gewisse Verhaltensweisen als Vorrechte eines oder beider Vertragsparteien anzuerkennen. In Gesellschaften mit institutionalisierten politischen Strukturen (d.h. formalen Macht- und Autoritätssystemen) besteht ein Recht nur durch die Duldung derer, die die potentielle oder tatsächliche Macht haben, es abzuschaffen, dies aber aus gewissen Gründen nicht zu tun gedenken. (2) Ein Vorrecht, von dem man annimmt, daß es einem Organismus oder einer Population von Organismen anhafte, angeboren sei oder ihnen innewohne, ohne Rücksicht auf den soziokulturellen Zusammenhang (z.B. ein Prärogativ, das, wie man annimmt, allen Menschen als Mitgliedern derselben Spezies von Natur zukommt, oder ein Vorrecht, das man sich aus der einfachen Tatsache herrührend denkt, daß man am Leben ist). Rechte in diesem Sinne („Menschenrechte") werden als Absoluta angesehen. (3) Im Gegensatz zu (1) und (2) bedeutet „das Recht" (im Singular) den Inbegriff der Gesetze (siehe GESETZ) und ihrer Anwendung (Rechtspflege).

REDISTRIBUTION. Eine Form des wirtschaftlichen Austausches oder der VERTEILUNG in einer Gesellschaft, bei der hochbewertete Güter einem Verwaltungszentrum abgeliefert werden, von welchem sie dann unter der Aufsicht einer Autorität wiederum ausgeteilt werden. Der Begriff wird manchmal auch gebraucht, um die Bewegung von Gütern zu irgendeiner zentralen Stelle (wie z.B. einem Markt), von der sie dann wieder zur Bevölkerung zurückfließen, zu bezeichnen.

REINIGUNGSRITEN. RITES DE PASSAGE, die von einer Person durchgemacht werden müssen, die auf die eine oder andere Weise rituell verunreinigt oder entweiht worden ist, damit sie wieder rituell rein werden kann. Bis zur Durchführung dieser Riten bleibt diese Person rituell unrein und vom normalen Umgang ausgeschlossen. (Siehe DESAKRALISATIONSRITEN.)

REICH. Ein politisches Gebilde, das sich daraus ergibt, daß eine GESELLSCHAFT andere, vorher selbständige Gesellschaften erobert und sich einverleibt, so daß Gruppen, die vorher autonom waren, zu abhängigen politischen Teilgruppen des erweiterten NATIONALSTAATES werden.

RESIDENTIELLE GRUPPE. Siehe LOKALGRUPPE.

RESIDENZREGELN. Regeln darüber, wo bestimmte Kategorien von Personen wohnen sollen; mit anderen Worten, Normen im Hinblick auf den richtigen Wohnsitz einer Person (im Gegensatz zu deren tatsächlichem Wohnsitz). Am häufigsten interessieren sich Anthropologen für Residenzregeln im Zusammenhang mit der EHE: (1) Regeln darüber, welcher Partner bei einer HEIRAT seinen Wohnsitz ändert (siehe VIRILOKALE, UXORILOKALE und NATOLOKALE RESIDENZ); und (2) Regeln darüber, wo das jungverheiratete Paar als Einheit seinen Wohnsitz nimmt. (Siehe PATRILOKALE, MATRILOKALE, AVUNKULOKALE, AMBILOKALE, NEOLOKALE und KOMMUNLOKALE RESIDENZ.)

RESTRINGIERTER AUSTAUSCH. Ein HEIRATS-Muster, bei dem individuelle Männer und Frauen einer Gruppe individuelle Frauen und Männer einer anderen Gruppe heiraten. Mit anderen Worten, die Gruppen tauschen untereinander einige von ihren Mitgliedern als Heiratspartner. (Auch als *direkter Austausch, Symmetrisches Heiratssystem* und *reziprokes Heiratssystem* bezeichnet.) Haupttypen des restringierten Austausches sind der UNMITTELBARE und der VERZÖGERTE DIREKTE AUSTAUSCH.

REVITALISIERUNGSBEWEGUNG. Eine ideologische und soziale Bewegung, die sich zum Ziel setzt, eine frühere Sozialordnung wieder einzusetzen oder eine neue zu errichten, die auf einer idealisierenden Sicht der Vergangenheit beruht. Auch als *nativistische Bewegung* bezeichnet. (Siehe auch MESSIANISCHE BEWEGUNG, MILLENNARISTISCHE BEWEGUNG und CARGO-KULT.)

REZIPROKES HEIRATSSYSTEM. Siehe RESTRINGIERTER AUSTAUSCH.

REZIPROZITÄT. Oft auch als *Gabenaustausch* bezeichnet. Wirtschaftlicher Austausch zwischen Einheiten (Individuen oder Gruppen) von äquivalenter sozialer Position, bei welchem Güter und Dienstleistungen von entsprechendem Wert ausgetauscht werden. (Siehe AUSGEGLICHENE, GENERALISIERTE und NEGATIVE REZIPROZITÄT.)

RITES DE PASSAGE oder ÜBERGANGSRITEN. Zeremonien, die durchgeführt werden, um den Übergang von einem Stadium zum anderen im LEBENSZYKLUS zu markieren oder den Übergang einer Person von einem Zustand ritueller Abnormalität zu einem der Normalität zu bewirken (wie bei den REINIGUNGSRITEN und den DESAKRALISATIONSRITEN). Man sagt daher, daß die Übergangsriten, im Gegensatz zu den INTENSIVIERUNGSRITEN, *individuelle* Lebenskrisen zum Gegenstand haben.

RITUAL. (1) Im weitesten Sinne jede vorgeschriebene, stilisierte, stereotypierte Weise, eine Handlung durchzuführen – z. B. das Salutieren beim Militär. (2) Im engeren Sinne ein einzelner Akt einer religiösen Darbietung (auch *Ritus* genannt). (Siehe ZEREMONIE, ein Begriff, der oft gleichbedeutend mit *Ritual* ist.)

Rolle. (1) Ein bestimmter Satz von Erwartungen für angemessenes oder richtiges Verhalten, die mit einem besonderen Status, d. h. einer Position in einem sozialen System, verbunden sind. In diesem Sinne ähnelt die Rolle den idealen Normen für das Verhalten von Personen, die einen gewissen Status innehaben. (2) Das tatsächliche Verhalten einer Person oder der Personen, die einen bestimmten Status bzw. Position in einem sozialen System innehaben. Die Gemeinsamkeiten im Verhalten, die von Personen mit demselben Status an den Tag gelegt werden, bilden demnach deskriptive Normen. (3) Eine Kombination der Definitionen 1 und 2.

Rollendifferenzierung. Ein relativ hoher Grad an Aufspaltung und Verselbständigung der Teilaspekte beim individuellen Verhalten. Ein Individuum unterscheidet zwischen wirtschaftlichen, religiösen, politischen, verwandtschaftlichen etc. Tätigkeiten und bemüht sich, sie auseinanderzuhalten. Sie steht in Zusammenhang mit der Institutionendifferenzierung in der Gesamtgesellschaft. (Siehe Multifunktionalität der Rollen und Multifunktionalität der Institutionen.)

Schamane. Ein nebenberuflicher religiöser Funktionär, d. h. ein solcher, der kein Spezialist ist (siehe Spezialisten). Andere Kennzeichen, die oft zur Identifikation eines Schamanen benutzt werden, sind (1) der Besitz spezieller Begabungen, Talente oder Kenntnisse, wie z. B. die Fähigkeit, mit Geistern umzugehen, Kranke zu heilen oder magische Handlungen durchzuführen; (2) die Zurückführung solcher Fähigkeiten auf persönlichen Kontakt mit dem Übernatürlichen; (3) ein Auftreten als Individuum statt als Sprecher oder Repräsentant der Gruppe beim Umgang mit dem Übernatürlichen und (4) fehlende Mitgliedschaft von formalen, bürokratischen religiösen Organisationen. (Siehe Priester.)

Scherzbeziehungen. Solche Beziehungen, bei denen zwischen bestimmten Kategorien von Verwandten Scherze, Neckereien, intime Vertrautheit und vielleicht bevorzugter Zugang zum persönlichen Besitz sowie sexuelle Freiheiten oder Vorrechte gestattet sind. (Siehe Meidungsbeziehungen.)

Schutzgeist. Ein übernatürliches Wesen, das als Beschützer eines Individuums dient. (Siehe Visionssuche.)

Schwarze Magie. Eine Form der übelwollenden Magie, deren Ziel es ist, Leid oder Unglück über ihr Ziel zu bringen. Synonym mit *Zauberei.* (Siehe weisse Magie.)

Schwendwirtschaft. Eine Form des Bodenbaus (oft Brandrodungsbau), die eine ständige Verlagerung des Wohnsitzes mit sich bringt; wenn der Boden in einem Gebiet erschöpft ist, wird er sich selbst überlassen, und die Bevölkerung zieht in ein neues Gebiet, um dort den Boden zu bebauen. (Siehe auch extensiver Bodenbau.)

SCHWESTERNSCHAFTEN, STAMMES-. Im allgemeinen auf dem Geschlecht beruhende unfreiwillige ASSOZIATIONEN; d.h. alle erwachsenen Frauen müssen Mitglieder werden. Es gibt jedoch auch Fälle von freiwilligen Assoziationen von Frauen in Stammesgesellschaften, die manchmal von Anthropologen als *Schwesternschaften* bezeichnet werden. (Siehe BRUDERSCHAFTEN.)

SCHWESTERNTAUSCH. Siehe UNMITTELBARER DIREKTER AUSTAUSCH.

SEGMENTÄRES LINEAGE-SYSTEM. Ein auf UNILINEALER DESZENDENZ beruhender Typus der Stammesorganisation, bei welchem soziale Einheiten in Einheiten immer kleineren Maßstabes unterteilt (segmentiert) sind, bis herab zu residentiellen Gruppen auf lokaler Ebene. Oder, anders ausgedrückt, ein Organisationstypus, bei welchem sich auf der Grundlage des Prinzips unilinealer Deszendenz soziale Einheiten zu immer größeren, inklusiveren Einheiten zusammensetzen (z.B. Haushalte zu Lineages, Lineages zu Klanen, Klane zu Phratrien; siehe HAUSHALT, LINEAGE, KLAN, PHRATRIE), in manchen Fällen bis zurück zu einem einzigen STAMMAHNEN oder angenommenen Begründer des STAMMES, der die Gesellschaft als Ganzes repräsentiert.

SEGMENTÄRE STAMMESGESELLSCHAFT. Eine Stammesgesellschaft (siehe STAMM), deren wesentliche Bestandteile relativ kleine, lokalisierte Gruppen bilden (die als *primäre Segmente* bezeichnet werden), welche sich jedoch zu gewissen Zwecken (im allgemeinen durch eine Kombination von UNILINEALER DESZENDENZ und geographischer Nähe) zu immer größeren, inklusiveren Verwandtschafts- und Territorialgruppen kombinieren können.

SEKUNDÄRGRUPPE. Eine Gruppe, in der nicht alle Mitglieder direkt miteinander interagieren; statt dessen besteht die Gesamtgruppe aus einer Anzahl von Subgruppen, von welchen jeweils nur einige Mitglieder mit Mitgliedern anderer Subgruppen interagieren. (Siehe PRIMÄRGRUPPE.)

SENILIZID oder ALTENTÖTUNG. Das Töten alter Menschen.

SERIELLE MONOGAMIE (oder SUKZESSIVE POLYGAMIE). Die Praktik, mehrere Ehepartner hintereinander, aber nicht zur selben Zeit, zu heiraten.

SESSHAFTIGKEIT. Das Kennzeichen einer Gruppe, die mehr oder weniger permanent an einem Ort angesiedelt bleibt. (Ein Neologismus, der bei den Anthropologen immer mehr Geltung gewinnt, ist *Sedentismus*.)

SIPPE. Eine DESZENDENZEINHEIT, die man früher vom Klan unterschied; heute werden die Begriffe *Klan* und *Sippe* synonym gebraucht. (Für die Grundlage der Unterscheidung siehe KLAN.)

SKLAVEREI. Gewöhnlich eine nichtvertragliche Beziehung, bei der (1) reziproke Beziehungen zwischen Sklaven und Herren fehlen, so daß der Hauptteil der Rechte bei einer Partei (dem Herrn) und der Hauptteil der

Pflichten bei der anderen (dem Sklaven) liegt; (2) der Herr Besitz- und Verfügungsrechte über die Person des Sklaven ausübt; und (3) die Beziehung als solche samt den dazugehörigen Rechten und Pflichten vom politischen System der Gesellschaft getragen sowie durch die Androhung von Gewalt gestützt wird.

SORORALE POLYGYNIE. Eine Form der POLYGAMIE, bei welcher ein Mann zur selben Zeit mit zwei oder mehr Schwestern verheiratet ist. (Siehe FRATERNALE POLYANDRIE.)

SORORAT. Ein Mechanismus für die Fortsetzung der durch eine EHE eingegangenen Beziehungen zwischen Gruppen über den Tod der ursprünglichen Ehegattin hinaus. Wenn eine Frau stirbt, setzt ihre VERWANDTSCHAFTSGRUPPE eine andere Frau an ihre Stelle als Gattin für den Witwer. Die neue Ehefrau ist oft eine Schwester (ob nun eine wirkliche oder klassifikatorische; siehe WIRKLICHE VERWANDTSCHAFT, KLASSIFIKATORISCHE VERWANDTSCHAFT), doch kann sie ebensogut irgendeine andere Frau aus derselben Verwandtschaftsgruppe sein. (Siehe LEVIRAT.)

SOZIALE MOBILITÄT. Die Fähigkeit, vor allem in Klassensystemen, die eigene Position im sozialen System zu verändern; d.h. die Fähigkeit, in der Klassenstruktur auf- oder abzusteigen (siehe KLASSENSYSTEM) und die Möglichkeit, einen STATUS zu gewinnen oder einzubüßen.

SOZIALE SCHICHTUNG. Die Untergliederung einer Gesellschaft in eine Serie von hierarchisch angeordneten sozialen Schichten oder Ebenen, welche GRUPPEN oder KATEGORIEN sein können und deren Mitglieder unterschiedliche Zugangschancen zu den Ressourcen, Gütern, Dienstleistungen und hochbewerteten Gütern haben, die in der Gesamtpopulation erhältlich sind. Schichtung tritt in jedem soziokulturellen System auf, in dem die Ressourcen, von denen die Bevölkerung abhängig ist, oder die Techniken zur Ausbeutung dieser Ressourcen und ihrer Verarbeitung zu Gebrauchsgütern von einigen Mitgliedern der Gesellschaft kontrolliert werden können. Daher gibt es Schichten, z.B. in allen Industriegesellschaften. (Siehe KASTENSYSTEM und KLASSENSYSTEM.)

SOZIALISATION. (1) Ein Oberbegriff für den Prozeß der Übermittlung von Kultur (im Gegensatz zur Übermittlung einer bestimmten Kultur; siehe ENKULTURATION). (2) Dasselbe wie ENKULTURATION. (3) Dasselbe wie INTERNALISATION.

SOZIALÖKOLOGIE. Die Beziehungen verschiedener Bevölkerungsgruppen innerhalb eines bestimmten Gebietes. (Siehe KULTURÖKOLOGIE und HUMANÖKOLOGIE.)

SOZIAL VERACHTETE. Siehe PARIA.

SOZIOZENTRISCHE EINHEITEN. Die Bestandteile eines sozialen Systems, wenn man sie von einer überpersönlichen Perspektive her betrachtet – d.h. ohne

Rücksicht auf die Zuordnung einzelner Personen zu bzw. deren Mitgliedschaft von oder Teilnahme an solchen sozialen Teilgebilden. Mit anderen Worten, die durch STRUKTUR einer Gesellschaft bestimmten Gliederungen. (Siehe EGOZENTRISCHE EINHEITEN.)

SPEZIALIST. Person, die eine Arbeit oder mehrere zusammenhängende Arbeiten hauptberuflich durchführt und ihren Lebensunterhalt dadurch gewinnt, daß sie die Produkte ihrer Arbeit gegen andere notwendige Dienstleistungen oder Güter, die von anderen produziert werden, eintauscht.

SPEZIELLE EVOLUTION. Sequenzen von Wandlungsprozessen in der Form, in der sie sich in der Kultur einer bestimmten menschlichen Population abgespielt haben; oder, anders ausgedrückt, Wandlungen in der ADAPTIVEN STRATEGIE einer bestimmten GESELLSCHAFT. (Siehe GENERELLE EVOLUTION.)

STAATSGESELLSCHAFT. Eine Form der POLITISCHEN ORGANISATION, bei der es für die Gesamtgesellschaft eine einzige zentrale politische Autorität gibt, die an der Spitze einer Verwaltungsbürokratie steht. (Siehe NATIONALSTAAT.)

STAMM. Ein locker gebrauchter Begriff, der keine strenge Definition hat, aber am häufigsten auf einen Typus der POLITISCHEN ORGANISATION angewandt wird, bei dem sich eine Gesellschaft aus einer Anzahl von geographisch getrennten, politisch (und oft auch wirtschaftlich) unabhängigen Gemeinden oder Kantonen ohne eine diese alle umfassende Zentralgewalt zusammensetzt. Ein gewisses Maß an gemeinschaftlicher Identität des Stammes ist durch die Ähnlichkeiten der Sprache sowie der Sitten und Bräuche gegeben, welche die verschiedenen Segmente (die oft selbst als *Stämme* bezeichnet werden, während ihre Gesamtheit auch *Volk* genannt wird) miteinander zu einem lockeren Ganzen verbinden und sie als eine kulturelle Einheit von anderen Völkern mit anderen Sprachen sowie Sitten und Bräuchen unterscheiden. Die politisch signifikanten Untergruppen eines Stammes oder Volkes können Lokalgemeinden (siehe SEGMENTÄRE STAMMESGESELLSCHAFT) oder aber mehrere Gemeinden in einem umgrenzten Territorium mit jeweils einem dominanten politischen Zentrum (siehe HÄUPTLINGSTUM) sein.

STAMMAHNE oder STAMMVORFAHRE. Der von einer DESZENDENZEINHEIT in Anspruch genommene gemeinsame Ahne: der Vorfahre, der die oberste Position in einem Verwandtschaftsdiagramm einnimmt.

STAMMFAMILIENGRUPPE. Da manche Anthropologen ihr Verständnis der ERWEITERTEN FAMILIENGRUPPE auf eine aus wenigstens drei Generationen von lineal verwandten (siehe LINEALE VERWANDTE), verheirateten Personen bestehende häusliche Einheit beschränken, wird der Begriff *Stammfamilie* hier verwendet, um entweder (1) eine Gruppe zu bezeichnen, die aus drei lineal verwandten Generationen besteht, wobei nur zwei BENACHBARTE GENERATIONEN jeweils ein verheiratetes Paar enthalten, oder aber (2) eine Gruppe, die aus nur einem verheirateten Kind sowie dessen Ehepartner besteht, welche bei den Eltern oder einem Elternteil eines der Partner leben.

STATUS. (1) Eine anerkannte Position in einer Gesellschaft, die mit einer besonderen ROLLE verknüpft ist und im Verhältnis zu anderen derartigen Positionen einen gewissen Grad an Prestige mit sich bringt. Ein Status ist ein Fach in der STRUKTUR der Gesellschaft, das von einem Individuum besetzt ist. (2) Lockerer formuliert, der Rang oder das Ausmaß an Prestige oder Wertschätzung, das einem Individuum von den Mitgliedern der Gesellschaft zugestanden wird. (Siehe ERWORBENER STATUS und ZUGESCHRIEBENER STATUS.)

STATUSSYSTEM. Eine hierarchische Anordnung oder Gliederung von Statuspositionen (siehe STATUS) in einer Gesellschaft.

STUMMER TAUSCHHANDEL. Eine Form des wirtschaftlichen Austausches, bei der es zu minimalem oder zu gar keinem direkten Kontakt zwischen den Handelspartnern kommt. Jede Partei hinterlegt Handelsgüter an einem vorbestimmten Ort oder nimmt solche in Abwesenheit der anderen Partei an sich.

SUDAN-SYSTEM. Ein Typus der VERWANDTSCHAFTSTERMINOLOGIE. Für die Hauptkennzeichen siehe Kapitel 12.

SUKZESSIVE POLYGAMIE. Siehe SERIELLE MONOGAMIE.

SYMMETRISCHE HEIRATSSYSTEME. Siehe RESTRINGIERTER AUSTAUSCH.

TABU. Ein malayo-polynesischer Begriff, der von Anthropologen benutzt wird, um sich auf ein Verbot bzw. eine Verbotsregel zu beziehen, die gewöhnlich durch die Drohung übernatürlicher Vergeltung im Falle der Übertretung unterstützt wird. Es können daher nicht alle Verbote als Tabus bezeichnet werden.

TECHNOLOGIE. Werkzeuge, Geräte und Techniken für die Ausbeutung, die Verarbeitung und den Gebrauch von Ressourcen, d. h. um die Ressourcen aus dem HABITAT zu gewinnen und Güter und Dienstleistungen zu produzieren und zu verteilen. Die Technologie ist untrennbar von der ARBEITSORGANISATION einer Gesellschaft.

TEILNEHMENDE BEOBACHTUNG. Eine Technik der ethnographischen Feldforschung, die darin besteht, bei einer Menschengruppe zu leben und an vielen ihrer Tätigkeiten teilzunehmen, während man soviel als möglich von dem, was geschieht, beobachtet und festhält.

TERRITORIALITÄT. Das Geltendmachen von Prioritäts-, Eigentums- und Verfügungsrechten über Land und dessen Ressourcen, verbunden mit der Bereitschaft, diesen Anspruch, wenn es sein muß mit Gewalt, gegen andere, die als unbefugte Eindringlinge betrachtet werden, zu verteidigen.

TOTEMISMUS. Eine spezielle Beziehung, die nach der Auffassung der Mitglieder einer sozialen Einheit (GRUPPE oder KATEGORIE) zwischen dieser Einheit und einem Naturobjekt – gewöhnlich einer Pflanze oder einem Tier, dem sogenannten *Totem* – besteht, wobei diese Einheit nach dem Totem benannt ist. Manchmal wird dieses Naturobjekt selbst als der Ahne der Einheit betrachtet, oder man nimmt an, daß es in irgendeiner Weise eng mit deren menschlichem Gründer verbunden gewesen sei; und den Mitgliedern der Einheit kann es verboten sein, das Totem zu töten oder zu essen, wenn es ein Tier oder eine Pflanze ist.

TRANSHUMANZ. Dieser Begriff ist in einer Vielzahl von Bedeutungen gebraucht worden. (1) Die jahreszeitlichen nomadischen Ortsveränderungen (siehe NOMADISMUS) von Völkern, die verschiedene adaptive Strategien (siehe ADAPTIVE STRATEGIE) praktizieren können. (2) Jahreszeitliche Ortsveränderungen bei Völkern mit HIRTENTUM, welche dieses entweder als primäre oder als ergänzende Komponente ihrer adaptiven Strategie praktizieren. (3) Jahreszeitliche Wanderungen von Hirten, die sich aus einer permanenten oder semipermanenten Siedlung entfernen und wieder zu ihr zurückkehren. (4) Eine jahreszeitliche Ortsveränderung von Hirten von tiefer gelegenen zu höher gelegenen Gebieten, mit oder ohne permanente oder semipermanente Siedlungen im Tiefland. (Siehe HORIZONTALER und VERTIKALER NOMADISMUS.)

ÜBERGANGSRITEN. Siehe RITES DE PASSAGE.

ÜBERTRAGUNGSMAGIE. Handlungen, die an einem Gegenstand in dem Glauben durchgeführt werden, daß sie sich auf eine Person auswirken werden, die früher mit diesem Gegenstand in Kontakt gewesen ist. Sie beruht auf dem von Frazer formulierten „Gesetz der Berührung“: „Dinge, die einmal in Kontakt miteinander gewesen sind, fahren fort, auch in der Entfernung aufeinander einzuwirken, nachdem der physische Kontakt unterbrochen wurde.“ (Siehe NACHAHMENDE MAGIE.)

ULTIMOGENITUR. Die Beerbung durch den Letztgeborenen oder das jüngste Kind. (Siehe PRIMOGENITUR.)

UNBERÜHRBARE. Siehe PARIA.

UNBESCHRÄNKTE DESZENDENZGRUPPE. Siehe KOGNATISCHE DESZENDENZGRUPPE.

UNILATERALE VERWANDTE. Entweder MATRILATERALE oder PATRILATERALE Verwandte; d.h. kollaterale Verwandte, zu welchen die Verwandtschaftsbeziehung entweder durch den Vater oder durch die Mutter als VERWANDTSCHAFTLICHES BINDEGLIED abgeleitet wird. *Unilateral* („eine Seite“) wird von manchen Autoren in der Bedeutung von *unilineal* („eine Linie") verwendet; für eine Begriffserklärung vergleiche LINEALE VERWANDTE mit KOLLATERALE VERWANDTE; siehe auch UNILINEALE DESZENDENZ.)

UNILINEALE DESZENDENZ. DESZENDENZ in „einer Linie", d.h. die Ableitung der DESZENDENZ über einen Elternteil und die Vorfahren gleichen Geschlechtes dieses Elternteils, d.h. also nur über Frauen oder nur über Männer. (Siehe aber auch AMBILINEALE DESZENDENZ.) Zu den Formen der unilinealen Deszendenz gehören PATRILINEALE, MATRILINEALE, DOPPELTE und PARALLELE DESZENDENZ. (Siehe KOGNATISCHE DESZENDENZ.)

UNILINEALE DESZENDENZGRUPPE. Eine auf einer Form der UNILINEALEN DESZENDENZ basierende DESZENDENZGRUPPE.

UNITHEISMUS. Eine Form der polytheistischen Religion in Stammesgesellschaften, bei welcher die Gesellschaft in eine Anzahl von relativ stabilen KORPORIERTEN GRUPPEN, wie z.B. KLANE, unterteilt ist und jede dieser Gruppen mit einer einzigen Gottheit in Beziehung steht. Es gibt also in einer solchen Gesellschaft ebenso viele Gottheiten wie VERWANDTSCHAFTSGRUPPEN. (Siehe MONOTHEISMUS und MULTITHEISMUS.)

UNMITTELBARER DIREKTER AUSTAUSCH. Eine Form des RESTRINGIERTEN AUSTAUSCHES bei Heiraten, bei welcher der Austausch der Ehefrauen gleichzeitig (oder in derselben Generation) erfolgt. Auch als *Schwesterntausch* oder *bilaterale Kreuzbasen-* (MuBrTo/VaSwTo-)*Heirat* bezeichnet. (Siehe S. 213–14 für eine Erklärung der Abkürzungen.)

UNPERSÖNLICHE ÜBERNATÜRLICHE KRAFT. Eine übernatürliche Kraft oder Macht, die (1) kein Bewußtsein bzw. keine Persönlichkeit hat, da sie kein Wesen oder Geist ist; (2) überall in der Natur vorkommt und sowohl belebte wie unbelebte, organische wie nichtorganische Objekte durchdringt; (3) zu keinem bestimmten Zweck besteht; und (4) weder gut noch böse ist. Auch als MANA bezeichnet. (Siehe ANIMATISMUS.)

URGESCHICHTE. Siehe ARCHÄOLOGIE.

UTERINE DESZENDENZ. Siehe MATRILINEALE DESZENDENZ.

UTERINE VERWANDTE. Personen (männlichen oder weiblichen Geschlechts), die über Frauen miteinander verwandt sind, d.h. Personen, die über mindestens ein weibliches VERWANDTSCHAFTLICHES BINDEGLIED miteinander zusammenhängen. Uterine Beziehungen finden sich in allen Gesellschaften; solche Verwandtschaftsverbindungen sind nicht auf Gesellschaften mit MATRILINEALER (uteriner) DESZENDENZ beschränkt. (Siehe AGNATISCHE VERWANDTE.)

UXORILOKALE RESIDENZ. *Uxorilokal* bedeutet „Ort der Ehefrau"; es bezieht sich auf eine Form der Residenz, bei welcher der Mann bei der Heirat seinen Wohnsitz wechselt und sich dort niederläßt, wo seine Frau lebt. Oft mit MATRILOKALER RESIDENZ verwechselt.

VERTIKALER NOMADISMUS. Eine Form der TRANSHUMANZ oder jahreszeitlichen Ortsveränderung bei Hirtennomaden (siehe HIRTENTUM), bei der sich die Hirten und ihre Tiere zwischen tiefer gelegenen und höher gelegenen Gebieten hin- und herbewegen; z.B. das Hinaufsteigen auf eine Alm im Sommer und das Herabsteigen ins Tal im Winter. (Siehe HORIZONTALER NOMADISMUS.)

VERTRAGSFREUNDSCHAFT. Eine besondere Beziehung zwischen sozial Gleichen desselben Geschlechts und ungefähr desselben Alters, die gegenseitige Verpflichtungen und Rechte mit sich bringt, wie z.B. Gastfreundschaft, wirtschaftliche Unterstützung und das Geben von Geschenken. Auch als *Mehrzweck-Assoziation* bezeichnet.

VERWANDTE. Personen, die als „verwandt", d.h. durch Bande der DESZENDENZ oder HEIRAT verbunden betrachtet werden, seien diese nun wirklich oder bloß vorausgesetzt.

VERWANDTSCHAFT. Die Definition des „Verwandtseins" von Personen in einer bestimmten Kultur; d.h. Beziehungen der DESZENDENZ oder HEIRAT.

VERWANDTSCHAFTLICHES BINDEGLIED. Jedes Individuum, über welches eine Verwandtschaftsbeziehung zu einer anderen Person abgeleitet wird, d.h. der VERWANDTE, der EGO und ALTER miteinander verbindet.

VERWANDTSCHAFTSGRUPPE. Eine auf der Grundlage von Bluts- oder Affinalverwandtschaft (siehe BLUTSVERWANDTE, AFFINALVERWANDTE) oder gemeinsamer DESZENDENZ organisierte Gruppe. Der Begriff wird oft im gleichen Sinne verwendet wie DESZENDENZGRUPPE.

VERWANDTSCHAFTSTERMINOLOGIE. Ein System zur Bezeichnung von Verwandten; der Satz von Termini der Ansprache oder der Bezugnahme, der in einer Gesellschaft auf VERWANDTE angewandt wird.

VERZÖGERTE REZIPROZITÄT. Siehe GENERALISIERTE REZIPROZITÄT.

VERZÖGERTER DIREKTER AUSTAUSCH. Eine Form des DIREKTEN AUSTAUSCHES bei Heiraten, bei welcher sich der Austausch von Ehefrauen nicht gleichzeitig (in derselben Generation) vollzieht. Mit anderen Worten, Männer der Gruppe A heiraten Frauen der Gruppe B in einer Generation; und dann heiraten in der nächsten Generation Männer der Gruppe B Frauen der Gruppe A. Wird auch als *patrilaterale Kreuzbasen-*(VaSwTo-)*Heirat* bezeichnet (siehe S. 213–14 im Text für die Abkürzungen).

VIR. Lateinisch „Mann". Von Anthropologen oft zur Bezeichnung des Ehemannes einer Frau gebraucht, ohne Rücksicht darauf, ob er der GENITOR oder der PATER ihrer Kinder ist.

VIRILOKALE RESIDENZ. *Virilokal* bedeutet „Ort des Mannes"; es bezieht sich auf eine Form der Residenz, bei welcher die Frau bei der Heirat ihren Wohnsitz wechselt und sich dort niederläßt, wo ihr Mann lebt. Oft mit PATRILOKALER RESIDENZ verwechselt.

Visionssuche. Ein Phänomen, das unter den nordamerikanischen Prärieindianern weitverbreitet war. Ein junger Mann ging alleine in die Wildnis und fastete tagelang, bis er eine Vision hatte, in der ihn ein Schutzgeist, oft in Gestalt eines Tieres, heimsuchte, ihm einen heiligen Gesang mitteilte und ihm danach als Beschützer diente.

Weisse Magie. Eine Form der wohlwollenden Magie, deren Ziel es ist, irgendein sozial erwünschtes, annehmbares oder harmloses Ergebnis zu bewirken. So z.B. kann weiße Magie bei einem Versuch einer Krankenheilung eingesetzt werden. (Siehe schwarze Magie.)

Wergeld (Blutgeld). Schadenersatzzahlungen, die von einer Gruppe als Kompensation für die Verwundung oder Tötung eines Mitgliedes einer anderen Gruppe geleistet werden.

Wildbeutertum (Jagd und Sammeln). Eine adaptive Strategie, die vor allem auf der Aneignung natürlich auftretender Nahrungsquellen beruht, d.h. auf dem Sammeln wilder Pflanzen, dem Jagen wilder Tiere und dem Fischen.

Wirkliche oder reale Verwandtschaft. Eine Verwandtschaftsbeziehung zwischen Personen, die imstande sind, einen tatsächlichen biologischen Zusammenhang, gewöhnlich zur Zufriedenstellung eines außenstehenden Beobachters, nachzuweisen. (Siehe fiktive Verwandtschaft und klassifikatorische Verwandtschaft.)

Wirtschaftliche Organisation. Die Verteilung von Ressourcen, Gütern und Dienstleistungen auf alternative Ziele; wie die potentielle Energie im Habitat und in der menschlichen Population für die Produktion, die Verteilung und den Verbrauch von Gütern und Dienstleistungen benutzt wird; die sozialen Beziehungen und Verhaltensmuster, die diese Handlungssysteme mit sich bringen; und verwandte Konzepte wie Besitz, Eigentum und Erbschaft.

Zauberei. Siehe schwarze Magie.

Zeremonie. Eine Serie oder ein Komplex von zusammengehörigen Ritualen; Ritual und Zeremonie werden jedoch oft synonym gebraucht.

Zeugungsrechte. Rechte, die eine Person oder Gruppe auf Kinder hat.

Zirkulierendes Konnubium. Siehe generalisierter Austausch.

Zugeschriebener Status. Ein Status, dessen Zugehörigkeit unfreiwillig ist oder der einer Person aufgrund von Attributen zugewiesen wird, über die sie keine Kontrolle hat, wie z.B. Geschlecht, Alter, ethnische Zugehörigkeit usw. (Siehe erworbener Status.)

Zusammengesetzte Familiengruppe. Es gibt keinen einheitlichen Gebrauch dieses Begriffs in der anthropologischen Literatur, doch scheinen die folgenden Definitionen die größte Verbreitung gefunden zu haben: (1) Eine Gruppe von zwei oder mehr kollateral verwandten Personen (wie z. B. Geschwister oder Vettern und Basen; siehe KOLLATERALE VERWANDTE) mit ihren Ehepartnern und Kindern, die alle gemeinsam leben. (2) Dasselbe wie Definition (1) von ERWEITERTE FAMILIENGRUPPE. (3) Dasselbe wie Definition (3) von ERWEITERTE FAMILIENGRUPPE.

ZYKLISCHE ALTERSKLASSENSYSTEME. Altersklassensysteme, in welchen die Namen, die für ALTERSKLASSEN in der Vergangenheit gebraucht wurden, wieder für neue Altersklassen verwendet werden können. (Siehe PROGRESSIVE ALTERSKLASSENSYSTEME.)

# Register

Anton Blok

# Anthropologische Perspektiven

Einführung, Kritik und Plädoyer

Aus dem Holländischen übersetzt von Klaus Schomburg

1985. 199 Seiten, kart. · ISBN 3-608-93040-X

»Anton Bloks kleines Buch gibt dem Leser eine leicht verständliche, aber höchst originelle Einführung in die Kultur- und Sozialanthropologie, jene Fachrichtung also, die sich unter angelsächsischem Einfluß in den letzten Jahren vom Orchideenfach der deutschen Volks- oder Völkerkunde zu einer höchst beliebten und auch interdisziplinär innovativen Disziplin gewandelt hat. Zugleich stellt das Werk eine Art kurzgefaßte vergleichende Wissenschaftsgeschichte dar, die in dieser Form bislang nicht vorlag. Ausgehend von seiner historischen und zugleich systematischen Einführung in die verschiedenen fachwissenschaftlichen und einzelstaatlichen Ansätze kommt Blok über eine kritische Bewertung der verschiedenen Forschungstechniken und -paradigmen zu einer originellen, wertenden Synthese und zu einem engagierten Plädoyer für eine sinnstiftende Theoriebildung.«
(ex libris)

Klett-Cotta